초상화의 옷장

일러두기

- 인명, 지명 등 고유명사는 국립국어원의 외래어 표기법에 따라 표기했다. 단 일부 관용적으로 쓰이는 표기는 외래어 표기법을 따르지 않았다.
- 책, 신문, 잡지는 《 》로, 그림, 글, 논문, 음악은 〈 〉로 표시했다.
- 개별 회화 및 유물의 자세한 정보가 본문의 이해에 필수적이지 않은 경우 본문의 캡션에서는 생략하고 책 마지막의 도판 목록에 정리했다.
- '드레스'는 일반적인 원피스 형태의 의복을 편의상 부르는 총칭으로 사용했다.
- '코르셋'은 시대와 장소별로 이름을 달리했지만, 본문에서는 일반적으로 상체를 압박하여 원하는 형태로 만든 지지대를 '코르셋'으로 통칭했다.
- 본문에 자주 등장하는 용어는 따로 정리해 '용어 모음'으로 수록했다.

초상화의 옷장

르네상스부터 19세기까지, 그림 속 여성들의 패션과 삶

김정연 지음

Portraits Wardrobe

작가의 말

✦ • • ✦

빨간색 벨벳으로 씌운 의자에 앉으며 조금은 묘한 기분이 들었다. 이탈리아의 옛 귀족 여인이 살았던 저택은 주인을 잃은 뒤 박물관으로 탈바꿈했다. 출입문을 수동으로 여닫는 방식의 낡고 비좁은 엘리베이터, 그 안의 벨벳 의자에 앉으니 이곳에 살았을 초상화 속 여인이 궁금해졌다. 여인이 입었을 수많은 드레스, 손에 들고 다니며 대화를 나눴을 부채, 그리고 화려한 장신구들을 착용한 채 포즈를 취하고 있는 초상화의 그녀는 멈춰진 세월의 주인공이었다. 그녀가 고심하여 치장한 모습으로 전하고 싶은 이야기는 무엇이었을까.

　모든 의복에는 각각의 이야기가 있다. 의복은 실용과 필요에 의해 만들어지지만 그저 보기 좋다는 이유만으로 탄생하기도 한다. 개인의 취향이나 신념을 나타내기도 하지만 사회적 관습 혹은 사상을 드러내는 표현이 되기도 한다. 의복에는 그 사회를 반영하는 수많은 정보가 담겨 있고 패션 현상은 당시 사회상을 읽어내는 지표로도 쓰인다. 우리는 의복에서 개개인의 정보만이 아니라 그 시대, 나라, 지역, 공동체가 가진 다양한 예술과 문화의 흔적을 찾을 수 있다. 그림이 그려진 시대상과 문화 간의 교류, 경제 상황도 파악할 수 있다. 예컨대 르네상스 시대 초상화 속 여성의 귀에 귀고리가 있다면 16세기 이후에 그려진 그림이고, 섬유 염색이 발달한 시대라면 그 사회의 상하수도 시설이 갖춰졌음을 알

수 있다. 사치 금령이 내려진 것으로 그 당시 시대가 풍족한 사회였음을 추측할 수도 있다. 또한 의복에는 무역의 시작과 범위에서부터 식민지 시대 서양의 만행에 대한 정보도 고스란히 담겨 있다. 이렇듯 의복은 시대의 많은 것을 읽을 수 있는 정보의 보고인 것이다.

이 책은 서양 초상화와 그림 속 여성들의 의복으로 읽는 유럽의 역사와 문화 이야기이다. 온몸을 옷으로 감싸 신 앞에 겸손함을 보이던 신 중심의 중세 시대가 지나고 인본주의와 함께 스스로를 드러내기 시작한 르네상스 시대, 바야흐로 여인들도 초상화의 주인공이 되는 세상이 도래했다. 여전히 사회는 남성 중심으로 돌아갔지만 여인들은 의복을 통해 자신을 드러내고 미적 탐구를 시작했다. 기록을 위해 단순히 외형을 묘사한 대상화가 아니라 주체적으로 자신의 개성을 드러내고 표현하기 시작한 초상화 속 여인들의 발자취를 따라가 본다. 패션의 유래와 재미있는 일화를 통해 치장에 눈을 뜨고 경쟁적으로 패션 소품과 스타일을 만들어 전파하던 여인들의 열정적인 삶과 이야기를, 변화를 받아들이고 새로운 문화를 만들어간 여정을 담았다.

그림 속 이야기의 대상은 서양에서 여인들도 초상화의 주인공이 되기 시작

한 15세기 초중반부터 초상화가 사진으로 대체되기 전인 19세기 후반까지, 비교적 대중에 잘 알려지고 패션 역사에 영향을 끼친 유럽의 대표적인 19명의 여인들로 선정했다. 제1부는 물질적인 풍요와 문화의 번영을 누리던 탐미의 시대 르네상스를 이끌었던 여인들의 이야기로, 제2부는 그 이후 급격한 사회 변화로 격동의 세기가 시작된 바로크 시대부터 벨 에포크 시대까지의 여인들을 한데 묶었다.

정확한 기록의 부재로 주인공이 누구인지 알아내기 어려운 중세 후기와 르네상스 시대 그림은 복식으로 주인공을 유추할 수 있는데, 이렇듯 주인공을 밝히는 과정을 수수께끼를 풀듯 타당한 근거와 단서를 넣어 꾸몄다. 역사적 사실을 바탕으로 당시의 사회·문화적 배경을 서술해 독자의 이해를 도모했고, 각종 외국 문헌을 참고하여 전문적이면서도 잘 알려지지 않았던 패션에 얽힌 흥미로운 이야기들을 녹여냈다. 초상화에 담긴 옷과 장신구를 통해 그림 속 주인공에 대한 개인 정보를 담고 그들이 착용한 의복과 개발한 소품들(머리장식, 보석, 드레스, 속옷, 하이힐, 향수, 직물 문양 등)의 탄생 과정과 존재 이유, 특징과 의미의 설명을 통해 의복이 미친 사회적인 영향과 복식사의 흐름을 알 수 있게 구성하였다.

지리적으로 가까운 유럽의 나라들은 서로 문화와 패션을 주고받으며 성장해 왔는데, 받아들인 문화와 패션이 그대로 차용되는 경우는 드물었다. 새로운 문물은 기존 문화 속으로 흡수되어 각자의 방식대로 변하고 첨가되어 또 다른 패션의 탄생으로 이어졌다. 그 흥미로운 이야기 속, 초상화의 그녀가 전하고픈 여정에 여러분도 함께하길 바란다. 오랜 시간 이 책이 세상에 나올 수 있도록 물심양면으로 도움을 주신 눌와 분들, 그리고 무한한 지지와 격려를 보내준 사랑하는 가족 모두에게 깊은 감사를 전한다.

2025년 1월
김정연

Portrait's wardrobe

PART 1

그림1. 프라 필리포 리피, 〈창가에 있는 남자와 여자 초상〉, 1440년경, 뉴욕, 메트로폴리탄 미술관

1

초상화 주인공은
나야 나!

프란체스카 디 마테오 스콜라리
FRANCESCA DI MATTEO SCOLARI

✦ • • • ✦

1424–1481

여기 현존하는 가장 오래된 이중 초상화가 있다. 언뜻 보면 여성 초상화로만 보이지만, 자세히 보면 왼쪽에 남성이 빼꼼히 얼굴을 내밀고 있는 이중 초상화이다. 그림의 회화적인 요소들이 모두(남성까지도) 여성에게 종속되어 있는 이 이중 초상화 속에서 여인은 명백한 '주인공'이다.

옛 그림의 연대나 주인공에 대한 정보를 얻기 위한 가장 쉬운 단서는 보통 주인공의 차림새다. 등장인물의 차림새는 그림이 그려진 시기와 주인공의 사회적인 지위를 알려주며, 착용한 보석이나 옷감의 문양 등으로 가문을 유추해 낼 수도 있다. 15세기 초중반 피렌체 상류층의 전형적인 복장을 하고 있는 여성의 모습은 작품이 그려진 시기가 1430-1440년대임을 알려주고 있으며, 여인의 화려한 머리장식과 장신구들은 결혼과 관련되어 있음을 나타낸다. 여성이 초상화 대부분의 자리를 차지하고 남성은 구경꾼처럼 외부에서 창문을 통해 안쪽을 살짝 들여다보고 있는 특이한 배치는 여성이 남편보다 사회적 지위가 높다는 사실을 상징적으로 보여주는 것이다.

그림이 그려진 시기가 15세기 초중반이라는 점을 감안하고 본다면, 이런 여성 중심적인 구도는 꽤나 파격적인 부분이 아닐 수 없다. 당시 여성 초상화는 극히 드물었으며 왕족들의 약혼 또는 결혼 전 상대방을 위한 선물이나 기록용에 불과했다.

극단과 사치의 패션

✦ • • •

14세기부터 이탈리아반도에 퍼지기 시작한 새로운 정신인 인본주의는 사람들로 하여금 '나'를 세상의 중심에 두게 하였고, 그런 나를 특별하게 가꾸는 노력을 아끼지 않게 했다. 14세기 초부터 유럽은 무역이 안정되고 산업도시가 부흥했으며, 상인과 장인으로 구성된 새로운 사회 계급의 등장으로 자본주의가 정착되어 갔다.

의복은 돈이 많아진 사람들의 과시를 위한 가장 손쉬운 수단이 되었고, 사람들은 의복의 기능보다 아름다움에 더 치중하게 되었다. 사람들은 사치를 하기 시작했다. 의복은 점점 더 화려해졌고 유행의 주기는 짧아졌으며, 뒤처지는 건 용납되지 않았다. 국가마다 유행하는 스타일도 달라졌다. 여러 도시국가가 존재하던 이탈리아에서는 미에 대한 타고난 감각을 바탕으로 서로 경쟁하듯 창의력을 발휘했다.

초상화 속 여인은 당시 가장 사치스러운 의복이었던 우플랑드Houppelande를 입고 있다. 우플랑드는 남녀 모두 착용한 14-15세기의 특징적인 의복으로, 긴 소매를 가진 매우 화려하고 장식적인 겉옷이다.(그림2) 방대한 양의 천이 사용되었고 안감을 모피로 채우기도 했기 때문에, 과시하고 뽐내기 좋아하던 귀족이나 부유층들이 즐겨 입었다. 영국 워릭 대학교의 세계사 및 문화학 교수인 조르조 리엘로Giorgio Riello에 의하면 14세기 초 이집트에서 최대 3엘(약 3.4미터)의 폭을 가진 넓고 긴 소매가 달린 느슨한 가운 형식의 카미슈Qamiş가 유행했는데, 이 패션은 곧 유럽의 궁정에도 퍼지게 되었다. 먼저 당시 패션 리더들의 각축장이었던 부르고뉴 궁정의 여인들 사이에서 넓고 긴 소매가 달린 로브가 인기를 끌었고, 바로 옆 프랑스 궁정으로 퍼졌다. 이 옷은 프랑스로 건너가 '우플랑드'라는 명칭으로 불렸는데, 외투를 의미하는 고대 영어 'hop-pâda'에서 유래한 것으로

✦ 그림2.
우플랑드(펠란다),
14-15세기

짐작된다.●

1400년 베네치아에서 독특한 종 모양의 길고 큰 소매를 금지하는 법령이 내려지기도 한 것을 보면, 우플랑드는 멈추지 않고 유럽 전역으로 퍼져나갔음을 알 수 있다. 길고 나팔꽃처럼 넓게 퍼지는 플레어 소매가 특징인 우플랑드는 손목부터 땅끝까지 늘어지는 소매의 끝을 일정한 간격으로 잘라 꽃잎이나 잎사귀 모양처럼 만들거나 또는 모피나 깃털 등을 달아 장식했다. 이는 마치 공작새처럼 화려하고 아름다웠다. 몸통의 앞면과 뒷면에는 보통 수직으로 길게 천을 접어 만든 파이프 주름을 넣어 허리끈 아래로 형성되는 풍성한 품을 자랑했다. 여성의 경우 가슴 바로 아래에(남성은 허리에) 허리끈을 착용해 고정했고, 뒤가 길게 끌리는 트레인이 있는 경우가 많았다.

패션은 장소와 시간에 의해 변화한다. 옮겨간 곳에 맞게 변형되고 새롭게 해석되기 마련이다. 프랑스에서 건너온 이 우플랑드도 이탈리아로 들어와 '펠란다Pellanda'로 불리며 그 모양을 변화시켰다. 특히 피렌체 사람들은 외국에서 들

● 우플랑드의 유래와 어원에 대해서 학자들의 의견은 일치하지 않는다.

✦ 그림3. 〈창가에 있는 남자와 여자 초상〉 속 복식과 숨은 요소

① 결혼 관련 보석
② 보석과 수많은 비즈, 프라파투레 기법으로 장식된 베일
③ 스콜라리 가문의 영지
④ 발라시오 루비와 세 개의 진주로 구성된 브로치
⑤ 마니체 아 고치
⑥ 파이프 주름

여온 패션을 자신들만의 스타일로 바꾸는 데 선수였다. 여인이 입은 펠란다 소매 앞부분에 둥글게 뚫린 부분은 '마니체 아 고치Maniche a gozzi'라 불리던 피렌체 펠란다 특유의 소매 장식이다. 한창 화려한 직물로 만든 옷을 즐겨 입기 시작한 피렌체의 여인들은 안에 입은 의복의 화려함과 부를 과시하기 위해 소매 앞부분을 크게 터주었다. 초상화 속 여인이 속에 입은 의복의 소매는 비싸고 고급스러운 검은색 브로케이드Brocade●로 석류 문양이 수놓아져 있다. 석류는 전통적으로 결혼과 다산의 상징으로, 신부나 결혼한 여인들의 드레스 문양으로 선호되었다.

여인의 펠란다는 붉은색 벨벳으로 만들어졌는데, 벨벳으로 만든 펠란다는 기술을 가진 소수의 직공만이 생산할 수 있는 매우 긴 과정을 필요로 했다. 여인의 펠란다는 가장자리가 모피로 트리밍된 듯 보이지만, 사실 안감 전체가 모피다. 그것도 가장 고급인 담비 털로 속을 채웠다. 이러한 값비싼 드레스를 딸이나

●   브로케이드는 견직물에 금실과 은실로 무늬를 낸 두꺼운 직물로, 당시에는 석류나 꽃 등의 자연 문양을 넣는 것이 유행했다.

부인에게 사줄 수 있는 아버지나 남편은 몇 되지 않았다. 법으로 지나친 사치를 통제하고 계급에 따라 입을 수 있는 의복이 달랐던 시대에 이토록 화려한 복장을 하고 있다는 점은 그녀가 높은 신분의 여성이라는 사실을 드러낸다.

여인은 결혼 중

✦ ● ● ✦

어떤 이들에게 호화로운 결혼식은 자신과 가문의 부와 명예를 만천하에 드러낼 수 있는 이벤트일 것이다. 15세기에도 별반 다르지 않았다. 결혼식은 과시를 위한 정치적인 행사였다. 조선시대에 활옷과 족두리로 신부임을 나타냈던 것처럼 당시 피렌체에서는 여인의 화려한 붉은색 드레스와 머리장식, 목걸이 그리고 머리와 어깨에 착용하는 큰 보석 브로치(그림4)가 그러했다. 무엇보다 결혼식에는 보석이 중요했다. 값비싼 보석을 착용하는 것은 신부의 명예와도 관련이 있었다. 당시 결혼을 앞둔 아들에게 한 어머니는 이러한 편지를 써 보냈다.

❝ 보석을 준비해 아름답게 꾸며 놓거라, 너의 아내감을 찾았으니.

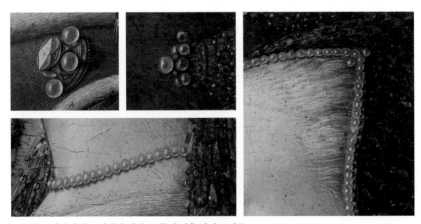

✦ 그림4. 〈창가에 있는 남자와 여자 초상〉의 결혼 관련 보석들

네가 다른 것들로 명예를 갖는 것처럼, 그녀의 치장도 그녀의 명예가 될 것이다. [99]

　　일반적으로 결혼 몇 달 전 신랑은 신부에게 옷과 보석을 선물했는데, 작은 상자에 담아 신부의 집으로 보냈다. 남편은 아내의 의복을 준비함으로써 앞으로 아내를 돌보고자 하는 의지를 보여주었다.

　　여인의 머리장식은 옷만큼 사치스럽고 고급스럽다. 머리장식 중앙에 위치한 큰 보석 브로치는 마치 조선시대 우리네 여인들의 어여머리를 장식했던 떨잠을 연상시킨다. 이 머리장식 브로치와 어깨 브로치 그리고 진주 목걸이는 기혼임을 나타내는 대표적인 시각적 표식으로, 당시 피렌체의 사치 금령에 따라 결혼식 날로부터 3년 동안만 함께 착용할 수 있었다. 전통적인 결혼 선물이자 순결의 상징인 진주가 헤어라인을 따라 줄지어 장식되어 있는 '두 개의 뿔 모양'을 한 머리장식은 중세 시대의 대표적인 헤어스타일인 에냉Hennin의 일종으로 유행의 막바지에 접어들고 있었다.

　　모양이 말안장과 비슷하여 '셀라Sella'(그림5)라 불리기도 한, 플랑드르에서 온(그림6) 이 독특한 모양새의 머리장식은 이탈리아로 건너와 소시지처럼 생긴 패딩 롤인 기를란다Ghirlanda를 얹는 방식으로 변모해 크기가 점점 커졌으며, 1430년대부터는 긴 천까지 얹어 장식했다. 15세기 남성들 사이에서 동방의 터번 패션이 유행하자, 다른 평민들과 차이를 두고 싶었던 부르주아 여성들도 머리에 무거운 천을 얹고 다니며 부를 과시했다. 이를 본 귀족 여인들은 부르주아 여성들과 구별되기 위해 금·은실과

✦그림5. 이탈리아의 셀라

✦그림6. 플랑드르의 안장 머리장식

✦ 그림7. 네크피스에 부착된 리리피피아, 14-15세기

보석으로 화려하게 장식된 천 또는 매우 비싸고 가벼운 실크 베일을 얹고 다녔다. 천은 커튼처럼 셀라의 양옆으로 내려왔는데 한쪽 천이 훨씬 길어 허리까지 늘어져 있었다.

이 모양은 중세 시대에 춥고 습한 날씨를 견디기 위해 머리와 어깨에 쓰던 긴 꼬리가 달린 후드의 일종인 리리피피아Liripipia(그림7)의 영향을 받은 것으로 짐작된다. 리리피피아는 긴 부분을 필요에 따라 머리나 목에 감을 수 있는 매우 실용적인 아이템이었다. 중세 시대엔 추운 날씨에 보온을 위해 썼던 이 쓰개는 시간이 지나면서 패션이 되었고, 더 나아가 부유하고 지위가 높은 사람들의 자기 과시를 위한 수단이 되었다. 값비싼 천으로 만들어졌고 그 길이는 매우 길어졌다.

금실, 금 구슬, 진주와 수많은 비즈가 빽빽하게 달리고 부분 컷 장식기법인 프라파투레Frappature로 장식된 여인의 적색 실크 베일(그림8)은 마치 하나의 직물 작품처럼 정교함과 화려함을 자랑하고 있다. 천의 가장자리를 가위나 칼로 잘라 장식했던 기법인 프라파투레는 중세시대 의복의 주된 장식 방법이었다. 기후가 불안정하고 비가 많이 내렸던 중세 후기를 살아가던 유럽인들은 모직

옷의 방수 효과를 높이기 위해 물기를 짠 상태의 울 섬유를 두드려 반대 섬유들이 서로 더 얽히게 만들어 밀도와 강도를 높였는데, 덕분에 직물의 가장자리에 바느질 등 별다른 처리를 하지 않아도 올이 풀리지 않았다. 사람들은 이 가장자리를 원하는 모양대로 잘라 장식했다. 술처럼 여러 가닥으로 자른 기본적인 형태를 시작으로 나뭇잎 모양으로 잘라 화려함을 더하기도 했다. 그중 고대 그리스·로마 시대부터 건축물의 기둥머리(그림9)를 장식하는 모티브가 된 아칸투스Acanthus 잎은 우플랑드 소매의 가장자리나 직물의 끝자락을 꾸며주는 좋은 모델이 되어주었다.(그림2 중 오른쪽) 이렇게 화려하게 장식된 천까지

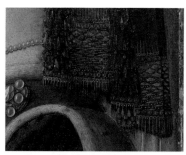

✦ 그림8. 보석과 비즈, 프라파투레 기법으로 화려하게 장식된 베일

✦ 그림9. 아칸투스 잎이 양각된 주두, 12세기, 파르마, 국립 갤러리

걸치며 경쟁적으로 커지던 머리장식 셀라에 대해 당시 이러한 기록도 남았다.

> " 숙녀들의 양쪽에 너무나 넓고 큰 귀가 있어, 문을 통과할 때 머리장식 때문에 넘어지지 않으려면 몸을 돌려 지나쳐야 했다. "

조선시대 너무 크고 무거운 어여머리 때문에 어린 신부가 갑자기 일어나다 목이 부러졌다는 일화가 떠오르는 대목이다. 이 사치스러운 머리장식 셀라는 도덕주의자들과 종교인들의 비판과 미움을 한껏 받다 15세기 중반쯤 외국에서 온 스타일이라는 이유로 피렌체 정부가 법으로 금지시키면서 사라지게 되지만, 사실 유행의 끝자락이기도 했다. 유행은 언제나 법보다 빨랐다.

✦그림10. 커프스 부분에 장식된   ✦그림11. 여성의 손가락의 반지
　모토 'Lealtà'

"Lealtà"

펠란다 소매 하단의 커프스 부분에는 "레알타Lealtà"라는 모토가 금실과 작은 진주로 새겨져 있다.(그림10) 자수로 드레스에 가문의 문장이나 모토를 새기는 것은 이 시기 10년 동안 매우 유행*했는데, 당시에는 사치 금령으로 소매의 커프스 부분에만 허용되었다. '레알타'는 이탈리아어로 충실, 헌신이라는 의미로 약혼이나 결혼에 대해 신부가 가져야 할 미덕이었다.

여인은 손가락의 위쪽 마디까지 여러 개의 반지를 끼고 있다.(그림11) 중세 시대 상류층은 보통 반지를 많이 꼈다. 보석 반지로 부를 과시하려는 목적도 있었지만, 이는 더러웠던 환경과 깊은 관련이 있다. 반지에 향료를 넣을 수 있는 공간을 만들어 끼고 다니다가 악취가 심한 곳에서는 코에 손을 대 빠르게 대처했던 '생활 속의 지혜'였다.

✦　　직물에 가문의 모토나 문장을 수놓는 것은 자신이 속한 가문을 드러내고 그 힘을 과시하려는 의도를 담고 있었다.

이상적인 실루엣, D-라인

끌리는 치맛자락을 모아 잡고 허리 앞에 둔 여인의 손 아래를 보면, 드레스 천이 뭉쳐져 있기도 하지만 마치 임신한 것처럼 동그랗게 나와 있는 배를 확인할 수 있다. 여인들은 펠란다의 가슴 아래에 허리끈을 매어 고정했는데, 이는 당시 여성미의 포인트였던 풍만한 복부를 강조하기 위함이었다. 여인들은 임신한 것처럼 보이는 큰 배를 원했다. 이러한 실루엣은 웬만한 노력으로는 달성하기 어려웠기 때문에 가운 아래에 패딩을 넣어 볼록한 실루엣을 완성하기도 했다. 이는 흑사병과 전쟁 등으로 인해 유럽 인구의 3분의 1가량이 사라진 엄혹했던 시간을 견디며 살아낸 사람들의 '새 생명에 대한 염원과 의무'와도 관련이 있었다. 다른 한편으로는, 진짜 임신을 원했다기보다는 이러한 모습이 우아하다고 여겼기 때문이었다. 그림 속 여인은 배 앞으로 드레스를 뭉쳐 손에 쥐고 있는데 (그림12), 이는 배를 돋보이게 하면서도 무겁고 긴 의복을 과시하는 행위였다. 당시 무겁고 긴 의복은 매우 선호되었다. 이러한 옷은 착용 시 천천히 움직일 수밖에 없었기 때문에 기품 있어 보인다는 인식이 여성들 사이에 퍼져 있었다. 이러한 모습은 얀 판 에이크Jan van Eyck의 작품 〈아르놀피니 부부의 초상Portret van Giovanni Arnolfini en zijn vrouw〉 속 여인의 모습에서도 찾아볼 수 있다.(그림13)

✦ 그림12. 여인의 손동작
✦ 그림13. 〈아르놀피니 부부의 초상〉
　중 여인의 손동작

그 이름은 프란체스카

✦ • • ✦

이 부유해 보이는 여인은 스콜라리Scolari 가문과 연
관이 있다. 남성 모델의 손 밑에 있는 문장(그림14)은
바로 스콜라리 가문의 문장으로, 그림의 주인공이
누구인지 실마리를 풀 수 있는 첫 번째 단서를 제공
한다. 이를 근거로 여인이 스콜라리 가문과 관련되
어 있음을 알 수 있다. 그림이 그려진 시기(1440년경)

✦그림14. 스콜라리 가문의 문장

에 결혼한 스콜라리 가문의 사람은 둘로, 여자인 프란체스카Francesca di Matteo
Scolari와 남자인 로렌초Lorenzo di Rinieri Scolari였다. 남녀가 등장하는 초상화에
서 여성이 자신의 가문을 드러내며 주인공의 위치를 차지했을 리 없다는 기존
의 인식, 문장이 남성의 손 밑에 있다는 점을 근거로 과거에는 초상화의 모델을
로렌초와 그의 부인 아뇰라로 식별했다. 하지만 문장은 여인이 차지하고 있는
내부 공간에 확고하게 자리 잡고 있다. 과거와는 다른 시각으로 해석한 최근 연
구에 따라 이 초상화의 모델은 프란체스카 스콜라리와 그녀의 남편 보나코르소
라는 설이 설득력을 얻고 있다.

  프란체스카는 상류층에 잘 정착한 피렌체 가문들 중의 하나인 스콜라리 집
안의 후손으로, 그녀의 아버지 마테오Matteo Scolari는 금융 및 정치가인 엘리트
였다. 룩셈부르크의 지기스문트Sigismund 황제에 의해 귀족이 된 유명한 무역상
이자 군인이었던 그는 피렌체 공화국 시민들로부터 '인민의 기사'로 추대받기
도 했다. 한마디로 프란체스카는 굉장히 부유하고 막강한 신흥 귀족 집안의 자
녀였던 것이다. 그녀가 두 살 때 사망한 마테오는 남은 가족이 풍족하게 살아갈
수 있는 환경을 마련해 두었다. 프란체스카는 우아한 스콜라리 궁에서 살면서 정
해진 연금을 받았으며, 영지와 작업장에서 얻는 수입 또한 보유할 수 있었다. 무

엇보다 결혼 시 그녀의 지참금은 3000피오리니Fiorini•로 책정되어 있었고, 어머니로부터 4500피오리니 가치의 재산도 물려받았다. 프란체스카의 어깨에 달려 있는 브로치(그림3 중 왼쪽 위)만 해도 그 값이 300피오리니였다. 이 브로치는 스콜라리 가문의 재산 목록 중 "노란색의 발라시오balascio(또는 발라스balas) 루비와 세 개의 진주로 구성된 보석"으로 서술된, 프란체스카의 어머니가 소유했던 브로치와 일치하며, 딸인 프란체스카에게 물려주었을 확률이 높다. 귀족 가문들은 가지고 있는 재산을 꼼꼼하게 작성해 놓은 목록이 있었는데, 집안의 식기부터 보석 하나하나까지 모두 포함되었다.

그림에는 두 개의 창이 있는데, 한 창문으로 남성이 안을 들여다보고 있고 다른 하나는 밖의 풍경을 보여주고 있다. 창문을 통해 보이는 풍경은 그녀가 속한 스콜라리 가족 소유의 영지와 건물을 기록하고 있는 것으로 본다. 초상화는 이렇듯 과할 정도로 화려하고 사치스러운 차림새와 배경으로 그녀의 혈통을 강조하면서 상류층 가문의 후손이라는 점을 암시해 주고 있다.

남성의 정체는 남편인 보나코르소?

이 이중 초상화의 구도는 특이하다. 초상화 속에서 남자는 밖에서 창문을 통해 안을 살짝 들여다보는 구경꾼 같은 모습이다. 남자와 여자는 서로 마주하고 있지만, 둘의 위치는 다르며 시선 또한 마주치고 있지 않다. 그들이 프란체스카와 그녀의 남편 보나코르소가 맞다면 두 사람이 차지하는 공간과 거리의 차이는 사회적 지위의 차이를 나타내는 장치로 볼 수 있다.(그림15) 화가 프라 필리포 리피Fra Filippo Lippi는 남자의 손동작(그림16)을 고심하며 조정했다.

현대에 들어 적외선 반사법으로 조사한 결과, 포개어져 있는 남자의 손은 원래 한 손을 턱 아래까지 올리고 적극적으로 손짓을 하고 있는 모습이었다. 그는

• 피오리니는 피렌체의 금화로, 1252년부터 1533년까지 발행되었다. 당시 부유한 상인 딸의 지참금은 보통 500-1500피오리니 정도였다.

✦ 그림15. 인물들의 시선 처리와
　거리 차이
✦ 그림16. 남성의 손동작

단순한 관찰자가 아닌, 여인의 대화 상대였던 것이다. 화가의 고심 끝에 그려진 '가문의 문장 위에 손을 얹고 있는 제스처'는 그가 피렌체의 고귀한 혈통 스콜라리 가문의 일원이 되었음을 상징적으로 보여주는 것으로 해석할 수 있다. 그는 프란체스카가 첫 남편을 잃은 후 20살 무렵 재혼한 보나코르소 피티Bonaccorso Pitti로, 그들은 1444년 결혼해 백년해로하였다. 피티Pitti 가문 또한 당시 피렌체의 주요 가문 중 하나였다. 보나코르소의 아버지 루카Luca Pitti는 유명한 국제 무역상이자 예술 애호가로, 그가 아들의 결혼식을 기념하여 이 초상화를 의뢰했을 가능성이 있다. 루카는 당시 피렌체를 실질적으로 다스렸던 코시모 데 메디치Cosimo de' Medici의 친한 친구로, 코시모에게 그가 가장 좋아하던 화가 프라 필리포 리피를 소개받았을 것으로 추정한다.

　프란체스카의 초상화는 현존하는 이탈리아에서 가장 오래된 이중 초상화이자, 배경에 풍경화가 포함된 최초의 초상화로 그 역사적 의미가 깊다. 그리고 왕족이 아닌 상인·영주 및 지도자에 의해 의뢰된 가장 이른 사례 중 하나로 간주된다. 본래 왕족의 전유물이었던 초상화를 부유한 상인이나 귀족 출신의 지도자도 의뢰하면서, 이제 더 많은 이들이 초상화를 그릴 수 있는 '대 초상화의 시대'의 문이 열리게 되었다. 초상화 속에서 프란체스카는 여전히 남성의 욕망과 통제의 전통적인 대상으로 실내에 갇혀 있지만, 구도적으로 여성을 지배적으로 배치하고 회화적인 요소들이 모두 주인공인 여성에 대해 설명하고 있는 이 초상화는 분명 시대를 앞서가고 있다. 프란체스카의 초상화는 여성의 혈통을 강조하며 계보를 드러낸 기록으로 여겨진다. 이후 피렌체에서 그려진 많은 여성 초상화에는 여성의 개인적인 상징과 족보가 명시되었다.

그림1. 산드로 보티첼리, 〈젊은 여인의 조상〉(프랑크푸르트 조상), 1475~1480년경, 프랑크푸르트, 슈테델 미술관

살아 있는
비너스

시모네타 베스푸치
SIMONETTA VESPUCCI

✦ • • • ✦

c.1453–1476

태어난 순간부터 신화가 되고 때 이른 죽음으로 전설이 된 여인 시모네타 베스푸치Simonetta Vespucci. 그녀는 피렌체 황금시대의 여신으로 등극하면서 시인과 화가들의 뮤즈가 되었고, 실제로 본 적도 없는 수많은 이가 그녀와 사랑에 빠졌다. 살아 있는 비너스가 되어 한 시대의 상징으로 살아가다 너무 이른 죽음에 의해 시간을 초월한 아름다움으로 남은 그녀는 르네상스의 슈퍼 모델이자 미의 아이콘이었다.

헤어스타일로 촉발되는 에로티시즘

시모네타는 그림 속에서 금발머리에 빛나는 피부를 가지고 있다. 화가의 손끝에서 미학적인 이미지로 변형되어 진정한 '신플라톤주의적 아름다움'으로 이상화된 시모네타는 1470년대 피렌체 문학에서 나오는 전형적인 님프의 모습으로 표현되었다. 땋은 머리 가닥들이 느슨하게 묶여 복잡한 스타일로 연출된 머리카락은 나른하고 몽환적인 느낌을 선사한다. 고대 조각품에서 영감을 받은 머리장식인 베스파이오Vespaio(그림2)는 당시 피렌체 여성들에게 인기 있는 스타일이었다. 머리를 장식하거나 원하는 모양으로 고정해 주는 베스파이오는 '진주를 규칙적으로 배열시켜 장식한 그물'로, 이는 시모네타의 성姓인 베스푸치Vespucci를 연상케 하는 장치로 볼 수 있다. 화가의 이토록 자유분방한 머리카락의 표현은 그림의 장르를 안내하는 역할도 했다. 그것은 실제가 아닌 이상적인 여성을 그려낸 상상의 영역이었다. 산드로 보티첼리Sandro Botticelli가 그린 헤어스타일은 일반적인 베스파이오보다 더 정밀하고 독특하게 연출된 상상의

✦ 그림2. 보티첼리의 그림 속에서
베스파이오를 한 시모네타의
모습들

산물로, 실제로는 불가능한 헤어스타일이었다. 물결치듯 땋은 금발머리를 매듭지어 묶고 리본과 진주로 정교하게 장식한 이미지는 시인 페트라르카Francesco Petrarca● 가 라우라Laura에게 부여한 특성이었다. 라우라는 페트라르카의 뮤즈로, 시인의 시 속에서 완벽한 미덕의 상징이자 순결한 여인으로 묘사되었다. 시인의 이상형은 시대의 미적 기준이 되었고, 르네상스 여인들은 이 아름다움의 정점에 있는 여인의 모습을 닮기 위해 노력했다. 특히 라우라의 황금빛 금발이 선호되어 여인들은 머리를 염색하기 바빴다.

이 세상의 화려함을 초월한 모습으로 연출하기 위해 보티첼리는 200개 이상의 진주를 시모네타의 머리에 고정했다. 머리카락의 불규칙한 배열은 일반적인 사회적 관습에서 벗어났기 때문에 매우 도발적으로 여겨졌다. 그녀는 귀부인이라면 절대 하지 않았을 관능적인 헤어스타일을 하고 있지만, 그렇다고 그녀에게서 에로틱한 설렘이 느껴지는 건 아니다. 표정과 시선 때문일 것이다. 그림 속 그녀의 시선은 항상 몽환적이며, 세상에 초연한 듯 생기 없는 표정은 어딘가 우울해 보이기까지 하다. 보티첼리는 당대의 시인 폴리치아노Poliziano●●의 시에서 영감을 받아 시모네타의 아름다움을 찬양하는 여러 작품을 그렸다. 하지만 시인의 시와는 다른 점이 있었다.

●   프란체스코 페트라르카는 초기 르네상스 시대의 인문주의자이자 위대한 시인이었다. 고대 그리스·로마 시대의 재생을 꿈꾸며 고전 연구와 전파에 힘쓴 페트라르카에 의해 플라톤 사상이 르네상스 시대에 대중화되었다. 그는 '인문주의의 아버지'이자 당시 가장 인기 있었던 소네트Sonnet(14행 구성의 시)의 형식을 완성시킨 '소네트의 대가'로 인정받았다.

●● 폴리치아노라는 이름으로 활동한 당대의 시인 아뇰로 암브로기니Agnolo Ambrogini는 피렌체의 문화를 특징 짓는 '고전 예술과 학문의 부흥'을 기념하기 위해 시모네타를 피렌체의 아이콘으로 만들었다.

시인의 시 속에서 시모네타는 순결하지만 에로틱한 욕망의 대상이었다면, 보티첼리의 그림 속 여인은 완전히 순결하지도 않지만 그렇다고 육욕적으로 보이지도 않았다. 화가는 의도적으로 시모네타가 현실과 이상, 순수와 성적 대상 등 다양한 범주를 넘나들게 하며 실제와 이상의 경계를 흐렸다. 보티첼리가 머리카락에 관심을 두게 된 계기는 스승의 가르침에 의한 것으로, 스승 베로키오Andrea del Verrochio는 학생들에게 끊임없이 다른 헤어스타일을 고안하도록 훈련시켰다. 시간이 갈수록 보티첼리의 관심은 헤어스타일에 집중되었고, 단순히 머리를 풀어놓은 상태가 아닌 복잡한 스타일을 통해 폴리치아노가 심은 에로틱한 이미지를 자신만의 해석으로 구현해 냈다.

당시 명망 있는 기혼 여인들(그림3)은 유혹의 상징인 머리카락을 천으로 가리고 다니거나, 심지어 결혼 직후엔 아예 자르기도 했다. 여성스러운 아름다움을 포기하며 남편에게만 충실하겠다는 의미였다. 그만큼 여인의 긴 머리카락은 여성스러움의 상징 그 자체였다. 당시엔 소녀들을 제외한 여성의 풀어헤친 머리는 방탕함의 상징이었고, 느슨하게 묶인 머리는 매력적으로 보이기 때문

✦그림3. 피렌체와 밀라노의 결혼한
여인들의 머리장식, 15세기

에 부적절한 것으로 간주되었다. 아직 중세의 그늘에서 벗어나지 못했던 시대였기에 교회는 아름다운 머리카락을 악마시했다. 머리카락에 대한 경시는 중세 시대 교회의 주요 기조로, 교회는 여성들이 머리카락을 장식하는 것을 싫어하는 것은 물론 아예 베일로 모두 가리고 다니길 강요했다. 종교 지도자들은 인간의 털 자체에 죄가 있는 듯 여겼다. 심지어 남성들의 머리 길이까지 규제했으며, 1073년 교황 그레고리오 7세Gregorio Ⅶ는 성직자들의 수염을 금지해 15세기까지 이어지기도 했다. 여성들은 베일 없이 교회에 들어가지 못했다. 교회는 여성이 외모를 돌보는 것을 비난했고 머리카락을 가꾸는 것은 허영심을 드러내는 행위라 여겼다. 이러한 환경에서 보티첼리의 여성 헤어스타일에 관한 연구는 그동안 예술사를 지배해 왔던 기독교적 편견에서 벗어나려는 도전이었다. 그가 이상화하고 매혹적으로 표현한 부분은 여인의 머리카락이었다. 그가 그린 여인들의 머리카락은 점점 더 화려하고 복잡해져 갔다.

교회가 싫어한 소녀들의 패션

+ • • •

그림으로 표현된 시모네타의 아름다운 모습은 유행처럼 번졌고 소녀들은 이를 따라 했다. 매혹적으로 그려진 헤어스타일을 당연히 성직자들은 매우 싫어했다. 1490년, 피렌체의 수도사 지롤라모 사보나롤라Girolamo Savonarola는 딸들이 미사에 참석하면서 머리를 가리는 베일을 쓰지 않도록 내버려 둔 어머니들을 비난했다.

"교회에 있는 천사들과 성직자들을 존중해 그들 중 누구도 여인의 아름다움에 사로잡히지 않도록 머리를 가리십시오!"

아름다운 모습에 현혹된 자신의 모습을 반성하지 않고 소녀들이 머리를 풀고 다니는 것을 꾸짖었다. 소녀들이 그렇게 다니는 것은 당시 평범한 일이었는데도 말이다. 당시 그림은 현대의 패션 잡지처럼 세련되고 아름다운 여성의 이미지를 제공했다. 화가들이 그리는, 장밋빛이 도는 백옥 같은 피부에 빛나는 금발의 긴 머리카락을 바람에 휘날리며 하늘하늘 아름답게 주름 잡힌 하얀 드레스를 입고 맨발로 걷는 고대 여신이나 님프의 아름다운 모습은 오늘날 아이돌의 모습처럼 당대에 선호했던 스타일이었다. 소녀들은 님프처럼 얇은 드레스를 입고 긴 머리를 휘날리며 다녔고, 교회는 심기가 많이 불편해졌다. 수도사 지롤라모 사보나롤라는 이를 도덕적 타락의 징후로 여기며 공개 설교에서 어머니들을 다시금 힐책했다.

> **피렌체의 관습을 보십시오! 피렌체의 어머니들은 딸들을 결혼시키기 위해 님프처럼 치장시켜 가장 먼저 교회로 데리고 나옵니다.**

그 시절에도 사람들은 거룩한 종교 활동만 하러 교회를 다닌 거 아니었나 보다. 성직자들은 축제 기간에도 님프처럼 꾸미고 활발히 돌아다니는 소녀들을 비판했다. 더불어 아름다운 그림을 그려낸 피렌체 화가들을 공개적으로 비난했다. 여인들은 자신의 아름다움에 아무도 유혹당하지 못하게 머리카락을 베일로 덮고 망토로 옷을 가리고 다니도록 강요받았다.

정조와 순결의 상징, 하얀 드레스

보티첼리가 그린 여신과 님프의 드레스는 아름다웠다. 그가 여신과 님프를 묘사할 때 자주 등장하는 드레스는 고대 그리스·로마 시대의 의복을 기반으로 한 상상 속 스타일이었다. 시모네타의 하얀 드레스(그림1) 또한 고대부터 입어온 그

리스의 키톤Chitōn(그림4)과 15세기 여성들의 기본적인 생활복이자 작업복인 과르넬로Guarnello(그림5)를 합쳐 놓은 모습이었다. 과르넬로는 상체가 몸에 붙고 높은 허리선을 가진 기본 드레스였다. 주로 일하는 여성(하녀, 농부)들이 입었기 때문에 편리함과 활동성을 위해 허리나 엉덩이 부근을 끈으로 감아주기도 했는데, 이때 리넨이나 면직물의 경우 불규칙적으로 자연스럽고 우아한 볼륨감이 생겼다. 장식성이 배제된 과르넬로의 우아함과 이상적인 아름다움은 '천사의 표준 복장'으로 예술가들에게 선호되었다. 보티첼리는 흰색 과르넬로를 자주 여신의 드레스로 채택했는데, 프랑크푸르트 초상화(그림1)에서 흰색 과르넬로의 매우 정밀한 묘사를 볼 수 있다. 리넨에 레이스 자수가 드려진 과르넬로(그림6)에서 15세기의 레이스 장식을 만날 수 있는데, 이는 바탕과 같은 색의 자수실로 수를 놓는 기술로, 전통적으로 흰색의 리넨을 바탕으로 작업했다. 이러한 레이스 자수는 당시 피렌체의 수녀원에서 제작된 특산품이었다. 이탈리아는 15세기 높은 수준의 자수 기술을 자랑했다.

◆ 그림4. 고대 그리스 키톤

네크라인을 따라 가슴 중앙으로 연결된 땋은 머리장식 밑으로 보이는 파란색의 흉갑(그림6)은 순결하고 이상적인 여성의 특징이었다. 지혜와 전쟁의 여신 아테나 또한 흰 드레스에 갑옷을 입은 모습으로 연출되었다는 기록이 있다. 여신 같은 옷차림에 관능적으로 화려한 헤어스타일, 그리고 흉갑을 착용한 채 단호한 결의로 정조를 지키고 있는 이 복합적인 장치로 화가는 노골적인 에로티시즘을 피하며 그림에 도덕적이고 철학적인 의미를 부여했다.

◆ 그림5. 과르넬로, 15세기

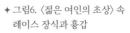
✦ 그림6. 〈젊은 여인의 초상〉 속
레이스 장식과 흉갑

① ② 레이스 장식
③ 흉갑

만들어진 미의 여왕

✦ • • • ✦

당시 피렌체는 메디치 형제의 시대였다. 피렌체의 황금시대를 이끈 로렌초 데
메디치Lorenzo de' Medici가 막 권력을 잡아 피렌체를 이끌고 있었고, 그 옆에는
'젊음의 왕자'라 불리던 교양 있고 잘생긴 몽상가 줄리아노 데 메디치Giuliano de'
Medici가 형이 가꿔놓은 르네상스 문화를 만끽하고 있었다.

시모네타는 피렌체와 가까웠던 제노바Genova 공화국의 고귀한 가문 출신이
었다.✦ 그녀는 정치적 문제로 피옴비노Piombino 후국에 망명해 있던 시절에 만
난 16살 또래의 피렌체 출신 청년 마르코 베스푸치Marco Vespucci와 1468년 결
혼하여 함께 피렌체에 정착했다. 메디치 형제와 친분이 두터웠던 새신랑 마르
코는 피렌체에 도착하자마자 메디치 궁정으로 부인 시모네타를 데려가 소개했

✦   시모네타의 어머니는 전 제노바 공화국 총독의 부인으로, 남편이 죽고 난 후 공화국의 원로인 고귀한 카타네
오Cattaneo 가문의 가스파레Gaspare와 결혼해 시모네타를 낳았다.

다. 메디치 형제는 크게 환대하며 신혼부부를 위해 화려한 파티도 열어주었다. 사실 그녀는 입이 떡 벌어질 정도로 예쁘다기보다는 분위기 미인에 가까웠다. 그녀를 매력적으로 이끈 건 그녀의 우아한 태도와 특유의 분위기였다. 사람들은 특히 그녀의 성격에 매료되었는데, 상냥하고 친절했던 그녀에 대해 시인 폴리치아노는 이러한 글을 남겼다.

> ❝ 그녀의 관심은 온통 그녀와 대화를 나누는 사람에게만 쏠린 것처럼 보였다. ❞

게다가 호리호리한 몸매, 곱고 우아한 얼굴에 가늘고 긴 목, 짙은 회색빛 눈동자, 특히 당시 이탈리아에서 보기 드물던 금발머리가 그녀를 더욱 돋보이게 했다. 그리고 특유의 우수 어린 분위기가 그녀를 감싸고 있었다. 당시 매우 세련되고 교양이 넘치며 철학적이고도 회의적이었던 '복잡한 문화의 도시 피렌체'에서 단지 아름답다는 이유만으로 시대의 아이콘이 될 수는 없었다. 피렌체에 도착했을 때만 해도 그다지 눈에 띄지 않았던 그녀가 미의 대명사가 될 수 있었던 가장 큰 이유는 메디치 형제였다.

새로운 돈나 안젤리카타!

당대 최고의 예술가, 시인, 철학자 및 지식인들로 가득했던 로렌초 데 메디치의 궁정은 당시 신플라톤주의•에 푹 빠져 있었다. 로렌초는 피렌체를 고전 시대의 황금기로 다시 되돌려 놓고 싶었다. 그것은 그들이 꿈꾸던 이상적인 세계였다. 지식인들은 로렌초의 문화클럽에 모여 아름다움에 대한 탐구에 몰두했고, 이 아름다움에 대한 명상은 하느님께 더 가까이 다가가는 것으로 여겨졌다. 그

• 　신플라톤주의는 플라톤 철학의 계승과 부활을 내세우며, 고대 신화(그리스 철학)를 기독교 사상에 연결시켜, 미에 대한 탐구는 곧 아름다움을 창조한 신에 대한 연구라는 생각을 가지고 있었다.

런 그들에게 로렌초가 제시한 이상적인 아름다움을 가진 여인이 바로 시모네타
였다. 자기 시대에 '이상적인 아름다움'인 돈나 안젤리카타Donna Angelicata●를
세워줘야 할 의무가 있었던 피렌체의 수장은 시모네타에게서 자신들의 철학적
이상형을 보았다. 그리고 그녀와 사랑에 빠진 동생 줄리아노가 있었다. 이러한
메디치 형제들로 인해 시모네타는 '피렌체의 아름다움'으로 선택되었고, 그녀
의 모습이 곧 미의 기준이 되었다. 사람들은 그녀를 '아름다운 시모네타La bella
Simonetta'라 불렀다. 당시 메디치 궁정에 살았던 폴리치아노는 이러한 군주의
취향을 바로 알아보았다. 폴리치아노는 로렌초가 하고 있는 문화 개혁의 가장
가까운 협력자 중의 하나로, 시 속에서 그녀에게 자연의 여신 같은 이미지를 부
여함으로써 시모네타의 신화를 조장하는 데 앞장섰다. 시인은 시모네타의 탄생
부터 신비롭게 만들어주었다.

❝그녀는 비너스처럼 파도 사이에서 태어났다.❞

마치 탄생설화와도 같은 폴리치아노의 시적 표현으로 그녀는 출생부터 신
화적인 아우라를 갖게 되었다. 하지만 사실 그녀의 출생일이나 출생지, 세례에
대한 기록은 남아 있지 않다. 현재 이탈리아 서북부 해안 도시인 제노바 공화국
에서 1453년경 태어난 정도만 알 수 있을 뿐이다. 결혼 날짜에 대한 기록도 없으
며, 심지어 그녀가 누군가와 주고받은 편지는 한 통도 남아 있지 않아 그녀가 읽
고 쓸 수 있었는지조차 불분명하다. 그녀에 대한 기록은 대부분 남편을 따라 피
렌체로 옮겨간 후, 그녀의 아름다움을 찬양하는 시나 소네트Sonett(14행시)로 남
아 있을 뿐이다. 폴리치아노의 시 속에서 시모네타는 숲속의 잔디밭을 관장하
는 뮤즈로, 또는 꽃무늬 드레스를 입고 풀, 꽃, 신선한 공기, 개울을 좋아하는 목
가적인 님프로 묘사되었다. 그렇게 이미지를 쌓아가던 중 1475년, 그녀의 명성
이 폭발한 사건이 일어났다.

●   여성을 완벽함의 상징으로 제시하는 르네상스의 주제였다.

토너먼트의 여왕

당시 사람들은 기사도적 로맨스에 열광했다. 숙녀들은 자신의 명예를 위해 기사들이 용맹하게 싸워주길 바라며 자신의 손수건이나 소매(탈부착식)를 전장으로 떠나는 기사들의 팔이나 투구에 매어주었다. 사람들은 플라토닉 사랑도 꿈꿨다. 기사라면 누구나 한 명씩 짝사랑할 아름답고 덕이 높은 귀부인을 정해 놓고, 그녀를 위한 사랑의 소네트를 쓰고 그녀의 미덕을 찬양하는 글을 바치며, '그런 나'에 심취해 있었다. 사람들은 당시 열린 조스트라Giostra(마상 창 시합)에서 그들이 원하는 두 스토리가 모두 담긴 드라마 한 편을 목격하게 된다.

1475년 피렌체의 산타크로체Santa Croce 광장에서 열린 조스트라는 피렌체, 베네치아, 밀라노의 동맹 체결을 축하하는 토너먼트였다. 상업과 금융업을 기반으로 권력을 잡은 가문 출신인 로렌초 데 메디치는 사회적 열등감을 해소하기

✦ 그림7. 조반니 스트라다노, 〈산타크로체 광장의 조스트라〉, 16세기, 피렌체, 베키오 궁 박물관

위해 종종 이러한 귀족적인 의식을 활용했다.* 성대하게 치러진 토너먼트에는
이제 21살이 된 로렌초의 동생 줄리아노도 참석했다. 줄리아노는 보석으로 장
식된 눈부신 은갑옷을 입고 위풍당당하게 무기와 깃발을 든 채 말을 타고 입장
했다. 손에 든 깃발에는 보티첼리가 그린 '하얀 드레스에 무기와 갑옷을 걸친 아
테나 여신으로 묘사된 시모네타'가 있었고, 빛나는 올리브 가지를 밟고 선 여신
의 발 밑에는 프랑스어로 모토가 쓰여 있었다고 전해진다.

"La Sans Pareille"

이 모토는 '비교할 수 없는 미덕'을 의미하는데, 이는 시모네타가 기혼녀였기
때문에 그녀를 향한 줄리아노의 순수한 사랑을 암시하는 것이었다. 피렌체 사
람들이 사랑했던 미혼의 젊은 왕자 줄리아노는 특히 토너먼트에서 빛이 났다.
그는 큰 승리를 거두었고 이날의 조스트라는 역사에도 '줄리아노의 조스트라'로
기록되었다. 그동안 조용하고 사람들 앞에 잘 나서지 않았던 시모네타는 대중
앞에 모습을 보이며 기쁜 마음으로 줄리아노를 축하했고, 그는 그녀에게 승리
를 바치며 외쳤다.

"시모네타를 '토너먼트의 여왕'으로 선포한다!"

이는 당시 사람들이 푹 빠져 있던 기사도적 사랑의 전형적인 모습이었다. 그
리고 그동안 소문으로만 무성했던 그들의 플라토닉 사랑이 공개적으로 드러난
사건이기도 했다. 메디치 가문 남자와의 관계에 대한 소문은 그녀의 명성에 크
게 기여했다. 조스트라 이후 시모네타의 명성은 폭발적으로 높아졌다. 시모네

---

* 피렌체의 가장 위대한 가문으로 꼽히는 메디치 가문의 기원은 사실 불분명하다. 확인이 가능한 시기부터 살펴보
면, 전통적인 귀족이 아닌 부유한 상인 계급이었다. 13세기에 평민, 상인, 환전상, 대금업자였던 가문은 15세기에
는 이탈리아반도에서 가장 부유한 은행가 가문이 되었다. 경제적 성장을 이룬 후에는 유럽 내 여러 지배 가문과의
혼인으로 힘을 길렀으며, 점차 공직을 맡아 부와 권력을 꿰차고 피렌체를 장악하여 그들만의 왕조를 이루었다.

타는 공식적으로 북부 이탈리아 전체에서 가장 아름다운 여성으로 인정받았다. 그녀는 15세기 후반 여성들의 이상형이 되었으며, 남자들은 보지도 않고 그녀와 사랑에 빠졌다. 유명했기에 더 유명해진 시모네타는 실로 '비할 데 없는' 상징적인 존재가 되었다. 이 광경을 목격했던 시인 폴리치아노는 기회를 놓치지 않았다. 그는 줄리아노의 승리와 메디치 가문에 경의를 표하기 위해 줄리아노와 시모네타를 주인공으로 한 찬사의 시를 썼다. 줄리아노가 승리한 후 시모네타에게 승리를 바치는 모습에 영감을 받아 쓴 이 시에서 시인은 시모네타를 님프로 묘사하며 그녀의 아름다움을 찬미했다. 폴리치아노 시에서 양식화된 님프의 모습은 이러했다.

> **"흰 피부에 장미를 머금은 얼굴, 금발의 머리카락, 낮은 신발(맨발)에 하얀 드레스를 입고…"**

폴리치아노는 이러한 순수한 모습의 여인에게 스캔들이 있다는 암시도 한 스푼 넣었다. 시인의 진정한 재능은 여기에 있었다. 시인이 시모네타에게 부여한 이미지는 '순수하면서 섹시한 도덕적인 여인'이었다. 그는 작품 속에서 소녀도 아닌 결혼한 여인에게 순수함과 순결의 이미지를 부여하고 귀부인의 관능적인 매력을 첨가한 뒤, 이를 비난할 수 없는 미덕과 결합하는 방식으로 재능을 발휘했다. 이렇게 시모네타를 순결하면서도 관능적인 여인으로 묘사한 폴리치아노의 시는, 이후 화가들이 그녀를 묘사하는 데 큰 영향을 끼치게 된다.

시모네타의 실제 얼굴

글로만 존재하는 '보티첼리가 그린 깃발 속 시모네타'는 살아 있을 당시 그녀의 모습일 가능성이 크지만, 깃발이 사라진 지금 확인할 방도는 없다. 그래서 그녀의 정확한 얼굴은 알 수가 없다. 오늘날 알려진 명화 속 그녀의 모습은 거의 모두 사후에 그려진 것들로, 대부분의 화가들은 그녀를 직접 본 적조차 없었다. 그녀가 피렌체에 왔을 때부터 보았던 시인 폴리치아노와 동시대 피렌체 화가 도메니코 기를란다요Domenico Ghirlandaio, 그리고 보티첼리 정도가 그녀를 실제로 보았을 가능성이 크다. 폴리치아노는 그녀에 대한 시와 글을 남겼고, 보티첼리와 기를란다요는 시모네타일 가능성이 높은 여인의 그림을 남겼다.

프랑크푸르트 초상화(그림1)는 조르조 바사리Giorgio Vasari*가 언급한 '줄리아노가 사랑한 여인의 초상화'**일 가능성이 있다. 그녀의 목에 걸려 있는 펜던트는 로렌초 데 메디치가 소장했던 것으로 알려진 헬레니즘 시대 보석의 복제품인 카메오Cammeo***이다. 여인의 머리 위에 있는 로렌초의 상징인 깃털 장식과 더불어 미루어 보면, 프랑크푸르트 초상화는 보티첼리가 로렌초에게 선물한 그림으로 추정할 수 있다. 그림의 제작 연도는 1475-1480년으로, 1475년은 시모네타가 죽기 1년 전이다. 비록 이 초상화 또한 일반적인 초상화가 아닌 여성의 아름다움을 제시하는 이상화이긴 하지만, 화가가 직접 본 시모네타의 실제 얼굴을 묘사했을 가능성이 있다.

또 다른 그녀의 실제 모습은, 남편인 베스푸치 가문의 교구였던 피렌체의 온니산티Ognissanti 교회의 가족 예배당 속 기를란다요가 그린 벽화(그림8)에서 찾아볼 수 있다. 성모 마리아의 보호를 받고 있는 베스푸치 가족 중 분홍색 망토를 걸친 여인이 바로 시모네타로 추정된다. 벽화의 제작 연도는 1472년경으로, 결혼 후 약 3년 뒤의 모습이다. 베스푸치 가족이라는 것 외에는 정보가 없으니 확실하지는 않으나, 그녀일 것으로 꼽히는 가장 신빙성 있는 그림이다. 여인은 아직 중세 후기의 영향을 받은 의복인 코타Cotta(그림8)를 입고 있는데, 코타는 주로 여름에 입었던 긴 드레스이다. 넉넉한 품의 코타는 가슴 아래 부분에서 벨트로 조여 여성스러운 라인을 드러냈기에 역시 교회가 싫어했다. 코타는 그 자체

* 조르조 바사리는 16세기 화가이자 건축가, 최초의 미술사가로 오늘날 미술사의 아버지로 인식된다.
** 48쪽 별면 '산드로 보티첼리' 참고
*** 카메오는 양각으로 무늬를 낸 장신구이다.

✦ 그림8. 온니산티 교회 벽화 속 베스푸치 가족과 시모네타로 추정되는 여인

로도 외출복으로 입을 수 있었지만, 교회가 싫어해서인지 시모네타는 위에 망토를 둘러 입었다. 당시 유행이었던 곱슬거리는 옆머리와 중세 시대의 미의 기준이었던 넓은 이마, 또렷한 이목구비에서 그녀의 우아한 아름다움을 엿볼 수 있다. 점점 높아지는 명성과 많은 사람들의 사랑 속에서 시모네타의 앞날은 장밋빛으로 보였다.

아름다운 죽음, 비탄에 빠진 도시

✦ • • ✦

❝ 그의 아름다운 얼굴에서 죽음도 아름답게 보였다. ❞

조스트라 이후 공식적인 피렌체의 '미의 여왕'으로 모든 이들의 사랑을 받으며 꽃길만 걸을 것 같았던 시모네타는 토너먼트 1년 뒤에 병으로 사망하고 만다. 피렌체 사람들은 충격을 받았다. 사람들은 그녀의 갑작스러운 죽음이 아닌 '아름다운 것의 사라짐'에 절망했다. 피렌체 시민들에게 그녀는 마치 짧게 끝나 아름답게만 남은 첫사랑과도 같았다. 아름다운 젊은 여인의 죽음에 도시 전체가 충격과 비탄에 빠졌고, 그 아름다움은 죽어서도 전시가 되어야 했다. 로렌초는 그녀의 장례식조차 하나의 이벤트로 꾸몄다. 연대기에 따르면 장례식 날 그녀의 운구는 병과 죽음도 그녀의 아름다움을 앗아갈 수 없다는 것을 보여주기 위해, 예외적으로 관 뚜껑을 연 채 모두가 볼 수 있도록 도시를 행진했다. 시모네타는 꽃으로 덮인 가마 위의 관에 하얀색 과르넬로 차림으로 누워 있었다. 애도하는 수많은 군중이 장례식에 참석했고 그녀를 따라 무덤까지 동행했다. 이는 이러한 이벤트를 통해 피렌체의 단결을 강조하고, 하나의 감정으로 통합된 공동체 의식을 고취시키기 위한 수장 로렌초 데 메디치의 전략이었다. 로렌초는 시모네타가 죽기 전 치료를 위해 의사를 보내주기는 했지만 정작 장례식엔 참석하지 않았는데, 시모네타의 장례식이 사람들에게 미친 영향에 대해 마치 직접본 듯 묘사한 글을 남겼다.

> **❝** 모두 그녀를 보기 위해 경쟁했다. 그녀를 아는 사람들은 죽음에도 더 아름다운 그녀의 모습에 놀랐고, 이전에 그녀를 몰랐던 사람들은 이런 아름다움이 완전히 사라지기 전에 알지 못했다는 사실에 고통스러워하며 후회했다. **❞**

홋날 로렌초가 그녀의 죽음을 기리며 썼다는 소네트 또한 첫 장은 토스카나의 언어와 문학에 대한 옹호로 시작했다. 로렌초에게 시모네타는 자신이 일군 피렌체 공화국의 정치와 문화적 업적을 홍보하는 수단에 더 가까웠던 것이다.

반면, 그녀의 죽음에 진정으로 좌절하고 슬퍼한 이가 있었다. 바로 시모네타를 진심으로 사랑한 줄리아노 데 메디치였다. 그는 그녀의 죽음으로 인해 자신이 '피렌체뿐 아니라 이탈리아 전역에서 가장 불행한 청년'이라 스스로 말하고 다녔다. 그녀의 이른 죽음으로 이들의 플라토닉 사랑은 더욱 숭고해졌다. 그

는 시모네타의 자취가 남아 있는 그녀의 집에 자주 찾아가 그녀를 추억하며 시
모네타의 남은 가족을 보살폈다. 오죽했으면 시모네타의 남편과 시아버지가 그
녀의 남은 옷과 초상화를 줄리아노에게 모두 주었을 정도였다. 보티첼리는 그
림 〈동방박사의 경배Adorazione dei Magi〉(그림9)에서 메디치 가족과 자신의 모습
을 그렸는데, 시모네타가 세상을 막 떠난 후 그려진 이 그림에는 슬프고 우울한
표정의 줄리아노가 묘사되어 있다. 화가는 메디치 가족을 동방박사와 동반자로
묘사했는데, 성모 마리아의 온화한 얼굴이 시모네타의 얼굴이라는 설이 있다.

로렌초 데 메디치   시모네타 베스푸치(추정)   줄리아노 데 메디치

산드로 보티첼리

✦ 그림9. 산드로 보티첼리, 〈동방박사의 경배〉, 1475-1476년경, 피렌체, 우피치 미술관

✦ 그림10. 이상화 속 다양한
  모습의 시모네타

맞은편에 서 있는 로렌초 데 메디치는 슬픈 동생과는 달리, 진자주색의 우아한 겉옷 조르네아Giornèa를 입은 젊은 군주의 모습으로 묘사되었다.

안타까운 죽음에 보태진 줄리아노의 애절한 사랑 이야기는 시모네타를 전설로 만들기에 충분했다. 게다가 2년 후 줄리아노가 시모네타가 사망한 날짜와 같은 날에 암살당하자 사람들은 그들의 사랑 이야기에 신비로움까지 덧붙여 더 큰 의미를 부여하며 애도했다. 고전 예술과 학문의 부흥을 찬양하려는 목적으로 피렌체의 수장과 시인에 의해 이상화된 시모네타의 모습은 화가들의 상상력이 가미되어 재탄생되었다. 시모네타는 죽음 이후 신플라톤주의를 표현하기에 더욱 적합한 모델이 되었고, 황금빛 머리를 휘날리며 신비롭고 슬픈 표정을 띤 채로 화가들의 그림 속에서 살게 되었다. 그녀가 실제 어떠했는지는 더 이상 중요하지 않았다. 예술가들의 상상 속에서 그녀는 완벽한 신화적인 존재가 되었다. 시모네타의 얼굴은 성모 마리아로, 비너스로, 아테나로, 춤추는 여신으로, 클레오파트라로 변신했다.(그림10) 죽음은 그녀의 육체를 앗아갔지만 늙음 또한 앗아갔기에 시모네타는 영원히 '이상적이며 완벽한 아름다움'으로 르네상스 시대의 아이콘이자 모델로 남았다.

산드로 보티첼리

폴리치아노의 찬사로 신화가 되고 보티첼리에 의해 불멸의 존재가 된 시모네타.

사실 현대까지 이어지는 시모네타의 명성은 메디치의 형제들도, 시인 폴리치아노도 아닌 화가 보티첼리가 만들었다. 그는 그림으로 그녀의 얼굴을 르네상스의 미학적 규범에 완벽히 들어맞는 미인의 원형으로 만들어주었다. 보티첼리는 피렌체의 신플라톤주의를 가장 잘 해석한 화가였다. 그는 그리스·로마 신화를 바탕으로 기독교적 요소가 더해진 예술 세계를 펼쳤다. 특히 폴리치아노가 형상화한 님프의 모습에 시모네타의 얼굴을 투영시켜 이상적인 초상화를 그려냈다. 그는 자신이 그린 모든 여성에게 시모네타의 얼굴의 특징을 넣었다.

그렇다면 과연 화가와 시모네타는 서로를 알았고, 그녀가 그의 그림을 위해 직접 모델이 되어주었을까? 시모네타를 불멸의 존재로 만든 건 그림이지만, 사실 그녀가 그림의 모델이 되어본 적은 없다는 것이 전문가들의 견해다. 당시 시모네타처럼 귀족 계급의 여인이 일반적인 초상화 외 화폭 앞에 모델로 선다는 건 매우 부적절하고 품위에 어긋나는 일이었다. 더군다나 그녀가 묘사된 그림들은 상류층 귀부인이 취하기엔 무리가 있는 포즈와 외설적인 모습이었고, 아예 가능하지 않았던 누드로 그린 그림들도 있었다. 때는 이제 막 중세를 벗어나기 시작한 르네상스 초기 무렵이었다. 가능할 리가 없었다. 그리고 무엇보다 현존하는 그림들은 거의 모두 그녀의 사후에 그려졌다.

하지만 적어도 시모네타와 보티첼리는 서로를 알고 있었을 확률이 높다. 가장 강력한 근거는 보티첼리 가족과 베스푸치 가문은 이웃사촌이었다는 점이다. 베스푸치 가문의 집 근처에 보티첼리의 아버지가 집을 샀고, 보티첼리는 1470년(시모네타가 죽기 6년 전)부터 아버지의 집에 자신의 작업실을 열어 생활했다. 두 가문의 사람들은 서로 왕래하며 지냈는데, 재능 있는 젊은이 보티첼리를 알아본 안토니오 베스푸치Antonio Vespucci의 소개로 화가는 메디치 가문에 닿을 수 있었다. 피렌체의 오래된 귀족 가문인 베스푸치 가문은 메디치 가문의 주요 동맹 가문 중 하나로, 가문의 사람들은 메디치가 다스리는 피렌체의 주요 관직에서 활동했다. 또한, 온니산티 교회를 장식한 벽화 중 보티첼리가 1480년경 제작한 〈성 아고스티노의 서재Sant'Agostino nello studio〉를 그린 부분은 베스푸치 가문의 의뢰로 이루어진 것으로 알려져 있다.

줄리아노가 조스트라 출전 당시 들었던 깃발에 보티첼리가 그렸다는 시모네타의 얼굴과, 시모네타의 시아버지가 로렌초 데 메디치에게 보낸 편지에서 "슬퍼하는 줄리아노에게 시모네타의 초상화를 주었다"라는 구절, 마지막으로 1550년 조르조 바사리가 르네상스 시대 예술가들의 삶과 작품에 대해 쓴 《미술가 열전Le Vite》 속 〈보티첼리의 생애〉 중 "공작 코시모 1세의 벽장에 두 개의 옆모습 여성 초상화가 있었고, 그중 하나는 줄리아노가 사랑했던 여성이다"라는 내용에 근거하여 보티첼리가 적어도 한 번은 시모네타의 실제 초상화를 그렸을 것으로 보여지며, 나머지는 모두 기억에 의한 묘사였을 것으로 짐작된다. 그래서인지 화가의 작품들 중 시모네타를 모델로 했다는 그림 속 얼굴들은 미묘한 차이가 있거나 아예 다른 사람처럼 보이기도 한다. 그럼에도 불구하고 시모네타가 죽은 후 강박적이다시피 그녀의 얼굴을 그린 보티첼리로 인해 시모네타는 르네상스를 상징하는 대표적인 얼굴이 되었다.

그림1. 레오나르도 다 빈치, 〈지네브라 데 벤치〉, 1474-1478년경, 워싱턴D.C., 국립 미술관

강제 결혼의
희생양

지네브라 데 벤치
GINEVRA DE' BENCI

✦ • • • ✦

1457–c.1520

아무나 초상화를 그릴 수 없는 시대에 길이 남을 초상화를 그리면서 화려한 치장은커녕 수수한 차림새로 등장한 한 여인의 묘한 표정에 눈길이 멈춘다. 초점 흐린 눈빛으로 한 곳을 응시하는 시선과 단호함마저 풍기는 굳게 닫힌 입술에서 화가가 표현하려는 심리 상태를 엿볼 수 있다. 이탈리아 르네상스와 바로크 미술 전문 미술사가 메리 개러드Mary D. Garrard는 여인의 시선은 그림 너머를 바라보는 듯 평면의 경계를 흐리며 관찰자와 심리적으로 연결된다고 분석했는데, 이렇게 감정이 전달되는 생생한 묘사는 15세기 후반 이탈리아에서는 매우 혁명적인 시도였다. 하지만 초상화는 18세기 초반까지 그 가치를 평가조차 받지 못한 채 오랜 세월 잊혀져 벤치 저택Palazzo de' Benci의 한편에 머물러 있었다.

모나리자의 예고

여인의 초상화는 레오나르도 다 빈치Leonardo da Vinci가 아직 베로키오의 작업실에 머물던 마지막 시기에 그린 그림으로, 초상화 분야의 데뷔작으로 알려져 있다. 벽으로 가려진 실내에서 화려한 옷차림으로 옆모습을 묘사하는, 당시의 전형적인 상류층 여인의 초상화에서 벗어난 이 초상화는 20대 초반의 젊은 화가 레오나르도 다 빈치의 그림에 대한 학구적인 열정과 실험적인 도전이 담긴 작품이다. 〈모나리자〉로 꽃피운 레오나르도의 초상화 스타일이 바로 이 그림에서 시작되었다. 원래 그림은 몽환적인 분위기뿐 아니라 구도 또한 〈모나리자〉와 비슷했을 것으로 추정된다. 초상화는 〈모나리자〉처럼 손 부분까지 있었으나 후

✦ 그림2. 레오나르도 다 빈치의 손 스케치

대에 불분명한 이유로 그림의 아랫부분 3분의 1쯤이 소실되었는데, 전문가들은 여인의 없어진 손 부분을 비슷한 시기 화가가 남긴 스케치(그림2)의 형태와 같거나 비슷했을 것으로 짐작한다. 신비한 모습과 분위기로 〈모나리자〉의 예고'로 여겨지는 여인의 초상화는 미국이 소장한 단 하나뿐인 레오나르도 다 빈치의 그림으로, 실제 '미국의 모나리자'라 불리며 미국이 애지중지 아끼는 보물이 되었다.

레오나르도 다 빈치의 초상화는 주인공에 대한 많은 이야기를 담고 있다. 주인공이 누구인지 암시하는 요소(배경, 소품, 옷, 액세서리 등)를 곳곳에 넣고 얼굴 표정과 시선, 제스처로 인물의 심리 상태를 간접적으로 드러낸다. 마치 수수께끼를 풀듯 화가가 심어놓은 요소들을 따라가다 보면 초상화의 주인공에 대한 이야기를 들여다볼 수 있다.

당대의 신여성, 지네브라 데 벤치

레오나르도 다 빈치는 그림 속에 주인공에 대한 단서를 남기는 가장 기본적인 방식을 택했다. 그림에 주인공의 이름을 암시하는 무언가를 그려 넣은 것이다. 여인의 뒷배경을 장식하고 있는 검은 물체는 노간주나무Ginepro●로 여인의 이름 '지네브라Ginevra'를 암시해 주는 말장난이다. 또한 초상화 뒷면에

●   어두운 그림자로 여인을 삼킬 듯 감싸고 있는 노간주나무는 보기와는 다르게 순수함(순결)을 상징하지만, 부부의 사랑을 상징하기도 하기 때문에 결혼을 위한 초상화라는 설의 단서가 되었다. 하지만 초상화 뒷면의 문장이 남편이나 남편 가문과는 관련이 없고, 남편이 초상화를 의뢰했다거나 소유했다는 증거 또한 없으며, 결정적으로 결혼 초상화라면 반대 방향에 있어야 할, 지네브라의 초상화와 쌍을 이루는 남편의 초상화가 존재하지 않는다. 당시 결혼이나 약혼을 기념하기 위해 그린 초상화는 몸의 방향에 따라 구분할 수 있었다. 보통 쌍으로 그려지는 결혼 기념 초상화는 여성이 왼쪽을 향해 남편을 바라보는 옆모습이었고, 약혼일 경우 오른쪽을 향했기 때문에 새로운 가설이 등장하기 전까지 오른쪽을 향해 앉아 있는 지네브라의 초상화는 약혼 기념 초상화로 여겨지기도 했다.

는 문장이 그려져 있는데, 지네브라의 플라토닉 연인의 개인 문장과 유사하여 그와 관련된 여인이라는 단서를 제공했다. 초상화에 대한 첫 기록은 1540년경 피렌체 예술가들과 그들의 작품에 대한 문서인 〈말리야베키아노 문서Codice Magliabechiano〉 속 레오나르도 다 빈치에 대한 언급이었다.

> **"그는 피렌체의 자연을 바탕으로 지네브라 다메리고 벤치의 초상화를 그렸는데, 너무나 잘 그려서 초상화가 아니라 지네브라 본인으로 보였다."**

지네브라의 초상화는 15세기 피렌체에서 몇 안 되는 여인의 초상화였기 때문에 화가와 모델에 대한 의문은 비교적 쉽게 풀렸으나, 초상화가 그려진 시기와 목적에 대해서는 의견이 분분했다. 그녀의 모습이 당시 일반적인 여인의 초상화와는 매우 달랐기 때문이다. 르네상스에 살았던 여성들은 보통 약혼이나 결혼을 위한 초상화를 그렸기 때문에 지네브라의 초상화 또한 결혼 전 남편을 위한 선물이었을 것이라는 설이 대부분 학자들의 지지를 받았으나, 남다른 그녀의 모습에 두 가지 가설이 더 제안되었다. 15세기 피렌체에서는 결혼 후 집을 떠나는 딸들을 기억하기 위해 초상화를 의뢰하는 경우가 종종 있었다. 이와 관련하여 지네브라의 오빠*의 의뢰로 그려진 초상화라는 설과, 초상화 뒷면의 문장과 관련하여 결혼 후 지네브라와 플라토닉 연인이었던 이의 의뢰로 그려졌다는 설이 제기되었다.

학자들의 의견이 가장 크게 갈린 요소는 바로 지네브라의 차림새였다. 매우 단순하고 장식 없는 복장은 결혼 초상화 여부에 대한 의심을 심어주었다. 당시 결혼을 위한 초상화 속 여성은 벨벳이나 양단에 금실로 화려한 문양을 수놓은

---

* 레오나르도와 지네브라의 오빠 조반니는 친구 사이로 레오나르도는 벤치 저택을 자주 방문했다. 레오나르도의 아버지 피에로Piero da Vinci와 지네브라의 아버지 아메리고 또한 친구로 두 집안은 꽤 친분이 깊었다. 지네브라의 초상화뿐만 아니라 현재 루브르 박물관의 소장품인 〈세례자 요한San Giovanni Battista〉도 벤치 가문의 의뢰로 그려졌으며, 우피치 미술관의 〈동방박사의 경배〉도 벤치 저택에 보존되어 있었다고 전해진다.

옷과 눈에 띄는 큰 보석을 한 개 이상 착용한 모습이었는데, 옷과 보석은 일반적으로 결혼 전 남편 측에서 예물 형식으로 보내온 혼수품이었다. 지네브라의 단출한 모습은 이러한 예시와는 매우 거리가 있어 보인다. 수수해 보이는 그녀는 사실 더 어렵다는 꾸민 듯 안 꾸민 듯한 스타일의 정석을 보여주고 있다. 당시 유행을 따른 굉장히 세련된 모습인 것이다. 도자기처럼 하얗고 매끈한 피부와 가는 눈썹은 15세기를 대표하는 미적 포인트였다. 이는 중세 시대의 영향으로, 하얗고 털 없는 모습이 더 순결하고 깨끗한 것으로 간주되었기 때문에 여인들은 세심하게 털을 없앴다. 불과 10년 전만 해도 높고 넓은 이마*를 위해 눈썹을 거의 없애버리듯 매우 가늘게 정리하고 변발 수준으로 헤어라인까지 뒤로 밀었으니, 지네브라는 인간의 모습 그대로를 사랑하기 시작한 당시의 문화적인 현상에 따라 어느 정도 자연스러운 모습을 찾은 셈이다. 지네브라의 머리는 뒤쪽으로 한데 모아 묶어준 뒤 단순한 리넨 모자로 덮여 있다. 머리를 틀어 올려 천으로 감싼 스타일은 결혼한 여인들의 상징이었기 때문에 결혼한 후의 모습이라는 설에 무게를 실어주었다.

이마부터 얼굴을 감싸고 내려오는 옆머리만 곱슬거리는 스타일은 15세기 후반 피렌체에서 젊은 여인들 사이에서 유행한 헤어스타일이었다. 이는 르네상스의 정신의 뿌리이자 그들이 그리워하던 그리스·로마 시대의 헤어스타일(그림3)을 따라한 것이다. 그때의 시각으로 본다면 복고풍인 셈이다. 소용돌이치며 곱슬거리는 머리카락의 표현은 레오나르도 다 빈치만의 묘사 방법으로, 초상화가 그의 작품이라는 근거가 되었을 뿐만 아니라 작품의 연대에 대한 단서를 제공하기도 한다. 미술사가들은 일반적으로 레오나르도 다 빈

---

*   14-15세기 여인들에게 높고 넓은 이마는 지성을 드러내는 표식이었다.   ✦ 그림3. 로마 여인, 1세기

치가 1470년에서 1478년 사이 그린 〈수태고지Annunciazione〉 속 가브리엘 천사의 머리에 표현된 곱슬 묘사와의 유사성을 근거로, 지네브라의 초상화의 제작 시기를 1470년대로 추정하고 있다.

화려하지는 않지만 정교해 보이는 지네브라의 갈색 드레스는 네크라인이 값비싼 금장식 띠로 깔끔하게 마무리되어 있다. 생활복의 가장자리까지 금실로 장식했다는 건 그녀의 높은 생활 수준을 드러내 주는 장치이다. 네크라인이 사각 형태로 다소 깊게 내려간 것은 당시 여인의 아름다운 모습이라 여겨졌던 둥근 어깨를 강조해 주기 위함이었다. 과도하게 내려간 목선으로 드러난 가슴 부위는 얇은 리넨이나 실크 또는 양모로 만든 코베르치에레Coverciere로 가렸는데, 이는 예쁜 목선을 가리기 싫었던 여인들로 인해 생겨난 새로운 패션이었다.

> **드레스의 네크라인이 목 밑으로 16분의 1 브라쵸Braccio**(약 3.5센티미터)를 넘지 않아야 한다.**

당시 피렌체의 법령 아래 아름다운 데콜테Décolleté** 라인을 포기할 수 없었던 여인들은 있는 듯 없는 듯 다 비치는 천을 덧대어 걸침으로 대응했다. 금지는 그저 새로운 패션을 만들어낼 뿐이었다. 지네브라는 코베르치에레를 금단추로 여며주었다. 당시 단추는 의복에서 매우 중요한 장식 중 하나로 호박, 산호 등 다양한 보석으로 만들어졌으며, 남녀 모두 풍성하게 장식했다. 단추로 사용되는 보석의 남용을 방지하기 위해 단추의 수, 소재, 귀중한 보석일수록 무게까지도 제한하는 사치 금령이 내려지기도 했다.

---

* 당시 피렌체 공화국에서 쓰인 공식적인 길이 단위는 브라쵸Braccio였다. 브라쵸는 사람의 팔을 뜻하며, 성인의 팔 길이가 기준이 되었다. 그래서 직물을 팔 경우 피렌체의 상인들은 종종 나이 어린 견습생에게 직물의 길이를 측정하게 했는데, 10대 초반의 어린 견습생의 팔 길이는 당연이 성인보다 짧기 때문이었다. 이로 인해 상인과 손님 사이에 자주 분쟁이 일어나 행정기관은 철 또는 청동으로 막대를 제작한 뒤 광장 벽에 설치해 사람들이 활용하도록 했다. '피렌체인의 팔Braccio fiorentino'이라 불리던 이 막대로 피렌체의 공식적인 1브라쵸는 58.36센티미터가 되었다. 상인들이 사람들을 속이는 일을 두고 "그는 짧은 팔을 가지고 있다Ha il braccino corto"라는 표현이 생겼으며, 오늘날에도 관대하지 않거나 인색한 사람을 일컬을 때 사용된다.
** 인체의 목과 어깨, 쇄골에서 가슴 위쪽까지 이어지는 부분으로, 넓고 깊게 파인 네크라인을 의미하기도 한다.

사치를 금지하라!

✦ • • ✦

사치 금령은 사회의 취향과 열망이 반영된 거울이었다. 르네상스 시대를 이끈 피렌체에서는 당시 상인과 장인으로 구성된 새로운 계급이 주요 세력으로 부상하고 있었다. 자본을 바탕으로 부유하고 영향력 있는 중산층(부르주아)을 형성한 이들은 사치에 대한 열정과 허영심이 폭발했고, 자신들의 부를 과시하고 싶어 했다. 부에 이어 사회적으로도 힘을 갖고 싶었던 중산층은 그 모든 것을 가지고 있는 귀족을 모방하려 했고 가장 먼저 드러나는 의복부터 공략했다. 하지만 따라 하는 것을 넘어서 자신들보다 더 좋은 것을 누리며 사치를 부리는 이 신흥계급을 귀족들이 가만히 두고 볼 리 없었다.

그들을 통제하기 위해 1472년 강력한 사치 금령이 내려졌다. 게다가 1470년 대 중반부터는 종교 설교자들이 도덕주의 캠페인을 펼치며, 광장에서 공개적으로 과도한 외모 숭배를 비판하고 사치스러운 복장과 호화로운 연회를 질책했다. 그 결과 금욕주의 바람이 불어 부의 과시를 엄격하게 규제하는 사회적 분위기가 형성되었다. 여성은 반지 세 개와 브로치 한 개를 제외한 장신구 착용이 금지되었고, 귀족이 아닌 이들의 유색 실크 사용에 대한 제재가 들어갔으며 특히

✦ 그림4. 〈지네브라 데 벤치〉 속 복식과 숨은 요소

① 노간주나무
② 콜라레토 또는 스카풀라
③ 코베르치에레
④ 레오나르도 다 빈치의 지문. 그는 부드러운 가장자리 효과를 내기 위해 붓 외에도 손가락을 사용해 색을 혼합했다.

빨간색은 금지되었다.

하지만 언제나 그렇듯 잘 지켜지지는 않았다. 법조차 사회적 지위에 따라 차별을 두었기 때문이었다. 사치를 부릴 만큼 부자이거나 계급이 높은 사람들은 이러한 법령으로부터 자유로웠다. 그 외의 계급에게도 예외의 문은 열려 있었다. 금지된 옷과 장신구를 소유하고 싶다면 그만한 대가를 치르면 되었다. 위반 행위에 대한 처벌은 벌금으로, 세세하게 품목별로 벌금이 정해져 있었다. 또한 금지된 의류를 먼저 신고하는 제도를 이용해 의복을 등록하고 미리 돈을 지불하면 착용이 합법화되었다. 해당 품목을 압류하기도 했지만 이 또한 돈으로 해결되었다. 벌금은 공식적인 '사치 허가 티켓'과도 같았다.

사치 금령은 당시에는 차별을 위한 통제로 특권 의식만 고취시킨 '귀족들을 위한 법'이었지만, 통제는 또 다른 패션을 만들어내면서 패션의 발전으로 이어지기도 했다. 또한, 벌금으로 상당한 수입이 발생했기 때문에 나라 살림에 꽤나 큰 도움이 되었다. 이는 오늘날에도 영향을 끼치고 있는데, 사치 금령이 발효되었다는 사실은 당시 사람들의 풍족한 재정 상태와 호화로운 복장이 유행했다는 점을 알려주는 지표로 활용된다. 법령을 공포할 때에는 신분에 따라 금지된 사항에 대해 매우 상세히 설명했기 때문에, 그림으로 남아 있지 않은 당시 패션을 잘 알게 해주는 뜻밖의 기능도 수행하며 패션 역사에 큰 역할을 담당하고 있다.

15세기 여성 실내복, 가무라

✦ • • •

지네브라가 입고 있는 드레스는 가무라(그림5)로 당시 이탈리아 여인들이 집에서 입었던 실내복이다. 계급에 상관없이 모두 입는 가장 기본적이면서 저렴한 실내복으로 지역에 따라 그 이름을 달리했다. 여러 지역에서 일반적으로 '가무라Gamurra'로 불렸는데, 피렌체에서는 '카모라Camora'로, 북부 지역에서는 '지마라Zimarra'(또는 지파zippa, 주파zupa)라고도 불렸다.

　초기 가무라는 보통 모직 천으로 만들었다. 그 외에도 면이나 캔버스 등과 같은 두껍고 다소 거친 직물로 만들었으나, 직조 기술의 발달과 함께 부드러운 리넨이나 새틴으로도 만들어졌다. 여기에 모피나 벨벳으로 안감을 덧대면 겨울 옷이 되었다. 지네브라는 적갈색의 가무라를 입고 있는데 당시 회색이나 적갈색 직물은 가장 대중적이고 저렴한 직물이었다. 가장 인기 있는 색상은 녹색이었으며, 빨간색과 파란색 또한 선호되었다. 의류의 염색은 길고 복잡한 공정을 거쳤기 때문에 색상마다 등급이 있었으며, 얻기 어려운 색은 소수 계층을 위한 것으로 특권을 상징했다.

　중세 시대까지 폭이 넓고 길었던 여성 드레스의 허리선을 재단하면서 복식에 근본적인 혁신이 이루어졌다. 인간 중심의 르네상스로 더 자유로운 생각과 자기 표현이 가능해지자 본래는 신 앞에 겸손하게 감추던 몸도 드러내기를 선호하게 되었고, 꼭 끼는 불편함은 교회가 매우 싫어한 '트임'으로 해결했다. 넓게 파인 목선과 여성의 신체 라인이 드러나는 패션이 유행하자, 단순했던 구조의 드레스는 몸에 더욱 밀착되도록 절개가 들어간 입체적인 재단으로 재탄생되었다. 상체는 몸에 붙고 허리선은 높게 제작된 가무라는 보통 앞을 터 끈이나 단추

✦ 그림5. 기본적인 가무라
✦ 그림6. 임산부를 위한 가무라

로 여며주었다. 임신한 경우 이 트임 부분을 길게 조절하여 편하게 입을 수 있었고 때에 따라 뒤나 옆 선을 터주기도 했다.(그림6)

시간이 흐를수록 트임은 장식적인 성격이 강해지면서 유행이 되었지만, 처음에는 매우 실용적인 이유에서 시작되었다. 이는 당시의 뻣뻣하고 두꺼운 직물로 만든 옷이 몸에 꽉 끼기까지 한다면 움직이는 데 매우 불편했기 때문에 진화한 기능성 디자인이었다. 가무라의 길고 통이 좁은 소매는 보통 몸통과 분리되어 있었는데, 부분적으로 꿰매거나 끈으로 드레스 몸통에 고정시켰다. 움직임이 많은 팔을 구부릴 수 있도록 소매를 몸통과 만나는 부분(진동둘레)뿐만 아니라 팔꿈치에서도 분리시켜 끈으로 이어주었다. 외출 시에는 가무라 위로 신분의 차이를 드러내 줄 화려한 겉옷을 따로 걸쳤다.

지네브라의 목에 걸쳐진 검은색 띠는 두 가지 경우로 해석이 가능하다. 먼저 당시 유행했던 콜라레토Collaretto로 추정할 수 있다. 콜라레토는 실내복 위에 걸치는 숄과 같은 개념으로 애용되었다. 금욕주의가 퍼지면서 단순한 옷차림이 사회적으로 권장되고 있었지만, 상류층 여인이 가무라 외에 아무것도 입지 않고 가족 외의 사람들 앞에 모습을 드러내는 것은 예의에 어긋났다. 지네브라 오빠의 친구였던 레오나르도는 1474년부터 1480년 사이 벤치 저택을 자주 방문하여 지네브라의 초상화를 그린 것으로 알려져 있다. 콜라레토는 최소한의 예를 갖추는 장치였다. 당시 사치 금령은 가무라 위에 입는 겉옷에 보석이나 자수 등으로 화려하게 장식하는 것을 금지하는 대신 여성의 목에 긴 천 조각(콜라레토)을 한 장만 두르는 것을 허용했다. 여성들의 옷장에는 색색별로 수십 장(20~50여 개)의 콜라레토가 있었으며 혼수품에도 포함되었다.

또 다른 해석은 패션이 아닌 종교적인 이유로 짐작할 수 있다. 한 명의 지식인으로서 결혼을 바라지 않았던 지네브라가 가족의 강요에 의한 혼인 후에도 종교적인 삶을 살겠다는 의미로 수도복의 일부를 채택한 것으로 추정된다. 이 경우 세속에 살고 있는 평신도 수도사들이 종교와의 유대감을 드러내기 위해 약식으로 착용했던 스카풀라Scapular로 볼 수 있다. 스카풀라의 색은 수도원의 규칙에 따라 달라졌다. 지네브라와 관련된 무라테Murate 수녀원의 경우 1433년 이후 베네딕도회 수도복을 따라 검은색을 채택했다. 어깨 앞뒤로 걸쳐 입는 수도복이었던 스카풀라는 세상으로 나오면서 그 모습이 더욱 간소화되어 목에 걸치면 발까지 내려오는 긴 머플러와 같은 형태로 변형되었다. 지네브라가 종교와 관련되었다는 주장은 로렌초 디 크레디Lorenzo di Credi가 그린 새로운 초상화의 발견으로 신빙성을 더했다.

1480년경 지네브라는 병을 얻어 도시를 떠났고 이후 사회적 활동에 대한 기록은 없다. 몸이 아파 일찍이 시골로 내려가 은둔생활을 했다는 설이 지배적이었으나, 크레디가 그린 초상화 뒷면에 쓰여 있는 글자 "GINEVERA DE AM… BENCI"의 발견으로 초상화 속 여인이 지네브라일 가능성이 높아졌다. 이에 지네브라는 가문이 오랫동안 후원하며 관계를 맺어온 무라테 수녀원으로 귀속한 것이라는 주장이 제기되었다. 레오나르도 다 빈치와 함께 베로키오의 스튜디오에서 수련한 동시대 화가이자 조각가였던 크레디는 1490년경 〈검은 옷을 입은 여인의 초상화Ritratto di donna in nero〉*(그림7)를 레오나르도의 작품 〈지네브라 데 벤치〉에서 영감을 받아 작업한 것으로 알려져 있다. 두 초상화의 제작 연도는 10년 이상 차이가 나지만, 머리 부분을 감싸면서 초상화 주인공의 이름을 암시해 주는 노간주나무, 정면을 살짝 빗겨간 4분의 3 각도로 앉아 있는 여인의 자세, 어두운 무표정에 반쯤 감은 두 눈 등 많은 부분이 닮아 있다. 크레디 초상화 속 여인이 지네브라일 경우 검은색 의복은 무라테 수녀원의 수도복으로 해석된다. 이는 지네브라가 더 이상 속세에 머물지 않고 종교에 귀의했다는 주장을 뒷받침해 준다. 종교에 귀의한 그녀의 모습은 30대임에도 불구하고 10대의 병약했던 모습보다 더 건강하고 어려 보이기까지 하며, 같은 무표정임에도 진정한

•   초상화 속 여인은 오랜 기간 동안 화가 로렌초 디 크레디의 형수로 알려져 있었지만, 초상화 뒷면에 당시(15세기) 문자로 "GINEVERA DE AM… BENCI"라 적힌 것이 발견(2008년 메트로폴리탄 미술관과 협력하여 출간된 책 《이탈리아 르네상스의 예술과 사랑Art and Love in Renaissance Italy》에서 밝혀짐)된 뒤로 초상화의 주인공은 지네브라 데 벤치일 가능성이 높아졌다.

자유와 평화를 찾은 듯 편안하고 안정된 모습이다. 지네브라는 1520년경 60대 초반의 나이로 사망했는데, 실제 평신도 수녀의 신분으로 수도사 복장을 한 채 무라테 수녀원에 묻혔다.

  이쯤에서 우리는 그녀가 굉장히 독특한 여성임을 알 수 있다. 당시 흔하지 않았던 초상화를 그리면서 여인이 스스로 선택한 수수한 드레스를 입는 방식으

✦ 그림7. 로렌초 디 크레디,
⟨검은 옷을 입은 여인의
초상화⟩(지네브라 데 벤치로
추정), 1490–1500년경, 뉴욕,
메트로폴리탄 미술관

로 자기 표현을 했다는 것은, 혹 그것이 평범한 드레스를 선호했던 레오나르도 다 빈치의 요청이었다 하더라도, 15세기를 살아가고 있는 젊은 여인에게는 새로운 도전이었을 것이다. 미술사가 메리 개러드는 '지네브라의 절제된 드레스는 젊은 여성의 선택이자 자신의 개성과 문화적 독립성을 표현하는 것'일 수 있다고 설명했다. 이와 관련하여 당시 여성 초상화는 일반적으로 남성 가족에 의해서 의뢰되었지만, 크레디 초상화는 시대를 앞서간 지적인 여성 지네브라 본인이 의뢰한 것이라는 설도 있다.

신여성들의 탈출구

당시 수녀원은 여성들에게 종교적 장소 그 이상의 역할을 했다. 남성들의 지배에서 벗어난 유일한 곳이었던 수녀원 속에서 여성들은 마음껏 지적 욕구를 채웠다. 책을 필사하고 그림을 그리는 기술을 익히며, 라틴어, 산수, 악기와 노래를 배우고 자수를 놓는 등 그 속에서 교육을 받은 여성이 되어 세상으로 나왔다. 이러한 지적인 여성들에게 결혼은 무덤과도 같았다. 여인들은 결혼과 동시에 공부와 글쓰기를 포기해야 하는 경우도 많았기 때문에 일부 여성들은 결혼보다는 수녀원을 택하기도 했다. 공부하는 삶을 택한 것이다. 결혼 전 수년 동안 피렌체의 무라테 수녀원에서 지낸 지네브라 또한 학문적인 열망을 가진 지적이고 주체적인 여인으로 성장했다.

르네상스 문화가 지배한 15세기 후반 이탈리아에서는 여성의 지적 및 문화적 능력에 대한 논의가 활발했다. 남성의 전유물로만 여겨졌던 인문학과 종교, 정치 등 다양한 영역에서 여성은 능력을 발휘하며 두각을 나타냈다. 인본주의자이자 15세기 저명한 학자였던 여인 라우라 체레타Laura Cereta 는 여성 교육의 필요성과 여성이 남성과 동등하게 지적 능력을 인정받을 권리를 주장하며, 여성의 정체성에 대한 질문을 던졌다. 그녀는 남성을 유혹하기 위해 치장하는 여성에게 실망감을 드러내며, 여성이 전통적인 역할의 한계를 뛰어넘어 다른 길을 선택할 권리가 있다고 주장했다. 지네브라 또한 자신의 견해와 목소리를 내며 존재감을 드러내기 시작한 새로운 부류의 여성 중 한 명이었다. 초상화 속 지네브라의 시선과 엄숙한 표정, 절제된 태도는 그녀의 세련된 아름다움과 수준 높은 교육 수준을 반영하는 것이라 해석하기도 한다.

그녀는 우울했다

✦ • • ✦

지네브라는 당대의 시인으로 활약한 매우 지적인 여성이자 피렌체 문화계의 유명 인사였다. 그녀는 시와 아름다움으로 많은 찬사를 받았던 시대의 여인으로, 로마에도 추종자가 있었을 정도로 이탈리아반도 내 지식인 집단에서 명성을 떨치고 있었다. 당시 피렌체의 수장이던 로렌초 데 메디치는 그녀를 '피렌체에서 가장 교양 있고 세련된 여성 중 한 명'이라 평하며, 그녀의 미덕을 칭송하는 두 편의 소네트를 헌정하기도 했다. 지네브라는 로렌초가 꿈꾸던 문예부흥을 위한 집단의 일원으로 활동하면서 아름다움의 모범이자 이상적인 신붓감, 그리고 플라토닉 사랑의 대상이 되었다.

15세기 인문주의자로 피렌체의 르네상스를 이끈 주요 인물이었던 크리스토포로 란디노Cristoforo Landino는 지네브라와 그녀의 플라토닉 연인에게 헌정한 시에서 그녀의 아름다움을 이렇게 묘사했다.

> ❝그녀의 모습은 참으로 아름답고, 그 안에 있는 그녀의 영혼도 아름답습니다. 황금색의 머리카락에 얼굴은 빨간 장미가 섞인 흰 백합 색이며 목은 눈처럼 하얗습니다. 비너스는 그녀의 눈에 아름다움을 뿌렸고, 붉은 꽃은 그녀의 붉은 입술 옆에서 시들어갑니다.❞

레오나르도 다 빈치의 초상화 속, 눈 밑이 꺼져 있고 생기 없이 병약해 보이는 소녀의 모습은 이러한 묘사와 거리가 있어 보인다. 하지만 또 다른 지네브라의 초상화로 추정되는, 로렌초 디 크레디가 그린 초상화(그림7) 속 지네브라(약 30-40대)는 그녀에게 헌정된 시가 수긍이 갈 정도로 시대적인 미인상에 가까운 것을 알 수 있다. 물론 당대 사람들이 찬양했던 지네브라의 아름다움은 외적인 아름다움보다는 그녀의 미덕에 대한 것이었다. 당시 지식인들은 화려한 장신구 없이 단정하면서 정숙한 옷을 입고 내면의 아름다움을 드러내는 여인상에 푹 빠져 있었다. 여성은 자신의 외모보다 더 빛나는 장신구를 착용해서는 안 되었으며, 사람들은 정숙한 옷차림을 여인의 미덕이라고 생각했다. 이러한 맥락에서 지네브라의 꾸미지 않은 차림새는 그녀의 내면의 미덕을 강조해 주는 수단으로도 해석된다.

지네브라는 메디치 가문의 주요 동업자였던 매우 부유한 은행가의 자녀로, 그녀의 할아버지는 회계사이자 메디치 가문의 사업 파트너였다. 그 덕에 지네브라의 아버지 아메리고Amerigo de' Benci는 메디치 가문 다음으로 큰 재산을 물려받았다. 아메리고 또한 메디치 가문과 매우 친밀한 관계를 유지하며 메디치 은행에서 일하기도 했다. 아메리고는 작가와 철학자들의 후원자였으며, 그 자신 또한 고대 라틴 및 그리스 고전 작품의 수집가이자 연구자였다. 신플라톤 학파의 주요 회원으로 집에서 회원들의 모임을 갖기도 했던 아메리고가 이끄는 집안 분위기 속에서, 지네브라는 자연스레 당대 가장 유명한 학자들과 지식인들로부터 최고 수준의 문화 교육을 받으며 자랐다.

하지만 일찍 어머니*를 여읜 소녀 지네브라는 오랜 기간 심리적으로 힘든 시간을 보냈다. 결혼도 마찬가지였다. 피렌체의 엄격한 가부장적인 구조 안에서 소녀에 대한 이해나 배려는 없었다. 1474년경 사망한 아버지를 대신하여 급작스럽게 추진된 그녀의 결혼을 주선한 이는 오빠 조반니Giovanni de' Benci였을 것으로 추정된다. 그는 이해할 수 없는 결정으로 똑똑하고 아름다우며 뛰어

---

*   지네브라의 어머니에 대해 알려진 바는 거의 없으며, 출산 중 사망했을 것으로 추정된다.

난 문학적 재능으로 많은 찬사와 존경을 받고 있던 동생을 15살이나 많은 홀아비에게 떠넘기다시피 시집을 보냈다. 여동생의 남편감으로 선택한 이는 직물상을 하던 루이지 니콜리니Luigi di Bernardo di Lapo Niccolini였다. 피렌체의 오래된 상인 가문인 니콜리니 가문은 피렌체 사회에서 사회적 지위나 재력이 벤치 가문보다 낮았고, 남편 루이지는 시인으로서 명성을 떨치고 있는 지네브라보다도 사회적 지위가 월등히 뒤처졌다. 다만 니콜리니 가문의 사람들은 정치적으로 활발한 활동을 펼치며 피렌체 정치에서 주요 직책을 맡기도 했는데, 사업적으로 성공하지 못한 니콜리니는 1478년 부인의 후광을 업고 자치 행정관을 지내기도 했다.

　레오나르도가 초상화를 그릴 당시 지네브라는 젊고 아름다운 10대였지만, 실제로 몸과 마음이 아팠다. 결혼이라는 굴레에 묶여 자신을 옭아맬 세상과 직면한 시대의 희생양은 우울하고 아팠다. 지네브라는 스스로를 '야생 호랑이'*에 빗대어 표현했을 정도로, 당시 남성에게 종속되어 있던 대부분의 여인에게서 기대하기 어려운 강하고 독립적인 성격을 소유한 지적인 여인이었다. 일반적으로 15세기의 초상화 속 여인들은 겸손의 표현으로 눈을 반쯤 감고 앞을 응시하거나 시선을 돌렸는데, 레오나르도 초상화 속 지네브라의 공허한 시선과 표정은 더 복잡한 감정을 전달한다. 스스로 선택할 수 없는 본인의 미래에 대한 무기력함을 화가는 허공을 응시하는 흐린 시선과 침묵 속에 굳게 닫힌 입술로 대신하며 체념한 듯한 모습으로 묘사한 것으로 해석된다. 그런 그녀 앞에 그가 나타났지만 삶이 여인에게 지운 짐은 내려놓을 수 없었다.

플라토닉 사랑

사랑 없이 가문끼리 맺어지는 결혼이 원인이었는지, 당시 사람들은 플라토닉

* 그녀가 쓴 시는 남아 있는 게 거의 없는데, 로마의 류트 연주자와 나눈 서신에서 "나는 당신의 용서를 구합니다. 나는 야생 호랑이입니다"라고 쓴 글이 전해지고 있다. '그 누구에게도 용서를 구하지 않는 강하고 거만한 호랑이가 용서를 구한다'라는 의미로 해석할 수 있는 이 표현은 미학적인 역설로, 화자의 복잡하고도 강한 성격을 암시한다.

✦ 그림8. 한스 멤링, 〈은화를 든 남자〉(베르나르도 벰보로 추정), 1471-1474년, 안트베르펀, 안트베르펀 왕립 미술관

사랑과 가슴에 아름답고 고결한 귀부인 한 명쯤은 품고 사는 기사도적 사랑에 푹 빠져 있었다. 그것은 15세기를 살아가는 지식인들의 로망이자 시대적인 놀이였다. 지네브라와 베르나르도 벰보Bernardo Bèmbo(그림8)는 당시 공공연한 플라토닉 연인으로, 그들의 관계는 플라토닉 사랑의 전형적인 예로 꼽혔다. 1475년 피렌체 주재 베네치아 대사로 피렌체에 오게 된 베르나르도는 40대 초반으로 이미 두 번의 결혼으로 얻은 아들이 있는 한 집안의 가장이었고, 지네브라 또한 결혼한 후였다. 그들은 플라토닉 연인답게 시를 헌정하고 서신을 주고받으며 사랑을 키웠다. 지네브라는 시인으로서의 열정을 토로하며 문학적 견해와 관심사에 대해 공유했고, 베르나르도는 지네브라의 외적인 아름다움과 미덕, 서로에 대한 고귀한 사랑을 찬양하는 시를 그녀에게 바쳤다. 플라토닉 사랑은 문학적이며 철학이 가미된 시의 놀음이었다.

르네상스 전문 미술사가 제니퍼 플레처Jennifer Fletcher는 1989년, 초상화 뒷면에 그려진 문장을 근거로 초상화가 지네브라의 플라토닉 연인의 후원으로 그

✦ 그림9. 초상화 뒷면 문장과 그 안에
　숨겨진 베르나르도의 모토

✦ 그림10. 베르나르도의 개인 문장

려진 것이라고 주장했다. 초상화 뒷면은 월계수와 종려나무, 노간주나무 가지로
된 원형 틀 안에 글귀가 새겨진 그림(그림9)으로 채워져 있는데, 이는 지네브라의
지적, 도덕적 미덕과 재능을 찬양하는 표식이었다. 신화에서 빛과 예술의 신 아
폴론을 상징하는 월계수는 지네브라의 문학적 재능을 암시하며, 종려나무는 도
덕적 미덕을 의미하는 전통적인 상징으로 그녀의 미덕을 가리킨다. 미덕은 르
네상스 시대가 여성에게 가장 기대하고 중요시한 자질이었다. 잎의 대칭성으
로 고대부터 결혼의 상징으로 여겨진 종려나무는 지네브라의 결혼에 대한 암시
로 해석하기도 한다. 원형 틀 안에는 여성의 미덕을 상징하면서 동시에 지네브
라Ginevra의 이름을 암시해 주는 작은 노간주나무Ginepro 가지가 글귀가 적혀
있는 리본에 감싸여 있다.

" VIRTUTEM FORMA DECORAT "

'아름다움은 미덕을 장식한다'라는 뜻의 이 라틴어 문구는 고대 철학자 플라톤의 '외적인 아름다움은 내면의 아름다움(미덕)의 표현'이라는 개념을 나타낸 것이었다. 글귀 자체는 당시 일반적으로 덕망 있는 여성들을 예찬하는 문구로 특별할 것도 없었지만, 이 경우 새로운 발견이 있었다. 적외선 반사법으로 분석한 결과 원형 틀 중간에 위치한 리본에 쓰여 있는 "VIRTUTEM FORMA DECORAT" 아래로, 덧칠되어 보이지 않았던 숨겨진 단어 "VIRTUS, HONOR(미덕, 명예)"가 발견된 것이다. "VIRTUS ET HONOR"는 베르나르도의 모토였다. 또한 그는 모토를 감싸고 있는 월계수와 종려나무를 개인 상징(그림10)으로 사용했다. 하지만 언제부터 사용했는지는 불분명하다. 베네치아 공화국의 가장 오래된 귀족 가문인 벰보 가문의 문장은 월계수나 종려나무와는 관계가 없었고, 베르나르도 벰보의 개인 상징은 페가수스였다.

베르나르도의 이러한 문장(그림10)은 1480년경 이전에는 발견되지 않았으나, 이후 베르나르도의 개인 문서나 그가 의뢰한 단테의 무덤에 사용되었기 때문에 학자들은 그림의 문장을 베르나르도와 연관 지어 지네브라의 초상화를 그가 두 번째로 피렌체에 방문했을 때인 1478년경 남몰래 의뢰한 초상화로 추정했다. 초상화 뒷면에 소유주의 문장을 넣는 방식은 당시 베네치아에서 널리 행해졌으나 피렌체에서는 전례가 없었기 때문에, 베네치아 출신인 베르나르도가 지네브라의 초상화를 의뢰하면서 화가에게 제안한 상징적인 문장일 가능성이 있다. 또는 지네브라 초상화가 그려진 이후, 지네브라를 찬양하는 모토와 이미지를 각색하여 그녀를 흠모하는 표시로 베르나르도가 자신의 개인 문장으로 채택했을 수도 있다.

이러한 정황들로 이 초상화가 지네브라의 플라토닉 연인인 베르나르도의 후원으로 그려졌다는 가설이 등장했고, 베르나르도가 피렌체 주재 베네치아 대

사로 재직한 기간을 고려하여 학자들은 초상화의 제작 연도를 대략 1475년에서 1480년으로 추정하는 것이다. 그는 1475-76년, 그리고 1478-80년 피렌체 주재 베네치아 대사로 재직했다. 이 경우 지네브라의 우울한 심리는 이루어질 수 없는 사랑과 강제적인 결혼에 얽매인 현실에 대한 반감으로 해석한다.

레오나르도 다 빈치, 4대 여성 초상화의 시작
✦ • • •

우리에겐 다소 생소한 지네브라의 초상화가 의미 있는 이유는 여기에 있다. 지네브라의 초상화는 레오나르도 다 빈치의 초상화 분야의 첫 번째 작품으로, 화가의 4대 여성 초상화 〈지네브라 데 벤치〉, 〈흰 담비를 안고 있는 여인〉, 〈라 벨 페로니에르〉, 〈모나리자〉의 처음이다. 그만의 여러 초상화 기법이 처음 시도되어 기술적으로 미흡한 부분이 있기도 하지만, 우리에게 잘 알려진 〈모나리자〉의 시작을 엿볼 수 있다는 사실만으로도 그 가치가 충분하다.

당시 초상화는 혼인 전 선물이나 혼수품인 경우가 많았기 때문에 엄격하게 이상적인 여성상을 반영한 구성을 보였다. 가문의 부를 과시하기 위해 화려하게 꾸민 모습으로 무표정의 측면 구도가 주를 이뤘지만, '마음의 움직임'을 나타내는 그림을 추구하며 연구에 열심이던 젊은 화가 레오나르도는 당시 한스 멤링Hans Memling, 페트루스 크리스투스Petrus Christus와 같은 플랑드르와 북부 네덜란드 화가의 영향을 받아 지네브라의 초상화에서 몇 가지 새로운 시도를 했다. 당시 집 벽 안에 갇혀 있던(일반적으로 여성의 초상화에 표현된 야외는 창문을 통해서만 보였다) 여인의 초상화를 야외 배경으로 이끌었고, 화가가 손에 익지 않았던 유화를 시도한 초기 실험작 중 하나였다. 이 작품은 기존의 템페라 화법과는 다른 피부의 미묘한 색상 표현으로, 레오나르도 다 빈치의 예술성을 한층 더 높여준 작품으로 꼽힌다. 경계를 흐리고 부드러운 가장자리 효과를 내기 위해 손을 이용해 그림을 그리기도 한 화가의 지문이 발견되기도 했다. 상류층 여인을 장신구 없이 수수한 모습으로, 정면을 향한 4분의 3 각도의 옆얼굴을 심리 상태가 드러나는 표정이 담긴 '심리적 초상화'로 그려냈다. 여인을 인형 같은 모습이 아닌 감정을 드러내는 하나의 인격체로 표현한 것이다. 플랑드르에서는 이미 여성의 정면을 그린 초상화가 등장했지만, 여성의 경우 여전히 측면을 그리는 초상화가 표준이었던 이탈리아에서는 지네브라의 초상화가 최초이다.

이전 시대에는 평범한 직물로 만든 장식 없는 드레스를 입은 여인의 초상화는 드물었고, 있다면 그녀의 낮은 지위를 나타내는 표식이었다. 하지만 당시 유명 인사였던 지네브라의 초상화 이후 1480년경부터는 지네브라처럼 장신구 없이 단순한 옷차림을 한 여성 초상화가 급격하게 증가했다. 비슷한 시기 기를란다요나 보티첼리와 같은 화가들은 기혼 여성들을 매우 간소한 일상복 차림새로 화폭에 등장시켰다. 천재 화가의 실험적인 시도로 르네상스 여성 초상화의 관습을 깨트린 그림 〈지네브라 데 벤치〉 이후, 장신구 없이 단순하게 차려입은 여성의 정면 초상화는 트렌디한 스타일로 자리 잡아 보편화되었다.

사치 금령

사치 금령La disciplina suntuaria은 과도한 사치로 인한 낭비를 제한하는 것을 목표로 한 법령으로, 사치에 대한 규제는 고대 로마 시대부터 있었다. 사치와 관련된 법은 큰 효과를 보진 못했지만 정부의 통치 수단으로 이용되며 역사적으로 끊임없이 시도되었다.

기원전 215년 여성의 사치를 제한하는 조치로 제정된 고대 로마의 오피우스법Lex Oppia에는 여성이 밝고 선명한 색상의 튜닉을 입거나 0.5온스 이상의 금장식을 걸치는 것을 금지하는 사항이 있었고, 4세기 로마 제국의 테오도시우스 법전Codex Theodosianus에는 남녀 모두 옷의 가장자리를 금이나 실크로 장식하거나 금으로 짠 옷을 금지하는 항목이 있었다. 이탈리아반도 내에서 도시국가들이 의복과 장신구에 대한 명확한 규칙을 다시 제정하기 시작한 것은 패션에 대한 관심이 높아진 중세의 끝자락인 13세기 중반이었다. 외모 경쟁이 시작되면서 규율의 필요성이 대두됨에 따라 정부의 입법자들과 교회의 지도자들이 나섰다.

초기의 법은 남녀 모두 통제 대상이었지만, 남성들로 구성된 입법자들과 종교 지도자들은 점차 여성만을 겨냥한 법령을 발포했다.* 성직자들은 정숙함의 표시로 모든 여성의 머리에 베일을 쓰도록 권했고, 땅에 닿는 길이의 드레스를 금했다. '이탈리아의 사도'라 불린 베르나르디노Bernardino da Siena는 1427년 여성들에게 이렇게 말했다.

지옥으로 날아갈 만큼
큰 소매를 달지 마십시오.

여성이 아름다운 차림새로 하느님보다 세상의 눈을 기쁘게 하는 것은 명백한 죄였다. 설교자들은 치장하는 여인들을 광장에서 공개적으로 비난하며 그들의 참회와 회개를 촉구했다.

당시 사람들은 지진과 같은 자연재해와 대기근, 전염병 등을 하느님의 진노로 여겼기 때문에 이 시기 종종 일어났던 이러한 일들은 종교 설교자들의 논리의 근거가 되었고, 사람들은 두려워하며 따랐다. 지도자들은 사람들의 사치스럽고 화려한 차림새(머리장식부터 신발까지)를 금하고 어떤 옷을 입어야 하는지, 장신구의 경우 종류, 품질, 무게, 수량 심지어 위치까지 정해주며 사람들을 통제했다. 금지 사항은

---

* 당시 남성들의 옷이나 장신구는 여성의 옷보다 더 풍성하고 사치스러웠다.

모두가 볼 수 있도록 마을 광장의 큰 돌에 새겨 명시했다. 주일에는 감시원들이 파견되어 교회 근처에서 옷 차림새에 대한 감시와 제재가 이루어졌다. 이를 어긴 이들에게는 벌금이나 압류가 가해졌는데 대부분 벌금을 내면 금지된 것들이 허용되었다. 하지만 베네치아의 경우 금지를 위반할 때마다 3개월의 징역형을 선고받아 투옥되기도 했다.

        사치 금령은 매우 세세하고 구체적으로 그 사항이 공포되었는데, 예를 들어 이런 식이었다. 1250년 볼로냐에서는 여성이 땅에 닿는 길이의 드레스와 1.5야드보다 긴 리본을 착용하는 것을 금지했고, 1297년 크레모나에서는 옷에 50개 이상의 은 또는 산호 단추를 다는 것이 금지되었다. 에스테Este 가문이 지배한 16세기 페라라에서는 600두카티 가치의 재산을 소유한 공증인의 아내와 딸은 자수로 장식한 진홍빛 직물로 만든 옷을 입을 수 있었으나, 그 가치가 25두카티를 초과하지 않아야 했다. 또한 모든 여성은 두 벌 이상의 실크 옷과 한 벌 이상의 가무라를 소유할 수 없었다. 1355년 피렌체에서는 여성이 장식된 신발, 특히 샤미토Sciamito•나 문양이 있는 직물 또는 염색천으로 만들거나 버클이 달리고 금이나 은으로 장식한 신발의 착용이 금지되었다. 1434년 체세나는 드레스의 트레인을 금지했고, 다양한 천으로 드레스의 안감을 덧대는 것, 목과 가슴을 장식하는 것 또한 금지했다. 드레스 뒷자락이 길게 끌리는 트레인은 허영심과 과도한 직물 낭비로 사치의 대표적인 예로 꼽혀 많은 도시에서 금지되었다.

•   샤미토는 고급스럽고 두꺼운 실크로 된 중세 직물로, 매끄럽고 광택이 나는 특징을 가졌다.

그림1. 티치아노 베첼리오, 〈이사벨라 데스테〉, 1534-1536년, 빈, 빈 미술사 박물관

4

르네상스의
여자

이사벨라 데스테
ISABELLA D'ESTE

✦ • • • ✦

1474–1539

15-16세기 페라라Ferrara 공국은 르네상스 예술의 주요 중심지 중 하나였다. 수많은 예술가들과 시인·철학자들의 놀이터이자 1391년 대학교가 세워진 학문 교류의 장으로, 그야말로 르네상스 문화와 학문의 나라였다. 15세기 페라라를 다스렸던 에스테Este 가문의 수장 에르콜레 1세Ercole I d'Este는 르네상스의 주요한 예술 후원자로, 특히 음악 애호가였던 그는 네덜란드나 프랑스 등 다른 유럽에서 활동하는 유명 음악가들을 페라라 궁정으로 불러들여 활동케 하며 페라라를 예술과 문학의 중심지로 만들기 위해 노력했다. 두 딸 이사벨라Isabella d'Este와 베아트리체Beatrice d'Este는 예술이 일상이던 환경 속에서 고전과 인문주의 교육을 받으며 우아하고 지적인 여인으로 성장했다. 페라라의 총명했던 두 공녀는 당대의 유능한 지도자이자 유행 선도자Trend Setter였다.

르네상스의 여자, 이사벨라 데스테

에스테 가문의 장녀 이사벨라는 문화와 예술을 사랑한 뛰어난 미적 감각의 소유자로, 자신만의 스타일을 가지고 패션을 선도한 당찬 여성이었다. 그녀는 당시 남성이 지배하던 예술 후원 사업에 과감히 발을 들인 여성으로, 단순한 예술 후원자를 넘어서 자신만의 문화예술 공간인 스투디올로Studiolo를 가진 최초의 여성이었다. 레오나르도가 르네상스의 남자라면, 이사벨라는 르네상스의 여자였다.

두 번의 유산 끝에 찾아온 첫째 아이 이사벨라는 자체가 기쁨이자 축복이었기에 특별한 사랑을 받으며 자랐다. 일찍 말문이 트였고 놀라울 정도로 기억력이 좋아 영재의 자질을 보였던 그녀는, 혼인을 위해 옆 나라인 만토바Mantova 후국으로 떠나기 전까지 페라라에서 지내며 개인 교습을 받았다. 페라라 대학교 교수와 고전을 논하고 라틴어와 그리스어를 익혔으며, 시인 안토니오 테발데오Antonio Tebaldeo와 함께 시를 짓고 공부했다. 또한 음악 애호가인 아버지가 후원하는 당대 최고 음악가들과 교류하며 다양한 악기를 배웠다. 춤의 거장 로렌초 라바뇰로Lorenzo Lavagnolo에게 춤을 배운 그녀를 프랑스 왕 루이 12세Louis XII는 '멋지게 춤을 추는 아름다운 여인'이라 묘사했다. 어린 시절부터 궁중 예절을 익힌 그녀는 르네상스의 중심 도시 중 하나였던 페라라를 방문하는 왕족이나 유명 인사들을 접대하면서 정치 및 외교 협상 기술도 자연스럽게 익힐 수 있었다. 여섯 살에 이미 혼처가 정해졌지만, 어렵게 얻은 맏딸을 매우 사랑했던 부모님은 그녀가 13살이 되기 전에는 결혼할 수 없다고 못 박아두었다. 덕분에 이사벨라는 마음껏 배우고 어머니를 따라 여행도 자유롭게 하며 풍족한 공녀로서의 생활을 만끽했다.

✦ 그림2. 이사벨라 데스테, 16세기

1490년 2월, 페라라에서 홀로 혼인성사를 마친 이사벨라는 4일 후 남편인 후작 프란체스코 2세Francesco II Gonzaga(그림3)가 기다리고 있는 만토바에 도착했다. 15살의 발랄했던 신부는 건장하고 멋진 신랑도 좋았고, 자신을 성대하게 반겨주는 만토바도 마음에 쏙 들었다. 만토바 또한 총명하고 구김살 없이 발랄한 이사벨라를 반겼다. 좋은 가문 출신에 충분한 지참금(다양한 보석, 그릇, 2만 5천 개의 금화 등)을 궁정 화가 에르콜레 데 로베르티Ercole de' Roberti의 그림이 그려진 14개의 화려한 상자에 담아 온 그녀를 두 팔 벌려 환영했다. 그녀는 당시 더

✦ 그림3. 프란체스코 2세, 16세기

잘살던 밀라노 공국에서도 탐내던 일등 신붓감이었다. 8일간 이어진 결혼 축하연에 초대된 외국인 손님만 1만 7천여 명에 가까웠고, 매일매일 연회에 놀이기구, 쇼, 카니발 등이 열렸으며 분수는 물이 아닌 와인으로 채워졌다.

포동포동하고 예쁘진 않았지만(당시 만토바 사람들의 평가) 우아하고 매우 지적인 여인이었던 이사벨라는 페라라에서 익힌 뛰어난 예술적 감각으로 만토바 궁정을 새로운 문화의 장으로 만들었다. 라파엘로, 티치아노 같은 화가들을 후원해 그림을 그리게 했으며, 음악가들과 연주하며 음악을 논하고 수집한 미술품과 책들을 보존·연구할 수 있는 스튜디오를 만들어 그녀만의 예술 문화를 만들어나갔다. 이사벨라는 일생 동안 많은 이와 서신을 주고받으며 교류했는데, 그 수가 3만여 개에 달하며 현재 남아 있는 서신만 1만 6천여 개이다. 그녀의 역사적 유산의 핵심은 바로 이 서신들이다. 단순히 구매를 요구하는 주문서부터 예술, 정치, 가족, 여행, 건강, 음식, 사회적 관습, 역사 등 새로운 문화와 지식을 찾고 탐구하는 이 수많은 대화는 개인의 기록인 동시에 역사적으로 가치 있는 사료로 남았다. 그녀 덕분에 우리는 여성의 눈으로 본 르네상스를 만날 수 있게 되었다. 또한 전쟁으로 남편이 잡혀갔을 때는 남편 대신 섭정이 되어 뛰어난 정치 감각을 발휘해 만토바를 지켜냈으며, 그녀의 외교 능력으로 후국이었던 만토바는 공국으로 승격되기도 했다.

그녀는 패션 선도자

✦ • • ✦

" 달 모양보다 더 다양한 여자의 옷 "

동시대 한 작가의 표현처럼 개인의 자유가 주어진 르네상스 시절엔 이전에는 볼 수 없었던 변화무쌍한 스타일의 옷들이 유행했다. 어렵게 얻은 첫 자식을 애지중지 여기며 아낌없이 지원해 준 부모 덕분에 세상이 자기 중심으로 돌아가던 이사벨라는 주목받는 것 또한 즐겼다. 생후 6개월 된 이사벨라의 의상 목록엔 은빛 비단으로 만든 투르카Turca(넓은 소매가 달린 길고 앞이 열려 있는 겉옷)가 있었고, 한 살 무렵 그녀의 옷장은 온갖 화려하고 값비싼 드레스로 가득했다. 겨우 두 살 때 금실과 은실로 짠 직물로 만들어진 신발은 33켤레나 되었다. 이렇게 성장한 그녀는 여성스러우면서도 화려한 스타일로 자신을 마음껏 드러냈다. 패션을 정치 전략으로 삼았기 때문에 그녀는 관습과 전통을 존중하면서도 자신을 표현하는 형태와 방식에 극도로 주의를 기울여 원하는 이미지를 만들어냈다. 결혼한 이후 이사벨라는 만토바에서는 거의 옷을 지어 입지 않고 당시 패션인들이 흔히 그랬듯 유행을 앞서가는 곳*(주로 베네치아나 자신의 고국인 페라라)에서 주문해 입었는데, 두 곳 모두 그녀를 위한 구매 담당자가 따로 있었다. 시간이 좀 더 지나서는 많은 돈을 들여 재능 있는 재단사와 장인들을 만토바로 끌어들였으며, 그리스인 자수사까지 두었다. 페라라에서 구매를 담당했던 지롤라모Girolamo는 그녀에 대해 이렇게 말했다.

❝ 그녀는 '화려하고 참신한' 것이기만 하면 구입했고 품질이 좋다면 비용은 고려하지 않았다.❞

이사벨라의 세련된 패션 감각은 널리 소문이 퍼졌고 다른 유럽 궁정 여인들은 그녀의 패션을 따라 하기 바빴다. 1523년 폴란드 여왕 보나 스포르차Bona Sforza는 이사벨라가 '이탈리아 모든 아름다움의 근원이자 원천'이라며 찬양했고, 프랑스 왕실에서도 그녀의 스타일을 요구했다. 1515년 이사벨라는 잠시 볼모로 프랑스에 가 있던 아들 페데리코 2세Federico II에게 편지를 받았는데 그 내용인즉슨, 프랑스 왕 프랑수아 1세François I가 프랑스 여인들이 이사벨라처럼 옷을 입길 원하니 따라 할 수 있는 드레스, 소매, 헤어스타일까지 전부 장착한

---

* 15세기 이탈리아반도 내 3대 부유했던 도시국가는 피렌체, 베네치아, 로마였다.

'패션 인형'*을 보내달라는 것이었다. 그로부터 2년 후, 실제 이사벨라가 프랑스를 방문했을 때 그녀와 동행했던 재단사는 많이 감격스러웠던 나머지 이런 글을 남겼다.

> **문과 창문에 매달려 구경하던 프랑스인들은 그녀의 세련되고 아름다운 모습을 경이로운 눈으로 쳐다보았다.**

하지만 패션에 대한 열정은 강박으로까지 이어졌는지 그녀는 라이벌이라 생각하는 이들이 입는 스타일을 시시각각 디테일까지 조사했다. 그녀는 자신을 아껴주던 어머니가 돌아가신 슬픈 와중에도 동생 베아트리체가 장례식장에 어떤 의상을 입고 올지 몰래 정보원을 보내 알아보는 수고를 아끼지 않았다. 모두가 모인 자리에서 자신이 더 우아하게 보이고자 함이었다. 그도 그럴 것이 베아트리체는 당시에도 패션으로 유명했던 밀라노 공국의 여주인이었기 때문이다. 이사벨라는 프랑스에 사는 시누이 클라라Clara Gonzaga에게 편지를 보내 옷을 지어 입고자 하니 검은 천을 보내달라고 요청했다. 당시 프랑스에서 만들어진 검은색 직물은 이탈리아 것보다 좋은 최고급이었다. 사랑하는 어머니를 잃은 슬픔도 최고급으로 옷을 만들어 입겠다는 그녀의 의지를 꺾을 순 없었다. 아버지 에르콜레 1세가 돌아가신 이후엔 검은색 의상만 입고 지냈는데, 검은 의상은 그녀의 어머니 엘레오노라Eleonora d'Aragona 가 선호했기 때문에 어렸을 때부터 자주 입어 친숙한 색상이었다. 시간이 지나도 색감의 변화 없이 유지하는 검은색을 내려면 매우 긴 염색 과정과 후처리가 필요했기 때문에 르네상스 시대 검은색은 부의 상징이기도 했다. 이렇게 얻기 어려운 재화인 데다 개인적인 선호도가 더해져 어두운 색 의상은 페라라와 만토바 궁정에서 품위 있는 색상으로 채택되기도 했으며, 16세기 검은색 의상은 유럽 전체에서 유행하게 되었다.

---

* 패션잡지가 나오기 전까지, 14세기부터 유럽 내 궁정들은 인형에 옷을 입혀 보내 각국의 최신 패션을 서로 주고받았다.

초상화, 그리고 패션

✦ • • •

르네상스 시대에 초상화는 외교 선물로 종종 이용되었다. 특히 아름답고 유명한 이의 초상화는 다른 궁정에서 자주 요청되었다. 당연히 이사벨라의 초상화는 매우 인기가 높았다. 하지만 함께 높았던 그녀의 예술적 기준을 충족시키긴 어려웠던 관계로 아무나 그녀를 화폭에 담지는 못했다. 그녀는 자신이 태어나기 한참 전부터 만토바의 궁정 화가였던 안드레아 만테냐Andrea Mantegna가 그린 자신의 초상화가 맘에 들지 않자 "나와 비슷한 구석이 하나도 없다!"라며 화를 내고는 주저 없이 다른 이를 찾아 나섰다. 그녀는 초상화에서 자신의 생김새가 아닌 자신이 생각하는 이상적인 이미지로 보이기를 원했다. 궁정 여인다운 기품 있는 모습에 신비스러운 이미지를 원했던 그녀를 만족시켜 줄 화가를 찾기란 쉽지 않았다. 게다가 그녀는 초상화를 그리기 위해 오래 앉아 있는 것도 싫어해 화가들은 기존의 그림이나 흉상을 보고 그렸다. 다 그린 후에는 눈이나 머리카락을 그녀가 원하는 색으로 교정하는 후작업도 해야 했다. 그래서인지 평생을 많은 화가들 사이에 살았던 이 치고는 남은 초상화가 얼마 되지 않는다. 그나마도 절반 가량은 이사벨라로 추정될 뿐이다.(그림4) 이랬던 그녀가 초상화를 그려달라고 먼저 요청한 이가 있었으니, 바로 그 유명한 레오나르도 다 빈치였다.

✦ 그림4. 이사벨라 데스테로 추정되는 초상화들

레오나르도 다 빈치

1499년 밀라노 공국이 프랑스에 점령당했을 때 만토바는 밀라노 공국 사람들의 피난처가 되어주었는데, 점령당하기 전 가까스로 탈출한 레오나르도는 베네치아로 가던 도중 만토바에 잠시 들러 머물렀다. 여주인 이사벨라는 환영하며 극진히 대접했다. 안 그래도 자신의 아우라까지 담아낼 수 있는 화가를 찾던 중이던 그녀는 밀라노에서 레오나르도가 체칠리아 갈레라니Cecilia Gallerani를 그린 〈흰 담비를 안고 있는 여인〉을 보고 매료되어 그를

✦ 그림5. 잔 크리스토포로 로마노, 〈이사벨라 데스테 흉상〉(앞과 뒤), 1498년경, 포트워스, 킴벨 미술관

염두에 두고 있던 차였다. 하지만 초상화 의뢰를 받은 레오나르도는 별로 내키지 않았는지 목탄 스케치만 남긴 채 떠나버렸다. 스케치 속 그녀는 약 1년 전 잔 크리스토포로 로마노Gian Cristoforo Romano가 만든 흉상(그림5)과 닮아 있다. 그녀는 초상화를 위해 오래 앉아 있는 것을 매우 싫어했고, 더구나 첫아이를 임신한 지 6개월쯤이었기 때문에 레오나르도 또한 이 흉상을 보며 스케치를 했을 가능성이 있다.

레오나르도가 직접 그녀를 보며 그린 그림은 아닐 수도 있지만, 적어도 이 그림은 그녀의 당시 실제 나이(약 25세)대로 그린 드문 그림이다.(그림6) 그녀는 분리된 소매와 연결된 드레스 몸통 사이로 얇은 카미치아Camicia●를 끄집어내 퍼프 소매처럼 만들고, 머리 뒤쪽을 베일로 덮어 어깨 밑에서 살짝 묶은 뒤 이마를 두르는 끈으로 베일을 고정한 15세기 북부 이탈리아 귀족 여성들의 전형적인 패션을 하고 있다. 흉상과 스케치가 다른 점은 헤어스타일로, 흉상은 베일이 머리 위쪽만 감싼 채 뒤에서 묶였지만, 레오나르도는 투명 베일로 머리 전체를 덮어 감싼 모양으로 그렸다.

● 카미치아는 속옷 개념의 드레스이다. [8. 모나리자와 경쟁하는 여인: 루크레치아 크리벨리]편 참고.

✦ 그림6. 레오나르도 다 빈치, 〈이사벨라 데스테 초상의 스케치〉, 1499-1500년경, 파리, 루브르 박물관

✦ 그림7. 레오나르도 다 빈치, 〈모나리자〉, 1503-1519년경, 파리, 루브르 박물관

이사벨라는 초상화를 그릴 때 남성적인 자세로 그려줄 것을 요청했다. 그녀는 여성이기보다 주체적인 한 인간으로 보이고 싶어 했다. 놀랍게도 1500년대에 양성평등을 인지하고 실천한 여인이었다. 이 자세는 레오나르도의 다른 작품 〈모나리자〉(그림7)의 포즈와 닮아 있다. 그래서 〈모나리자〉의 실제 모델이 그녀라는 논란도 있었다. 자세와 의자, 배경이 논란이 되었다. 〈모나리자〉 속 여인은 의자 팔걸이에 한쪽 팔을 기댄 채 손을 포개어 놓고 있는데, 르네상스 시대통치자들의 초상화에 등장하는 팔걸이의자가 부유하다고는 하나 상인 부인(가장 신빙성 높은 여인으로 꼽히는 리사 게라르디니)의 초상화에 쓰였을 리 없다는 점이근거가 되었다. 논란의 또 다른 원인은 그림의 배경이었다. 모나리자 뒤에 보이는 배경은 광활한 대지가 펼쳐진 토스카나Toscana●라기보다는 만토바의 북쪽

● 토스카나는 이탈리아 중부에 위치한 주州로, 그림을 요구했다고 알려진 상인이 살던 곳이 토스카나 지역의 피렌체였다.

에 위치한 가르다Garda호수를 연상시킨다는 이유였다. 두 그림은 그려진 시기도 비슷했다. 레오나르도는 이사벨라의 스케치를 그리고 2~3년 정도 후 〈모나리자〉를 그리기 시작했다. 유명한 만큼 〈모나리자〉엔 유독 많은 설들이 존재하지만, 화가가 살아 돌아오지 않는 한 확인할 방도는 없어 보인다.

이 스케치는 이사벨라의 강력한 요구에도 불구하고 완성되지 못한 채 남겨졌고, 현재 루브르 박물관에 소장되어 있다. 사실 이사벨라의 스케치는 최소 두점 이상으로 파악된다. 한 점은 레오나르도가 들고 베네치아로 떠난 것으로 알려져 있는데, 이후 행방이 묘연*했기 때문에 설로만 존재한다. 이사벨라는 1501년부터 1506년까지 요청사항을 적은 서신을 통해 레오나르도와 그림에 대해 상의하며 화가가 초상화를 완성시켜 주길 요구했지만, 적어도 만토바에 남기고 간 초상화에는 그 바람이 이루어지지 않았다. 이사벨라의 스케치는 꾸며진 아름다움과 의도된 완벽함을 추구하던 당시의 초상화 스타일과 달리 〈모나리자〉처럼 실제 같은 초상화를 시도한 실험적인 작품으로 평가받고 있다.

티치아노 베첼리오

이사벨라의 초상화 중 가장 유명한 〈이사벨라 데스테〉(그림1)는 대략 1534-1536년, 그녀의 나이 60대에 그려진 초상화이다. 작품의 모델은 젊은 날의 그녀로, 나이가 든 자신을 받아들일 수 없었던 그녀는 초상화를 위해 앉아 있는 것을 아예 거부했다. 하지만 여전히 자신의 모습을 초상화로 남기는 것을 좋아했던 이사벨라는 직접 모델이 되는 대신 화가들에게 자신의 젊고 아름다웠던 시절의 초상화를 제공했다. 당시 가장 유명한 초상화 작가였던 티치아노 베첼리오Tiziano Vecellio는 1511년 프란체스코 프란치아Francesco Francia(그림4 중 가운데)가 그린

* 스케치는 2013년 스위스에서 색까지 칠한 완성본이 발견돼 새로이 주목을 받게 되었다. 완성본은 연대 측정 결과 1460-1650년 사이에 그려졌으며, X선 형광 분석으로 프라이머와 안료가 레오나르도가 사용한 것과 일치하는 점이 밝혀지는 등 거장의 작품으로 증명되었다. 이탈리아로 반환되면 추가 조사로 확정 지어질 예정이었으나, 그림의 소유자와 이탈리아의 오랜 법정 싸움의 결과 2019년 스위스 연방 법원은 소유자의 편을 들어 이탈리아로의 반환을 취소하고 소유자에게 돌려주었다. 이로써 그림의 진위 여부는 미제로 남게 뇌었다.

그녀를 보며 이 초상화를 완성했다. 이사벨라는 티치아노에게 23년 전 프란체스코가 그린 그림과 함께 비슷한 시기 자신이 유행시킨 스타일의 의상을 보냈다. 이렇게 탄생하게 된 초상화 속 그녀는 앳된 얼굴에 유행에 다소 뒤처진* 화려한 차림새로 높은 사회적 지위를 한껏 드러내고 있다. 20여 년 전 당시 미의 기준이었던 금발에 뽀얀 얼굴, 금·은실로 무늬를 넣어 화려하게 장식한 소매와 왼쪽 어깨에만 걸친 모피, 터번 같은 머리장식으로 꽤나 아방가르드한 모습을 자랑하고 있다. 당시 의상의 거대한 볼륨감과 금·은빛 옷감의 화려함은 위엄 있는 권력의 상징이자 상류층만이 누릴 수 있는 특권이었다. 미적 포인트인 둥근 어깨를 더욱 강조하기 위해 어깨선이 끝나는 지점 아래에 거대한 풍선 같은 퍼프 소매를 연결해 주었고, 팔을 감싼 소매는 동방에서 온 화려한 실크 직물로 만들어 달아주었다. 당시 드레스엔 소매가 포함되지 않았다. 소매는 별의 중요한 패션 아이템이었다. 대부분 몸통과는 다른 직물과 색으로 만들었으며 보석과 자수로 장식했다. 소매는 부를 과시할 수 있는 사치품으로, 화려하게 장식하거나 거대한 부피로라도 존재감을 드러내야 했다. 몸통과 동일한 천으로 만든 소매는 16세기 이후 유행하게 된다.

　흡사 조선의 가체를 얹은 듯한 머리 모양은 그녀가 유행시킨 그녀만의 머리장식인 카필리아라Capigliara 이다. 헤어피스를 머리에 붙여 크게 도넛 형태로 만든 뒤, 덮어도 머리 모양이 비치는 실크나 그물 모양의 망으로 감싸 형태를 고정시켰다. 그 위로 리본과 보석 등 온갖 화려한 장식을 얹어 완성한 머리장식으로, 16세기 당시 이사벨라가 지인들과 나눈 서신에는 "마야 펠로사Maya pelosa"로 표현되어 있다. 용어 자체는 19세기 이탈리아 역사가 알레산드로 루치오Alessandro Luzio 가 처음 '카필리아라 터번'으로 정의했지만, 이후 터번을 빼고 '카필리아라'로 단순화되었다. 이사벨라는 카필리아라를 자신만의 스타일로 독점하고 싶었으나 빠르게 확산되어 북부에 위치한 이탈리아반도 내 다른 도시국가들에서도 크게 유행하며 귀족 여성들의 잇 아이템이 되었다. 이 머리장식은

---

*　드레스 형태에 큰 변화는 없었으나, 실제 그림이 그려진 시기에는 소매에 슬래시 장식이 유행했다.

'매우 이탈리아다운' 스타일로 머리 위에 얹는 큰 둥근 형태만 보자면 이미 한 세기 전인 14세기 후반부터 인기를 끌었던 머리 모양이다. 르네상스가 시작되자 르네상스의 가장 큰 특징이자 혜택인, 개인의 창의성 발현으로 사람들은 마음껏 개성을 발휘하기 시작했다. 그 시작은 발조Balzo(그림8)였다. 당시 미의 기준이었던 제모까지 해가며 만든 넓고 볼록한 이마(지성의 표식이기도 한)를 더욱 강조하기 위한 머리장식으로, 크고 볼륨감 있는 모양을 위해 금속으로 만든 틀을 머리 위에 고정하고 천으로 덮어 완성했다. 이는 집안에서 높은 위치의 남녀 모두 했던 머리장식이었다. 조선의 얹은머리처럼 머리를 땋아 높이 올린 모습(그림8의 왼쪽 끝)도 보인다.

르네상스 시기 급격한 경제의 발전과 문화의 번영은 다른 문화와의 교류 덕분이었다. 특히 지중해 무역의 중심지였던 베네치아로 동방의 다양한 문물들이 들어오게 되면서, 많아진 돈을 드러내고 싶은 새로운 상인 계층으로 인해 거리는 패션쇼장이 되었다. 다양한 문화가 섞인 패션이 좀 더 자유롭게 유행하며 주변 나라로 열심히 퍼져나갔다. 동방에서 온 새롭고 멋진 문물에 마음이 혹한 이들은 그 멋진 것들을 들고 온 터번을 쓴 그들의 모습에 더 감탄했다. 철학과 지

✦ 그림8. 밀라노 여인들의 머리장식 발조, 15세기

식, 생각이 중요한 르네상스 시대를 살아가고 있던 유럽인들에게 동방(오스만 제
국)의 머리가 강조되는 크고 아름다운 머리장식인 터번은 신비롭고도 강렬한
힘을 느끼게 했으며, 위대한 지식의 근원처럼 여겨졌다. 그리하여 귀족과 지도
자 그리고 돈 많은 남자들도 머리에 큰 천 덩어리를 얹고 다니기 시작했고, 여성
들도 헤어피스나 천으로 덮은 둥근 틀을 만들어 모자처럼 쓰는 등 남녀 모두에
게 큰 머리장식이 유행했다.

15세기 초가 되자 여인들은 머리장식의 부피를 좀 줄이고 이것저것 올려 장
식을 하기 시작했다. 원래는 처녀의 상징으로 꽃을 올려 장식했던 화관 기를란
다Ghirlanda가 시간이 지나면서 단순성을 잃고 화려해지면서 귀부인들의 창의력
을 자극하는 잇 아이템이 되었다. 화려한 공작 깃털로 감싸지고 귀금속으로 장식
되면서 기를란다는 부의 상징이 되었다. 이후 16세기 초, 이사벨라는 터번과 기
를란다를 합쳐놓은 듯한 형태의 카필리아라를 만들어냈다. 이 머리장식은 이사
벨라의 유명세를 타고 널리 퍼지며 인기를 끌었다. 그녀가 카필리아라를 어디
에서 영감을 받아 만들었는지에 대한 기록은 없으나, 그녀와 주변인들이 나눈
서신 중 친척인 수산나 곤차가Susanna Gonzaga가 이를 하고 싶은 마음에 허락을
구하는 편지가 남아 있다.

> **"… 나는 이런 스타일을 정말 좋아해서 너무나 이 머리장식을 하고
> 싶지만, 당신의 발명품이기 때문에 내가 이걸 하는 걸 당신이 기뻐
> 할지 먼저 알고 싶어요."**

하지만 너도나도 카필리아라를 따라 하는 것이 싫었던 이사벨라는 거절의
의사를 밝혔다. 그녀의 이러한 통제에도 불구하고 카필리아라는 퍼져나갔고, 훗
날 이탈리아에서 가장 우아한 여성을 표현할 때 대표적으로 묘사되는 스타일이
되었다.

그림1. 조반니 안젤로 미로폴라, 〈스포르차 제단화〉 중 베아트리체 데스테 부분, 1495년, 밀라노, 브레라 미술관

밀라노의
패션 리더

베아트리체 데스테
BEATRICE D'ESTE

◆ • • ◆

1475–1497

1475년 6월, 후계자를 고대하며 희망에 차 있던 페라라 공국의 궁정에 힘찬 아이의 울음소리가 퍼졌다. 하지만 실망스럽게도 또 여자아이였다. 페라라의 궁정 일기는 이렇게 역사를 기록했다.

" 아들을 원했던 에르콜레 1세는 기뻐하지 않았다. "

기다리던 남자아이가 아니자 에르콜레 1세Ercole I 부부는 깊은 실망감을 감출 수 없었다. 첫째 딸 이사벨라를 품에 안고 큰 행복을 느꼈던 것과는 사뭇 다른 반응이었다. 그다음 해엔 그렇게 고대하던 아들이 태어나 부모의 관심에서 늘 조금은 뒷전이었던 둘째 베아트리체 데스테Beatrice d'Este는 두 살 무렵부터 할아버지 페르디난도 1세Ferdinando I에게 맡겨져 조용한 어린 시절을 보냈지만, 결혼 후엔 밀라노의 패션 리더가 되어 화려한 삶을 살다 21살의 이른 나이에 갑작스레 생을 마감했다.

나폴리 왕국

+ • • +

베아트리체의 엄마 엘레오노라 다라고나Eleonora d'Aragona는 르네상스 시절 이탈리아반도의 남부를 장악했던 나폴리 왕국의 공주였다. 그녀는 페라라 공작 에르콜레 1세와 결혼해 가정을 꾸리며 살고 있었다. 어느 날, 아버지인 나폴리 왕 페르디난도 1세가 두 번째 결혼을 한다는 소식을 듣고 참석차 나폴리로 떠나게 된다. 그녀는 큰 딸 이사벨라와 두 살 된 베아트리체의 손을 잡고 네 번째 아이를 임신한 채 길을 나섰다. 그렇게 나폴리에서 지내며 아버지의 결혼식을 잘 마쳤을 때쯤 페라라에서 급한 연락을 받았다. 남편 에르콜레 1세가 전장으로 떠나야 한다는 소식이었다. 엘레오노라는 막 아이를 낳은 참이었지만 남편을 대신해 나라를 지키러 돌아가야 했다. 엘레오노라의 아버지는 손녀 베아트리체와 막 낳은 손자 페란테Ferrante d'Este를 두고 가라며 딸을 설득했고, 엘레오노라는 첫째 딸 이사벨라만 데리고 페라라로 돌아갔다. 그렇게 베아트리체는 8년이란 긴 시간 동안 나폴리 궁정에서 자라게 되었다. 당시엔 아들은 멀리 보내 공부시키는 것이 일반적이었지만, 딸이 어머니에게서 떨어져 자라는 건 흔치 않은 일이었다. 비록 어린 시절 부모의 사랑은 받지 못했지만, 페라라 공국이 전쟁으로 힘든 시기를 보내고 있을 때 베아트리체는 강하고 부유한 나폴리 궁정에서 조부의 특별한 사랑을 받으며 풍요롭고 안정된 생활을 누릴 수 있었다.

밀라노 공국의 약혼자

✦ • • •

여러 도시국가로 나눠져 있던 시대에 동맹은 필수였고, 이러한 동맹을 더욱 탄탄히 하고 유대감을 형성하는 데에는 결혼만 한 것이 없었다. 에스테 가문의 자식들 또한 어린 나이에 약혼자들이 정해졌는데, 베아트리체의 상대는 이미 비

✦ 그림2. 나폴리 왕국, 15세기

공식 자녀까지 있던 밀라노 섭정 루도비코 스포르차Ludovico M. Sforza였다.

1480년 말, 조카 잔 갈레아초 스포르차Gian Galeazzo Sforza의 섭정으로 실질적인 밀라노의 지도자가 되면서 합법적으로 권력을 구축하기 위한 작업에 착수한 루도비코는 자신에게 힘을 실어줄 가문의 신붓감을 물색하기 시작했다. 공작 자리를 지키고 있던 어린 조카의 약혼녀가 바로 나폴리 왕국 왕세자 알폰소 2세Alfonso II의 딸 이사벨라 다라고나Isabella d'Aragona였기 때문이었다. 이대로 두었다간 힘 있는 나폴리 왕가를 사돈으로 둔 조카에게 섭정 자리를 내놓고 모든 것을 돌려줘야 할지도 모를 일이었다. 그러기 전에 적절한 조치를 취해야 했다. 머리를 쓴 루도비코는 나폴리 왕의 또 다른 손녀를 신붓감으로 정했다. 바로 근처 페라라 공국 에스테 가문의 다섯 살 된 맏딸 이사벨라 데스테였다. 하지만 이사벨라는 바로 얼마 전 만토바의 프란체스코 2세와의 약혼이 성사된 후였다.

밀라노의 힘 있고 부유한 스포르차 가문과의 동맹을 놓칠 수 없었던 에르콜레 1세는 부인 엘레오노라의 조언을 받아 루도비코에게 네 살 된 둘째 딸 베아트리체를 제안했다. 현명하고 정치적 능력이 뛰어났던 엘레오노라의 계략이었지만, 사실 루도비코에겐 더 좋은 기회였다. 베아트리체를 예뻐했던 그녀의 할아버지인 나폴리 왕 페르디난도 1세가 이 결혼에 큰 관심을 보인다는 사실이 더욱 루도비코의 구미를 당겼다. 이로써 네 살 된 베아트리체와 27살 루도비코의 약혼이 성사되었다. 이 약혼으로 루도비코는 페라라의 에스테 가문뿐 아니라 나폴리의 트라스타마라Trastámara 가문으로까지 동맹을 확장하게 되었다.

약혼 후에도 나폴리 궁정에서 별 탈 없이 지내던 베아트리체는 1485년 어머니의 요청에 의해 페라라로 돌아오게 되는데, 정치적인 계산이 빨랐던 엘레오노라가 긴 전쟁으로 페라라의 재정 상태가 어려워지자 루도비코의 환심을 사기 위해 딸을 일찍 집으로 불러들인 것이었다. 루도비코는 약혼녀가 페라라 궁정에서 신부 수업을 받으며 자신과 가까이서 자주 만날 수 있게 되길 바라고 있었다. 첫째 딸 이사벨라에겐 애정이 앞섰던 엘레오노라지만, 자신이 키우지도 않았던 둘째 베아트리체에겐 정치적인 입장이 먼저였다. 부모 대신 손녀를 딸처럼 여기며 아꼈던 할아버지는 베아트리체가 계속 자신의 보호 아래 지내길 바랐지만, 나폴리 또한 반란으로 시끄러워지자 보호 차원에서 손녀를 페라라 궁정으로 돌려보내기로 했다. 베아트리체를 대하는 두 궁정의 태도에는 확연한 온도차가 있었다. 기품 있고 사랑스러운 베아트리체를 사랑했던 나폴리는 눈물로써 그녀를 떠나보냈지만, 페라라는 다소 냉랭한 태도로 8년 만에 돌아온 공녀를 맞이했다. 궁정 연대기에는 그녀가 돌아왔다는 소식도 제대로 기록되지 않았다.

✦그림3. 10살 무렵의 베아트리체 데스테

10살이 되어 집으로 돌아온 베아트리체는 그래도 행복했다. 페라라 궁정은 온갖 재밌는 것들로 가득했고 무엇보다 언니와 동생들이 있기 때문이었다. 특히 언니 이사벨라와는 친구처럼 지내며 함께 공부하고 악기를 켜며 춤을 배웠다. 인문학과 고전 교육에 힘쓴 페라라 궁정의 교육 덕분에 두 공녀는 교양 있고 세련된 여인으로 성장했다. 정작 집으로 돌아온 이후엔 결혼이 늦춰지고 있었지만 베아트리체는 가족과 함께 지내는 상황에 만족했다. 하지만 부모의 생각은 달랐다. 강하고 부유했던 밀라노 궁정과의 동맹이 깨질까 노심초사하던 아버지 에르콜레 1세는 베아트리체가 페라라로 돌아온 이후 루도비코에게 딸의 그림도 보내고 지속적으로 결혼에 대한 논의도 했지만, 루도비코는 새삼 베아트리체의 나이가 어리다는 등 국정일이 바쁘다는 등 결혼식을 차일피일 미루고 있었다. 첫째 딸 이사벨라의 경우엔 먼저 딸의 어린 나이를 이유삼아 여러 번 결혼을 연기했던 엄마 엘레오노라가 둘째 딸의 혼사는 행여 파투 날라 전전긍긍하며 딸보다는 나라를 더 생각하는 태도를 보였다. 루도비코에게 체칠리아라는 공식 정부情婦가 있었기 때문에 더 초조해졌다.

하지만 여유를 부리던 루도비코도 1488년 겨울 법적 공작인 조카 잔 갈레아초가 결혼하고, 이듬해 2월 신부 이사벨라 다라고나가 밀라노에 도착하자 마음이 급해졌는지 부랴부랴 페라라로 특사를 보내 결혼을 위한 구체적인 논의를 시작했다. 후계자를 얻으면 자신이 밀라노의 공작이 될 가능성이 높아지기 때문이었다. 그런 급한 마음을 읽은 정치 고단수인 어머니 엘레오노라는 결혼이 깨질라 노심초사하던 자신들의 입장은 숨긴 채, 페라라에 유리한 수를 두며 결혼에 대한 계약을 마무리 지었다. 두 궁정 간의 유대를 더 강화하기 위해 베아트리체의 두 남동생도 스포르차 가문의 여식들과 결혼하기로 결정되었다.

한겨울의 결혼

✦ • • ✦

루도비코는 점성술사들과 상의해 별자리를 보고 결혼식 날을 택했는데, 보통 너무 추워 굳이 선택하지 않는 1월이었다. 너무나 신부에 대한 배려가 없는 결정이었다. 1490년 12월 말 베아트리체는 결혼을 위해 밀라노로 향하는 여정을 시작했다. 당시 겨울엔 보통 3월 중순까지 1미터의 눈이 내렸고 그해 겨울은 특히 혹독했지만, 더 이상 결혼식을 연기할 수 없었던 엘레오노라는 결혼을 앞둔 아이들을 이끌고 춥고 힘든 길에 나섰다. 결혼식에 초대받은 첫째 이사벨라 데스테도 함께였다. 엘레오노라가 남편과 주고받은 서신에서 "잔 속의 와인이 얼어버릴 정도"라고 표현한 너무나도 춥고 힘들었던 약 20일의 긴 여정 끝에 마침내 결혼식이 행해질 파비아Pavia에 도착했다. 새 신부가 탄 배가 다리를 지나자 화려하게 꾸민 말을 탄 루도비코가 강독에 서서 기다리고 있는 모습이 보였다. 그는 손을 뻗어 하선하는 베아트리체를 도왔고 부부의 첫 만남은 그렇게 이루어졌다. 매력적이고 기품 있는 베아트리체의 모습에 루도비코는 매우 흡족했고 그 마음을 숨기지 않았다. 사랑에 잘 빠지는 새신랑은 장인 에르콜레 1세에게 여러 번 서신을 보내 새 신부에 대한 만족감과 감사함을 표현했다. 다음 날 거행된 결혼식에서 베아트리체는 수많은 진주와 보석이 달린 긴 흰색 드레스를 입고 어머니 엘레오노라와 언니 이사벨라의 에스코트를 받으며 제단에 섰다. 혼인성사 후 신부의 마음에 들고 싶었던 루도비코는 새 신부 일행을 완벽하게 맞이할 준비를 하기 위해 먼저 밀라노로 떠났고, 베아트리체는 파비아에서 준비한 축하행사를 즐긴 후 앞으로 살게 될 밀라노로 향했다.

　루도비코는 이 결혼을 위해 몇 달 전부터 유명 화가와 조각가들을 불러들여 포르타 지오비아Porta Giovia 성을 화려하게 장식했고, 결혼식 행렬에 방해가 되지 않도록 모든 도로와 다리를 보수할 정도로 공을 들였다. 밀라노에 도착한 베아트리체 일행은 마치 여왕의 입성처럼 느껴지는 분위기에 놀라움을 감추지 못했다. 거리의 상점과 집들은 꽃과 화려한 커튼, 태피스트리로 장식되어 있었고, 온 도시가 환영의 물결로 가득찬 축제의 분위기였다. 계획대로 모든 결혼 절차가 끝난 이후엔 더없이 화려한 축제가 이어졌다. 결혼 축하행사를 기획한 이는 레오나르도 다 빈치였다. 그는 루도비코의 위대함을 확인시키기 위해 화려하고 웅장한 축하행사를 준비했다.

　베아트리체 일행은 놀랄 수밖에 없었다. 일행이 도착한 광장에는 세 개의 단상이 준비되어 있었는데, 한쪽 단상에서는 연주자들이 음악을 연주하고 있었고 다른 한쪽에는 선물 꾸러미들이 쌓여 있었다. 그 한가운데에 위치한 단상에 앉아 고위 공직자들의 인사를 받으며 공물을 받는 주인공이 되자 베아트리체는 새로운 기분을 느끼기 시작했다. 23살이나 많은 아버지뻘 루도비코에겐 별 관심이 없었던 그녀였지만, 그 시대 가장 중요하고 세련된 궁정의 지도자 부인이라는 역할에는 매료되었다. 레오나르도가 선보인 불꽃놀이와 웅장한 회전목마는 다소 작은 공국에서 온 사람들의 눈에는 별천지로 보였다. 결혼 축하행사만을 위해 반강제적으로 차출된 롬바르디아Lombardia 지역의 모든 유명한 화가와 조각가들이 몇 달 동안이나 공을 들여 만든 '금색 별이 빛나는 하늘처럼 보이는 무도회장의 천장' 밑에서 베아트리체는 화려한 드레스를 입고 좋아하는 춤을 추며 자신을 위한 무도회를 만끽했다.

밀라노 공국의 성대한 환영을 받으며 안주인으로서 성공적인 데뷔를 마친 베아트리체는 특유의 통통 튀는 발랄함과 쾌활한 성격으로 밀라노 궁정을 유럽에서 가장 재밌고 인기 많은 축제와 파티의 중심지로 만들기 위한 작업에 착수했다. 남편 루도비코는 그런 베아트리체에 대한 애정을 드러내며 말했다.

"그녀는 내게 태양의 빛보다 더 소중하다."

밀라노 궁정 생활
✦ • • ✦

15살의 어린 신부는 빠르게 공국의 안주인 자리에 적응해 갔다. 남편에겐 이미 안주인 행세를 하던 공식 정부가 있었고 모든 것이 생소한 궁정에서의 생활은 녹록지 않았으나, 베아트리체는 밝은 성격과 우아한 자태로 루도비코의 마음을 사로잡았고 점차 궁정에서 그녀의 위치는 확고해졌다. 어린 시절 나폴리 궁정에서 자란 베아트리체는 스스로를 에스테 가문의 공녀보다는 거대한 아라곤 왕가의 공주로 생각했다. 네 살 때부터 나폴리 왕실 공식행사에 참여하며 공주로서의 역할을 익힌 그녀는 궁정 내 여주인 노릇을 톡톡히 해냈다. 자연스레 배어 있는 두 궁정(나폴리 왕국과 페라라 공국)의 취향으로 안목이 높았던 그녀는 가장 먼저 밀라노를 가꾸는 일에 열중했다. 성들을 새롭게 단장하고 거리를 청소해 깨끗한 환경을 만들었는데, 그 선봉엔 놀랍게도 브라만테Donato Bramante와 레오나르도 다 빈치가 섰다. 이들로 인해 밀라노의 건축물과 거리는 예술적인 아름다움으로 풍성해졌다.

＋그림4. 체칠리아 갈레라니

　　물론 궁중에서의 생활이 행복하고 아름답기만 한 것은 아니었다. 그녀는 여성 편력이 화려했던 남편으로 인해 적지 않은 고통을 받았다. 모두에게 상냥하게 대했지만 때에 따라 오만하고 강한 성격의 소유자이기도 했던 베아트리체는 남편의 여자 문제에 있어서도 자신만의 방식대로 처리했다. 그녀는 처음엔 이미 10년 동안 남편의 공식 정부였던 체칠리아 갈레라니Cecilia Gallerani(그림4)를 인정하고 그녀와 안정된 관계를 구축하고자 했으나 도저히 받아들일 수 없는 사건이 발생했다. 결혼 초 루도비코가 자신에게 선물한 드레스가 체칠리아의 드레스와 원단이 같은 것을 알게 되자, 그녀는 선물을 단호히 거부한 뒤 루도비코에게 체칠리아와의 관계를 끝내라고 강요했다. 체칠리아는 당시 루도비코의 아이를 임신하고 있었지만, 새 신부의 마음에 들고 싶었던 루도비코는 바로 정부의 남편감을 물색하기 시작했다. 그렇게 체칠리아는 아이를 낳은 후 루도비코가 골라준 백작과 결혼하여 궁에서 나가게 된다. 레오나르도 다 빈치의 초상화 〈흰 담비를 안고 있는 여인〉으로 유명한 체칠리아는 결혼 선물이 된 이 그림을 들고 궁을 떠났고, 이를 시작으로 베아트리체는 남편의 정부들을 거의 모두 궁에서 쫓아냈다.

　　결혼 후 2년 뒤 아들을 낳은 베아트리체 덕분에 루도비코는 1494년 꿈에 그리던 밀라노 공작이 되었지만, 열 여자 마다하지 않던 루도비코는 또 다른 여인 루크레치아 크리벨리Lucrezia Crivelli(그림5)에게 푹 빠졌다. 루크레치아는 다름 아닌 베아트리체의 시녀였다. 결혼 전

＋그림5. 루크레치아 크리벨리

부터 원래 있었던 남편의 정부들보다 자신의 시녀였던 루크레치아와의 관계에 베아트리체는 큰 배신감을 느껴 그녀 또한 바로 궁에서 내보내려 했지만, 남편의 정부를 내쫓으려 한 시도 중 유일하게 성공하지 못했다. 이 두 여성 모두 레오나르도 다 빈치의 초상화로 남았는데, 레오나르도의 4대 여성 초상화의 주인공 중 두 명이 이 여인들이다. 루도비코는 정작 부인인 베아트리체의 그림은 화가에게 요구하지 않았고, 이는 베아트리체에겐 상처가 되었다. 실망한 베아트리체는 남편과 거리를 둔 채 밀라노 궁정을 진정한 르네상스가 구현되는 곳으로 만드는 일에 열중했다. 문화예술에 조예가 깊었던 그녀는 자신의 힘을 이용해 밀라노 궁정을 발다사레 카스틸리오네Baldassarre Castiglione, 브라만테, 레오나르도와 같은 문화 및 예술계의 거장들로 둘러싸인 문화의 중심지로 만들었다.

당시 밀라노는 로마, 피렌체, 베네치아에 이은 부유한 국가 중 하나로, 그중에서도 세련되고 우아한 패션을 따라가기 위해서는 밀라노 궁정에 가야 했다. 루도비코 시대에 밀라노는 패션에 있어 풍요로움의 정점을 찍고 있었다. 계급 사회에서 의복은 가장 먼저 신분을 드러내 주는 도구로, 왕족이나 귀족들은 자신이 속한 가문의 위대함을 보여주기 위해 사치스럽고 화려하게 치장했다. 예술이 옷보다 저렴하게 평가되는 시대였던 당시, 숙련된 화가의 평균 월급은 10두카티Ducati*였다. 교회의 오르가니스트는 30두카티를 연봉으로 받았던 반면 숙련된 자수사는 200두카티를 받았다. 거장 레오나르도 다 빈치는 1481년 〈동방박사의 숭배Adorazione dei Magi〉를 계약하며 300두카티와 약간의 토지를 받았을 뿐이었고, 미켈란젤로 부오나로티Michelangelo Buonarroti는 작품을 의뢰한 메디치 가문에게 한달에 50두카티를 제공받을 때, 귀족 여인들은 100두카티의 속옷(카미치아)과 600두카티의 드레스를 입고 특별한 날에는 5000두카티 상당의 장신구를 착용했다. 귀족들은 연간 수입의 40퍼센트를 의류에 지출할 정도로 패션 산업이 부흥하고 있었다.

---

* 두카티는 이탈리아 여러 공화국에서 발행된 금화와 은화였다. 1140년 최초로 은화가 만들어졌고, 1284년 베네치아에서 발행된 금화는 피렌체 피오리노와 동등한 가치의 화폐로 쓰였다.

새로운 패션 발명가

✦ • • ✦

스포르차 가문의 일원이 된 베아트리체는 궁정 복식의 화려함에 창의력을 더한 자신만의 스타일로 밀라노 궁정을 장악했다. 그녀와 함께 밀라노는 패션의 도시로 거듭나게 되었다. 짧은 생을 살다 간 그녀의 가장 큰 업적은 패션으로, 당대에 '새로운 패션의 발명가Novarum Vestium Inventrix'로 평가받으며 마음껏 재능을 발휘했다. 복장에 관련된 법을 규정하고 새로운 옷차림과 머리 모양을 선보이는 것을 즐겼던 그녀는 진정한 유행 선도자였다. 음악과 춤, 축제, 무도회를 좋아했던 베아트리체는 종종 무도회에서 입을 드레스를 직접 디자인했고, 그런 아내의 열정적인 모습을 루도비코는 뿌듯한 마음으로 온 동네에 자랑했다. 결혼 첫 2년 동안 84벌의 드레스를 새로 지었을 정도로 그는 어린 아내를 위한 금전적인 지원도 아끼지 않았다. 결혼 6개월 후 밀라노 주재 페라라 공국의 대사 자코모 트로티Giacomo Trotti가 페라라로 보낸 편지엔 이렇게 적혀 있었다.

❝ 루도비코 경은 매일 최상급으로 만들어진 아름다운 보석과 금으로 제작된 옷을 아내 베아트리체에게 선물합니다. ❞

검은 머리에 작은 키를 가졌던 베아트리체는 스트라이프 패턴의 드레스와 굽이 높은 신발로 자신의 외모를 보완했다. 그녀가 신었던 피아넬레Pianelle(그림6)는 유물로 남아 오늘날에도 비제바노 신발 박물관Museo della Calzatura-Vigevano에서 볼 수 있다. 하이힐의 원조 격인 피아넬레는 14세기부터 베네치아 여인들 사이에서 유행한 높은 굽이 달린 신발

✦ 그림6. 실제 베아트리체
데스테의 피아넬레, 15세기

로, 훗날 피렌체 출신의 카테리나 데 메디치Caterina de' Medici●를 따라 프랑스로 건너가 하이힐로 변모하게 된다.

베아트리체의 과시적인 옷차림은 종종 정치적 목적을 가진 의도적인 표현이었다. 그녀는 공식 행사 때 루도비코가 선택한 로고와 모토 또는 가문의 문장인 나침반과 붓이 수놓아진 드레스를 입었다. 결혼 후 2년 뒤인 1493년 친정 페라라를 방문했을 땐 제노바 항구의 두 탑이 수놓아진 소매가 달린 드레스를 입고 등장했다. 당시 밀라노 공국의 지배를 받고 있던 제노바 공화국은 중세 시대부터 베네치아에 버금가는 대표적인 해상 무역 국가로, 친정 페라라와는 사이가 좋지 못했다. 페라라가 베네치아와 소금 무역으로 인한 전쟁을 치렀을 때 제노바는 베네치아 편에 선 적국이었다. 굳이 친정의 적국을 상징하는 두 탑이 장식된 드레스를 입고 간 것은 동맹국의 안주인으로서 힘을 과시한 것이라 할 수 있었다. 뒷전 취급을 받았던 어린 시절에 대한 일종의 보상 심리에서 비롯된 것인지 베아트리체는 언니 이사벨라뿐만 아니라 어머니 엘레오노라와도 옷차림에 있어서 공개적으로 경쟁을 벌였고, 루도비코는 든든한 지원자를 자처했다.

루도비코와 베아트리체가 성상 앞에서 두 아들과 무릎을 꿇고 있는 그림(그림7)은 루도비코 스포르차의 시대가 도래했음을 알리는 상징적인 작품이다. 그림에는 조카의 죽음으로 통치권을 넘겨받은 루도비코가 스스로 권력의 정당성을 부여하려는 의도가 담겨 있다. 그는 형과 조카를 독살해 자리를 차지했다는 숱한 의혹을 받고 있었기 때문에 그 무엇보다 공작위 계승의 정당성이 필요했다. 그리하여 후계자까지 등장시켜 온전하고 완벽한 가정의 모습을 연출했다. 베아트리체는 그림 속에서 밀라노 공국이 번성했던 시기의 호화로운 궁정 패션의 전형적인 예를 보여주고 있다.

코아초네Coazzone는 '베아트리체의 머리'라 할 수 있을 정도로 그녀가 가장 좋아했던 머리장식이었다. 그 원형은 스페인에서 건너온 포니테일 스타일인 트란사도Copia de Tranzado(그림8, 9)로, 스페인에서 15세기경부터 16세기 중반까지

●　[11. '검은 여왕'이 된 외국인 소녀: 카테리나 데 메디치]편 참고.

✦ 그림7. 조반니 안젤로 미로폴리, 〈스포르차 제단화〉, 1495년, 밀라노, 브레라 미술관

✦ 그림8. 스페인의
트란사도, 15세기

✦ 그림9. 스페인 트란사도의 여러 모습

애용되었으며 기원은 동로마 제국에서 찾을 수 있
다. 나폴리 왕국은 역사적으로 독일, 스페인, 프랑스,
오스트리아 등 유럽의 패자들의 지배를 번갈아 가
면서 받았기 때문에 다양한 문화가 섞여 있는 독특
한 지역이었다. 당시는 스페인 점령기로, 나폴리 궁정
에서 성장한 이사벨라 다라고나와 베아트리체는 스
페인 문화에 매우 익숙했다. 베아트리체는 특히 스페
인 패션에서 많은 영향을 받았다. 코아초네는 베아트리체
가 결혼식에서 선보인 이후 밀라노 궁정의 모든 여인들도 따라 하면서 한 시대
를 풍미했다. 사실 코아초네는 2년 전 밀라노에 먼저 도착한 나폴리 공주인 이
사벨라 다라고나로 인해 이미 궁정에 알려져 있었으나, 베아트리체가 이 헤어
스타일을 자주 하고 다니며 꾸미는 방식 등 자세한 지침을 만들고 궁정 여인들
에게 사용을 장려하면서 인기를 끌었다. 이러한 이유로 밀라노 공작부인의 머
리라는 뜻의 '스포르차 머리'로 세상에 알려지게 되었다. 패션은 만들어진 곳과
생명력을 얻어 꽃피우는 곳이 다르게 나타날 때가 많다.

전체적으로 이마 끈인 렌자Lenza•, 캡 부분인 트린잘레Trinzale 그리고 머리
를 한데 모아 묶은 코아초네로 나뉘는 베아트리체의 머리장식은 이렇게 만들

• [8. 모나지라와 경쟁하는 여인: 루크레치아 크리벨리]편 참고.

었다. 먼저 머리를 반으로 반듯하게 갈라 귀는 덮은 채 곱게 빗어 넘겨, 직물이나 금속으로 만든 그물 모양의 캡인 트린잘레를 씌워 머리와 한데 모아서 묶어준다. 이 묶은 머리를 직물로 감싸 리본과 함께 엮어 코아초네를 길게 만든다. 그리고 뒷머리에 씌운 트린잘레가 흘러내리지 않도록 고정해 주면서 동시에 이마를 장식해 주는 이마 끈 렌자를 둘러 완성한다. 스페인의 트란사도는 모자 부분에 주로 자수가 되어 있는 직물과 가죽이 사용되었다면, 이탈리아 여인들은 보석이 달린 화려한 그물 형태를 선호했다. 베아트리체의 트린잘레 또한 진주로 엮어 만들어 그 화려함을 더했다. 트린잘레 측면에 달려 있는 커다란 황적색 루비와 사파이어 장신구(그림10)는 루도비코가 선물한 것이었다. 그 값이 무려 25만 두카티로, 당시 피렌체의 산 로렌초San Lorenzo 대성당 부근의 땅이 5만 두카티 정도였다는 걸 감안하면 엄청난 금액의 선물이었다. 베아트리체는 진주와 리본을 좋아해 과하다 싶을 만큼 주렁주렁 달았고, 새로운 모양의 보석을 만들기 위해 금 세공인과 교류하는 등 디자인에 열정을 보였다. 금빛 새틴과 검정 벨벳 스트라이프가 배열된 몸통에 탈부착식 소매를 리본으로 연결한 가무라(그림11)는

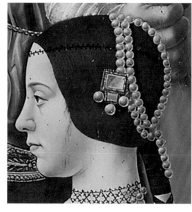

✦ 그림10. 진주로 만든 트린잘레와 보석 장신구
✦ 그림11. 베아트리체가 디자인한 가무라

✦ 그림12. 탈부착식 소매 브라치아, 15세기

베아트리체가 디자인한 작품이었다. 그녀는 종종 기하학적 무늬의 아라베스크 풍 드레스를 디자인해 입었는데, 이는 무어인 패션에서 받은 영향이었다. 리본 장식을 열정적으로 사랑했던 베아트리체는 소매에 금빛 리본을 잔뜩 달아 가무라에 연결했다. 이 과한 리본장식은 코아초네에 이은 그녀만의 상징적인 패션이었다. 화려함이 다소 부담스럽기도 하지만, 당시 이 스타일은 그녀가 바라던 대로 사람들의 이목을 집중시키기에 충분했다.

15세기 후반 가무라의 주인공은 소매였다. 어깨와 팔꿈치를 절개해 움직임이 용이해진 뒤에는 장식성이 더해져 아예 탈부착식 소매 브라치아Braccia(그림12)를 따로 만들게 되었다. 소매는 언제나 평민들과 구분 지을 표식을 찾던 귀족들의 새로운 아이템이 되어 점점 커지고 화려해졌으며 가무라와는 다른 색, 다른 원단으로도 제작되었고 보석, 리본을 달아 장식했다. 이 탈부착식 소매는 부를 과시할 수 있는 사치품인 동시에 매우 실용성 높은 경제적인 아이템이어서 여인들의 만족도가 높았다. 소매만으로 새로운 드레스의 기분을 낼 수 있기 때문이었다. 상황에 따라 갈아 끼울 수 있으니 집에서는 편하고 단순한 디자인의 소매를, 외출 시나 공식석상에서는 화려한 소매를 달아 연출했다.

밀라노에 드리운 어두운 그림자

✦ • • ✦

진정한 르네상스를 구현하며 밀라노 궁정을 동시대 가장 재밌고 활발한 문화
교류의 장으로 만든 베아트리체는 매우 갑작스럽게 죽음을 맞이했다. 두 아들
을 연달아 낳은 뒤 세 번째 아이까지 임신해 한 공국의 안주인으로서 위상을 공
고히 하던 어느 날이었다. 새해 축하 파티를 즐기며 춤을 추던 중 베아트리체는
강한 복통에 쓰러져 아이를 사산했고, 몇 시간 후 그녀 또한 사망했다. 향년 21세
였다. 결혼 기간 내내 쉬지 않고 다른 여인들과 사랑에 빠져 아내를 힘들게 했던
루도비코는 베아트리체의 갑작스러운 죽음에 큰 충격을 받아 실의에 빠졌다.
그는 "이 세상에서 우리가 가진 가장 소중한 것을 잃었다"라며 방 안에 틀어박
혀 며칠간 나오지 않은 채 슬퍼했다. 방에서 나온 후에는 조각가 크리스토포로
에게 작품을 의뢰해 석관을 만들고, 옷과 가구의 색을 모두 검은색으로 바꿨으
며, 아내가 사망한 화요일엔 금식을 하고 매일 두세 번씩 미사에 참석했다. 그녀
를 위해 지은 시를 담은 책도 만들어 애도했다.

짧은 생을 살다 간 베아트리체에 대한 평가는 '밀라노의 파티걸' 정도로 다
소 인색한데, 베아트리체가 그렇게 일찍 생을 마감하지 않았더라면 밀라노의
역사가 달라졌을 거라고 보는 시각도 있는 만큼 과소평가된 점도 있다. 그녀의
죽음과 함께 밀라노 공국에는 어두운 기운이 몰려오기 시작했다. 아내를 잃고
무너져버린 루도비코는 점성가에만 의지하며 방황했고, 결국 자신이 성문을 열
어준 프랑스로 인해 이탈리아 전쟁이 일어났다. 섭정인 자신의 불안정한 위치
에 항상 걱정이던 루도비코는 프랑스에 손을 내밀어 동맹을 맺었고, 나폴리의
왕관을 노린 샤를 8세Charles Ⅷ가 나폴리로 갈 수 있도록 밀라노의 성문을 열어
주었다. 이탈리아반도 내 나라들은 서로 견제하며 싸우기도 했지만 외세의 침
입에는 서로 힘을 합쳐 물리쳤는데, 이는 이러한 암묵적인 합의를 깬 위험한 선

택이었다.

그렇게 한번 열린 문은 닫힐 줄 몰랐고, 루도비코 자신 또한 공격당하게 된다. 조카가 병으로 죽고 1495년 그토록 염원하던 공작이 되어 잠시 영광을 누리게 되지만, 새로이 왕위에 오른 프랑스의 루이 12세는 1498년 즉위하자마자 자신은 '할머니*의 나라 밀라노 공국의 정당한 주인'이라고 선언한 뒤 치밀한 계획하에 1499년 밀라노를 침공했다. 주요 요새들이 차례로 함락되었고, 루도비코는 쫓겨 피난처에 머무르며 부르고뉴와 스위스 용병들을 모아 반격을 꾀했다. 하지만 프랑스 또한 스위스 용병 부대를 보유하고 있었고, 이 두 군대는 노바라Novara에서 대치하게 된다. 동포인 스위스 용병 부대는 서로 맞서는 것을 거부했고, 이에 우세했던 루이 12세는 루도비코 군대의 평화로운 후퇴에 동의하며 전쟁을 끝내고자 했다. 다만 루도비코를 놓아줄 마음은 없었다. 스위스 용병으로 위장하여 도망가던 루도비코는 자신이 고용했던 스위스 용병의 배신으로 프랑스 군에게 넘겨졌다. 그렇게 포로가 된 그는 1508년, 프랑스 한 성의 지하에 갇힌 채 쓸쓸히 생을 마감했다.

* 13-14세기 밀라노의 영주였던 비스콘티Visconti가문 출신인 발렌티나 비스콘티Valentina Visconti로, 그녀의 아버지는 1395년 밀라노의 초대 공작이 되었다.

루도비코 스포르차

'루도비코 일 모로Ludovico il Moro'라는 별명으로 더 유명한 베아트리체의 남편 루도비코 스포르차는 밀라노 공국의 지도자로 역사에 큰 발자취를 남겼다. 다소 못생긴 생김새로 태어나 본의 아니게 어머니를 놀라게 했던 루도비코는 1452년 밀라노에서 태어났다. 어머니 비앙카Bianca Sforza는 남편이 전투로 잠시 밀라노를 떠나 있던 사이 태어난 아이의 소식을 전하고 이름을 짓기 위해 남편에게 "아들을 낳았는데, 좀 못생겼고 다른 아이들보다 피부색이 어두워요"라는 편지를 보냈다. 짙은 피부에 검은 눈과 머리카락을 가지고 태어난 루도비코를 아버지는 어릴 적부터 '마우룸Maurum(또는 모로Moro)'이라 부르곤 했다. 그리하여 그는 정식 이름 루도비코 스포르차보다 '루도비코 일 모로'라 불렸다. 또는 밀라노에서 실크를 생산하려는 루도비코의 정책(뽕나무를 밀라노에서는 모론moron으로 불렀다) 때문에 모로로 불렸다는 설도 있다.

 그리고 밀라노에 전해 내려오는 그의 이름과 관련한 전설도 있다. 어린 시절 매우 성급하고 고집스러운 성격 탓에 황소라는 뜻의 '토로Toro'라 불렸던 루도비코에게는 평소 잘 씻지 않고 더러운 얼굴로 다녀 모로Moro라는 별명으로 불린 평민 출신 친구 체사리노Cesarino가 있었다. 크리스마스가 다가오자 이 장난꾸러기 두 친구는 궁정 사람들을 놀라게 할 계획을 세웠다. 외모가 비슷했던 두 친구는 서로의 옷을 바꿔 입고 어른들을 속이기로 했다. 공작의 아들 루도비코는 거만한 어른들의 황당하고 놀란 표정을 보고 싶었다. 깨끗이 씻은 체사리노가 루도비코의 옷을 입고 어른들이 모여 있는 무도회장에서 루도비코 행세를 하고 있을 때, 루도비코는 줄을 타고 굴뚝을 내려오고 있었다. 그러다 미끄러져 벽난로에 다리만 나온 채로 망토에 의지해 매달려 있게 되었다. 모두가 놀라 우왕좌왕하고 있을 때 체사리노는 힘을 다해 루도비코의 다리를 잡아당겨 그를 구해냈다. 굴뚝의 그을음으로 더러워진 루도비코는 놀란 아버지에게 장난이었음을 밝혔다. 이후 진짜로 힘이 센 체사리노가 '토로'로 불리고 피부가 재로 그을려 더러워졌던 루도비코는 '모로'가 되었다. 어디선가 들어본 듯 익숙한 이야기이다. 이 전설을 들은 마크 트웨인Mark Twain이 영감을 얻어 쓴 작품이 바로 〈왕자와 거지〉이다.

 역사 속에 등장하는 루도비코를 좀 더 알아보자면, 루도비코가 재위하던 시절 밀라노 궁정에는 레오나르도 다 빈치, 브라만테와 같은 이들이 활동했는데 레오나르도 다 빈치의 유명한 작품 산타마리아 델레 그라치에Santa Maria delle Grazie 성당의 벽화 〈최후의 만찬Cenacolo〉을 의뢰한 이가 바로 루도비코였다. 또한 레오나르도의 유명한 4대 여성 초상화의 모델 중 무려 두 명이 루도비코의 정부이기도 했다. 적장자인 조카를 핍박하고 자신의 이익을 위해 프랑스를 불러들여 이탈리아반도를 위험에 빠트렸던 루도비코는 이래저래 역사적인 인물임에는 틀림없는 듯하다.

6

교황의 딸

루크레치아 보르자
LUCREZIA BORGIA

✦ • • • ✦

1480–1519

물결치는 듯 빛나는 금발에 짙은 파란 눈의 매력적인 외모를 가졌고, 당대 최고 권세가의 일원으로 근친, 독살, 음모 등 자극적인 스캔들의 중심에 서 있는 르네상스의 상징적인 여인 루크레치아 보르자Lucrezia Borgia. 그녀는 보르자 가문의 딸이 아닌 진정한 루크레치아로 살면서 일궈낸 업적들은 무시당한 채, 야망과 권력욕 넘치는 아버지와 형제의 제물이 되었고 자극적인 소재에 열광하는 사람들의 희생양이 되어왔다.

교황의 딸 루크레치아

✦ • • ✦

작별 인사를 하는 어머니를 돌아보던 침착한 세 살짜리 어린 여자아이는 추기경인 아버지를 따라 두 오빠와 함께 바티칸으로 이가하는 중이었다. 금발에 파란 눈을 가진 아이는 강인한 턱의 움푹 들어간 보조개로 스페인 혈통임을 알 수 있었다. 어머니와는 그렇게 헤어져 살게 되었지만, 신분 상승이 보장된 고귀한 혈통으로서의 새로운 삶이 펼쳐졌으니 아이들에겐 더없이 잘된 일이었다. 아이들은 추기경의 조카 대우를 받았으나 실제 추기경의 자식임을 모르는 사람은 없었다. 여자아이는 루크레치아 보르자였으며, 아버지는 훗날 교황 알렉산데르 6세Alexander VI가 되는 로드리고 보르자Rodrigo Borgia였다.

1480년대인 당시엔 성직자에게 파트너와 자식이 있는 것은 특별할 것도 없는 일이었으며, 교황 및 추기경들의 자식과 손자들은 바티칸에서 함께 살며 중요한 종교의식에 참여하기도 했다. 성직자의 딸들은 대개 수녀원으로 보내져 수녀가 되었으나, 루크레치아는 달랐다. 바티칸의 뛰어난 가정교사들에게 오빠들과 같은 교육을 받으며 교양 있고 우아하게 자란 총명한 소녀 루크레치아는, 아버지가 교황이 되자 많은 귀족들이 탐내는 신붓감으로 급부상했다. 이제는 왕자만이 그녀에게 청혼할 수 있었고, 로마 사회의 상류층 사이에서는 그녀가 누구와 결혼할지가 매번 화두에 올랐다. 주요 가문들은 모두 최고 권력인 교황의 집안과 사돈 맺기를 원했다.

루크레치아가 14살 무렵 그려진 것으로 추정되는 바티칸의 보르자 저택 벽화 속 여인(그림2)은 성녀 카테리나Caterina(4세기 성인)의 모습을 하고 있다.• 그녀는 중심에 서서 주위를 둘러싼 이교도들을 자신의 지혜와 화술로 설득하고 있는 중이다. 화가는 그녀가 경건하고 순결한 여성으로 인식될 수 있도록 성녀의 모습으로 연출했다. 하지만 패션만은 최신으로, 그림 속에서 그녀는 시대의 패션을 고스란히 보여주고 있다. 루크레치아는 화려하면

→ 그림2.
루크레치아 보르자

서도 세련된 스타일로 유명했다. 그녀는 패션 리더들의 리더였다. 루크레치아는 아름답게 물결치는 머리를 반만 묶은 뒤 이마에는 다섯 개의 보석이 달린 렌자(이마 끈)를 두르고, 특히 좋아했던 동방풍의 벨벳 모자를 쓰고 있다. 그녀는 모자를 좋아해 무려 1만 개를 소유하고 있었다. 두껍게 짠 남색 직물에 금색의 화려한 문양이 새겨진 가무라의 몸통은 분리된 소매와 실크 리본으로 엮여 있다. 그녀는 그 위로 스페인풍의 긴 빨간 벨벳 가운을 한쪽 어깨에만 멋스럽게 살짝 걸쳐 세련된 스타일을 연출했다. 가무라 속에 입은 실크 카미치아는 혼수품에도 들어갈 만큼 귀했는데, 루크레치아는 실크와 금실로 만들어진 카미치아가 200벌(다른 귀족 여인들은 보통 20-30벌 소유)이나 되었다. 그 가치는 값을 매기기도 어려웠으나, 귀한 바티칸의 공주님에게 돈은 그저 숫자에 불과했다. 당시 많은 진짜 공주들이 있었지만, 그녀가 누리는 사치는 견줄 데가 없었다.

•   아버지 로드리고가 교황으로 선출되었기 때문에 이렇게 벽화에 가족의 모습을 남겨놓을 수 있게 되었다.

✦ 그림3. 핀투리키오, 〈성 카테리나의 논쟁〉, 바티칸 궁전 성인의홀 벽화, 1492-1494년

　유독 화려함이 눈에 띄는 그림 속 등장인물들의 의상은 동양과 중동 취향으로, 당시에는 동방에서 온 크고 강렬한 문양이 직물 문양으로 유행했다. 주로 꽃, 엉겅퀴, 파인애플, 솔방울 등 식물 모양에서 모티브(그림4)를 얻어 매우 정교하고 명확하게 금·은실로 직조되었다. 그중 일반적으로 가장 많이 쓰인 모티브는 페르시아에서 종교적으로 불멸과 다산을 상징했던 석류이다. 오스만 제국과의 교류를 통해 이탈리아에 소개된 석류 문양은 이탈리아 직공들에 의해 무한하게 변형되어 15-16세기에 걸쳐 거의 100년 동안 다양한 형태로 제작되었다. 15-16세기는 이탈리아 섬유 산업의 르네상스로 벨벳과 실크 제작에 있어 괄목할 만한 성장을 이루었다. 직물의 생산은 염색 및 직조, 상하수도 시스템 기술 등이 필요했기 때문에 경제 성장에 큰 도움이 되었다. 15세기 밀라노에서만 벨벳 가공에 1만 5천 명이 고용되었고, 16세기 베네치아에서는 비단 직조를 위해 2만 5천 명 이상이 고용되어 경제 발전의 주역으로 크게 기여하였다.

이 그림에서 또 주목할 점은 루크레치아의 아름다운 긴 머리다. 풀어헤친 금발은 그녀를 대표하는 가장 큰 특징이었다. 베일에 가려져 있던 여성의 아름다운 머리는 15세기 후반 무렵부터 해방되기 시작했는데, 루크레치아는 그중에서도 가장 파격적인 스타일을 선보였다. 결혼한 다른 여인들이 얇은 베일로 푼 머리를 감싸기라도 할 때 그녀는 머리카락에 진정한 자유를 선사했다. 당시 여성의 머리카락은 강력한 유혹의 무기이자 여성스러움의 상징이었다. 도덕적 관점에서 허영심의 상징으로 여겨졌던 머리카락을 늘어뜨리거나 느슨하게 묶는 스타일은 소녀나 약혼하지 않은 여성들의 전유물이었다. 중세 시대에 이어 기혼 여성은 틀어 올린 머리를 베일로 감췄다. 신에 대한 복종과 청결함을 나타냈던 베일은 르네상스 시대를 거치며 점차 간소화되며 작아졌고, 장식적인 기능은 강화되어 다양한 형태로 변화했다. 기혼 여성에게 넓은 이마와 정교한 머리 장식은 곧 부와 삶의 수준을 드러내 주는 지표였기 때문에 보통은 머리를 틀어 올려 천 또는 리본으로 고정해 화려하게 장식했다. 결혼한 여인이 머리를 푸는 것은 친밀감을 최대한으로 드러내는 행위로, 여인들은 남편 앞에서만 아름다운 머리카락을 풀었다. 결혼 직후 아내는 남편에게만 열정을 유지하겠다는 의미로

✦ 그림4. 직물 문양(식물 문양), 15세기

3~4년간 머리를 자르기도 했다.

이러한 시대였음에도 루크레치아는 결혼을 한 뒤에도 종종 소녀처럼 자유롭게 풍성한 긴 머리를 풀어 늘어트리고 다녔다. 양쪽 옆머리를 잡아 뒤로 묶은 그녀의 특징적인 헤어스타일은 당시엔 '고전적인 스타일'로 불렸는데, 바로 그리스·로마 시대의 여신 머리였다. 인간에게 자유를 선사하고 본연의 아름다움에 눈을 뜨게 한 르네상스 정신은 사람들로 하여금 많은 제약으로부터 벗어날 수 있는 용기를 주었고, 아름다움에 대한 숭배는 고전 시대의 미를 다시 불러일으켰다.

팜므 파탈의 자격을 부여해 주는 듯한 구불거리고 윤기 나는 금발은 사실 그녀의 노력에 의해 연출된 것이었다. 금발이나 빨간 머리는 본래 이탈리아인들 사이에서는 드물었고, 금발로 태어나도 커가면서 점점 어두운 색으로 변하는 경우가 많았다. 당시 미인의 기준은 파란 눈에 금발이었기 때문에 염색법이 발달했었다. 루크레치아 또한 5일마다 염색을 해주는 수고로움을 마다하지 않았다. 달걀흰자, 카모마일, 레몬 및 비밀스러운 혼합물(소변, 명반, 말발굽 등)로 이루어진 용액을 5일마다 발라 염색했는데, 머리색을 밝게 해주는 대신 극심한 편두통을 유발했다고 하니 예뻐지는 건 여간 어려운 일이 아니다. 루크레치아는 결혼식 행렬에서도 8일마다 멈춰 씻고 말리고 염색했으며, 나이가 들어서도 매혹적인 머리 색을 유지하기 위해 소변으로 머리카락을 표백했다.

그녀의 아름다웠던 머리카락은 사랑과 우정 사이의 관계였던 베네치아 귀족 출신의 시인 피에트로 벰보Pietro Bèmbo의 개인 문서에서 발견되어 오늘날에도 남아 있다. 루크레치아는 이 머리카락 한 묶음을 사랑의 표시로 서신에 동봉해 피에트로에게 보냈을 것으로 추정된다.* 그들의 만남은 루크레치아가 막 결혼해 페라라 공국으로 왔을 때 이루어졌다. 당시 피렌체 못지 않은 르네상스 문화의 중심지였던 페라라 궁정에는 많은 지식인과 예술가들이 몰려들었는데, 피

---

* 　루크레치아의 머리카락은 그들이 나눈 서신 9개와 함께 밀라노의 암브로시아나Ambrosiana 도서관에 보관되어 있다. 바이런은 이 편지들을 "세상에서 가장 예쁜 연애 편지"라고 불렀다.

에트로 벰보도 그중 한 명이었다. 시인은 새로운 환경에서 적응 중이던 루크레치아가 힘들 때 곁에서 위로가 되어주었고, 피에트로가 아팠을 땐 루크레치아가 그를 방문해 보살폈다. 매우 뛰어난 문인이자 학자*였던 피에트로는 플라토닉 사랑에 대한 시적 대화인 《아솔로의 사람들Gli Asolani》을 루크레치아에게 헌정하기도 했다. 하지만 그들을 보는 곱지 않은 시선에 피에트로는 곧 페라라를 떠났고, 짧은 사랑을 끝으로 그들은 다시 만나지 못했다. 훗날 추기경이 된 피에트로와 친구로 남은 그녀는 플라토닉 사랑을 유지했고, 그가 로마로 떠난 후에도 그들은 한동안 서신으로 마음을 주고받았다.

" 당신의 기품 있고 빛나는 두 눈은 내 영혼을 온통 괴롭혔습니다. "

이 한 타래의 머리카락(그림5)은 19세기 낭만주의자들의 숭배 대상이 되었다. 그녀의 명성에 매료된 시인 조지 바이런George Byron은 1816년 밀라노를 방문했을 때 서신들과 루크레치아의 머리카락을 보고 대담한 일을 벌였다. 관리인의 방심을 틈타 재빨리 한 가닥을 꺼내 준비해 온 케이스에 넣어 몰래 빠져나온 것이다. 수백 년의 시간이 흘렀어도 그 부드러움과 윤기를 간직하고 있

✦ 그림5. 밀라노 암브로시아나 도서관에 보관되어 있는 루크레치아의 머리카락

*   그는 이탈리아 철자법과 문법을 체계화시켜 이탈리아 표준어 확립에 기여했다. 10살 무렵 아버지의 손을 잡고 따라 간 피렌체의 토스카나 방언에 매료된 피에트로는 토스카나어를 이탈리아 문학의 언어로 발전시켰다. 중세의 위대한 서정시인 페트라르카의 언어로 플라토닉 사랑에 대한 시적 대화를 쓴 피에트로를 피렌체로 데려간 그의 아버지는 바로 지네브라 데 벤치의 플라토닉 연인이었던 베르나르도 벰보다. [3. 강제 결혼의 희생양: 지네브라 데 벤치]편 참고.

던 머리카락을 보며 그는 "마치 금과 같다"라며 감탄했다. 그리고 이 사건은 머리카락에 대한 페티시즘 열풍을 불러일으켰다.

악의적인 소문의 시작

✦ • • ✦

르네상스는 인간 본능을 해방하여 그 아름다운 면을 문화와 예술로 꽃피웠다. 하지만 그 본능은 신앙의 힘으로 누르고 있던 인간의 추악한 면 또한 일깨워 르네상스 시대엔 온갖 폭력과 음모가 난무했다. 거룩한 것들은 조롱당했으며 창녀는 시대 문학의 뮤즈였다. 교황 알렉산데르 6세는 역사상 가장 타락한 교황이라는 평가를 받는다. 하지만 하느님의 말씀이 아닌 이성이 인간의 마음을 지배하여 종교도 정치판으로 전락했던 당시 가톨릭 교회에서 부패의 정도는 도긴개긴이었다. 그러므로 이러한 평가는 스페인 출신에다 뜻을 이루지 못하고 역사의 뒤안길로 사라진 이에 대한 다소 편파적인 시각일지도 모른다. 대부분 이탈리아 출신들만이 교황이 되던 시대에 스페인 출신의 로드리고가 선출되자, 그를 눈엣가시로 보던 이탈리아 정통파가 뒤집어 씌운 프레임이라 보는 시각도 있다. 당시 보르자 가문은 적이 많았다.

정치 체스판 위의 말

그녀의 나이 11살 때부터 아버지 로드리고는 딸의 결혼에 대해 고민하기 시작했다. 여느 권세가 집안의 자식들이 흔히 그렇듯, 그녀는 아버지의 정치 체스판 위의 말이었다. 자식들 중 유일한 여식*이었던 루크레치아는 가장 유용하고 능력 있는 말이었다. 아버지가 고른 첫 번째 사윗감은 밀라노의 공작 집안인 스포

---

* 로드리고에게는 여러 사생아들이 있었지만, 바티칸으로 데려간 자식은 바노차Vanozza와의 사이에서 낳은 아들 셋에 딸 하나였다.

르차 가문 출신이었다. 밀라노 공국의 섭정으로 자기 편이 필요했던 루도비코 일 모로는 로드리고에게 자신의 조카 조반니 스포르차Giovanni Sforza를 추천했고, 당시 강력했던 스포르차 집안과의 결합으로 세력을 넓히고 싶었던 교황의 이해관계가 맞아떨어져 교황과 밀라노의 동맹이 맺어졌다. 그렇게 1493년, 13살의 루크레치아와 27살의 조반니 스포르차의 결혼이 성사되었다.

하지만 조반니는 낮에는 남자 친구와 사냥을 즐기며 밤에는 부인에게 오지 않는 남자였고, 그저 정치적 이유로 이루어진 둘의 결혼은 그렇게 첫 단추부터 끼워지지 않았다. 이후 스포르차 집안이 쇠퇴의 길을 걷자 계획이 바뀐 교황과 그의 행동대장인 아들 체사레Cesare Borgia는 루크레치아의 결혼을 무효화하고 쓸모 없어진 조반니를 죽이기로 결정했다. 이 모든 계획을 듣고 있던 루크레치아는 옆에 있던 시종에게 외쳤다.

" 들었지? 어서 가서 그에게 알려줘!"

전해 들은 조반니는 거지로 위장하여 즉시 말을 타고 도망가 겨우 살아남았다. 그리고 이 남자는 목숨을 살려준 루크레치아에게 더러운 오명을 씌웠다. 교황은 그렇게 달아난 조반니를 성적 불능이라 비난하며 결혼의 무효화*를 주장했고, 조반니는 루크레치아와 그의 가족은 근친상간을 한다며 맞섰다. 이에 루크레치아는 자신이 처녀**이고 지난 3년간 부부관계는 없었다고 밝히며 조반니의 주장에 반박했고, 조반니는 이탈리아 전체의 웃음거리가 되었다.

루도비코는 땅에 떨어진 조카의 명예를 조금이라도 수습해 주려고 교황 입회하에 공개적으로 남자다움을 보여주는 방법을 제안했으나, 이 젊은이는 거절했다. 그렇게 버티다 결국 자신이 성적 불능이라 인정하는 서류에 서명했고 결혼은 곧 무효가 되었다. 이로써 4년 만에 그녀의 첫 번째 결혼은 끝이 났다. 하지

* 중세법으로 3년 이내 결혼이 성사되지 않을 시 결혼 취소가 가능했다.
** 루크레치아는 신체검사로 주장을 인정받았다.

✦ 그림6. 루크레치아를 주인공으로 한 영화 포스터와 책 표지

만 한번 퍼진 소문은 사라지지 않았다. 보르자 가문의 반대파들은 이 소문을 계속해서 널리 퍼트렸고, 이러한 저속한 루머는 언제나와 같이 덧붙여지고 부풀려졌다.

　이러한 자극적인 소재를 작가들이 놓칠 리가 없었다. 루크레치아 보르자에 관한 이야기는 그녀의 파란만장했던 삶에 흥미를 느낀 빅토르 위고Victor Hugo와 알렉상드르 뒤마Alexandre Dumas, 도니제티Donizetti와 같은 19세기 작가들의 소재가 되어 수많은 소설과 오페라, 영화로 재탄생되었다. 보르자 집안은 잔악한 행위를 일삼는 타락의 대명사가 되었고, 빅토르 위고로 인해 루크레치아는 독살범이라는 소문도 추가되어 파티에서 정적들을 독살하고 가족과 근친을 하는 희대의 요녀가 되었다. 당시 포스터나 책 표지(그림6)에서 볼 수 있듯이 그녀의 이름이 들어가면 여주인공들은 섹스 심벌로 등장했다.

매우 위엄 있는 숙녀

✦ • • ✦

당대에는 '매우 위엄 있는 숙녀'로 묘사되었던 루크레치아를 직접 만난 사람들이 내린 평가는 이러했다.

❝ 아름답고 현명하며 쾌활한 성격에 매우 인간적인 사람 ❞

그녀는 종교적인 환경에서 자란 덕에 엄격한 가톨릭 매너를 갖추었고, 이를 잘 활용했다. 로마의 페라라 대사 안드레아 보카치오Andrea Boccaccio는 그녀를 '신심으로 가득 찬 교육을 받은 우아하고 매력적인 젊은이'로 묘사했다. '천사 같은 외모로 독이 든 반지를 끼고 다니며 정적들을 독살하고, 아버지 모를 아이를 낳으며 형제와 근친상간을 하는 등 집안의 부정한 일에 적극 가담한 팜므 파탈이자 악녀'라는 후대의 평가와는 많이 다름을 알 수 있다.

그녀의 외모는 매우 아름다웠다고 알려져 있지만, 이 또한 실제와 조금은 다르다. 그 시대 초상화들이 보통 그렇듯 실제보다는 더욱 아름답게 그려졌고, 후대에는 세상에 둘도 없는 팜므 파탈의 대명사가 되었기 때문에 그녀의 이미지는 그에 맞춰졌다. 동시대 사람 니콜로 카뇰로Nicolò Cagnolo가 묘사한 루크레치아의 생김새는 이러했다.

❝ 평범한 키, 연약한 외모, 다소 긴 얼굴, 또렷한 코, 금발, 하얀 눈, 다소 큰 입에 하얀 치아, 값비싼 장신구로 장식된 곧고 하얀 목 ❞

벽화 속 루크레치아(그림2)는 그녀를 소개할 때 가장 많이 제시되는 그림이다. 하지만 동시대 사람들은 그림에 표현된 가냘프고 천사 같은 얼굴을 한 루크레

치아의 모습에 동의하지 않았다. 남아 있는 대부분의 초
상화도 사실 그녀의 것으로 추정될 뿐 그녀의 초상
화는 의외로 남겨진 바가 거의 없다. 그래서 더욱
사람들의 상상력을 자극했다. 그녀의 실제 생김
새로 알려진 모습은 그녀의 생전에 만들어진 결
혼 기념 청동메달(그림7)과 판화(그림9) 그리고 그
녀가 죽기 바로 전 혹은 사후 얼마 지나지 않아 페
라라의 궁정 화가 도소 도시Dosso Dossi(그림8)가 그린 초

◆ 그림7. 루크레치아의 청동메달,
1502년

상화뿐이다. 이 초상화는 루크레치아의 유일한 공식 초상
화였다. 눈 밑에 진한 다크 서클이 진 생기 없고 창백한 얼
굴에 정갈한 옷차림은 최고의 관능미를 뽐내는 통념 속 루크레치아의 모습과
는 많은 차이가 있어 보인다. 무표정에 꾸미지 않은 머리와 검은 의상의 이 초상

◆ 그림8. 도소 도시, 〈루크레치아 보르자〉, 1518년경, 멜버른, 빅토리아 국립 미술관

화는 21세기 초까지만 해도 청년의 초상화로 간주되었다.[*]

　손에 쥐고 있는 단검과 짧아 보이는 머리로 인한 오해였는데, 르네상스 시대에 살던 여성이 무기를 들고 초상화를 그렸을 리 없다고 생각했기 때문이었다. 하지만 르네상스의 그림에서 단검을 들고 있는 여성은, 기원전 6세기 고대 로마 왕국의 왕자에게 능욕당하자 자신의 명예를 지키고 복수를 위해 단검으로 심장을 찔러 자결한 루크레티아Lucretia를 상징한다. 르네상스 시대 미덕의 아이콘으로 숭배되었던 루크레티아의 모습으로 그려진 이 초상화가 그녀의 사후에 그려진 것이라면, 당시 그녀에 대한 이미지는 현대까지도 이어지는 일반적인 평과는 매우 다름을 알 수 있다.

드디어 찾은 마음의 안식처

✦ • • ✦

가문의 권력을 공고히 하기 위한 도구였던 루크레치아는 첫 번째 결혼이 무효화되자 아버지에 의해 1498년 두 번째 결혼을 하게 된다. 추문만 얻은 채 무효로 끝난 첫 번째 결혼에 상처 입은 루크레치아는 로마의 한 수도원에서 은둔 생활을 했으나, 욕심 많은 가족이 그녀를 마냥 놔둘 리 없었다. 여전히 그녀는 교황 가문과 동맹을 맺으려는 이탈리아 주요 가문들이 탐내는 신붓감이었고, 그중에

---

[*]　1965년 작자 미상의 '청년의 초상화'라는 제목의 초상화를 구입한 후 소장하고 있던 빅토리아 국립 미술관은, 수년에 걸친 기술적 연구를 통해 2008년 이 초상화를 르네상스 화가 도소 도시가 그린 루크레치아의 초상화로 발표했다. 도소 도시는 그의 그림으로 추정되는 현존하는 그림 1000여 점 중 단 한 점 〈성 제롬Saint Jerome〉에만 화가의 서명(언어·시각적 유희로 이탈리아어로 'osso'인 뼈 위에 D를 삽입)이 되어 있을 정도로 베일에 싸여 있는 화가다. 물론 당시에는 예술가들이 자신의 그림에 서명을 하거나 날짜를 기입하는 일이 흔하지는 않았다. 하지만 도소 도시의 경우 그림에 대한 문서 또한 거의 없기 때문에 그의 작품임을 밝히기 위해서는 예술적 연구와 기술적 분석을 통한 증명이 필요한 실정이다. 본 초상화의 경우 도소 도시가 사용한 특수한 어두운 프라이밍 층의 발견과 황금색 부분을 묘사하는 데 사용된 '쉘 골드Shell gold'가 페라라에서 유래되었다는 점이 중요한 근거가 되었다. 당시 페라라의 궁정 화가였던 도소 도시였기에 모델 또한 한정될 수 있었다. 배경에 그려진 머틀 덤불과 꽃은 여신 비너스의 상징으로 보르자 가문의 상징이 비너스였다. 단검 또한 고대 로마의 여걸 루크레티아를 상징하는 표현으로, 그녀가 매우 높은 계급의 여성이라는 것을 반영한다. 초상화에 상징적으로 주인공에 대한 정보를 삽입하는 것은 16세기 이탈리아 회화에서 자주 쓰던 표현 기법이었다. 또한 초상화 속 여인의 얼굴이 1502년 제작된 청동 초상화 메달 속 루크레치아의 모습과 닮아 있다는 점도 근거가 되었다.

는 나폴리 왕국의 왕도 있었다. 로드리고는 이번엔 이탈리아 남부를 장악한 나폴리 국왕 알폰소 2세의 서출인 알폰소 다라고나Alfonso d'Aragona를 택했고, 이로써 교황은 나폴리 왕국과 동맹을 맺고 스페인의 아라곤 가문까지 등에 업게 되었다. 1498년 바티칸에서 두 번째 결혼식을 올린 18살의 루크레치아는 비록 정략결혼이었지만 17살의 잘생기고 친절한 알폰소와 사랑에 빠졌고, 모처럼 행복한 나날을 보내게 되었다. 결혼한 이듬해 첫아들도 얻었다.

하지만 각자의 이익을 위하여 복잡하게 돌아가는 유럽 내 정세 속에서 보르자 가문은 이탈리아 남부를 장악하기 위해 원래는 사이가 좋지 않았던 프랑스와 손을 잡게 된다. 본래 이탈리아 내 프랑스 세력이 커지는 것을 견제하기 위해 프랑스와 적대적인 관계에 있던 나폴리 왕국의 알폰소를 선택했으나, 프랑스와의 새로운 동맹으로 이번엔 나폴리와의 인연이 부담으로 다가왔다. 이러한 정치적 계산에 의해 알폰소는 희생되었다. 결혼한 지 2년 만이었다. 루크레치아는 20살의 젊은 과부가 되었다. 그녀는 절망했다. 하지만 매정한 그녀의 아버지는 사랑하는 남편을 잃고 슬픔에 잠겨 있는 딸의 새로운 남편감을 물색하기에 바빴고, 가족에게 이익을 가져다 주기에 적합한 인물을 바로 찾았다. 15-16세기 학

✦그림9. 아들 에르콜레를 수호자인 성 마우렐리오에게 바치는 32살의 루크레치아

문과 문화의 중심지이자 프랑스와도 강한 유대를 맺고 있던 페라라 공국의 상속자 알폰소 데스테Alfonso d'Este였다.

세 번째이자 마지막 결혼으로 페라라 공국에 온 루크레치아는 이곳에서 진정한 마음의 평화를 얻어 비로소 보르자 가문의 딸이 아닌 루크레치아로 그녀다운 삶을 살게 된다. 그녀에게 페라라는 보르자 집안으로부터 자신을 보호할 수 있는 피난처와도 같았다. 페라라 공국을 지배하던 에스테 가문은 이탈리아의 강하고 고귀한 가문 중 하나로 루크레치아는 존경받는 공작부인이 되어 페라라의 발전을 위해 헌신을 다했다. 기업가적 자질을 지녔던 루크레치아는 대규모 건축사업을 벌여 수녀원과 궁전을 건설했고, 부지 매입을 위해 필요한 자금을 보석(3770개) 및 다른 개인적인 자산을 팔아 장만했다. 모차렐라를 생산하기 위해 물소를 키워 페라라 낙농업의 기반을 다졌고, 남편이 없을 땐 섭정으로 무기를 관리하고 동맹국과의 관계를 조절하는 등 뛰어난 통치력도 발휘했다. 4년간의 전쟁이 끝나고 어려운 시기에 놓였을 땐 어두운 색의 베옷을 입고 사람들을 직접 찾아다니며 도움을 주었고, 이러한 그녀의 희생적인 모습에 페라라 시민들은 희망을 되찾았다. 평생을 수녀원과 긴밀한 관계를 유지하며 기도와 묵상을 위해 자주 찾았으며, 빈곤한 이들의 보호자를 자처하는 등 공작부인으로서의 삶에 충실했다. 그렇게 페라라를 위해 헌신적인 삶을 살다 여덟 번째 아이를 낳은 후 패혈증으로 39살의 나이에 파란만장했던 생을 마감했을 땐 남편 알폰소 데스테는 그녀를 그리며 몹시 울었고, 페라라 시민들 또한 안타까워하며 그녀를 애도했다.

그녀를 둘러싼 나쁜 소문들은 대부분 근거가 없으며, 많은 역사가들은 그녀를 욕심 많았던 가족의 희생자로 여긴다. 그녀에 대한 잘못된 평가는 전설보다는 문서에 충실한 연구로 바로 잡아지고 있다. 최근에는 그녀가 남긴 727통의 편지를 모은 책이 발간되기도 했으며, 이를 바탕으로 그간 밝혀지지 않았던 그녀의 업적에 대한 연구도 진행되고 있다.

그림1. 레오나르도 다 빈치, 〈흰 담비를 안고 있는 여인〉, 1488-1490년경, 크라쿠프, 차르토리스키 박물관

폴란드의 보물이 된 초상화

체칠리아 갈레라니
CECILIA GALLERANI

1473–1536

한창 사랑에 빠진 소녀는 입가에 은근한 미소를 띤 채, 솔직하고 따뜻한 시선으로 화폭 너머의 누군가를 응시하고 있다. 사랑받는 이의 충만한 자신감이 그림 밖으로도 뿜어져 나오는 듯하다. 고개를 돌려 갑자기 방으로 들어온 누군가를 쳐다보는 순간을 포착한 듯, 자연스러움이 돋보이는 초상화 속 여인의 시선 끝에는 누가 있었을까?

레오나르도 다 빈치의 여성 초상화

그녀의 초상화는 동시대 여느 여성 초상화와 다른 강렬함이 있다. 레오나르도 다 빈치의 밀라노 시대라 일컫는 1482년에서 1499년 사이, 그는 여인의 초상화 두 점을 그렸다. 그중 하나인 이 초상화는 그가 밀라노의 궁정 화가로 활동하던 초기에 그린 것으로, 당시 밀라노 공국의 실질적인 공작* 루도비코 스포르차에게 의뢰받아 그린 당대 최고의 '심리적 초상화'였다. 그림에는 후대에 '흰 담비를 안고 있는 여인Dama con l'ermellino'이라는 제목이 붙여졌다.

　레오나르도가 처음 심리적 초상화를 시도한 〈지네브라 데 벤치〉에서 지네브라의 초점 흐린 시선과 굳게 닫힌 입술에 담겨 있던 영혼의 움직임은, 체칠리아 갈레라니Cecilia Gallerani의 초상화에선 반대로 또렷한 시선과 옅은 미소에 집중되어 있다.(그림2) 체칠리아의 입가엔 입꼬리가 살짝 올라간 듯 눈에 띄지 않는 미소가 맴돌고 있는데, 레오나르도의 여성 초상화 중 가장 유명한 〈모나리자Monna Lisa〉의 신비로운 포인트로 꼽히는 웃는 듯 아닌 듯한 미소는 10년도 더 전 체칠리아의 초상화에서 먼저 시도되었다.

* 루도비코는 조카인 공작 잔 갈레아초를 대신해 섭정하는 실질적인 밀라노의 공작이었다.

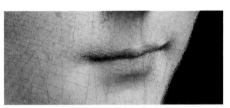

✦ 그림2. 체칠리아의 또렷한 시선과 은근한 미소

흰 담비는 모든 것을 담고 있다. 화가의 인간적인 면모까지…

한 대 맞으면 아플 것 같은 근육질의 다부진 체격을 가진 흰 담비는 사실 처음부터 존재하지는 않았다. 상징성을 담아 그림 속에 주인공에 대한 단서들을 숨겨놓는 레오나르도가 이번에 선택한 것은 흰 담비였다. 그리스어로 '갈레Galé'인 담비는 여인의 성 '갈레라니Gallerani'를 암시함과 동시에 여인의 애인인 밀라노의 실질적인 공작 루도비코를 상징하는 동물이다. 화가는 공작과 정부가 함께 있는 그림을 그릴 순 없었기에 대신 담비를 그려 넣어 상징적으로 표현했다. 1488년 루도비코는 나폴리 왕 페르디난도 1세의 담비 기사단Ordine dell'Ermellino의 기사로 임명받은 후, 밀라노로 돌아와 이를 기념이라도 하듯 레오나르도 다 빈치에게 체칠리아의 초상화를 의뢰했다.

페르디난도 1세는 1465년 자신만의 기사단인 담비 기사단을 창설하여, 앙주Anjou 가문과의 전쟁과 남작들의 반란을 겪으며 자신에게 충실했던 이들(총 27명)에게 명예 칭호를 수여했다. '불명예를 당하는 것보다 죽는 것이 낫다'라는 의미의 모토 "Malo mori quam foedari" 아래 '진흙 속으로 도망쳐 자신의 하얀 털을 더럽히느니 차라리 배고픔과 목마름으로 죽기를 원하는' 본성을 가진 흰 담비를 기사단의 명칭으로 삼았다. 주로 나폴리 왕국의 남작이거나 자신을 지지하는 다른 도시국가들의 지도자들로 구성되었던 기사단에게는 영지와 중요

한 직위 등의 혜택과 함께 모토와 담비가 새겨진 펜던트가 달
린 목걸이가 수여되었다. 또한 신앙과 로마 교회를 수호
하고 왕에 대한 불가침적인 충실을 유지하며 항상 정
직과 정의를 추구한다는 의무가 주어졌다. 조카를 대
신하는 섭정의 위치였던 루도비코는 밀라노의 공작
으로 인정받기 위해 나폴리 왕국과의 연합을 상징하는
담비 기사단의 일원이 되기를 원했다. 애초에 페르디난도
1세의 지원으로 권력을 잡았던 루도비코는 페르디난도 1세가 ✦그림3. 담비와 손
반대 세력으로부터 위협받을 때 그의 편에 섰고, 이 공으로 담비 기사단에 합류
하게 되었다. 그렇게 기사가 되어 나폴리에서 돌아온 이후 흰 담비는 밀라노 공
국에서 루도비코를 상징하게 되었으며, 그는 '흰 담비Ermellino Bianco'라는 별칭
으로 불리기도 했다.

　비록 상징적으로 표현되었지만 이렇게 공작과 정부가 함께 있는 모습이 노
골적으로 묘사된 것도 놀라운데, 마치 여성을 보호하려는 것처럼 근육을 세우
며 움직이려는 담비를 저지하는 듯한 체칠리아의 제스처(그림3) 또한 놀랍다. 공
작을 상징하는 담비를 눌러 통제하는 손동작에서 당시 레오나르도가 심취해
있던 인체 해부학적인 분석과(그림4), 관계 속에서 우위를 드러내는 여인의 심리
적인 메시지를 동시에 볼 수 있다. 이는 당시 궁정에서 그녀의 위치를 나타내기
도 한다. 체칠리아는 루도비코가 공식적인 정부로 삼은 첫 번째 여인으로, 그녀
는 궁정의 대소사에 참여하고 관여하는 위치에 있었다. 어리고 예쁜 정부에게
푹 빠져 있던 루도비코에 대한 소문은 약혼녀 집안에까지 들어가, 딸뻘인 약혼
녀가 결혼도 하기 전 걱정에 휩싸이게 만들었을 정도였다. 당시 페라라 공국의
대사로 밀라노에 살면서 궁정의 크고 작은 사건들을 기록하던 자코모 트로티
가 군주인 페라라 공작에게 보낸 서신을 보면 걱정이 될 만도 했다.

✦ 그림4. 레오나르도의 손 스케치

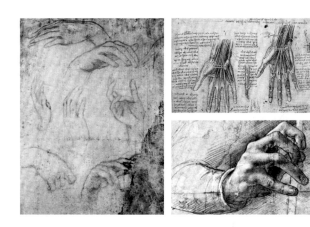

" 체칠리아는 꽃처럼 아름답습니다. 루도비코의 병은 어딜 가나 그
와 함께하는 매우 아름다운 정부와의 과도한 잠자리로 인한 것입
니다."

   아마도 루도비코 본인 또는 자신과 공작의 관계를 은근히 알리고 싶었던 체
칠리아의 요청에 의해 그려졌을 담비는 초상화의 처음 버전엔 없었다. 그다음
에는 회색의 작은 족제비로 그려졌으나, 최종적으로 실제보다 몸집이 더 크고
과장된 근육질의 흰 담비로 변형되었다. 이렇게 새롭게 태어난 팔근육이 돋보
이는 흰 담비의 용맹하고 건장한 모습에서, 우리는 화가 레오나르도의 인간적
인 면모를 엿볼 수 있다. 그도 당시엔 권력자들에게 잘 보이려 노력한 보통의 화
가일 수밖에 없었던 것이다. 흰 담비는 또한 고대부터 임산부의 수호 동물로 임
신을 상징하기도 했다.
   이는 고대 그리스·로마 신화 속 헤라클레스Hercules의 탄생과 관련이 있다.
제우스Zeus는 인간 알크메네Alcmene의 남편으로 변장하여 그녀를 임신시켰는
데, 제우스의 아내 헤라Hêra가 이 사실을 알고 알크메네의 출산을 막기 위해 딸
에일레이티이아Eilèithyia(출산의 여신)를 시켜 무려 7일 동안 진통만 하게 하며

아이의 탄생을 방해했다. 알크메네가 산고에 지쳐 죽게 할 심산이었다. 출산의 여신은 산실 밖을 지키고 앉아 교차시킨 두 무릎을 깍지 낀 손으로 감싸 안고 아이가 나오지 못하게 막았다.* 걱정으로 발을 동동 구르던 알크메네의 충실한 하녀 갈란티스Galanthis는 고통받는 주인을 위해 거짓으로 "방금 아이가 태어났다"라고 외쳤다. 그 소리에 속은 여신이 깜짝 놀라 다리를 풀며 일어나자 그 순간 마법이 풀렸고, 알크메네는 헤라클레스를 출산하게 되었다. 자신을 속인 갈란티스에 분노한 출산의 여신은 갈란티스가 입으로 신을 속였으니 입을 통해 아이를 낳는 벌을 내리겠다며 그녀를 땅에 던졌다. 갈란티스는 흰 담비(고대인들은 흰 담비가 입으로 출산한다고 믿었다)로 변했고, 이후 흰 담비는 임산부의 수호 동물로 여겨졌다. 1491년 체칠리아와 루도비코 사이에서 아들 체사레Cesare가 탄생했는데, 초상화가 그려진 시기는 1488-1490년으로 추정되기 때문에 초상화가 그려지는 동안 실제로 그녀는 임신하고 있었을 확률이 높다. 이 경우 레오나르도는 체칠리아의 임신을 상징하기 위해 그녀를 보호하려는 듯한 흰 담비를 그렸을 수 있다.

총명하고 우아한 소녀

✦ • • •

둘의 만남은 체칠리아의 언니와 관계를 맺고 있던 루도비코의 개인 비서가 주선했을 가능성이 높다. 아름다웠던 체칠리아는 대화가 잘 통하는 소녀였다. 그저 예쁘기만 한 여느 궁정 여인들과는 달리 총명했던 그녀는 생각이 트여 있던 부모 덕분에 남자 형제들과 같은 교육을 받으며 지적인 여인으로 성장했다. 그녀는 라틴어를 유창하게 구사할 수 있었고, 류트를 연주하는 시인이자 가수였다. 루도비코는 그런 그녀에게 매료되었다. 지식인들을 모아 철학에 대해 토론

---

* 신화에 의하면 출산의 여신이 산실 앞에서 팔짱을 끼거나 혹은 두 무릎을 교차하여 깍지 낀 손으로 감싸고 있으면 산모는 아이를 낳을 수 없었다.

하고, 그 토론회에 명사들을 초대하기도 했던 그녀는 겨우 10대였다.[*] 귀족과 영주들은 그녀가 주관하는 토론회에 참석하기 위해 경쟁을 벌였다. 체칠리아는 16세기 수도사이자 작가였던 마테오 반델로Matteo Bandello에게 '밀라노의 주요 여성 문학가'라는 찬사를 받기도 했다.

우아한 스타일의 그녀

궁정 여인이라는 신분에 비하면 꽤나 수수한 차림새인 그녀는 사실 밀라노 공국의 최신 패션으로 세련되게 스타일링하고 있다. 이는 모두 스페인 스타일로 당시 밀라노 공국 패션의 중심은 스페인이었다. 스페인 패션은 그 자체로 특권의 표시였다. 예나 지금이나 역시 사람들은 쉽게 가질 수 없는 값비싼 다른 나라의 스타일을 선호하는 듯하다. 정보 교류의 방법은 인편이 전부였던 시대에 국외의 패션이 퍼지는 가장 효과적인 방법은 결혼이었다. 외국과의 국혼은 외교·정치적으로도 중요한 이벤트였지만, 두 나라 간의 패션 교류와 성장에 지대한 영향을 미쳤다. 이 시기엔 나폴리 왕국의 공주가 있었다.[**] 루도비코의 어린 조카이자 밀라노 공작인 잔 갈레아초와 결혼해 막 밀라노로 건너온 나폴리 공주 이사벨라 다라고나였다. 그녀와의 친분 덕분에 체칠리아는 스페인의 최신 패션을 가장 먼저 입는 혜택을 누리게 되었다. 이러한 현상에 대해 페라라의 대사 트로티는 군주에게 이렇게 써 보냈다.

> **이사벨라가 체칠리아에게 스페인 스타일로 옷을 입히고 손바닥에 쥐고 있습니다.**

그녀의 복장은 화려한 장신구도 없이 비교적 절제되고 단순하여 귀족 여성

---

[*] 초상화 속 체칠리아의 나이는 15-17세였으며, 루도비코와는 21살 차이였다.

[**] 당시 스페인의 영향 아래 있던 나폴리의 궁정에선 스페인 문화와 패션이 성행했다.

이 아님을 나타내 주기도 한다. 르네상스 시대 사람들은 사회적 지위에 따른 복장에 크게 집착했기 때문에 계급 간의 의복 차이가 명확했다. 체칠리아는 패션 리더답게 한쪽 어깨에만 겉옷을 걸친 스타일리시한 모습이다. 이 겉옷은 바로 최신 스페인 의복인 스베르니아Sbernia이다. 소매 부분에 아몬드 모양으로 절개가 나 있는 것이 특징인 겉옷으로, 절개가 있는 부분으로 팔을 꺼내 속에 입은 드레스의 화려한 소매 부분을 자랑할 수 있었다. 물자가 풍부해지고 돈이 많아지자 두어 벌로 해결되던 옷은 세분화되고 다양해졌다. 집에서 입는 옷과 외출복을 구분해 입는 개념이 생겼고, 여러 의복을 동시에 겹쳐 입기 시작했다. 겉옷의 종류는 다양해졌으며 강렬한 색상으로 염색한 의상도 많아졌다. 여전히 색상은 곧 부의 상징이었다. 상류층일수록 복잡한 무늬와 밝고 강렬한 색상으로 염색된 직물을 선호했다. 귀족은 아니지만 체칠리아는 공작(정확히는 섭정)의 공식 정부였기에 청록, 노랑, 빨강 세 가지 강렬한 색상의 조합이 돋보이는 드레스를 입고 있다. 체칠리아의 스베르니아는 안감마저 샛노란 색의 실크 새틴으로 마감되었음을 볼 수 있다.

안에 입은 기본 드레스 가무라의 소매는 드레스의 몸통과 엮인 리본을 풀어서 교체할 수 있었고, 리본 사이사이 벌어진 틈으로 속에 입은 속옷 개념의 카미

✦ 그림5. 〈흰 담비를 안고 있는 여인〉 속 복식과 숨은 요소

① "LA BELE FERONIERE LEONARD D'AWINCI"
② 빈치 매듭으로 된 자수 밴드
③ 스베르니아
④ 리본으로 엮인 소매와 몸통
⑤ 리본으로 엮인 소매 사이로 보이는 카미치아

치아를 끄집어내는 스타일이 여전히 유행하고 있었다. 가장 힘 있는 남자의 정부임에도 단순한 검은색 석류석(충실한 사랑, 정절을 상징) 목걸이만 착용했고, 소매 팔꿈치 사이로 보이는 흰색 카미치아는 풍성함도 주름도 거의 없는데, 레오나르도는 이러한 장치들로 체칠리아의 겸손함을 표현했다. 가무라의 네크라인과 소매의 가장자리 부분을 장식하고 있는 넓은 자수 밴드는 '그로피Groppi' 혹은 '빈치Vincji'라 불리며, 레오나르도의 그림에 여러 번 등장하는 문양이다. 밀라노에 살면서 직물 디자인도 했던 레오나르도의 작품으로 '빈치'라는 명칭 또한 그의 이름에서 유래한 것으로 추정된다.

체칠리아는 스포르차 가문의 화가로 활동하는 레오나르도 다 빈치와도 특별한 우정을 쌓았다. 항상 지적 호기심으로 가득했던 레오나르도에게 똑똑하고 예술가적 기질이 다분했던 체칠리아는 꽤나 말이 잘 통하는 친구로 다가왔을 것이다. 그런 그에게 체칠리아가 어느 날 부탁을 하나 해왔다. 담비 기사단의 칭호를 수여받기 위해 나폴리로 떠나는 루도비코를 배웅하며 체칠리아는 이토록 능력 있고 멋있는 남자의 연인이라는 사실이 너무나 자랑스러웠고 그의 삶의 일부가 되어 행복했다. 담비 기사단이 되어 돌아오는 루도비코를 위해 열릴 큰 축하 파티를 준비하면서, 어차피 공식적으로는 공작 옆에 서지 못할 것을 잘 알고 있던 체칠리아는 차라리 그 파티에서 가장 아름다워지는 방법을 택했다. 그래서 친구인 레오나르도에게 돋보이는 드레스를 만들 원단 선택을 도와달라 요청했고, 그는 성심을 다해 도왔다. 레오나르도는 완벽한 드레스를 만들기 위해 고심하여 원단을 고르는 체칠리아의 모습을 보며, 그녀가 얼마나 루도비코를 사랑하고 있는지 깨달았다고 한다. 하지만 마음대로 되지 않는 게 인생이다. 루도비코는 파티가 끝난 후 레오나르도에게 그녀의 초상화를 의뢰했다. 사랑에 빠진 여인으로서 가장 기뻤을 시기에 그려진 이 초상화가 얼마 지나지 않아 이별 선물이 될 줄은 꿈에도 몰랐으리라.

잘못된 복원

✦ • • ✦

체칠리아의 머리 모양은 '줄리엣 머리'로도 유명한 코아초네이다. 스페인에서 건너온 이 머리장식은 밀라노 궁정에서 크게 인기를 끌었다. 하지만 그녀의 머리 모양은 어딘가 부자연스럽다. 초상화는 오랜 세월을 견뎌오기도 했지만, 전쟁 중에는 나치의 손에 들어가 지하에 갇히고 구둣발에 차여 뒤꿈치 자국이 생겼을 정도로 홀대받아 보존 상태가 좋지는 못했다. 복원을 거친 초상화는 크게 두 가지가 잘못 작업되었는데, 그중 하나가 이 머리 모양이었다. 그림의 보존 상태도 좋지는 않지만, 당시 머리장식에 대한 복원가의 이해도도 부족했던 듯하다. 가장자리가 금실로 장식된 투명한 베일은 이마 부분을 제외하고는 갑자기 사라져 버렸고, 투박한 붓터치로 덧칠된 머리카락은 어색하게 턱을 감싸고 있는 모양새가 되었다. 1480년대 말에서 1490년대 초 사이, 밀라노 궁정에 턱 밑으로 몇 가닥 머리카락을 묶거나 끈으로 고정하는 스타일이 있기는 했지만, 그 모양은 조금 다르다. 밀라노 여인들은 스페인에서 온 헤어스타일에 창의성을

✦그림6. 〈흰 담비를 안고 있는 여인〉의 머리 모양과 턱 밑으로 머리카락을 묶거나 끈으로 고정했던 스타일, 1490년경

✦ 그림7. 〈흰 담비를 안고 있는 여인〉 왼쪽 상단의 글귀

더해 귀밑머리 몇 가닥을 모아 턱 아래로 보내 얼굴을 감싸는 조금 독특한 스타일(그림6)을 연출했다. 조사 결과 원본에서의 실제 머리는 구불거리는 머리카락이 뺨에서 목 밑으로 자연스럽게 흐르는 형태였으며, 머리를 감싼 베일은 코 높이 부분에서 뒷덜미 쪽으로 향해 있었다. 그림을 자세히 보면 살짝 그 흔적이 남아 있기도 하다.

머리를 감싸고 있는 투명 베일은 검은색의 이마 끈으로 고정되어 있는데, 이 이마 끈으로 인해 복원가의 두 번째 잘못이 야기되었다. 초상화 왼쪽 상단에는 글귀(그림7)가 쓰여 있는데, 이는 레오나르도 다 빈치가 쓴 것이 아니다.

" LA BELE FERONIERE
LEONARD D'AWINCI "

수 세기 뒤 초상화가 폴란드 왕자에 의해 폴란드로 넘어간 뒤 추가된 이 글귀는, 이 초상화의 주인공이 레오나르도 다 빈치가 몇 년 후에 그려 후일 '라 벨 페로니에르La belle ferronnière'로 명명된 초상화의 여성과 같은 여인인 줄 착각했던 복원가가 화가의 이름*을 포함하여 적어 넣은 것으로 추정된다. 거장 레오나르도 다 빈치의 그림을 폴란드가 소장했다는 것에 감복한 나머지 이렇게 글씨를 남겨서라도 확실하게 해두고 싶었던 것일까? 이 밖에도 복원가는 배경 또한 검은색으로 칠해버렸는데 원래는 회색빛이 도는 파란색이었을 것으로 추정

---

*   그림의 "Leonard d'awinci"는 '레오나르도 다 빈치'의 폴란드어 표기이다.

되며, 엑스레이 조사 결과 배경에 문이 있었던 것으로 확인되었다. 드레스의 몸통과 소매를 이어주는 투박하고 진한 검은색 리본도 복원가의 리터칭이 들어간 부분이다.

흔들리는 위상

✦ • • ✦

명실상부 루도비코의 사랑받는 공식 정부로 온갖 부귀영화를 누리던 체칠리아에게 시련이 찾아왔다. 사랑하는 남자에게 그냥 여인도 아닌 부인이 생겼기 때문이었다. 어린 부인에게 푹 빠진 루도비코에게 자신의 아이를 가져 몸집이 커진 정부는 그저 정리해야 할 대상이 되었다. 이에 대해 페라라 대사 자코모는 자신의 군주에게 이런 보고를 했다.

> ❝ 체칠리아가 (몸집이) 그만큼 커졌기 때문에 그는 더 이상 그녀를 만지고 싶어 하지 않았고, 그녀가 출산한 후로는 다시 그런 일은 없었습니다. ❞

이제 막 결혼한 신부 베아트리체 데스테가 합방을 거부하며 정부들을 정리할 것을 요구하자 급해진 루도비코는 체칠리아를 궁에서 내보낼 구체적인 계획을 세웠다. 자신의 아들을 막 낳은 정부의 남편감을 물색하기 시작했고, 이듬해 결국 체칠리아는 갓 태어난 아들 체사레와 함께 결혼 선물이 된 자신의 초상화를 들고 루도비코의 궁정에서 나오게 된다. 그녀의 나이 겨우 20살이었다. 사랑했던 공작과 루도비코라는 같은 이름을 가진 베르가미니Bergamini 백작과 결혼하게 된 체칠리아는 공작이 새로 태어난 자신의 아들 체사레에게 하사한 카르마뇰라Carmagnola 궁전에서 새로운 보금자리를 틀었다. 체칠리아는 궁정에서

했던 것처럼 문학 살롱을 조직했다. 그녀의 사회·문화적 영향력은 이미 인정받았기에 그녀의 살롱은 레오나르도 다 빈치를 포함한 예술가, 시인, 작가들이 자주 찾아와 복식, 경제, 예술에 대해 토론하고 보드게임도 하는 만남의 장소로 명성을 떨쳤다. 당시 궁정과 부유층은 고결한 엘리트를 자처하는 이들답게 응접실에 둘러앉아 교양 있는 대화를 나누면서, 가장 좋아한 오락인 보드게임이나 타로 카드를 즐겼다. 유럽 귀족들 사이에서 유행한 문학 및 대화 서클의 초기 버전이 된 체칠리아의 살롱은 유럽 최초의 문학 및 대화 살롱 중의 하나로 꼽힌다. 이후 살롱 문화는 프랑스와 다른 유럽 지역으로 퍼지며, 대유행의 시대를 맞이하게 된다.

체칠리아의 초상화는 그 아름다움과, 사진기로 순간을 포착한 듯한 생동감이 느껴지는 혁신적인 구도로 미술계를 들썩이게 했다. 전통적인 여성 초상화의 틀을 깬 지네브라 데 벤치의 초상화를 그리고 난 후 10여 년이나 흐른 뒤 그려졌지만, 체칠리아의 초상화는 여전히 당시의 기준으로 보았을 때 일반적인 초상화의 형식에서 벗어난 레오나르도 다 빈치만의 초상화였다. 소문은 널리 퍼졌다. 베아트리체의 언니인 만토바의 이사벨라 데스테는 초상화를 직접 보고 싶은 마음에 체칠리아에게 서신을 보내 요청했고, 이에 체칠리아는 흔쾌히 초상화를 보내주었다. 이 둘이 주고받은 서신과 남아 있는 몇몇 자료에 근거해 전문가들은 초상화의 주인공이 체칠리아인 것으로 추정한다. 그림은 고된 세월을 버티며 몇몇 나라를 거쳐 폴란드에 정착했고, 폴란드의 가장 위대한 예술품이 되어 현재 크라쿠프의 차르토리스키 박물관Muzeum Czartoryskich에 전시되어 있다.

그림1. 레오나르도 다 빈치, 〈라 벨 페로니에르〉, 1490-1497년, 파리, 루브르 박물관

8

모나리자와
경쟁하는 여인

루크레치아 크리벨리
LUCREZIA CRIVELLI

c.1464–1534

프랑스 파리에 위치한 루브르 박물관Musée du Louvre에는 레오나르도 다 빈치가 그린 두 점의 여성 초상화가 있다. 그 유명한 걸작 〈모나리자〉와 〈라 벨 페로니에르La belle Ferronnière〉이다. 모나리자보다 10년도 더 앞서 그려진 초상화 속 강렬하고 차가운 여인의 시선은 모나리자의 미소만큼이나 궁금증을 자아낸다. 레오나르도 다 빈치 작품의 세계 최고 전문가인 카를로 페데레티Carlo Pedretti는 이 우아하고 매혹적인 초상화를 "기만적으로 고풍스럽다"라고 평했다.

잘못 붙여진 이름

+ • • +

〈라 벨 페로니에르〉는 레오나르도 다 빈치의 초상화라고 하기엔 포즈가 다소 경직되어 있고 여인의 이목구비 또한 보통 그의 다른 초상화 속 여인들보다 더 선명하고 무겁다. 이러한 이유로 그의 작품이 아니라는 견해도 있지만, 그의 그림이라고 주장하는 전문가들은 여인의 강렬하고 심오한 눈빛은 모나리자의 미소만큼이나 레오나르도 다 빈치의 초상화로 특징지을 수 있는 요소라고 평가한다. 르네상스 시기 초상화에서 여성들은 겸손의 의미로 눈을 반쯤 감기도 했고, 혹은 시선을 낮추거나 돌렸는데, 레오나르도가 표현한 여인들은 달랐다. 그는 눈을 사람의 '영혼을 표현하는 창'이라고 여겼기 때문에 시선과 얼굴 표정에 세심한 주의를 기울여 표현했다. 그래서 그의 초상화는 무엇보다 얼굴을 집중적으로 관찰하게 된다. 그 속에는 화가가 하고자 하는 이야기가 담겨 있다.

여인의 또렷한 시선(그림2)은 우리(관객)를 향하는 것 같지만, 결코 서로 마주

✦ 그림2. 또렷한 시선 처리

칠 일은 없다. 여인의 눈은 약간 위쪽 사선 방향을 향하고 있기 때문이다. 학자들에 따르면, 이 시선 처리는 화가의 '배려의 장치'로 만약 시선이 마주쳤더라면 우리는 여인의 영혼이 뿜어내는 아름다움과 찬란함을 견디지 못했을 것이라고 한다. 동시에 이 장치는 여인 또한 보호해 주는데, 그녀의 눈은 관객과 마주치지 않기 때문에 어느 누구도 그녀의 영혼을 차지할 수 없다고 한다. 그러한 시각에서 본다면 '오직 그녀가 쳐다보고 있는 연인만이 사랑으로 그녀의 영혼을 소유할 수 있다'는 레오나르도의 의뢰인 맞춤형 표현 방법일 수도 있겠다.

라 벨 페로니에르

여인의 차림새는 15세기 후반 밀라노 궁정 여인의 전형적인 모습이다. 당시 유행했던 탈부착식 소매가 달린 드레스와 양 갈래로 나누어 반듯하게 빗어 넘겨 낮게 묶은 포니테일 머리가 그렇다. 여인의 이마에는 그림 이름에 직접적인 영향을 준 보석이 달린 이마 끈이 자리하고 있다.

　오늘날 그림은 이 이마 끈의 영향으로 '라 벨 페로니에르'라고 불린다. 이마 끈의 명칭이 초상화의 이름이 되어버린 것이다. 물론 후대에 저질러진 실수다. 여인의 이마를 장식하고 있는 렌자Lenza(그림3)는 15세기 후반 밀라노 여성들이 애용했던 이마 끈 장식이다. 초기 렌자의 형태는 간단한 끈이었다. 머리를 감싼

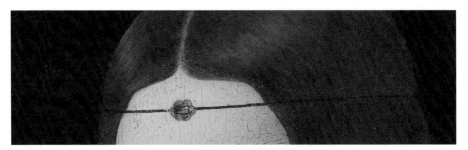

✦ 그림3. 보석이 달린 이마 끈 렌자

베일이나 뒷머리에 쓴 캡(트린잘레)이 흘러내리지 않게 고정시켜 주고 머리카락이 바람에 흐트러지지 않게 잡아주는 등의 기능적인 성격이 강했던 렌자는, 이마 중간에 보석을 다는 것을 시작으로 점차 화려해지면서 장신구로 역할하게 되었다. 고전적이면서 아름다운 렌자는 근처 다른 나라로까지 퍼지며 인기를 끌었는데, 시간이 흐르자 사람들은 '페로니에르Féronnière'라 불렀다.

　당시 밀라노에서 '렌자'라고 불리던 이마 끈 장식은 왜 '페로니에르'가 된 걸까? 그 배경에는 16세기 프랑스 왕 프랑수아 1세의 정부 페롱 부인Madame Ferron 또는 Féron(그림4)이 있다. 그녀는 궁정에서 '아름다운 페로니에르La Belle Ferronière'로 불렸다. 그녀의 남편인 변호사 장 페롱Jean Ferron은 페롱이라는 성 때문에 종종 '철물상'을 뜻하는 '페로니에르Ferronière'(fer는 프랑스어로 쇠, 철을 의미)라는 별칭으로 불렸는데, 이에 따른 영향이었다. 전설에 따르면, 페롱 부인과의 첫 만남에서 그녀에게 반한 프랑수아 1세는 강제로 그녀를 침대에 끌고 갔다. 이때 화를 내며 맞서던 페롱 부인의 이마 핏줄 하나가 터져 피가 흘렀는데, 다음 날 부인은 끈에 보석을 달아 착용해 이마의 핏자국을 가렸다고 한다. 이 이야기는 사람들의 흥미를 끌었다.

　돈도 많고 시간도 많았던 당시 귀족들 중에는

✦ 그림4. 루브르 박물관에 있는 또 다른 〈라 벨 페로니에르〉.
　실제 페롱 부인이라 추정되는 여인

왕족이나 귀족 가문에 대해 떠도는 소문 혹은 자신들이 직접 가까이에서 보고 들은 일들을 글로 적어 퍼트리는 이들이 있었고, 그들이 만든 인쇄물은 매우 인기가 있었다. 브랑톰Brantôme의 영주였던 귀족 피에르 드 부르데유Pierre de Bourdeille는 당시 가장 추악한 가십거리들을 글로 남겨 퍼트리기로 유명했는데, 왕과 그의 정부가 주인공인 추문은 관심을 끌기에 충분했다. 그리고 이 이야기에 흥미를 보인 또 한 명의 이야기꾼이 있었다. 왕의 재정 고문이자 나우쉬Nauche 영주였던 루이 귀용Louis Guyon이었다. 이들의 손을 빌려 이야기는 비도덕적이고 극적인 요소가 가미되었다. 아마도 어린 시절 소문으로 들었을, 이들이 퍼트린 내용은 다음과 같았다. 페롱 부인은 프랑수아 1세에게 매독을 옮겼는데, 이는 그녀의 남편이 부정을 저지르는 아내와 왕에게 복수하고자 매춘 업소에서 매독에 걸려와 그녀에게 옮긴 결과였다는 것이었다. 페롱 부인은 매독으로 난 흉터를 이마 끈 장식으로 가렸고, 그 모습이 아름다워 유행하면서 그녀의 별칭인 '페로니에르'가 이마장식을 부르는 이름이 되었다는 설이 퍼졌다. 진실 여부를 알 수 없는 왕과 그의 정부가 얽힌 (아마도 모두 소설일[*]) 이야기들이 퍼진 이후 이마 끈 장식은 '렌자'보다는 '페로니에르'로 불렸고, 정보가 없는 그림들의 정체를 추정하는 데 강력한 단서가 되었다.

　이와 같은 영향으로, 레오나르도의 초상화 속 여인(그림1)은 꽤나 오랜 세월 동안 페롱 부인이라 여겨져 왔다. 1499년 프랑스가 밀라노 공국을 점령했을 당시 밀라노 궁에서 약탈해 갔을 가능성이 높은 이 초상화는 오랫동안 화가와 모델이 누군지 모른 채 프랑수아 1세의 소장품으로 보관되어 오다, 1709년 프랑스 왕실의 그림 목록을 정리하던 니콜라스 베일리Nicolas Bailly[**]에 의해 '라 벨 페로니에르La belle ferronnière'라 명명되었다. 그는 여인의 이마 장식을 보고 초상화의 주인공을 프랑수아 1세의 정부 페롱 부인으로 착각했거나 단순히 이마장식의 명칭으로 그림의 제목을 정한 것으로 추측된다. 이후 이 그림의 제목은 레

---

[*]　여색을 밝히기로 유명했던 프랑수아 1세는 연애에 있어서 매우 공개적이었는데, '아름다운 페로니에르'로 불린 정부를 언급하는 공식 문서는 없기 때문에 이에 해당하는 정부는 없었을 것으로 추정한다.

[**]　니콜라스 베일리는 1699년 왕실 회화의 관리자로 임명되었다.

오나르도의 또 다른 여성 초상화 〈흰 담비를 안고 있는 여인〉에 큰 영향을 끼쳤다. 우아하고 공주 같은 느낌을 선사하는 이마장식은 그렇게 '페로니에르'로 명칭이 굳어져 15세기 말부터 16세기 초까지 애용되다 다시 19세기에 부활해 인기를 끌었다. 파리 인구의 15퍼센트가 매독 환자였던 19세기에는 여인들이 얼굴의 흉터 자국을 가리기 위해 보석을 달아 애용했다. 유행은 돌고 돈다.

여인의 정체는 루크레치아 크리벨리

✦ • • ✦

아직까지 논란은 지속되고 있지만, 초상화의 주인공일 가능성이 가장 높은 인물은 루크레치아 크리벨리Lucrezia Crivelli이다.

> ❝ 의미 있는 그녀의 이름은 루크레치아, 레오나르도가 그것을 그렸고, 일 모로˚는 그녀를 사랑했다. ❞

당시 궁정 시인이 남긴 글은 초상화 속 여인이 루크레치아라는 주장을 뒷받침한다. 루크레치아는 체칠리아 갈레라니를 이은, 밀라노의 실질적인 공작 루도비코 스포르차의 공식 정부로, 그의 부인 베아트리체의 결혼식 들러리이자 시녀였다. 베아트리체와 결혼하고 난 직후, 새 신부의 종용으로 사랑했던 정부 체칠리아를 갓 태어난 자식과 함께 내쫓은 지 얼마 지나지 않아 루도비코는 궁정에서 또 다른 사랑을 찾았다. 부인의 곁을 지키며 시중을 들던 시녀 루크레치아였다. 루도비코의 정부가 되기 전 이미 유부녀였던 루크레치아는 비범하고 빛나는 아름다움으로 유명했다. 결혼 전부터 골치 아프게 했던 남편의 정부 체칠리아를 겨우 쫓아내자마자 다른 이도 아닌 자신의 시녀가 뒤이어 남편의 공식적인 정부가 되어버린 현실에 베아트리체는 분노하고 절망했다. 큰 배신감에

• '일 모로'는 밀라노 공작 루도비코 스포르차의 별명이었다.

✦ 그림5. 베아트리체 데스테의
　코아초네
✦ 그림6. 루크레치아 크리벨리의
　코아초네

사로잡힌 베아트리체는 그동안 남편의 여인들을 정리해 왔듯이 루크레치아 또한 궁에서 내보내려고 여러 번 시도했지만, 유일하게 성공하지 못한 채 짧은 생을 마감했다. 생전 패션에 열정적이었던 베아트리체는 자신이 궁정에 퍼트린 패션이 남편의 정부를 아름답게 꾸며주며, 그림으로 남아 후대까지 알려질 줄은 짐작조차 하지 못 했을 것이다.

　　루크레치아의 머리는 당시 밀라노 공국에서 유행하던 전형적인 스타일로, 공작부인 베아트리체가 퍼트린 그녀의 상징적인 머리장식 코아초네(그림5)이다. '베아트리체의 머리'라 일컬어질 정도로 그녀가 가장 좋아했던 머리장식인 코아초네는 스페인에서 건너온 스타일이었지만, 베아트리체로 인해 밀라노에서 대유행했다. 베아트리체는 본인만의 지침을 만들어 궁정 여인들에게 장려했고, 이러한 노력으로 당시 공식적인 궁정스타일로 자리 잡았다. 루크레치아는 가장 기본적인 코아초네를 하고 있으며, 머리를 고정해 주는 이마 끈의 보석 외에는 별다른 보석도 하지 않았다.(그림6) 목걸이처럼 보이는 목에 감은 줄 끝에는 보석이 아닌 리본장식이 달려 있을 뿐이다. 루크레치아는 드레스와 색을 맞춘 듯 렌자 중앙에 작은 꽃 모양의 루비만 착용한 수수해 보이는 차림새이지만, 당시 루비는 가장 비싼 보석이었다. 또한 드레스의 소재는 고급지고 디테일은 정교하다. 보석은 당시 귀족의 수준과 가문의 혈통을 식별해 주는 역할을 했다. 무엇보다 그녀가 주로 귀족의 부인이나 자제들이 했던 지배층의 시녀* 였음을 감안하면, 루크레치아는 적어도 귀족 집안 출신임을 짐작할 수 있다.

이 초상화는
'붉은 옷을 입은 여인'이어야 했다

복원에 의해 약화되었지만 그녀의 뺨은 매우 붉었고, 이마는 붉은 루비가 달린 끈으로 장식되었으며, 매우 고급스러운 벨벳으로 만든 붉은 드레스를 입고 있다. 이 온통 붉은 기운은 강렬한 눈빛과 함께 그녀의 성격을 반영하는 요소로 해석된다. 그림을 그릴 당시 30대였던 루크레치아는 성숙하고 권위 있는 여성이었다. 이 시대 여인들은 보통 초상화에서 티끌 하나 없이 하얗고 매끈한 얼굴로 묘사되었던 반면, 루크레치아의 얼굴은 홍조를 띤 자연스러운 피부 톤으로 매끄럽게 표현되어 실제 사람인 듯한 현실성이 돋보인다. 이는 화가가 피렌체에서 습득했던 자연주의 연구를 바탕으로 한 인물 묘사로, 레오나르도의 표현력을 보여주는 부분이다. 현대의 시각으로 보면 당연한 것들이 당시엔 모두 새로운 시도였으며 도전으로 이뤄낸 성과였다. 드레스는 고급스러운 원단에 기하학적인 패턴이 금색 띠로 나뉘어 있고, 스퀘어 네크라인 위에는 식물 문양 모티브가 금실로 정교하게 수놓여 있지만, 당시의 기준으로 봤을 땐 화려하거나 사치스러운 차림새는 아니었다. 하지만 지도자의 여인이기에 유행 아이템을 고급스러운 소재로 세련되게 연출하고 있다.

15세기 말 밀라노 공국 패션의 가장 큰 특징은 탈부착식 소매 브라치아(그림7)였다. 몸통과 소매를 리본으로 엮어주면서 생긴 틈 사이로 속에 입은 카미치아(그림8)를 꺼내 드레스의 한 부분처럼 장식했다. 이러한 패션이 등장한 초기에

---

* 시녀의 주요 임무는 왕족의 말동무나 같이 놀기, 옷 입는 거 도와주기 등이었다.

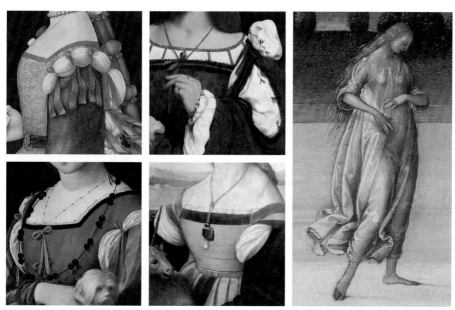

✦ 그림7. 탈부착 소매인 브라치아와 드레스 몸통 사이로 끄집어내
연출한 카미치아, 15세기

✦ 그림8. 카미치아, 15세기

는 몸통과 소매 사이 트인 부분으로 속옷이 살짝 보였지만, 의복의 디테일이 중
요해진 15세기 중후반을 살아가던 여인들은 카미치아가 움직임에 의해 점점 밖
으로 튀어나와 볼륨감 있는 형태를 이루는 모습을 하나의 스타일로 만들었다.
가장 먼저 피부에 닿는 속옷 개념의 카미치아는 가볍고 부드러운 면 또는 리넨
이나 실크로 만들어 풍성한 부피감을 표현할 수 있었다. 누가 더 많이 풍성하게
꺼내는지 경쟁하듯 카미치아의 볼륨은 점점 커져갔다. 많은 직물이 소비되었고
그렇게 카미치아는 사치품이 되었다. 당시 얇고 가벼운 직물로 만든 카미치아
는 기사의 갑옷만큼이나 비쌌다. 15세기엔 리넨이나 면 또한 실크 못지않은 고
급 직물이었다. 여성의 경우 일반적으로 발목까지 오는 긴 카미치아를 여러 벌
소유했다. 결국 1498년, 풍성하게 연출하는 카미치아에 대한 금령이 떨어지지

만 유행은 막을 수 없었다. 패
션에서 디테일의 발전은 종종
새로운 패션의 탄생으로 이어
진다. 밖으로 끄집어내지는 카
미치아가 점점 커지자 남아도
는 천을 목선이나 손목에서
잡아주는 주름장식의 발전으
로 이어졌고, 이는 다음 세기

✦ 그림9. 옷의 몸통과 소매를
이어주는 리본 매듭

✦ 그림10. 목걸이에 걸린 리본 매듭

패션의 중심이 되는 목장식 고르게라Gorgera*의 초석이 되었다. 또한 카미치아
가 밖으로 드러나는 패션의 일부분이 되면서 카미치아의 목선과 소매 끝부분을
정교하게 장식해 주는 자수와 레이스 기법이 발달하게 되었다.

몸통과 소매 부분을 이어주고(그림9), 여인의 목걸이에도 걸려 있는(그림10) 매
듭 모양의 실크 리본은 리본장식을 열정적으로 사랑했던 베아트리체가 유행시
킨 아이템으로, 머리장식 코아초네에 이어 루크레치아를 아름답게 꾸며주고 있
다. 이 리본 장식은 그녀의 신분에 대한 단서도 되었다. 베아트리체의 리본과 같
은 매듭 방식으로 묶여 있는 리본장식은 그녀가 베아트리체와 관련된 인물임을
암시해 주는 요소로 작용했다.

실크 리본의 다소 딱딱한 주름과 리넨의 가볍고 부드러운 주름, 소매의 두꺼
운 직물의 묵직하면서도 부드러운 주름 등 루크레치아의 드레스에 표현된 직물
의 다양한 주름의 형태는 레오나르도 다 빈치가 피렌체에서 그림의 기본을 익
힐 때부터 특별한 관심을 보이며 연구한 부분이었다. 베로키오의 문하생으로
있을 때 레오나르도는 직물의 자연스러운 주름 모양을 표현하려 직접 점토로
모형을 만들어 수련했다. 15세기 피렌체 화가들에게 옷감을 표현하는 능력은
중요했다. 두꺼운 모직부터 있는 듯 없는 듯 살결이 다 비치는 베일까지 다양한

•   고르게라는 물결 모양으로 주름진 목장식이다. [10. 그리움의 초상화: 포르투갈의 이사벨]편 참고.

질감의 직물이 발달했던 피렌체에서는 화가 수련생을 교육할 때 자연스러운 직물 표현 능력을 중요시해 많은 시간을 할애했다.

나무 난간 뒤의 그녀
✦ • • •

나무 난간은 보는 사람과 초상화의 공간을 분리해 준다. 이는 마치 루크레치아 또한 관찰자가 되어 그림 너머의 우리를 보고 있는 듯한 느낌을 갖게 한다. 그녀의 몸통은 경직되어 있고 손은 감춰져 있다. 난간은 탈출구가 없는 폐쇄된 공간을 의미한다. 이 난간은 루크레치아와 관객 사이에 거리를 두고 싶어 한 의뢰인의 요청이었을 가능성도 있다. 어두운 배경과 이러한 구성 형식은 플랑드르 화풍(상반신만 그려진 모델과 관객 사이가 석조 난간으로 구분되는 구도)의 영향을 받은 것으로 분석된다. 몇 해 전까지도 그림에 대한 논란의 중심은 이 난간이었다. 레오나르도 다 빈치의 그림이라기엔 과감히 모델 앞에 배치한 이 난간의 '전례 없는 구성적 이상' 때문에 학자들 사이에서는 그의 그림이 맞는지에 대한 논란이 이어졌다. 결과적으로 난간은 입체감이 부족하고 그림자가 없는 등 완성되지 않은 것으로 나타났는데, 작은 세부사항에까지 깊은 의미를 두며 완벽을 기하는 레오나르도 다 빈치의 스타일과 맞지 않아 작품의 진위 여부 논란에 대한 근거가 되었다. 그래서 이 나무 난간은 레오나르도의 조수에 의해 그려졌을 가능성이 제기되기도 했다.

기만적으로 고풍스러운 그녀

레오나르도는 루크레치아의 포즈를 수정했다.* 몸통은 측면으로 돌리고 고개는 좀 더 정면으로, 시선은 더 왼쪽으로 향하게 하여 의도된 포즈와 시선 처리로 절

---

*   2014-2015년 루브르 박물관이 그림의 복원을 위해 실시한 조사(적외선 반사법)에 의해 밝혀졌다.

제되고 권위 있는 성숙한 여인을 표현했다. 베아트리체의 친언니 이사벨라 데스테가 라이벌 아닌 라이벌로 여긴 동생의 궁정 상황을 알고 싶어 밀라노에 심어놓은 이는 이사벨라에게 보낸 편지에 이렇게 적었다.

> **"루도비코는 아내를 속이고 있으며 … 그는 매우 겸손하고 세상에서 가장 조심스럽게 루크레치아와의 관계를 이어가고 있습니다."**

　루도비코의 정부가 되었을 때 이미 유부녀였고, 그림을 그릴 당시 30세에서 38세 정도였던 루크레치아는 루도비코의 어렸던 다른 여인들과는 다른 성숙한 태도와 고혹적인 아름다움으로 루도비코를 사로잡았다. 초상화 속 그녀는 경직되고 절제되어 보이지만, 레오나르도는 그 뒤에 감춰진 그녀만의 강렬한 에너지를 붉은 색상과 빛으로 극대화시켰다. 왼쪽 상단에서 여인의 얼굴과 어깨에 떨어지는 빛으로 생긴 뚜렷한 그림자는 엄숙한 분위기를 조성한다. 또한 얼굴을 비추는 밝은 빛은 어두운 배경과 대비되어 관찰자가 오로지 여인에게만 집중하게 한다. 그녀의 초상화는 1490년대 초반 그림자와 빛에 대한 레오나르도의 연구 결과를 보여주며, 또한 〈모나리자〉로 꽃피운 그의 특별한 기술인 스푸마토Sfumato 기법(색과 색 사이의 경계선을 흐려 부드럽게 처리하는 방법)의 연마 과정도 엿볼 수 있게 한다. 배경과 모델 사이의 부드러운 전환을 위해 그는 스푸마토 기법을 매우 점진적으로 적용했는데, 이는 모나리자보다 10여 년 더 앞선 시도로 그 의미가 남다르다.

　깊은 어둠 속에서 튀어나온 조각상 같은 여인의 강렬한 시선이 감탄과 궁금증을 자아내는 루크레치아의 초상화는 전성기 르네상스 예술의 훌륭한 예로 꼽힌다. 루크레치아와 루도비코의 사랑은 1499년 밀라노를 점령한 프랑스와 베네치아에 의해 끝이 났다. 당시 공작의 둘째 아이를 임신 중이던 루크레치아는 만토바로 피신을 가 그곳의 여주인 이사벨라 데스테의 비호 아래 안식처를 찾았

다. 이사벨라는 밀라노의 공작부인이었던 베아트리체의 친언니였지만, 제부의
정부들과 교류하며 그들의 편의를 봐주었다. 그녀가 친분을 이어가며 편의를
봐준 동생 남편 정부들의 공통점은 레오나르도의 초상화를 가지고 있다는 것
이었다. '르네상스의 여자'로 문화와 예술을 사랑했던 이사벨라는 레오나르도가
그린 자신의 초상화를 그토록 가지고 싶어했으나, 결국 레오나르도가 그려준
자신의 초상화 스케치로 만족해야 했다.

그림1. 레오나르도 다 빈치, 〈모나리자〉, 1503-1519년경, 파리, 루브르 박물관

신비로움에
가둬진 그녀

모나리자
MONNA LISA

멍하게 허공을 응시하거나 의식적으로 시선을 돌렸던 화가의 전 작들과는 달리, 미소를 머금은 채 고요한 눈빛으로 관객을 관찰하 고 있는 듯한 여인의 초상화 〈모나리자Monna Lisa〉. 그녀는 단연 세 상에서 가장 유명한 얼굴일 것이다. 500년이 넘게 흐른 오늘날까 지도 서양 예술의 상징으로 그 명성을 유지하고 있는 그녀의 힘은 무엇일까? 그녀가 사뭇 궁금해진다.

레오나르도 다 빈치의
4대 여성 초상화, 그 마지막

+ • • +

〈모나리자〉는 왜 제목이 여러 개일까? '모나리자'는 이 초상화의 국제적으로 통 용되는 이름으로, 그림의 고향 이탈리아에서는 '라 조콘다La Gioconda'(조콘도 부 인) 또는 '몬나 리사Monna Lisa'라고 불린다. '모나리자'라는 이름은 16세기 화가 이자 건축가, 미술사가인 조르조 바사리가 자신의 저서 《미술가 열전》에 그렇게 적어놓은 데서 유래했다.

　❝ 레오나르도는 프란체스코 델 조콘도를 위해 그의 아내 몬나 리사 의 초상화를 그렸다. ❞

　'몬나Monna'는 '마돈나Madonna'*의 약자이다. 마돈나는 성인 여성을 정중하 게 가리키는 '숙녀', 결혼을 했다면 '부인' 정도의 의미를 가진 용어로, 중세 후기

---

* 　마돈나는 '미아 돈나Mia donna'의 약자로, 성모 마리아 또는 신분이 높은 여성에 대한 존경의 의미를 가진 고대 경 칭이다.

부터 쓰이던 다소 예스러운 칭호이다. 영어로 '모나Mona'로 표기가 되면서 '모나리자Mona Lisa'가 공식적인 이름이 되었지만, n이 하나 빠진 모양새를 모욕적으로 여기는 이탈리아에서는 제대로 된 표기인 'Monna Lisa'로 쓰거나, 본래 통용되던, 남편의 성으로 부르는 호칭인 '라 조콘다'로 부른다. 그림을 소장하고 있는 프랑스에서도 '라 조콩드La Joconde'이다. 작품 이름이야 후대에 정해진 것이니 바뀔 수는 있지만, 출신국의 단어를 제대로 따르지 않는 건 당연히 모욕적일 만하다.

그녀는 리사 게라르디니?

✦ • • • ✦

모나리자에 대한 끊임없는 논쟁의 핵심은 '과연 그녀는 누구인가'일 것이다. 5세기가 지난 지금도 초상화 속 여인의 신원은 불분명하다. 초상화에 대한 최초의 기록은 2005년 독일 학자 아르민 슐레흐터Armin Schlechter가 발견한 문서(그림2)였다. 그는 오래된 문서를 조사하던 중 한 문서의 여백에 손 글씨로 쓴 주석을 발견했는데, 이는 피렌체의 관리 아고스티노 베스푸치Agostino Vespucci가 1503년 10월에 쓴 것으로 "레오나르도가 리사 델 조콘도Lisa del Giocondo의 초상화를 작업하고 있다"라고 언급한 내용이었다.＊ 초상화와 관련된 다음 기록은 루이지 다라고나Luigi d'Aragona 추기경의 비서 안토니오 데 베아티스Antonio De Beatis가 여행 중 작성한 '피렌체 여인Don[n]a fi[o]rentina'의 초상화에 대한 기록이다. 추기경 일행은 1517-1518년 유럽을 여행하던 중 프랑스 왕실 거주지 근처의 클루Cloux성에 있는 레오나르도를 방문해 초상화를 보았고, 안토니오는 화가가 보여준 세 개의 그림 중 "줄리아노 데 메디치의 요청으로 재현된 어떤 피렌체 여인"이라는 기록을 남겼다.

＊ 하지만 이는 그저 레오나르도가 리사 델 조콘도라는 피렌체 여인의 초상화를 그렸다는 것만 알려줄 뿐, 루브르 박물관의 〈모나리자〉와 같은 작품인지는 확신할 수 없다는 게 박물관 측의 입장이다.

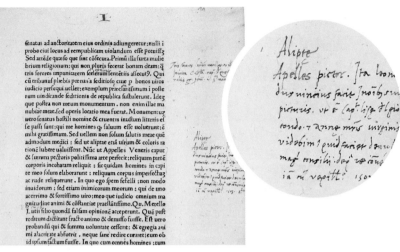

✦ 그림2. '친구들에게 보내는 서신' 속 아고스티노 베스푸치의 손 글씨, 1477년

일반적으로 그녀를 피렌체의 부유한 상인의 아내인 리사 게라르디니Lisa Gherardini로 추정하는 강력한 근거는 조르조 바사리가 저술한 책이다. 하지만 사실 그가 묘사한 '모나리자'는 루브르 박물관의 여인과는 차이가 있었다. 바사리는 루브르의 여인보다는 생기 있는 젊은 여인으로 묘사했다.

> ❝ 피부에서 털이 나는 모양을 보여주는 자연스러운 눈썹과 살아 있는 것처럼 보이는 불그스름하고 부드러운 구멍이 있는 코, 붉은 입술과 생기 넘치는 얼굴 ❞

이 모습은 우리가 볼 수 있는 다소 음침한 색조를 띠는 루브르의 〈모나리자〉와는 분위기가 다르다. 그렇기 때문에 바사리는 〈모나리자〉를 실제로 본 적이 없으며 그의 과장된 상상력으로 묘사했을 것이라 인식되어 왔다. 〈아일워스Isleworth의 모나리자〉(그림3)가 나타나기 전까지는 말이다. 바사리가 생기 있는 모습으로 묘사한 여인의 모습은 〈아일워스의 모나리자〉와 비슷한데, 그는 이

✦ 그림3. 레오나르도 다 빈치(추정), 〈아일워스의 모나리자〉,
　　16세기 초, 스위스, 개인 소장

✦ 그림4. 라파엘로 산치오, 〈젊은 여인의
　　초상 습작〉, 1505년, 파리, 루브르 박물관

　초상화를 직접 보았을 확률이 높다. 1913년 서머셋Somerset의 오래된 귀족 저택에서 발견된 이 초상화는 영국의 예술가이자 수집가 휴 블레이커Hugh Blaker가 구입해 자신의 스튜디오가 있는 아일워스로 옮기면서 '아일워스의 모나리자'* 로 불렸다. 초상화는 루브르의 〈모나리자〉보다 앞서 제작되어 레오나르도 다 빈치가 미완성 상태로 둔 초기 버전으로 분석되며, 부분적으로 레오나르도에 의해 그려진 것으로 확인되었다.**

　〈아일워스의 모나리자〉의 배경에는 양옆으로 기둥이 있는데, 이는 1504년경 화가 라파엘로 산치오Raffaello Sanzio가 피렌체에 머물던 시기에 그린 스케치(그림4)와 모델의 포즈와 배경, 헤어스타일이 매우 유사하다. 라파엘로는 당시 베키오 궁의 홀에서 작업 중인 대가 레오나르도를 보았고, 그가 그린 초상화 속 여

---

*　현재 소유자는 제목을 '초기의 모나리자Earlier Mona Lisa'로 변경했다.

**　캘리포니아 대학교의 물리학자 존 애스머스John Asmus는 동일한 화가가 〈아일워스의 모나리자〉와 루브르의 〈모나리자〉의 얼굴을 그렸다는 확실성을 99퍼센트 입증하는 과학적 테스트를 실행하여 밝혀냈지만, 여전히 학자들 사이에서는 논쟁 중이다.

인에 영감을 받아 스케치를 남겼다. 이후 라파엘로는 여인의 초상화 두 점을 이와 비슷한 구도와 분위기로 더 그려냈다. 르네상스 시대에 거장의 그림을 모방하는 것은 오마주Hommage로, 존경을 표하는 행위였다. 예술 작품의 성공은 모조품과 패러디의 수로도 가늠할 수 있는데, 〈모나리자〉는 탄생 때부터 현대까지 끊임없이 모방되고 패러디되었으며 절도나 훼손 등 사건 사고에서도 중심에 있었다. 그것은 〈모나리자〉만이 갖는 힘이 되었다.

한편 레오나르도의 조수 살라이Salaì가 1525년 사망하면서 작성된 소장품 목록에는 〈조콘도 부인〉이 포함되어 있었는데, 루브르 박물관의 〈모나리자〉는 이미 1519년 프랑수아 1세의 왕실 컬렉션에 인수되었기 때문에 살라이가 소유하고 있던 〈조콘도 부인〉과 루브르 박물관의 〈모나리자〉는 별개일 확률이 높다. 학자들은 이미 두 개의 〈모나리자〉가 존재한다고 주장해 왔었다.

귀족과 상인 집안의 결혼
✦•••✦

리사는 게라르디니 디 몬탈리아리Gherardini di Montagliari라는 오래된 귀족 가문의 자손이었다. 게라르디니 가문은 피렌체 공화국의 건국 가문 중 하나로 중요한 역할을 하며 1100년부터 피렌체 정치에 참여했으나, 세력 싸움에서 밀려나 14세기에 그들 가족은 도시에서 추방되었다. 선조들은 토스카나의 넓은 땅과 큰 건물을 소유했고 조상들 중 일부는 영주이기도 했으나, 많은 재산은 시간이 지나면서 많은 자손들과 함께 사라졌다. 리사의 아버지 안톤마리아Antonmaria Gherardini는 여섯 개의 농장을 소유한 상인이었지만, 종종 자금 부족에 시달렸다. 세 번째 결혼으로 얻은 리사가 막 태어났을 무렵에는 딸에게 책정해 줄 지참금조차 없었을 정도였다. 내세울 건 오래된 가문의 이름뿐이었지만 그래도 효과는 있었는지, 첫 번째 부인이 죽은 후 맞이한 두 번째 부인은 메디치 가문과 친밀했던 힘 있는 루첼라이Rucellai 가문의 여인이었다. 그녀 또한 아이를 낳다가 일찍 죽었지만 루첼라이 가문과의 교류는 계속 이어졌다. 이러한 영향으로 리사는 어린 시절 로렌초 데 메디치의 딸 콘테시나Contessina de' Medici와 아들 줄리아노Giuliano de' Medici의 놀이 친구로 지낼 수 있었다. 메디치 가문과의 친분은 리사에 대한 초기 기록 중 안토니오가 언급한 '줄리아노 데 메디치의 요청으로 재현된 어떤 피렌체 여인'이라는 구절에 대한 이해를 돕는다. 둘은 어릴 적 친구이자 애인으로 줄리아노*가 그림을 의뢰했다는 설이 있다.

리사의 아버지는 오래된 가문을 내세워 상류 사회에 발 디딜 기회를 엿보았고, 리사보다 14살 많은 홀아비지만 부유한 상인이었던 프란체스코 델 조콘도Francesco del Giocondo와 결혼시킬 기회를 잡았다. 그렇게 딸을 시집보내면서 170피오리니**와 작은 땅 정도의 지참금을 들려 보냈는데, 이는 당시 기준으로 볼 때 상당히 적은 수준이었다. 조콘도 가문은 피렌체에서 뽕나무 재배부터 실크 직물의 모든 생산 과정에 관여하는 사업체를 가지고 있었으며, 양모 무역 사업도 병행하는 등 피렌체 직물 산업에 크게 기여하고 있었다. 프란체스코는 욕망 많은 사내였다. 그는 아버지로부터 물려받은 실크 산업을 바탕으로 피렌체 사회에서 영향력을 넓혀나가고 있었다. 16살인 리사와 재혼했을 당시 30살이던 프란체스코는 피렌체 정부에서 여러 개의 중요한 직책 또한 맡고 있었는데, 1510년 경찰 문서에 따르면 그는 파렴치하며 상당히 무자비한 사람이었다.

초상화의 목적

더 많은 이들이 초상화를 그리기 시작하면서 부유한 상인들도 돈을 많이 내면 초상화를 그릴 수 있게 되었지만, 그래도 벽은 높았다. 초상화는 왕족, 성직자, 귀

---

* 줄리아노 디 로렌초 데 메디치Giuliano di Lorenzo de' Medici는 피렌체의 통치자이자 '위대한 로렌초'로 불린 로렌초 데 메디치의 아들이었다. 그는 현대에도 꽤 유명한 인물인데, 미술을 공부하는 학생들이 기본으로 그리는 데생용 석고상인 고수머리의 잘생긴 '줄리앙'이 바로 그다.

** 당시 보통 부유한 상인 집안 딸들의 지참금은 500-1500피오리니 정도였다.

족들의 문화였기 때문에 당시 일반적으로 사람들은 단순히 돈이 많다고 해서 초상화를 그릴 생각을 하지는 않았다. 하지만 조콘도는 돈도 많고 야망도 큰 사내였다. 지역사회에서 큰 영향력을 행사할 만큼 부와 명예를 축적한 그는 자신의 높아진 사회적 위상을 드러내 줄 장치가 필요했다. 여전히 높은 계층의 특권으로 여겨졌던 초상화는 좋은 도구였을 것이다. 마침 이사한 큰 집의 한쪽 벽에 귀족의 집처럼 안주인의 초상화를 걸어두면 구색을 갖출 수 있을 것 같았다.

그렇다면, 궁정 화가로 활동하면서 대부분 공작가나 귀족 집안의 의뢰로 초상화를 그렸던 레오나르도가 굳이 상인의 아내를 그린 이유는 무엇이었을까? 그것은 재정적인 문제였을 것이다. 당시 레오나르도는 밀라노 공작 루도비코의 몰락으로 17년이라는 긴 세월 동안 이어진 밀라노 궁정에서의 안락했던 생활을 끝내고, 프랑스군에 점령당한 밀라노를 떠나 쫓기다시피 피렌체로 돌아온 후였다. 프랑스군에 쫓기던 밀라노의 군주 루도비코가 레오나르도를 챙겨줄 여유는 없었을 것이다. 실제로 레오나르도는 피렌체로 돌아와 수도회에서 제공한 교회의 임시 숙소에서 생활을 시작했다. 물론 당대 주요한 궁정의 대가로 활동하다 돌아온 레오나르도를 피렌체 사람들은 환영했지만, 르네상스 문화를 꽃피운 공화국 피렌체에 화가가 레오나르도만 있는 건 아니었다. 50세가 가까운 나이에 다시 고향으로 돌아온 그는 돈과 일이 필요했다. 따라 온 수행원들도 부양해야 했다. 이러한 상황에서, 인맥도 넓고 피렌체 사회에서 상당한 영향력을 행사하고 있던 프란체스코는 레오나르도가 하고 싶었던 베키오 궁의 '오백인의

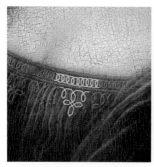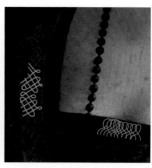

✦ 그림5. 〈모나리자〉의 네크라인의
　자수
✦ 그림6. 〈흰 담비를 안고 있는
　여인〉의 네크라인의 자수

방Salone dei Cinquecento' 작업에 참여할 수 있도록 힘써주었다. 그 대가로 부인의 초상화를 그려주었을 가능성이 있다.

상인의 아내에서 이상화된 여신으로
✦ • • ✦

〈모나리자〉가 입고 있는 옷은 16세기 초 피렌체 패션에 속하지만 밀라노 패션 또한 섞여 있다. 드레스의 네크라인을 장식하고 있는 자수 문양은 '빈치 매듭Nodi Vinciani'(그림5)으로 1490년대 초 밀라노 스포르차 궁정에서 유행한 '빈치Vincji'라 불리던 자수이다. 레오나르도가 밀라노 궁정에서 일하던 당시 디자인한 이 자수 문양은 〈흰 담비를 안고 있는 여인〉의 네크라인에서도 볼 수 있다.(그림6) 레오나르도는 독특한 매듭 문양에 큰 관심을 보이며 연구했고(그림7), 종종 그만의 매듭 문양을 여성 초상화 속 네크라인에 자수 형태로 그려 넣었다. 리사의 드레스 네크라인에 있는 문양은 '빈치 매듭'에 있는 세 가지 특정 모티브를 조합한 결과였다. 이러한 특정 문양은 그림에 대한 정보를 얻을 수 있는 중요한 단서가 된다. 레오나르도의 그림 속에 의미 없이 존재하는 것들은 없기 때문에, 이 문양은 모델이 밀라노의 스포르차 가문에 속함을 나타내는 표식이라고 보는 전문가들도 있다. 하지만 〈모나리자〉의 의복은 여러 스타일이 혼재되어 있기 때문에 이 자수 장식은 스포르차 궁정의 표식으로 그려졌다기보다는 레오나르도가 그린 그림에 나타나는 그만의 시그니처라고 보는 것이 맞다.

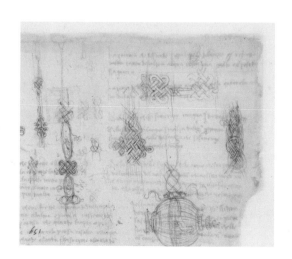

✦ 그림7. 레오나르도 다 빈치의 노트
〈아틀란티코 문서〉 중 매듭 스케치

모나리자의 드레스는 네크라인 밑으로 잔주름이 촘촘히 들어간 얇고 투명한 베일로 덮혀 있어 겉으로 보기엔 품이 매우 넉넉해 보인다. 때문에 리사가 1502년 아들 안드레아Andrea를 출산한 뒤 이를 기념하기 위해 그려진 그림이라 주장되기도 했다. 이 경우 그녀에게 신비스러운 이미지를 부여한 미소는 자애로운 어머니의 미소로 이해되었다. 하지만 2004년 적외선 반사법으로 조사한 결과, 그녀는 투명 베일로 만든 오버드레스 안으로 몸통이 꼭 맞는 16세기 초의 전형적인 드레스 가무라와 비슷한 형태의 옷을 입고 있는 것으로 드러났다.* 〈모나리자〉의 드레스는 베일에 가려져 잘 보이지 않지만, 당시 유행했던 탈부착식 소매 사이로 빼꼼히 나온 카미치아가 비치는 것은 눈으로도 볼 수 있다. 풍성한 볼륨감을 자랑하는 얇고 투명한 베일은 시대를 초월한 고전적인 아름다움을 부여하기 위해 후에 첨가된 것으로 분석된다.

16세기 초 레오나르도는 다양한 직물의 자연스러운 주름 묘사에 몰두했는데, 1508년에서 1513년 밀라노에 머물던 시기에 초상화를 다시 작업하면서 베일로 된 오버드레스를 추가한 것으로 추정한다. 이 시기 레오나르도는 특히 투명 베일의 자연스럽고 느슨한 주름 묘사에 특별한 관심을 보였다. 당시 화가들은 고대 여신이나 님프를 묘사할 때 종종 얇은 소재로 만든 드레스를 자연스럽게 늘어트린 모습으로 표현했다. 〈모나리자〉의 왼쪽 어깨 위로 멋스럽게 걸쳐진 직물(그림8)의 존재는 처음엔 스카프로 인식되었다. 하지만 16세기 초 레오나르도 다 빈치가 비슷한 시기에 그린 〈암굴의 성모Vergine delle Rocce〉 속 천사의 모습(그림9)에서 유사한 형태를 볼 수 있다. 그것은 스카프가 아닌 천사의 복장을 표현한 것이었다. 같은 맥락에서, 〈모나리자〉의 드레스를 얇은 베일로 된 천사의 의상과 비슷하게 그려낸 화가는 〈모나리자〉에서 이상적인 여인의 모습을 표현한 것으로 해석할 수 있다. 완벽을 기하는 성격 탓에 오랜 시간 그림을 그리

* 드레스를 당시 피렌체에서 임산부들이 입었던 과르넬로라고 보는 시각도 있으나, 허리선이 높고 장식성이 배제된 편안한 형태의 과르넬로는 여인들의 일상복으로 임산부들만 착용했던 드레스는 아니었다. 당시 임산부들이 입었던 유형의 드레스는 임산부 가운Guardacuore da parto으로 추정된다. 이는 고대 프랑스에서 입기 시작한 길고 품이 넉넉한 가운이었다. 앞이 열린 소매가 달려 있고, 열려 있던 몸통 앞쪽은 단추로 닫아주었다. 그리고 출산 후 몸을 회복하는 산모의 몸을 보호하기 위해 모피로 안감을 댄 임산부 망토Mantello da parto를 걸치기도 했다.

✦ 그림8. 〈모나리자〉 중 어깨 부분　　　✦ 그림9. 〈암굴의 성모〉 중 천사의 어깨 부분

고, 종종 그림을 외면한 채 방치해 놓는 것으로 유명했던 레오나르도는 〈모나리자〉를 평생 가지고 다니면서 수정을 반복했다. 이러한 연유로 시간이 지나면서 변화했을 루브르의 〈모나리자〉는 모델의 부재에 따라 점점 화가의 상상에 따른 이상화가 되었다고 보는 시각이 설득력을 얻고 있다. 화가는 헤어스타일부터 의상뿐만 아니라 앉아 있는 자세까지 모두 고결한 여성의 특징을 상징적으로 구현해 냈다.

최신 스타일의 패셔너블한 그녀

전체적으로 어두운 색상의 드레스와 아무런 장신구를 착용하지 않은 채 검은색 베일을 쓰고 있는 〈모나리자〉 속 여성의 차림새를 옛 학자들은 상복으로 여겼다. 하지만 이는 시간의 흐름에 따른 화학적 반응으로 그림이 검게 변색된 결과일 뿐이었다. 짙은 회색의 몸통과 황갈색 소매로 보이는 드레스는 연속적으로 칠해진 바니시Varnish•와 먼지 층 때문에 어두워진 것으로 드러났다. 루브르 박물관은 〈모나리자〉의 옷을 '네크라인이 금실 자수로 장식된 짙은 녹색으로 추정되는 몸통에 노란색 탈착식 소매가 달린 실크 드레스'로 밝히고 있다. 당시 피렌체 여인들은 밝은 색상의 드레스를 선호했다. 직물 산업이 발달한 피렌체에서는 다채로운 색상의 실크가 생산되었다. 피렌체 실크 산업의 중심에 있었던 리사의 남편은 부인에게 최신 스타일을 제공했을

✦ 그림10. 라파엘로 산치오, 〈마달레나 스트로치 초상〉, 1506년경, 피렌체, 우피치 미술관

것이다. 베일로 된 오버드레스 안에 입은 가무라의 형태는 당시 레오나르도의 초상화를 따라 그린 것으로 알려진 라파엘로가 그린 여인들의 가무라와 비슷할 것으로 추정된다.(그림4, 10)

밀라노부터 여러 궁정들을 거쳐오면서 최신 유행을 알고 있던 화가에 의해 앞서가는 스타일로 연출된 〈모나리자〉의 머리는, 자세히 보면 완전히 풀어헤친 머리가 아니다. 이는 얼마 전 레오나르도가 스케치만 그려주고 도망친 이사벨라 데스테의 헤어스타일과 비슷하다. 곱슬거리는 옆머리를 좀 더 빼주고 나머지 머리는 모아 뒤로 보내 얇은 망사로 된 모자에 넣어 둥근 형태로 정리한 스타일이다. 머리를 망사로 모두 감싸 어깨 뒤로 넘긴 당시 여인들의 스타일과 달리 리사의 곱슬거리는 옆머리는 망사 모자에서 벗어나 어깨 앞으로 나와 있는데, 레오나르도는 특히 곱슬머리를 좋아했다. 성모 마리아의 헤어스타일 또한

•　바니시는 유화의 마지막 뒤처리 보조제로, 유화의 색을 변하지 않게 하고 그림이 갈라져 떨어지는 것을 방지해 주는 역할을 한다.

곱슬거리는 옆머리로 표현했던 그는 곱슬머리를 이상화에 적합한 우아한 스타일이라고 여겼다. 그 위로 검은색의 투명 베일을 써 헤어스타일을 차분하게 정리했다. 흐릿하게 그림의 경계를 없앤 스푸마토의 정점을 보여주는 그녀의 얼굴에서 유일하게 보이는 선은 머리에 쓰고 있는 투명 베일의 윤곽이다.

베일은 당시 유혹의 상징으로 여겨졌던 머리카락을 가리기 위한 장치로, 기혼 여성은 베일로 머리를 가려 정숙한 여인임을 나타냈다. 다만 당시 피렌체에서 검은색 베일은 드물었는데, 이는 스페인 패션에 큰 영향을 받았던 밀라노 공국에서 돌아온 화가 레오나르도의 선택이었거나, 최신 트렌드에 민감한 직물 상인인 남편 프란체스코가 부인의 아름다운 모습을 위해 제공했을 가능성이 있다. 16세기 초 북부 이탈리아에서는 스페인 패션의 영향으로 검은색 드레스가 유행했는데, 복잡하고 긴 염색 과정이 필요했던 검은색은 당시 부의 상징으로 여겨졌다. 부잣집 안주인이지만 보석이 없는 모습 또한 화가의 선택이었을 것이다. 레오나르도 다 빈치의 초상화 속 여인들은 모두 보석이 거의 없는 수수한 모습으로 등장한다. 이는 겉의 화려함보다 내적인 미를 추구하며, 모델이 된 여인들의 미덕을 강조하기 위해 수수한 모습을 선호했던 화가가 그린 여성 초상화의 특징으로 볼 수 있다.

초상화의 신비로운 면모

✦ • • •

모나리자를 둘러싼 몇 가지 미스터리는 작품의 매력 포인트가 되어 많은 이야기를 만들어내며, 아직까지도 예술가들에게 영감을 주고 있다. 〈모나리자〉의 눈썹이 없는 모습은 그림의 신비스러운 면모에 일조했다. 당시의 유행이었다는 설도 있지만 좀 더 정확히 따져보면, 눈썹이 하나도 없고 헤어라인까지 면도해 깔끔한 미를 추구했던 건 중세 말쯤 퍼졌던 지나간 유행이었다. 핏기 하나 없어 보이는 창백한 피부가 미적 포인트였던 중세 말 여인들은 눈썹은 물론 잔머리까지 모두 뽑아 없앴다. 하지만 초상화가 그려진 16세기 초에는 헤어라인도 정상적으로 돌아왔으며 눈썹은 가늘게 정리되긴 했지만 존재했다. 당시 눈썹이 하나도 없는 모습은 오히려 매춘부들의 패션으로 여겨졌다. 하지만 이러한 추측과 가설은 이제 필요 없는데, 과학의 발달로 본래 그림에는 눈썹이 있었던 것으로 밝혀졌기 때문이다. 2007년 프랑스 과학자 파스칼 코트Pascal Cotte가 초고해상도로 초상화를 스캔해 분석한 결과, 눈썹은 시간이 지남에 따라 흐려졌거나 서투른 복원으로 인해 여러 번 칠해진 바니시를 제거하는 과정에서 함께 사라졌다고 한다.

19세기 프랑스 시인 테오필 고티에Théophile Gautier가 "매혹적이며 이해할 수 없는 미소"라 표현한 〈모나리자〉의 미소는 초상화의 진짜 주인공이다. 낭만주의 시인이나 작가들은 그녀의 묘한 미소와 모호한 느낌을 주는 표정을 팜므파탈의 원형으로 묘사하기도 했다. 하지만 〈모나리자〉의 미소가 크게 부각되었을 뿐, 신비스러운 이 미소는 이미 레오나르도의 여성 초상화 〈흰 담비를 안고 있는 여인〉에서도 시도된 바 있다. 시간이 지남에 따라 화가의 스푸마토 기법이 더 발전하면서 그림에서 정확한 윤곽을 찾을 수 없게 되었기에 그녀(모나리자)의 표정은 시각에 따라 변하는 듯 보인다. 초상화에 표정을 담아낸다는 개념이 없던 시대에 웃는 듯한 여인의 표정은 생소하지만 감탄을 자아내기에 충분했을 것이다. 그녀를 신비로움에 가둔 모호함 가득한 얼굴은 수많은 연구와 해석을 낳았다. 아이를 낳은 후 부종과 갑상선 기능 저하를 겪고 있는 모습을 묘사한 결과라는 매우 현실적인 분석까지도 등장할 만큼 현대까지도 이 미스터리를 풀기 위한 연구는 계속되고 있다. 하지만 꿈보다 해몽이라고, 사람들이 다양한 해석을 붙이는 이 오묘한 미소는 그저 화가 개인의 발전된 기량으로 그려낸 표정일 뿐이며 화가는 의도한 적 없는 미스터리일지도 모른다.

〈모나리자〉는 서양문화의 회화를 대표하는 아이콘으로 여전히 사랑받고 있다. 그림의 고향인 이탈리아에서는 아직도 〈모나리자〉의 정체에 관한 연구가 활발하다. 각자 다양한 근거를 가지고 〈모나리자〉의 모델을 추정하니, 아마 그녀가 누군지는 레오나르도 다 빈치가 살아 돌아오지 않는 한 절대 밝혀지지 않을 것이다. 이제 과학까지 합세한 끊임없는 학자들의 연구에도 불구하고 루브르 박물관이 인정한 설은 없다. 루브르 박물관은 〈모나리자〉를 그저 신비한 모습 그대로 남겨두고 싶은지도 모른다. 사람들이 〈모나리자〉에 끌리는 포인트가 바로 그 부분이니까.

그림1. 티치아노 베첼리오, 〈포르투갈의 이사벨 황후〉, 1548년, 마드리드, 프라도 미술관

10

그리움의 초상화

포르투갈의 이사벨
ISABEL DE PORTUGAL

✦ • • • ✦

1503–1539

황실의 위대함과 막강한 부를 반영하는 화려하고 고급스러운 의복을 입고, 한 손에는 현명함을 드러내는 책을 든 포르투갈의 이사벨Isabel de Portugal. 그녀는 황제 권력의 상징인 쌍두 독수리로 장식되어 있는 휘장 앞에 앉아 제국의 황후로서 위엄을 드러내고 있다. 이 여인의 초상화에는 한 남자의 가슴 절절한 사랑이야기가 담겨 있다.

애달픈 마음

♦ • • ♦

정제된 자세로 먼 곳을 응시하며 고요히 앉아 있는 여인의 초상화는 사실 주인공이 죽은 지 9년이나 지난 후 그려진 모습으로, 남편의 기억에 아름답게만 남은 부인의 이상화와 같은 초상화이다. 카를 5세Karl V는 사랑하던 부인의 갑작스러운 죽음에 크나큰 충격과 슬픔에 빠졌다. 그리고 그녀를 추억할 만한 마음에 드는 초상화가 없다는 사실에 당혹했다. 그는 당장 친척들에게 초상화를 수소문해 멀리 네덜란드에서 비교적 근래에 그려진 부인의 초상화를 받아보았으나, 자신이 기억하는 아내의 모습과 닮지 않아 실망했다. 결국 새로운 초상화를 그리기로 결심한 그는 자신이 선호하던 이탈리아 화가 티치아노 베첼리오Tiziano Vecellio에게 그림을 의뢰하기에 이른다.

티치아노는 과거 다른 화가가 그린 초상화(그림2)를 황제가 마음에 들어하지 않자 수정을 맡아 황제를 만족시켰던 적이 있었다. 티치아노는 황제의 처진 눈꺼풀을 올려주고 코 라인을 다듬어주었으며, 실제로는 입을 완전히 다물 수 없을 정도로 돌출된 턱을 적당히 집어넣어 황제를 보다 수려한 외모로 그려냈다.

✦ 그림2. 야콥 자이제네거, 〈카를 5세와 사냥개〉, 1532년, 빈, 빈 미술사 박물관

✦ 그림3. 티치아노 베첼리오, 〈카를 5세와 사냥개〉, 1533년, 마드리드, 프라도 미술관

또한 허리선을 높여 비율을 조정하고 배경을 어둡게 하여 인물을 강조해 군주로서 보다 강인하고 위엄 있어 보이는 초상화(그림3)를 선사했다. 티치아노는 이 분야의 강자였다. 실제보다 훨씬 멋진 모습으로 그리지만, 충분히 누구인지 인식할 수 있는 선에서 초상화를 그려내는 그의 능력은 유럽 통치자들의 마음을 사로잡았다. 당시 지도자들은 절대적인 통치권을 정당화하기 위해 강하고 영웅적인 이미지를 구축하는 데 초상화를 이용했다. 그것은 가장 쉽고 효과적인 방법이었다. 티치아노의 초상화에 매우 흡족했던 카를 5세가 아내의 새로운 초상화를 위해 그를 떠올린 건 자연스러운 수순이었다.

황제는 검은색 드레스를 입은 아내의 기존 초상화를 티치아노에게 보냈다. 역사가들은 이 초상화를 튜더Tudor 왕가의 궁정 화가였던 윌리엄 스크로츠William Scrots가 그린 초상화(그림4)로 짐작한다. 16세기 이탈리아 극작가이자 비평가였던 피에트로 아레티노Pietro Aretino가 "형편없는 붓질이지만 실물과 매우 흡사하다"라고 평했던 이 초상화는 황후를 직접 본 적이 없는 화가에게 지침이 되었다. 하지만 완성된 초상화는 여전히 황제의 마음에 들지 않았다. 윌리엄이 묘사한 황후의 매부리코를 티치아노가 그대로 그려 넣었기 때문이다. 황제는 실제 모습이 아닌 자신의 기억 속에 남아 있는 황후의 이미지를 시각화하기를 바랐다. 이전에 티치아노가 자신의 초상화를 멋지게 수정했던 것처럼 말이다. 결국 황제는 화가에게 코의 수정을 요청했고, 2년 이상을 기다린 후에야 곧게 뻗은 코로 수정된 초상화를 받아볼 수 있었다.

결과물은 만족스러웠다. 황제는 이 초상화를 항상 가지고 다니며 곁에 두었다. 그는 말년에 티치아노가 그린 부인의 초상화를 보면서 몇 시간을 보냈다고 전해진다. 부부는 노년이 되기 전 은퇴해 함께 수도원에 들어가 살기로 계획을 세워뒀을 정도로 서로 애틋했기 때문에, 이사벨의 예상치 못한 이른 죽음은 카를 5세에게 매우 큰 상실이었다. 티치아노는 이사벨의 초상화를 여러 점 그렸는데, 그가 그린 이 첫 번째 초상화는 오늘날 이사벨을 대표하는 아름다운 초상화(그림1)의 모델이 되었다. 일찍 가버린 사랑하는 부인을 그리는 애끊는 마음이 완성한 첫 번째 초상화는, 안타깝게도 1604년 궁전의 화재로 소실되어 현재는 사본과 인쇄물(그림5)로만 남아 있다.

티치아노가 두 번째로 그린 초상화

✦그림4. 윌리엄 스크로츠, 〈포르투갈의 이사벨〉, 1530-1550년경, 포즈난, 포즈난 국립 박물관

(그림1) 속 이사벨은 화려하면서도 기품과 위엄이 넘치는 군주의 모습으로 묘사되었다. 카를 5세는 아내가 경건하고 현명한 군주이자, 자신이 기억하는 아름답고 사랑스러운 여인의 모습으로 묘사되길 원했다. 황제의 낭만적인 추억으로 완성된 황후의 얼굴은, 먼저 그려진 초상화보다 좀 더 다듬어져 굴곡진 부분 없이 수려한 외모를 선보였다. 전체적으로 부드러운 얼굴에 곧게 뻗은 코, 하얀 피부에 붉게 물든 뺨에는 르네상스가 추구하던 고

+ 그림5. 피터르 더 조드 2세, 티치아노가 1545년 그린 포르투갈의 이사벨이 담긴 인쇄물, 판화

전적이고 이상적인 아름다움이 반영되었고, 코를 제외한다면 동시대 사람들이 표현한 황후의 모습과 닮아 있었다.

" 타원형의 얼굴, 적갈색의 맑은 눈, 매부리코, 작은 입, 하얀 피부, 얇고 긴 목에 긴 손가락을 가진 아름다운 젊은 여성"

황후의 아름다운 특징으로도 언급되었던 긴 목에서 러프Ruff의 초기 버전을 볼 수 있다. 당시 '고르게라Gorguera'로 불리던 목장식이다. 물결치는 모양이 특징인 이 목장식은 '작은 상추'라는 의미의 스페인어 '레추기야Lechuguilla'라는 좀 더 직관적인 이름으로 불리기도 했다. 1520년대에 유행했던 초기의 고르게라는 실크나 얇은 리넨으로 만든 속옷인 카미치아가 목까지 연장되어 올라와 작은 주름(프릴)을 이루는 형태였다. 스페인은 매우 종교적인 나라였기에 여인들의 네크라인이 낮아지자 목까지 완전히 가리도록 정부에서 제한을 두었고, 이

에 따라 드레스의 상체는 목까지 올라간 형태가 되었다. 처음에는 눈에 잘 띄지 않았던 고르게라는 이사벨의 다른 초상화(그림9 오른쪽)에서 더 커진 모습을 볼 수 있다. 크기가 커진 고르게라는 후에 카미치아나 코베르치에레에서 분리되어 단독으로 목만 장식하는 단일 품목이 되면서 끝에 섬세한 레이스를 달아 화려함의 극치를 달리는 형태로 진화한다. 마치 쟁반 위에 머리를 올려놓은 것처럼 점차 커지는 고르게라의 시작은 작고 귀여웠다는 점이 흥미롭다.

　이사벨의 초상화에 자주 등장하는, 이마를 드러내고 양쪽 귀를 두툼한 머리로 가린 뒤 땋은 머리띠를 두른 헤어스타일은 당시 포르투갈에서 유행하던 머리장식 파포스Papos(그림7)이다. 14세기 깃털, 리본, 베일, 보석 등 다양하고 화려한 장신구들이 폭발적으로 증가하면서 사람들은 점점 더 자신의 취향을 드러낼 수 있는 다양한 헤어스타일을 즐기게 되었다. 머리 모양은 빠르게 바뀌는 유행을 상징하는, 시대의 진정한 주인공으로 급부상했다. 무엇보다 사람의 가장 높은 곳에 위치하여 그 사람의 부와 지위를 드러내기에 알맞았다. 과시하기 좋아하는 상류층의 머리는 언제나 복잡한 방식으로 연출되었다.

　이사벨의 머리는 13세기 후반에 등장해 크리스피네테Crispinette(또는 크레스피나Crespina)라는 이름으로 한 시대를 풍미했던 스타일(그림6)로, 두 세기도 더

✦그림6. 중세 시대 크리스피네테, 　✦그림7. 르네상스 시대 파포스, 　✦그림8. 빅토리아 시대 머리장식,
　14세기　　　　　　　　　　　　　　16세기　　　　　　　　　　　　　　19세기

지난 후 유행은 다시 돌아왔다. 머리의 한가운데에 가르마를 타준 뒤, 양쪽 귀 위에 귀마개처럼 동그란 머리카락을 덮어 고정한 크리스피네테는 매우 정제된 스타일이었다. 자연 모발은 두툼한 모양을 만들기에 부족했기 때문에 가발을 이용해 귀 덮개 부분을 채운 뒤 장식된 망으로 덮어 고정했다. 귀를 덮은 가장자리에 땋은 머리를 둘러 장식하기도 했다. 중세의 여인들은 이 무거워진 귀마개 같은 가발 머리를 머리띠나 왕관에 부착했다. 우아함과 여성성의 상징으로 여인들의 마음을 사로잡았던 크리스피네테는, 간소화되어 19세기에 다시 등장해 로맨틱 스타일(그림8)로 사랑을 받게 된다.

초상화(그림1) 속 이사벨의 머리는 포르투갈 스타일이지만 드레스는 스페인의 궁정복이다. 진한 붉은색 벨벳 드레스의 금실 자수 위에는 작은 보석이 수없이 박혀 화려함 속에서 황후의 권위를 반영하고 있다. 15세기 말부터 시작된 유럽 제국들의 아메리카 정복과 식민지화로 보석의 유입이 엄청나게 증가했다. 진주 목걸이와 큼직한 보석 펜던트에 이어 드레스의 가장자리 정도만 장식했던 보석은 드레스 전체로 퍼졌다. 드레스의 몸통과 스커트가 따로 재단되어 각각 나뉜 모양을 형성하자, 허리를 장식해 주는 화려한 허리끈도 유행하게 되었다. 많은 보석이 달린 드레스는 무거워졌다. 목부터 발끝까지 감싸는 단단하고 경직된 형태의 드레스는 신체의 움직임을 최소화시켰다. 상류층은 이러한 거추장스러운 의복을 택하여 일하지 않아도 되는 사회적 지위와 특권을 드러냈다.

이사벨은 스페인 궁정의 패션 아이콘이었다. 백마를 타고 스페인에 입성한 첫날부터 이사벨은 스페인 국민들에게 강한 인상을 남겼다. 당시 호화롭기로 유명했던 포르투갈 궁정에서 온 왕녀는 흰색 새틴 원단의 슬래시 사이로 금색의 안감이 드러나는 드레스를 입었고, 진주와 깃털로 장식된 흰색 새틴 모자를 쓴 매우 아름다운 모습이었다고 전한다. 식민지배를 통해 리스본 항구에 들어오는 이국적이고 화려한 물품들에 익숙했던 이사벨은, 뛰어난 감각과 취향으로 스페인을 사로잡았다. 자신의 모습이 곧 제국의 모습임을 잘 이해했던 이사벨은 공식적인 자리에서는 화려하고 위엄 있는 차림새였지만, 사적으로는 소박한 드레스를 선호했다.

그녀는 스페인 스타일에 빠르게 적응했지만, 자신의 뿌리인 포르투갈의 전통 또한 지켰다. 가까운 수행원들은 모두 포르투갈에서 함께 온 사람들이었고, 그들과 포르투갈어로 대화를 나눴으며, 음식을 비롯한 모든 생활 습관은 포르투갈 방식을 유지했다. 이사벨은 어머니의 재단사였던 조르즈 디아스Jorge Díaz를 함께 데려와 옷차림마저 공식 석상을 제외하고는 포르투갈 스타일을 고수했다. 디아스는 황후를 위한 의류 작업실을 열어 황후와 그녀의 수행원들을 위한 의상을 디자인하고 제작했다. 작업실은 의복과 관련된 높은 기술을 지닌 많은 하인들로 구성된, 현대의 '오트 쿠튀르Haute couture'*의 현장과 다를 바 없었다. 이런 황후의 패션에 대한 감각과 열정은 핏줄의 영향이었는지도 모른다.

드레스 혁명, 베르두가도

+ • • •

15세기 여성의 드레스는 큰 변화를 맞이했다. 중세 시대의 수직적인 라인에서 벗어나, 몸통과 스커트 부분이 극명하게 나뉜 드레스로 대혁신이 일어난 것이다. 극도로 뻣뻣해 보이는 상체는 원통형 깔때기 모양의 단단한 부스토Busto**로 눌러 가슴과 허리의 곡선을 없앤 결과였고, 허리 아래로는 스커트 지지대인 베르두가도Verdugado를 착용해 종 모양의 실루엣을 이루었다. 고대 스페인어로 '잎이 무성한 숲'이라는 의미의 베르두가도는 엉덩이 라인에서 치마를 확장시켜 주는 장치로 갈대, 고리버들, 유연한 나무, 철사 등을 고리 모양으로 만들어 천에 고정시킨 속치마였다. 마치 새장처럼 치마를 지탱해 준 베르두가도는 여

---

* 오트 쿠튀르는 프랑스어 'Haute(고급, 상류의)'와 'Couture(바느질, 양장점)'의 조합으로, 독창적인 스타일의 고급 맞춤형 의복을 의미한다.
** 부스토는 16-18세기 유럽에서 몸통을 원하는 모양으로 만들기 위해 갈대나 가죽, 고래수염 등으로 구조를 만들고 직물로 덧댄 지지대 또는 상의로, 초기엔 금속으로 만들어지기도 했다.

인들의 사랑을 받으며 유럽 전역으로 퍼져나갔다.

　1468년경에 개발된 이 새로운 드레스의 탄생 비화에는 카스티야의 왕비였던 포르투갈의 후아나Juana de Portugal가 등장한다. 후아나는 사촌인 카스티야의 '불능자' 엔리케 4세Enrique IV와 결혼해 7년 만에 공주를 낳았으나, 성적 취향이나 기능에 대한 의심을 받았던 왕 엔리케 4세의 진짜 자식인지에 대한 논란이 일어났다. 계속되는 논란에 결국 왕은 후아나를 왕실에서 추방해 알라에호스Alaejos성에 가두었다. 하지만 감금 기간 동안 후아나는 그곳에서 만난 애인의 아이를 가졌고, 불러오는 배를 감추기 위해 드레스의 실루엣을 변형시켰다. 치마에 단단한 고리버들이나 나무로 만든 후프를 고정시켜 복부부터 넓은 공간이 형성되는 독창적인 형태를 만든 것이다. 초기의 베르두가도는 후프를 치마와 함께 꿰매 고정한 형태(그림9 중 왼쪽)였다. 그 자체로 드레스의 치마 부분이었기 때문에 다채로운 색상에 새틴 또는 실크, 태피터와 같은 비싼 원단으로 만들어졌다. 이후 후프가 달린 치마 위로 또 하나의 드레스를 걸쳐 이단 치마처

✦ 그림9. 스페인 베르두가도의 변천사

럼 입었고(그림9 중 가운데), 점차 후프가 달린 치마는 속치마가 되고 그 위로 화려하게 장식된 겉 스커트 바스키냐Basquiña를 걸치는 식으로 의복의 형태(그림9 중 오른쪽)가 굳어졌다. 새장 모양이었던 베르두가도는 16세기 초중반 무렵부터 원추형으로 변형되어 인기를 끌었으며, 유럽 전역으로 퍼졌다. 특히 영국으로 건너가 16세기 튜더 왕조 패션의 필수품 파딘갈Fardingal이 된다.

임신을 숨기기 위해 만들었다는 베르두가도의 탄생 비화는 사실 확인이 불가능한 전설이다. 2021년 마크 존스턴Mark Johnston의 연구에 따르면, 이는 당시 극심했던 카스티야 귀족 중 두 파벌 간의 싸움이 만들어낸 정치적 선전이었다. 왕에 반대하는 귀족 무리들은 왕의 명예를 실추시켜 끌어내리려 갖은 추문을 만들어냈고, 태어난 후계자 또한 부정하게 만들어 대가 끊기게 했다. 하지만 이렇게 퍼진 이야기는 기정사실이 되어 후대에까지 큰 영향을 미쳤다. 여성들의 사랑을 받으며 널리 퍼진 베르두가도는 많은 시간이 흐른 뒤에도 부정한 방법으로 임신한 배를 감추기 위해 생겨난 패션이라며 핍박을 받아 금령이 내려지기도 했지만, 종국에는 스페인을 대표하는 드레스의 원형이 되었다. 그리고 개발자로 알려진 후아나는 바로 이사벨의 고모할머니였다.

총명한 왕녀, 이사벨

✦ • • •

1503년 10월 24일, 마누엘 1세Manuel I가 다스리던 부유한 포르투갈의 왕가에 예쁜 딸이 태어났다. 둘째이자 장녀로 태어난 아이에게 부모는 위대한 '가톨릭 여왕'이었던 아이 할머니의 이름인 '이사벨'을 물려주었다. 아이의 외할머니는 통일 스페인 제국을 탄생시킨 카스티야 여왕 이사벨 1세Isabel I de Castilla였다. 왕녀는 이름뿐만 아니라 할머니의 현명함과 결단력을 그대로 물려받은 듯했다.

새로운 언어를 배우는 것을 좋아했던 이사벨은 라틴어를 비롯한 스페인어

✦ 그림10. 포르투갈 리스본, 1596년

와 프랑스어 등 당대의 주요 언어들을 공부했으며 수학, 과학, 음악, 춤을 배웠고, 여러 악기를 능숙하게 다룰 줄 알았다. 그녀는 특히 문학을 사랑했는데, 어머니의 가르침에 따라 신심이 두터웠던 이사벨은 기도서와 고전문학 등 개인 취향으로 가득 채운 큰 도서관을 소유한 매우 학구적인 소녀였다. 그리고 외모가 아름답기로 소문이 자자했다. 그녀는 조용하고 차분한 말투에 키가 크고 날씬하며 걸음걸이가 우아했다고 전해진다.

부유한 왕가의 울타리 안에서 행복한 어린 시절을 보내던 왕녀에게 1517년, 큰 시련이 다가왔다. 어머니 마리아가 지속적인 임신과 출산으로 건강을 해쳐 사망한 것이었다. 왕녀의 나이 14세였다. 마리아는 '딸들의 배우자는 왕이나 왕의 적자만 가능하다'는 내용을 유언장에 명시했기 때문에 그녀의 딸들은 왕 혹은 적법한 왕자와 결혼하거나 아니면 수녀*가 되어야 했다. 어머니의 이런 가르침에 큰 영향을 받았는지 왕녀의 마음에는 가장 위대한 지도자인 황제가 아니면 결혼하지 않겠다는 확고한 결심이 들어섰고, 스스로 황후에 걸맞은 신붓감

---

* 16세기 여성의 역할은 가정의 딸, 아내, 어머니에 국한되어 있었다. 소녀들은 자라나면 결혼 아니면 수녀원이라는 두 가지 길만 있었을 뿐이다.

이 되기 위해 준비했다. 마침 적절한 신랑감이 옆 나라에 있었다. 당시 스페인 왕국의 왕이기도 했던 카를 5세였다.

사랑으로 귀결된 정략결혼

당시의 사회적 통념상, 이미 결혼 적령기를 넘긴 카를 5세에게 결혼은 숙제였다. 제국과 자신에게 힘이 되어줄 아내가 필요했을 뿐인 카를은 벌써 여러 번 약혼과 파혼을 거듭하고 있었다. 여러 신붓감 후보들을 저울질하던 카를 5세는 고심 끝에 영국의 여섯 살 된 메리 튜더Mary Tudor(훗날의 메리 1세)로 결정했다. 영국 튜더 왕조와의 동맹을 택한 것이다. 거절당한 포르투갈은 이를 모욕으로 여겼다. 하지만 소식을 들은 이사벨은 아버지에게 속삭였다.

> **" 카이사르가 아니면 아무 의미가 없다Aut Caesar aut nihil. "** •

포기하지 않고 기다린다는 의미였다. 어린 시절부터 "Aut Caesar aut nihil"이라 새겨진 메달을 지니고 다니며 자신의 모토로 삼았던 이사벨은 카를 5세와의 결혼이 아니면 어머니의 유언대로 수녀원에 들어갈 결심이었다. 그녀는 동요하지 않았다.

카를 5세는 사실 처음 스페인 왕국의 왕으로 즉위했던 때부터 스페인 사람들에게 인정받지 못하고 있었다. 그도 그럴 것이 그의 모계 쪽 뿌리는 스페인(카스티야, 아라곤)이었지만, 그는 스페인에 대해 잘 알지 못했다. 플랑드르의 헨트Gent에서 나고 자란 그는 스페인의 감성과 문화에 무지했고, 결정적으로 스

• 문구의 기원은 기원전 49년 로마 시대로, 율리우스 카이사르Julius Caesar가 로마로 돌아가기 위해 루비콘 강을 건너기 전, 자신을 따르던 군단에게 "나와 함께 이 강을 건너면 국가의 반역자가 되는 것을 의미하므로 자신을 따라갈 의무가 없다"고 경고하자, 병사들은 일제히 "카이사르가 아니면 아무 의미가 없다Aut Caesar, aut nihil"를 외치며 함께 강을 건너 폼페이우스Gnaeus Pompeius와 2차 내전을 일으켰다. 이 문구는 14세기 나폴리의 왕 라디슬라오 1세Ladislao I의 좌우명이었으며, 15세기 체사레 보르자Cesare Borgia는 황제가 되고자 하는 열망을 가지고 이 문구를 모토로 삼아 검의 날에 새겨 넣었다.

페인어를 잘하지 못했다. 콧대 높은 스페인 귀족들은 말도 제대로 할 줄 모르는 군주가 마땅치 않았다. 게다가 왕위에 오른 뒤 정부의 요직에 자신이 데리고 온 플랑드르 귀족들을 앉히자 불만을 품은 스페인 귀족들은 거센 반란을 일으켰다. 그들을 겨우 진정시킨 왕은 배우자만큼은 스페인의 관습을 잘 이해하는 사람으로 맞아야 한다는 교훈을 얻게 되었다. 스페인 신하들 또한 그가 이베리아 반도의 사람과 결혼해야 한다는 주장을 굽히지 않고 있었다.

게다가 정복하고 다스려야 할 거대한 제국을 가지고 있던 카를 5세는 끊임없는 주변국의 도발에 맞서야 했고, 자신의 부재 시 왕국을 다스려줄 통치 능력이 있는 현명한 부인이 필요했다. 더욱이 신성로마제국 황제로 선출된 선거에서 이기기 위해 선제후Kurfürst*들에게 많은 뇌물을 뿌린 탓에 경제 사정은 악화되어 있었다. 이로 인해 거대한 지참금을 가져올 수 있는 신붓감 후보로 눈을 돌리게 된다. 놀랍게도 이 모든 조건에 들어맞는 후보가 있었다. 당시 가장 부유했던 왕국, 포르투갈의 왕녀 이사벨이었다. 그녀는 나이도 황제와 세 살 차이였기 때문에 후계자 생산에 문제가 없었고, 유창하게 스페인어를 구사할 줄도 알았다. 무엇보다 스페인 문화에 대해 잘 알고 있었고 매우 똑똑했을 뿐더러 90만 도블라스Doblas**라는 아주 큰 금액의 지참금도 가지고 올 수 있었다. 게다가 그녀는 '가톨릭 여왕'의 손녀***였다.

오랜 협상 끝에 이사벨의 바람은 드디어 이루어졌다. 이 결혼으로 맺어진 동맹으로 라이벌이었던 포르투갈과 스페인은 유대가 강화되어 유럽 내에서 가장 강력한 영향력을 발휘하게 되었고, 사람들은 평화와 안정을 보장받게 되었다. 전쟁의 시대에 이는 매우 중요한 가치였다. 이사벨은 1526년, 결혼을 위해 스페

* 선제후는 신성로마제국 황제를 선출하던 7명(1356년 칙서에 고정된 7명이라는 숫자는 1623년까지 유지)으로 구성된 선거인단의 구성원으로, 13세기에 구성되어 19세기 초 신성로마제국이 해체될 때까지 이어졌다. 3명의 대주교(마인츠, 트리어, 쾰른)와 4명의 평신도(라인 팔츠 백작, 작센 공작, 브란덴부르크 후작, 보헤미아의 왕)로 이루어졌으며, 이들은 황실 고문의 역할도 수행했다.
** 도블라스는 카스티야 금화로, 어원은 11-19세기 사이 이베리아 반도에서 통용되던 동전 마라베디의 '두 배'라는 의미에서 유래했다.
*** 카를 5세 또한 '가톨릭 여왕' 이사벨 1세의 외손자였다. 카를 5세의 엄마 후아나와 이사벨의 엄마 마리아는 자매로, 카를 5세와 이사벨은 외사촌지간이었다.

인으로 향했다. 신부는 3월 3일 먼저 결혼식이 열릴 세비야Sevilla의 인근에 도 착했지만, 신랑인 카를 5세는 9일까지 도착하지 않았고 신부는 또다시 참을성 있게 기다려야 했다. 그렇게 그저 제국을 위할 뿐 신부에 대한 기대가 없었던 카 를 5세에게 예상치 못한 일이 일어났다. 머릿속에 사랑의 벨이 울린 것이다. 연 대기 작가 곤살로 데 오비에도Gonzalo de Oviedo에 의하면, 세비야에 도착한 카 를은 아름답고 지적인 이사벨을 보고 첫눈에 반했다고 한다.

3월 10일, 많은 초가 필요할 정도로 늦은 밤에야 도착한 카를 5세와 그를 기 다리고 있던 이사벨이 드디어 처음 서로를 마주했을 때, 이사벨은 무릎을 꿇고 카를 5세의 손에 긴 입맞춤을 했다. 당시 신부로서는 매우 늦은 나이인 23살까 지 아무런 기약도 없이 기다린 이사벨이었다. 카를은 몸을 굽혀 이사벨을 일으 켜 안고 키스한 뒤 손을 잡았다. 이제는 카를이 기다릴 수 없었다. 당장 화려한 옷으로 갈아입은 뒤 11일로 넘어가는 새벽, 황제의 이름이 새겨진 방에서 몇몇 의 관련 인사들만 참석한 가운데 살비아티Salviati 추기경의 주례로 카를과 이사 벨은 결혼식을 올렸다.

결혼식을 마친 두 사람은 세비야의 봄을 즐긴 뒤 더워진 여름, 세계에서 가 장 아름다운 그라나다Granada의 알함브라Alhambra궁전으로 옮겨 가 총 9개월 동안의 긴 신혼여행을 즐겼다. 황제는 떠나는 일정도 뒤로 미룬 채 예상보다 더 오랫동안 신부의 곁에 머물렀다. 이사벨의 현명함과 지도자로서의 자질을 알아 본 카를 5세는 신혼여행 기간 동안 이사벨에게 국정 운영에 대해 가르쳤다. 매 일매일 사안에 대한 질문과 해답이 이어졌고, 그녀에게 조언해 줄 신뢰할 수 있 는 이들을 소개했다. 이사벨은 최고의 스승에 걸맞은 훌륭한 제자였다. 카를 5세 는 아내를 스페인의 섭정으로 정한 뒤, 마음 편히 중앙 유럽의 정치와 종교적 문 제를 해결하기 위한 일정을 서둘렀다. 이제 남은 긴 세월을 버티게 해줄 신혼 초 의 꿈만 같던 시간은 끝나고, 혼자 버텨내야 하는 외로움과 지도자의 무거운 책 임감이 주는 절대 고독의 시간이 다가왔다.

현명하고 지혜로운 통치자

✦ • • ✦

이사벨은 타고난 통치자였다. 그녀는 권위적인 기질과 지도자적 카리스마를 타고났다. 동시대의 고위 인사들은 그녀의 현명함과 신중한 태도, 정치적 결단력을 보며 종종 그녀의 외할머니인 위대한 여왕 카스티야의 이사벨 1세에 비했다.

> ❝ 모든 것은 고요하고 평화로웠고, 이 왕국은 황후가 현명하게 통치했습니다. ❞

스페인을 '해가 지지 않는' 거대한 제국으로 만들기 위한 카를 5세의 야망은 이사벨의 지원으로 이루어졌다. 거대한 그의 영토는 조용할 날이 없었다. 부부는 13년의 결혼 기간 중 7년가량을 떨어져 지냈다. 전쟁뿐 아니라 통치해야 하는 나라도 많았던 황제가 스페인을 떠날 때마다 이사벨은 그 자리를 대신했다. 이사벨은 그 긴 시간 동안 단순히 자리만 지키지 않았다. 실제 섭정으로서 스페인을 통치했다. 정책을 논하는 대신들의 회의에 참석하여 의견을 제시하고 문제에 대한 자신만의 해결책을 제안했다. 경제와 국방을 우선순위로 관리하며, 나라의 이익을 위해서라면 황제의 의견에 반하는 것도 서슴지 않았다. 결심이 느리다는 비난을 받아온 카를 5세에 비해 이사벨은 확고하고 단호한 결단력으로 권력을 행사했다. 전쟁 중 긴급하게 필요한 자금과 식량, 무기 조달에 관한 것도 그녀의 몫이었다.

당시 유럽사에 일어난 일들 중 적지 않은 일들이 외교적 재능과 타협의 기술이 뛰어났던 이사벨의 아이디어로 이루어졌다. 카를과 자신의 이모인 아라곤의 캐서린과 헨리 8세의 혼인 무효 사건이 일어나자, 이사벨은 이모를 보호하기 위해 신학자와 대학에 보고서를 요청하고, 각국의 대사와 특사들과 접촉해 두 사람의 혼인 검증에 대한 변호를 자처하기도 했다. 1525년 파비아 전투에서 패배한 프랑수아 1세를 대신하여 4년 동안 스페인에 볼모로 잡힌 그의 어린 두 아들에 대한 외교적인 문제 해결에도 관여하며, 카를 5세에게는 프랑스의 도발에 맞서지 말고 평화를 추구하라 조언했다. 스페인과 프랑스의 적대적 관계가 완화된 데에는 황후의 공이 컸다.

사랑스러운 아내이자 자애로운 어머니

부부는 서신으로 안부를 묻고 국정을 논의했다. 카를 5세는 서신에 항상 "황후, 나의 사랑하는 아내, 왕국의 통치자"라는 최고의 칭호를 사용했다. 이사벨은 종종 답장 없이 몇 달을 보내며 행방을 알리지 않는 카를 5세를 꾸짖기도 했으며, 스페인으로 돌아오는 중이라는 서신을 받고는 하루라도 더 빨리 만나기 위해 아이들을 데리고 바르셀로나로 직접 마중을 나가기도 했다. 제국의 모습을 갖춰가는 가장 어려운 과정 속에 있었던 두 사람은 서로에게 의지했다. 잠시 카를 5세가 집으로 돌아올 땐, 이사벨은 성대한 파티를 열어 그를 맞아주었다. 카를에게 이사벨은 따뜻한 품이었다.

밖에서는 엄격한 통치자였던 이사벨은, 집에서는 사랑으로 아이들을 양육하는 헌신적인 어머니였다. 자신의 어머니가 그랬던 것처럼 이사벨은 자녀들의 교육에 많은 관심을 기울였다. 특히 뿌리를 잊지 않도록 아이들에게 포르투갈어를 가르쳤다. 이사벨은 13년간의 결혼 생활 중 일곱 번의 임신을 하고 두 번의 유산을 겪었지만, 성년으로 자라난 아이는 셋뿐이었다. 이토록 잦은 임신과 출산은 그녀의 건강을 해쳤고, 아이들의 이른 죽음은 그녀의 마음을 피폐하게 만들었다. 사랑하는 남편의 잦은 부재로 인한 외로움은 우울증을 야기했으며, 그녀의 심신을 지치게 만들었다.

1537년 이사벨은 아들을 낳았지만 아이는 설사로 5개월 만에 사망했고, 이

듬해 다시 임신했지만 3개월 만에 또 사산했다. 연이은 아이들의 죽음에 황후는 절망했다. 심한 출혈로 인한 고열과 산후 감염으로 일어나지 못했고, 2주 후인 1539년 5월 이사벨은 아이를 따라갔다. 향년 36세였다. 죽음 앞에서도 이사벨은 의연했다. 십자가를 손에 쥐고 죽기 전까지 주변인들에게 말을 남겼다고 전한다. 이사벨은 남편과 행복한 신혼을 보냈던 그라나다에 묻히길 바랐다. 사냥을 위해 집을 떠나 있던 카를 5세는 사랑하는 부인의 임종을 지키지 못했다. 소식을 듣고 뒤늦게 도착했지만, 이미 죽어 있는 이사벨을 보고 절망한 카를은 죽은 아내가 누워 있는 침대에 무릎을 꿇고 오랜 시간 일어나지 못했다.

✦ 그림11. 〈펠리페 왕자를 안고 있는 이사벨〉의 사본

전쟁으로 점철된 고단한 삶의 안식처가 되어주었던 이사벨의 사망으로 큰 충격과 슬픔에 빠진 카를 5세는 아내의 장례 절차조차 이행할 수 없었다. 그는 겨우 12살이던 어린 왕자 펠리페 2세Felipe II와 신하들에게 장례식을 맡긴 뒤, 그 길로 톨레도Toledo의 한 수도원에 틀어박혀 두 달 동안 홀로 기도하며 울었다. 평소 황후를 존경하고 흠모했던 궁중 자문위원 간디아 공작 프란치스코 데 보르하Francisco de Borja는 장례식이 거행되는 그라나다 대성당까지 황후의 시신을 옮긴 후 매장 전 신원을 확인하는 전통적인 임무를 맡았는데, 더운 날씨에 심하게 부패한 황후의 시신을 보고 충격을 받아 유명한 문구를 남겼다.

" 이분이 황후라고 맹세할 수 없지만, 이곳에 누워 있는 분은 그녀의 시체임을 선언합니다. 또한 나는 다시는 죽을 수 있는 군주를 섬기지 않겠다고 맹세합니다. "

흠모하던 아름다운 이의 죽음이 초래한 처참하고도 현실적인 결과에 충격을 받은 프란치스코는, 세속적인 삶이 아닌 하느님을 위해 살고 싶다는 열망을 품게 되었다. 그는 1546년, 아내가 죽은 후 속세를 떠나 예수회에 입회했고 사후 성인의 반열에 올랐다. 한창 종교개혁으로 갈등이 고조되던 시기에 명문 귀족 보르하 가문의 가주가 종교에 귀의한 사건은 가톨릭계에서 활용하기 좋은 소재가 되어 퍼졌고, 예술가들은 이 이야기에 영감을 받아 그림으로 남겼다.(그림12)

✦ 그림12. 호세 모레노 카르보네로, 〈간디아 공작의 개종〉, 1884년, 마드리드, 프라도 미술관

이사벨의 유언대로 방부 처리를 하지 않은 시신은 더운 날씨에 빠르게 부패해 갔다. 화가는 관이 열리고 얼굴의 베일을 벗긴 뒤 드러난(모습을 알아볼 수 없게 썩은) 황후의 모습에 충격을 받아 다리가 풀린 프란치스코(간디아 공작)가 옆 사람에게 기대어 의지하는 드라마틱한 구성으로 그림을 그려냈다.

아내를 향한 사부곡

결혼 전 기다림은 이사벨의 몫이었으나, 그녀의 이른 죽음 후 기다림은 카를 5
세의 몫이 되었다. 카를 5세는 티치아노가 그린 이사벨의 초상화들을 들고 다니
며 그녀의 죽음에서 벗어나지 못했다. 카를 5세는 남은 생애 동안 검은 옷만 입
으며 이사벨을 애도했고, 재혼을 거부했다. 그의 나이 39세였다. 수많은 정부를
두며, 나라를 위해 후계를 이어야 한다는 이유로 (자식들이 있음에도 불구하고) 아
픈 아내가 죽기도 전에 다음 왕빗감을 물색하던 동시대의 여느 왕들과는 매우
다른 행보였다. 어느덧 나이가 든 카를 5세는 자신의 생애를 장악했던 전쟁에
서 벗어나 보좌와 권세를 놓기로 결심한다. 그는 아들과 형제에게 모든 자리를
양도한 뒤 은퇴하여 스페인의 유스테Yuste 수도원에 들어가 평화롭고 기도하
는 삶을 살기로 한다. 젊은 시절 아내 이사벨과 함께 세웠던 노년의 계획을 잊지
않고 홀로 실천한 것이다. 티치아노가 그려준 이사벨의 초상화와 함께 수도원
에 도착한 카를 5세는 예의를 갖추는 수도원 사람들의 의전을 다 물리치고, 그
저 이사벨의 초상화만 그의 방에 놓아줄 것을 요구했다. 결혼 기간 동안 다른 여
인 없이 이사벨에게만 충실*했던 그는 그녀를 그리워하다 19년 후인 1558년, 이
사벨이 그러했던 것처럼 십자가를 가슴에 쥐고 눈을 감았다. 부부는 카를 5세의
유언에 따라 산 로렌소 데 엘 에스코리알San Lorenzo de El Escorial 왕립 수도원에
나란히 안치되었다.

---

* 물론 그는 왕이기에, 평생 다른 여인이나 혼외 자식이 없었다는 의미는 아니다. 카를 5세는 다섯 명의 혼외자를 낳
았지만, 모두 결혼 전이나 이사벨이 떠난 후에 태어났다. 결혼 전 카를 5세는 바람둥이라는 소문이 있었고 의붓할
머니인 제르마나Germana de Foix와의 스캔들도 있었다.

그림1. 프랑수아 클루에, 〈카테리나 데 메디치〉, 1555년경, 런던, 빅토리아&앨버트 박물관

'검은 여왕'이 된
외국인 소녀

카테리나 데 메디치
CATERINA DE' MEDICI

* * *

1519–1589

외국에서 건너와 프랑스 문화에 큰 족적을 남긴 한 여인이 있다. 그녀는 자신의 나라에서 익혀온 문화를 조용하고 서서히 프랑스에 전파했고, 남편이 죽은 후엔 어린 자식들을 대신해 오랜 기간 나라를 통치하며 프랑스의 역사가 되었다.

프랑스 여인들의 머리장식인 코이프 프랑세즈를 쓰고, 당시 프랑스 드레스의 특징이었던 중간이 올라간 둥근 네크라인 위로 스페인의 목장식(고르게라)이 달린 드레스에, 베네치아에서 유행이 시작된 부채를 손에 들고 있는 초상화 속 여인의 차림새는 여러 나라의 문화가 한데 섞인 흥미로운 모습이다. 17세기 프랑스 궁정으로 시집온 외국인 공주들은 얼마 지나지 않아 모국의 관습을 버리고 프랑스 스타일로 바꾸었고, 18세기 프랑스에 온 마리 앙투아네트는 국경에서 오스트리아의 모든 것을 버리고 프랑스 스타일로 바꿔 입어야 했지만, 프랑스도 패션에 있어 원래부터 그렇게 콧대가 높지는 못했다. 16세기 중반, 초상화가 그려질 당시 프랑스 궁정은 그동안의 혼인으로 프랑스에 왔던 이웃 나라 공주들로 인해 여러 문화가 뒤섞여 있었다. 특히, 패션에 관심이 많고 이탈리아의 문화와 예술을 흠모했던 프랑수아 1세의 영향으로 프랑스는 피렌체나 페라라에서 건너온 문화를 거부감 없이 받아들이고 있었다. 훗날 프랑스가 문화에서 세계적인 리더 격으로 발돋움한 것은, 이웃 나라의 좋아 보이는 건 빠르게 받아들인 개방적인 태도와 아름다움을 향한 끝없는 욕망과 탐닉이 그 시작이었을 것이다. 그 중심에 '검은 여왕' 카테리나 데 메디치Caterina de' Medici 가 있었다.

피렌체 소녀, 카테리나

✦ • • ✦

르네상스 문화의 중심지인 피렌체 공화국의 그 유명한 메디치 가문에 1519년 한 여자아이가 태어났다. 공화국을 실질적으로 다스리고 있던 메디치 가문의 유일한 상속자로 태어난 이 아이의 삶은 초반부터 녹록지 않았다. 부모를 일찍 여의고 친척들의 손에 자랐으며, 복잡한 정치 상황과 기울어진 가세에 스스로 살아남아야만 하는 상황에 처하기 일쑤였다. 결혼도 당연히 가문을 위해 집안 어른들이 정한 곳으로 가야 했다. 카테리나는 피렌체의 문화를 꽃피우고 유럽을 주름잡던 금융·상업 집안 출신인 그녀가 프랑스 왕국에 많은 것을 쥐어줄 것을 기대한 당시 프랑스 왕 프랑수아 1세에 의해 그의 차남과 맺어졌다.

하지만 실상은 달랐다. 메디치는 15세기엔 유럽에서 가장 부유하고 힘 있는 가문이었지만, 카테리나가 살던 시기에는 그렇지 못했다. 파산에 가깝게 가세가 기울어 어린 14살 신부의 손에 지참금 대신 남은 것은 증조부인 로렌초 데 메디치 시대에 꽃피웠던 최고의 르네상스 문화뿐이었다. 결혼식을 거행할 때만 해도 그나마 다행으로 카테리나는 친척인 교황 클레멘스 7세Clemens Ⅶ의 보호 아래 수많은 수행원들을 거느리고 프랑스에 도착할 수 있었다. 기다리던 프랑스 군중은 금장된 흰색 말을 탄 위엄 있는 모습의 외국인 신부 뒤로 펼쳐진 화려하고 장엄한 행렬에 놀라 입을 벌린 채 구경했다. 더욱 놀라운 건 신부 행렬이 지나간 자리에까지 머물러 있던 향기였다. 반면 카테리나는 엄청난 군중의 악취에 정신이 혼미해져 말에서 떨어졌다는 설까지 있다.

새 신부가 소개한 신문물

오늘날 '향수'하면 가장 먼저 떠오르는 나라가 된 프랑스를 향의 세계로 인도한 이가 바로 카테리나이다. 행복하고 아름다워야 할 결혼식 날 새 신부는 남편에게서 나는 역한 냄새에 기겁한 나머지 비누와 물로 씻을 것을 약속시킨 뒤, 자신이 가져간 향수도 소개해 주었다. 흑사병 이후 씻으면 병에 걸리는 줄 알았던 당시 사람들에겐 염소 냄새가 났다고 한다. 오물이 널린 길거리에서 나는 악취로 '냄새가 나인가, 내가 냄새인가' 하는 삶을 살고 있던 프랑스 사람들에게 이를 감추기 위한 향수의 유행은 당연한 결과였을 것이다.

당시 피렌체의 귀부인들은 향수에 정통했으며, 허브와 에센스를 다루는 연금술사나 조향사가 그녀들을 위한 개인 향수를 제조해 주고 있었다. 카테리나 또한 개인 조향사가 만든 향수를 '향기로운 석류Melograno odoroso'라 불리던 작은 금제 향료 앰플•에 넣어 몸에 지니고 다녔다. 사람들은 향수가 단순히 좋은 향을 낼 뿐만 아니라, 전염병으로부터 몸을 보호해 준다고 믿었다. 그래서 남녀노소 모두 작은 용기에 향수를 담아 손에 들거나 목걸이 또는 허리띠 등에 달고 다녔다.

카테리나가 들고 있는 앙증맞은 크기의 깃털 부채는 향수와 더불어 그녀가 결혼할 때 혼수품으로 들고 와 프랑스 궁정에 소개한 액세서리이다. 부채는 곧 숙녀의 필수품이 되어 유럽 내 궁정에서 빠르게 퍼졌고, 이후 18세기 황금기를 거쳐 19세기 빅토리아 시대까지 전성기를 누리게 된다. 카테리나는 어떻게 부채를 알게 되었을까? 물론 부채는 장소나 시기에 상관없이 거의 모든 인류의 공통적인 유산이다. 처음에는 따가운 햇살로부터 피부를 보호하려 만들어졌을 부채는, 동·서양에서 모두 실용적인 목적보다는 권력의 상징으로써 종교 의식에 쓰이거나 왕족을 위해 그늘을 만드는 데 활용되었고, 전장에서는 지휘봉이 되기도 했다. 그러던 부채가 여인들 손에 장식품으로 등장한 곳은 13세

• 현대에 일반적으로 '포맨더Pomander'라 불리는 향수통의 역사는 12세기부터 시작되었다. 십자군 전쟁 동안 동양 문화가 유럽에 들어오면서 퍼진 포맨더는 향수라기보다 귀신을 쫓아내고, 건강을 위해 지니고 다니는 치료제에 가까웠다. 특히 전염병이 오염된 공기로 감염된다고 믿었던 당시 사람들은 이를 막기 위해 향을 피우거나 포맨더를 가지고 다니는 것으로 대응했다. 또는 묵주에 달아 가지고 다니며 신의 도움으로 보호받을 것이라고 믿었다. 귀족들은 구형의 작은 통 속에 보통 사향과 용연향을 넣어 다녔고, 일반인들은 정향, 육두구 등의 강한 향료를 주로 이용했다. 후에 사람들은 여기에 향기로운 향을 첨가하고 통을 보석으로 장식해 장신구로 활용했다.

기 베네치아였다. 직사각형의 깃발 팬으로, 다소 특이한 모양새를 가진 초기의 부채는 15세기부터 본격적으로 시대의 트렌드 세터들에게 유행하기 시작했다. 그들은 바로 베네치아의 코르티지아나Cortigiana(고급 매춘부)(그림2)였다. 그들은 매력적이었으며 잘 교육받았고, 다양한 언어를 구사할 줄 알았다. 뛰어난 대화술과 훌륭한 궁중 예법으로 무장한 그들은 상류층 남성들과 교류하며 시도 짓고 글도 쓰는 등 학문적으로도 높은 지식 수준을 뽐내던 궁정의 꽃이었다.

✦ 그림2. 부채를 들고 있는 베네치아의 코르티지아나, 16세기

코르티지아나는 실제 궁정에서 살기도 한 베네치아의 여인들을 일컫는 말이 그 시작으로, 'Cortigiana'에서 'Corti'는 'Corte 궁정'이란 단어에서 파생되었다. 재능과 미모를 겸비한 예인으로 패셔너블하기까지 했던 그들은 마음껏 사교계를 휘저으며 다녔고, 그들의 패션은 곧 유행이 되었다. 부채도 얼마 안 가 귀부인들의 잇 아이템이 되었고, 이탈리아 전역으로 퍼져나가면서 피렌체의 카테리나의 손에도 들어가게 된 것이다. 16세기 초중반의 부채는 고대 시절 권력을 상징했던 모습과 의미 그대로, 주로 타조털 같은 새털을 겹겹이 붙여 만든 둥근 형태였다. 이후 접이식 부채가 유행했다.* 권력의 상징에서 숙녀의 필

---

* 15세기 후반에는 중국의 접부채가 포르투갈 상인들에 의해 처음 유럽에 등장하게 된다. 접히는 형태의 부채는 약 7~9세기경 신라 또는 고려, 혹은 일본에서 만들어진 것으로 추정되는데, 송나라 시대를 거쳐 명나라 시대에는 고려의 부채가 '고려선'이라 불리며 크게 유행하기도 했다. 고려의 부채는 당시 누구나 갖고 싶어 하는 명품이었다. 유럽으로 퍼진 부채의 형태를 보면 고려선과 매우 흡사하다.

✦ 그림3. 유럽 부채들, 17–18세기

수품이 된 부채 위에 화가들은 그림을 그리기 시작했고, 어떤 화가의 그림인지, 어떤 재료로 만들어졌는지로 신분의 차이를 가늠할 수 있었다. 기본 레이스를 시작으로 금박을 두르고 자수, 자개, 거북이 등껍질, 각종 보석으로 장식하는 등 화려함과 정교함으로 무장한 부채는 혼수품목에 들어갈 정도로 그 위치가 지금과는 사뭇 달랐다.

새 신부가 받아들인 프랑스 문화

카테리나는 프랑스로 가면서 피렌체의 새로운 문물들과 재단사, 자수사, 보석 세공사, 조향사, 요리사, 파티시에 그리고 잘 훈련된 시종들을 포함한 개인 스태프들까지 데리고 갔다. 그렇게 프랑스 궁정을 작은 피렌체로 만들어 고향의 스타일을 고수하던 카테리나가 프랑스 스타일을 받아들였다는 사실은 초상화 속 머리장식에서 알 수 있다. 카테리나의 차림새에서 크게 두 가지 프랑스 스타일을 꼽자면, 머리장식(코이프 프랑세즈)과 드레스 몸통에서 가슴 중앙이 올라간 둥근 형태의 네크라인이다. 코이프 프랑세즈는 프랑스에서는 얼마 안 가 사라졌지만, 영국에서는 헨리 8세Henry Ⅷ의 두 번째 부인인 앤 불린Anne Boleyn이 대중화하면서 16세기 동안(엘리자베스 1세 통치 초기까지) 유행한 까닭으로 영국 궁정 여인들의 머리장식으로 여겨진다. 하지만 프랑스(더 정확히는 브르타뉴)에서 유래했다. 그렇다고 영국과 아주 관련이 없는 것은 아니다.

오늘날 '프렌치 후드'라 불리는 머리장식 코이프 프랑세즈Coiffe française는 브르타뉴Bretagne 공국에서 그 기원을 찾을 수 있으며, 마지막 군주의 모습(그림4)에서 그 초기 형태를 볼 수 있다. 브르타뉴는 옛 영국에서 이주한 '브리튼인'의 땅을 의미하는 라틴어 브리타니아Brittania에서 유래되었다. 16세기 초반까지 프랑

✦ 그림4. 브르타뉴의 안

스와는 분리된 하나의 중세 봉건 국가로 프랑스와 구별되는 독특한 역사, 그리고 독자적인 문화와 언어를 가지고 있는 지역이었다. 삼면에 바다가 위치했던 브르타뉴는 영국뿐 아니라 오랜 옛날부터 바다를 건너 이주해 온 여러 민족(켈트족, 로마인 등)이 정착해 터전을 잡은 곳이라 독특한 문화가 형성될 수밖에 없는 환경이었다.

　마지막 중세 공주이자 브르타뉴의 마지막 군주였던 여공작 브르타뉴의 안Anne de Bretagne(그림4)은 샤를 8세와의 결혼으로 프랑스의 왕비가 되면서 프랑스에 브르타뉴 문화를 심었다. 그들의 문화는 훗날 브르타뉴가 프랑스 왕국에 통합되자 대표적인 프랑스의 문화가 되었다.[*] 당시 스페인이나 이탈리아 등 외부의 영향을 크게 받고 있던 프랑스 패션은 드디어 독자적인 첫걸음(비록 작은 나라를 취하여 그 문화를 흡수한 것이지만)을 떼고 있었다. 존경받는 왕비였던 안은 훌륭한 매너와 아름다운 모습으로 프랑스 궁정을 장악했고, 궁정 여인들의 머리장식은 왕비가 고수한 브르타뉴 스타일(코이프 프랑세즈)로 정착했다. 코이프 프랑세즈의 초기 형태는 베일과 캡 형태의 모자를 겹쳐 쓴 모양이었다. 가장자리가 부드러운 주름장식으로 되어 있는 흰색 베일은 그냥 쓰거나 양쪽 뺨을 감싸 내려 턱 아래에서 끈으로 묶어 고정했다. 그 위로 와이어로 모양을 잡아 보석이나 자수, 구슬로 장식한 두 번째 캡을 썼는데, 캡 뒤로 보통 벨벳, 테피터, 새틴 등의 고급 직물로 만든 검은색의 긴 후드를 달았다. 가장자리가 화려한 보석이 달린 금속 고리로 장식되어 때때로 '머리띠가 달린 후드'라 불리기도 했다. 훗날 이 머리장식은 '프렌치 후드French hood'로 불리게 된다.

　사실 이 머리장식은 지극히 종교적인 스타일이었다. 여인들의 머리는 이제 막 중세의 머리장식 에냉[**]에서 벗어나 과장된 형태의 모자는 벗었지만, 여전히 머리카락은 드러내지 못하고 있었다. 기독교 문화에서 정숙함과 겸손함을 상징하는 베일은 여성의 일상에서 기본이 되었다. 여성은 베일로 머리를 모두 가려

---

[*]　1491년 샤를 8세와 브르타뉴의 안의 혼인으로 샤를 8세는 브르타뉴 공작 작위 또한 획득하였고, 브르타뉴는 프랑스 왕의 지배 아래 놓인다. 브르타뉴는 1547년 결국 프랑스 왕국에 통합되었다.

[**]　[1. 초상화 주인공은 나야 나!: 프란체스카 디 마테오 스콜라리]편 참고.

야 교회의 출입이 가능했고 성찬을 받을 수 있었다. 브르타뉴는 아직 법도 정부도 없던 시절, 이주해 온 종교 지도자들이 이주민과 원주민을 통합하고 질서를 확립하여 나라의 근간을 세운 곳이었다. 오랜 세월 성직자들에 의해 통제되어 온 브르타뉴의 사람들은 자연스레 기독교 정신이 강한 민족이 되었다.

로마 가톨릭 교회의 영향 아래 있었던 프랑스 왕국에서도 벨벳 후드로 머리카락을 모두 가리는 안의 머리장식은 부인의 정숙함을 암시했기 때문에 빠르게 받아들여졌다. 하지만 프랑스에서는 후드 스타일이 그리 오래 지속되지는 않았다. 16세기 유럽은 종교개혁의 시대로, 프랑스 또한 인문주의자를 중심으로 개혁이 시작되었다. 무조건 신에 복종하는 종교적인 삶의 자세에서 벗어나 자신이 어떻게 보이는지 관심을 가지기 시작한 여성들의 취향은 변화했다. 가슴과 어깨를 드러내는 것에 익숙해졌고, 화려한 장신구로 자신을 꾸몄다. 교회의 설교자는 '화려한 여성'을 비난하고 질책했지만 사람들은 더 이상 교회의 지시에 따르지 않았다. 프랑스 여인들은 종교적인 의미가 컸던 검은색 후드를 16세기 중반 이후 벗어던졌다.

프랑스 여인들이 버린 이 머리장식은 영국 여인들에 의해 좀 더 오래 유지되었는데, 영국으로 건너간 코이프 프랑세즈는 여인들의 권력 다툼의 유용한 도구로 활용되기도 했다. 유럽 왕실의 여인들이 조용하게 의상으로 강력한 메시지를 표현하는 것은 오래된 전통이었다. 특히 외국인 신부들은 자신의 의견을 내세우거나 세력을 강조하고 싶을 때 본국의 드레스를 입어 의중을 표출하곤 했다. 영국 궁정복의 중요한 부분을 차지했던 머리장식은 특히 튜더 가문 여성들의 궁정 내 정치 도구로 활용되었다. 여성 편력이 심했던 헨리 8세로 인해 영국의 왕조 중 가장 분열되고 격동적인 왕조였던 튜더 가문의 여인들에게 있어 차림새는 상징적인 메시지였다. 복식은 지지자들의 충성심을 반영하고 그들의 동맹자임을 시각적으로 보여주었다. 종교전쟁이 한창 불거지던 때 머리장식은 종교색까지도 표현하는 도구가 되었다. 튜더 왕조 시대 대부분의 기간 동안 영국 왕실의 여인들은 머리카락을 노출하지 않았는데, 당시 영국 궁정 여인들의 머리장식은 '게이블 후드Gable hood'라 불리던 삼각형 지붕 모양처럼 생긴 머리쓰개(그림5)였다.

영국에서 프렌치 후드의 등장은 메리 튜더Mary Tudor와 관련이 있다. 헨리 8세의 여동생인 메리는 첫 번째 결혼으로 잠시 프랑스의 왕비였으나, 3개월도 안 돼 남편 루이 12세가 죽자 영국으로 다시 돌아오게 된다. 짧은 기간이었지만 이 결혼으로 메리를 따라 프랑스로 갔던 궁정인들은 자연스레 프랑스 문화를 경험하게 되었고, 이에 매료된 이들은 새로운 스타일을 적극 받아들였다. 특히 메리의 시녀로 따라 간 앤 불린(훗날 헨리 8세의 부인)은 프렌치 후드의 대중화를 이끌었다.(그림6) 앤은 어린 시절의 대부분을 프랑스에서 보냈다. 당시 부모들은 출세를 위해 딸을 궁정으로 보냈는데, 메리 튜더가 영국으로 돌아간 뒤에도 앤은 브르타뉴의 안의 딸이자 프랑수아 1세의 왕비가 된 클로드Claude de France의 시녀로 임명되어 프랑스 궁정에 남았다. 긴 시간 프랑스 궁정에서 경험을 쌓은 앤 불린은 프랑스 문화에 매우 익숙했다. 프랑스 패션을 선호했던 그녀는 영국 왕실로 돌아와서도 프랑스 스타일로 영국 궁정을 누볐고, 그녀가 헨리 8세의 눈에 들면서 새로운 실세가 되자 화려한 프랑스 패션이 유행하게 된다. 앤 불린의 프렌치 후드는 각진 형태의 게이블 후드를 대체하고 그녀의 몰락까지 함께했다.

✦ 그림5. 게이블 후드를 한 요크의
　엘리자베스
✦ 그림6. 프렌치 후드를 한 앤 불린

✦그림7. 게이블 후드를 한
　제인 시모어
✦그림8. 프렌치 후드를 한
　엘리자베스 1세

프랑스 궁정 시절 접했던 프랑스의 종교개혁 사상에 깊은 관심을 보였던 앤 불린은 영국으로 돌아와 친프랑스파이자 종교적으로 개혁파에 가까운 이미지를 대표했다.

　왕비가 된 지 겨우 3년 만에 죽임을 당한 앤 불린에 이어 왕비가 된 제인 시모어Jane Seymour는 앤 불린의 흔적을 지우기라도 하듯 프렌치 후드를 금지시켰다. 그녀의 이러한 조치로 머리장식은 영국 궁정에서 본격적으로 정치적인 메시지를 담은 도구로 이용되기 시작했다. 독실한 가톨릭 신자였던 제인의 명령 아래 영국 궁정의 머리장식은 보수적이고 전통적인 게이블 후드로 돌아갔다.(그림7) 제인은 앤 불린과 관련된 스캔들의 여파가 자신의 평판에 해를 끼치지 않도록 조치를 취했다. 그녀는 품위 있고 겸손한 이미지를 만들기 위해 의복을 이용했고, 제인을 따르던 궁정 여인들도 모두 그녀의 패션을 따랐다. 하지만 그녀의 이른 죽음 이후 다음 왕비였던 캐서린(앤 불린의 외사촌)은 다시 프렌치 후드를 선택했다. 프렌치 후드는 앤 불린의 딸인 엘리자베스 1세 여왕의 초기 집권 시기까지 착용되다(그림8) 16세기 말에 여인들의 머리장식에서 사라졌다.

패션 역사에 남긴 발자취

✦ • • ✦

자신이 어떻게 보이는지 외적으로 매우 신경을 썼던 카테리나는 프랑스 패션뿐 아니라 여성 패션의 역사에도 큰 발자취를 남겼다. 위생을 한층 더 개선한 속옷을 만들어 전파하고 후대에까지 여성의 몸을 억압한 도구를 유행시켜 유럽 전역에 퍼트렸다. 수 세기 동안 여성들의 몸을 옭아맨 코르셋과 하이힐을 프랑스에 전파한 이가 바로 카테리나였다.

역사적으로 꽤 오랫동안 속옷은 특정 계급만 입거나 그저 한 번씩 유행하는 불필요한 아이템으로 인식되어 왔다. 시대에 따라 신체를 대하는 태도와 관념, 성에 대한 개방 정도, 청결 개념 등이 달랐던 만큼 속옷의 모양과 존재 유무는 계속 변화했다. 당시(16세기) 유럽 여인들은 치마 속에 속옷을 입지 않았다. 청결 개념도 지금과는 매우 달라 물이 모공을 열어 병균을 침투하게 한다며 목욕 대신 옷을 갈아입는 것으로 청결을 유지했고, 부득이하게 목욕을 한 경우 다음 날은 침대에서 하루 종일 누워 휴식을 취할 것이 권장되던 시대였다. 특히 여성들에겐 씻는 행위가 도덕적인 잣대가 되어 정결한 여성들은 몸을 씻을 필요가 없다고 여겼다. 자주 씻으면 부정한 여인이 되는 이상한 시대였다. 위생은 어이 없게도 향수가 담당했다. 이러한 환경에서 속옷은 카테리나의 지극히 개인적인 필요에 의해 만들어졌다.

사냥을 매우 좋아했던 그녀는 여성들이 보다 실용적으로 말을 탈 수 있도록 양다리를 한쪽으로 모아 타는 측면 안장을 개조했다. 여인들이 옆으로 앉는 측면 안장은 중세 시대부터 있었으나 말을 조종할 수 없는, 그저 말 위의 의자였을 뿐이었다. 카테리나는 이러한 측면 안장 삼부에Sambue*의 형태를 다듬고 손잡이와 다리가 미끄러지지 않도록 지지대 등을 달아, 직접 고삐를 쥐고 말을 제어

---

* 삼부에는 1300년대 초부터 만토바 후국에서 사용되던, 의자와 발판이 달린 간단하지만 안전하진 않았던 측면 안장이다.

할 수 있게 진화시킨 여성용 곁안장을 만들었다. 자신의 아이디어로 새롭게 탄
생한 이 곁안장 덕분에 그녀는 좀 더 편하고 빠르게 남자들과 비슷한 속도로 달
릴 수 있게 되었다. 자신을 예뻐해 주던 시아버지 프랑수아 1세의 사냥팀에도
낄 수 있는 유일한 여성이었을 만큼 혁신적이고 자유로웠던 그녀였지만, 사실
빠르게 달릴 방법을 고안해 낸 이유에는 질투도 있었다. 하라는 사냥은 안 하고
남편 곁을 맴도는 남편의 애인 디안 드 푸아티에Diane de Poitiers를 찾아내 남편
에게서 떨어트려 놓고, 사냥할 때 빠르게 달리는 남편과 함께 달리기 위함이었
다. 두 살도 아닌 스무 살이나 많은 데다 자신의 남편에게 강한 영향력을 행사하
는 예쁘고 기센 정부 디안 앞에서 어린 외국인 신부가 할 수 있는 일은 그다지
많지 않았을 것이다.

　그녀가 만든 곁안장으로 말을 타면 구조상 두 다리의 높낮이가 달라졌기 때
문에, 달리다 보면 춤추듯 휘날리는 치맛자락 사이로 드러나는 맨다리를 가려
줄 보조 아이템이 필요했다. 또한 빠르게 달리다
낙마라도 할 경우 벌어질 아찔한 상황으로 웃
음거리가 되고 싶지 않았던 카테리나는 무
릎까지 가려주는 속바지 형태의 속옷
을 만들었다. 육체적으로 자신이 내세
울 수 있는 유일한 부분이 예쁜 다리라고 생
각했던 그녀가, 가려야 할 부분은 가려주면
서 아름다운 다리를 드러낼 수 있는 적절한
방법을 찾아낸 것이었다. '엉덩이 고삐Briglie
da culo'라는 재밌는 이름으로 불린 이 아이

✦그림9. 브라게제를 입은 베네치아 매춘부들, 1590년경

템은 삽시간에 프랑스 귀족 여성들에게 유행했다. 궁정 여인들이 입기 시작하
면서 속옷에는 리본과 레이스, 보석이 달렸고 심지어 금·은실로 짠 천으로 만들
어지는 등 화려해지기 시작했다. 프랑스 궁정 사람들은 처음부터 전통적인 귀

족 가문 출신이 아닌 카테리나를 '그 이탈리아 여자'라 비하해 부르며 대놓고 무시했는데, 그녀가 하는 것들은 모두 유행이 되는 이상한 현상이 계속되었다. 그렇다고 이후 계속 이 바지 속옷이 애용된 건 아니다. 유럽 궁정으로 퍼지며 잠시 인기를 끌었지만, 여기서도 어김없이 교회가 등장했다. 교회는 이 속옷을 음란하다며 싫어했다. 특히 개신교도들은 속옷이 드레스를 짧게 만들 가능성이 있는 악마의 도구이며, 매춘부나 바람둥이에게나 어울리는 옷이라면서 적극 반대했다.

그들의 걱정이 맞아떨어졌는지 사실 이 바지 속옷은 베네치아에서 '브라게제Braghesse'(그림9)라는 이름으로 불리며 드레스 사이로 다리를 살짝살짝 보여주는 유혹의 도구로 활용된, 매춘부들의 전유물이었다. 당시 앞서가던 몇몇의 이탈리아의 귀족 여인들만 이 바지 속옷을 착용했다. 프랑스로 가기 전 카테리나 또한 바지 속옷을 접한 것으로 추정되지만 어떠한 경로로 알게 되었는지는 명확하지 않다. 어차피 역사적으로 청결 개념이 아닌 유행 아이템으로 일시적인 필요에 의해 있고 없고를 반복했던 이 바지 형태의 속옷은 19세기에 다시 등장하는데, 이 또한 필요에 의한 것이었다. 당시 유행하던 새장 형태의 크고 넓은 드레스 크리놀린Crinoline 때문에 많이 허전해진 하체를 돌발 상황(강풍이나 계단에서 넘어질 경우)에서 보호해 줄 보조 아이템이 필요했기 때문이었다. 이렇게 매번 존재의 가치가 저평가되던 속옷을 일반적으로 모두 입게 된 것은 1900년대 초가 지나서였다. 의복의 형태가 바뀌고 위생에 대한 관심이 높아지면서 속옷의 형태도 단순해졌고 없어서는 안 될 필수 품목으로 자리 잡게 되었다.

✦ 그림10. 베네치아의
피아넬레를 묘사한 그림,
16세기

소녀에게 자신감을 선사한 하이힐

결혼이 결정되고 프랑스로 가야 했던 14살의 소녀는 자신의 작은 키가 염려스러웠다. 특히, 정혼자의 애인인 디안이 신경 쓰였다. 당시 '세상에서 가장 아름다운 여인'으로 추앙받고 있던 디안의 명성과 그녀의 앙리 2세Henri II 에 대한 영향력은 익히 들어 알고 있었다. 자신감이 필요해진 카테리나는 피렌체의 장인에게 굽이 높은 신발을 주문했다. 그녀는 내면의 성숙함과 아름다움도 중요하지만, 겉모습과 태도에서 전달되는 강력한 힘 또한 잘 아는 소녀였다.

　동방(오스만 제국)에서 건너온 평평한 형태의 높은 굽이 달린 신발은 14세기부터 베네치아에서 유행하며 발 보호는 물론 부와 지위를 상징하는 수단으로 애용되었다. 굽 높이가 보통 15-20센티미터 정도였던 피아넬레Pianelle(또는 판토폴레Pantofole)(그림10)는 과시와 허영의 손을 잡고 약 50센티미터까지 굽이 높아진 기형적인 모습으로 17세기까지 여인들의 사랑을 받았는데, 여기에는 남편들의 지지도 한몫했다. 피아넬레를, 이를 신고 움직임이 자유롭지 못하게 된 부인과 딸들을 통제할 강력한 수단으로 활용했던 것이다. 혼자서는 걷지도 못해 양옆에서 시녀들의 도움을 받아 겨우 걷는 여인들의 모습을 본 다른 유럽인들은 '나무 반, 여자 반'이라 부르며 혀를 내둘렀다고 한다. 많은 여인들이 이 신발을 신고 넘어지고 심지어 임산부들이 넘어져 유산하는 사례가 빈번해지자 굽 높이

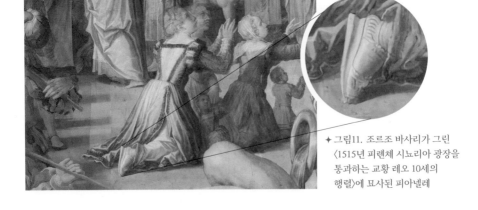

✦ 그림11. 조르조 바사리가 그린
〈1515년 피렌체 시뇨리아 광장을
통과하는 교황 레오 10세의
행렬〉에 묘사된 피아넬레

✦ 그림12.
16세기 피아넬레와 17세기의 뮬

① 베네치아 피아넬레(1550–1575년)
② 이탈리아 피아넬레(1570년경)
③ 프랑스 뮬(1630년경)

를 제한하는 법이 제정되었다. 어길 시 큰 벌금을 내거나 징역형까지 받을 수 있었지만 여인들은 포기하지 않았다. 유행을 막는 건 또 다른 유행뿐이었다. 파리에서 퍼진 더 작고 세련된 구두가 유행하자 여인들은 드디어 이 기형적인 높은 굽의 신발을 버렸다.

피아넬레는 시대와 지역에 따라 모양과 굽 높이가 달랐는데, 베네치아나 피렌체에서는 주로 나무로 된 웨지 형태의 굽에 가죽이나 실크 또는 벨벳으로 마감하고 금·은실, 보석 등으로 장식했다. 스페인에서는 코르크로 된 웨지에 가죽이나 새틴을 씌우고 무늬를 넣어 양각한 샤핀Chapin을 신었다. 현대에 쓰이는 프랑스어 단어 쇼팽Chopine은 여기에서 유래되었다. 쇼팽은 전 유럽으로 퍼지며 다양한 디자인의 하이힐로 변모했다. 신발이라기보다 키를 늘려주는 기구에 가까웠던 피아넬레는 카테리나와 함께 패션으로 거듭나게 되었다. 현대의 하이힐처럼 뒤꿈치에 굽이 따로 달린 형태는 카테리나가 자신의 결혼식을 위해 주문한 구두가 시초라 할 수 있다.

카테리나가 피렌체의 장인에게 주문한 구두는 앞 코가 길고 굽이 있는 우아한 형태로, 이 천재적인 구두 장인은 나무로 된 무거운 웨지를 떼어버리고 7센티미터짜리 굽을 단 새로운 형태의 신발을 선보였다. 16세기 피렌체에서 신던 스타일과 이후 프랑스에서 유행한 신발 스타일로 그녀가 신었던 구두의 형태를 유추해 보면 뮬Mules(그림12 중 3번)과 비슷하지 않았을까 짐작된다. 결혼식 리셉션장에서 7센티미터의 하이힐을 신고 한층 당당해진 모습으로 천천히 걷는 그녀의 모습은 매우 인상적이고도 매혹적으로 비쳤고, 이후 프랑스 궁정 여인들은 너도나도 그녀를 따라 하이힐을 신고 다녔다고 한다. 이 작고 세련된 구두는 '술리어 아 퐁Souliers à pont'이 되어 유럽으로 퍼지며 바야흐로 하이힐의 시대를 맞이하게 된다.

이상적인 허리, 13인치

의복이라기보다는 신체를 고문하는 기구에 가까웠던 코르셋Corset*은 뒤틀린 환상의 기준에 몸을 끼워 맞추기 위한 도구로, 그 역사는 꽤나 오래되었다. 가는 허리에 대한 욕망은 여성들만의 전유물은 아니었다. 고대 그리스 크레타섬의 미노스 문명의 유물에서 초기 코르셋의 모습을 볼 수 있는데, 남녀 모두 강제로 조이지 않고는 불가능한 허리 사이즈를 자랑하고 있다. '백합 왕자'(그림13)의

---

*   코르셋은 장소와 시대별로 이름을 달리했지만, 이 장에서는 편의상 상체를 압박하여 원하는 형태로 만들어준 지
    지대를 '코르셋'으로 통칭한다.

✦ 그림13, 백합 왕자,
기원전 1550년경

✦ 그림14. 뱀의 여신,
기원전 1600년경

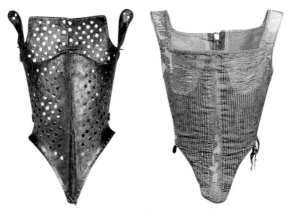

✦ 그림15. 금속 부스토, 16세기 중반
✦ 그림16. 직물 코르셋, 1598년 무렵

허리가 '뱀의 여신'(그림14)보다 더 가늘어 보이는 점이 인상적이다. 그리스인, 테베인, 미노스인들은 남녀 모두 가죽으로 만든 코르셋을 입었고, 미노스인들은 운동할 때 허리와 엉덩이의 지지대로 코르셋을 착용했다고 한다. 마치 복대처럼 말이다.

기원전 2000년 경부터 모습을 드러낸 코르셋은 15세기에 인간 중심 사상이 펼쳐지며 인체를 사랑하게 되자 다시 등장했다. 자신의 아름다운 몸을 자랑하고 싶어진 사람들은 몸의 실루엣이 드러나는 옷을 선호하게 되었지만, 이상과는 다른 자신들의 정직한 몸매에 만족하지 못하고 특정 부위를 강조하기 위해 코르셋을 꺼내 들었다. 15세기의 코르셋은 가죽이나 풀을 먹여 뻣뻣해진 리넨을 끈으로 엮은 형태였다. 16세기엔 몸통 모양 금속제 코르셋이 고안되었는데, 보기만 해도 아플 것 같은 이 기구(그림15)는 실제로도 고통스러운 착용감으로 일찍 사라졌다. 학자에 따라 패션보다는 교정이나 치료 목적으로 보거나 암살을 막기 위한 보호대로 사용되었다고 추정하기도 한다.

이후 코르셋은 일반적으로 천 사이에 뿔이나 상아, 고리버들을 고정해 만든 단단한 형태로 정형화되었는데, 16세기 초반에는 진정한 코르셋이라 할 수 있는 고래수염으로 만든 코르셋도 탄생했다. 상업적 포경이 16세기부터 시작*되고, 대서양을 건너다 새로운 고래 어장을 발견하면서 고래수염은 흔한 재료가 되었다. 곧 스페인과 이탈리아반도에서 이 고래수염과 버크램Buckram** 같은

---

* 11세기 바스크Basques인이 북대서양에서 긴수염고래를 잡아 판매한 것이 시초였다.
** 버크램은 면이나 리넨, 대마로 짠 직물로, 풀을 먹이거나 고무질로 단단하게 처리해 안감이나 보강재로 쓰였다.

직물로 만들어진 코르셋이 퍼졌다. 이러한 초기 코르셋을 카테리나가 프랑스로 가져가 선보인 것으로 전해진다. 시대와 지역에 따라 다양한 이름으로 불리던 코르셋은 프랑스로 들어와 그 형태가 진화하면서 '코르셋Corset'이란 이름을 얻게 되었다. 그녀는 정작 자신은 단 한 번도 도달해 보지 못했을 '13인치 허리'를 이상적인 허리 사이즈로 정의해 궁정 여인들에게 강요했다. 13인치면 약 33센티미터로, 중국의 전족에 버금가는 뼈를 깎는 고통이 있어야만 겨우 도달할 수 있는 치수이다. 이게 얼마나 말도 안 되는 것이냐 하면 출생 시 아기들의 평균 허리 둘레가 약 33센티미터이다. 그리하여 여자아이들은 아홉 살쯤부터 잘 때를 제외하고 하루 종일 코르셋을 입은 채로 지내야 했다.

귀족들은 끊임없이 평민들과 자신들을 구분할 무언가를 찾았고, 그 무언가는 생활하는 데 불편하고 화려할수록 사랑받았다. 그 외형적인 아름다움 때문인지 코르셋은 여러 시대에 걸쳐 여러 번 채택되었다. 코르셋은 불편했지만 착용 후에는 곧은 자세를 취할 수밖에 없었고, 그 꼿꼿한 태도에서 묻어 나오는 위엄 있는 자태로 곧 귀족의 상징이 되었다. 18세기 프랑스 혁명과 함께 버려진 코르셋은 잠시 주춤했지만, 금방 다시 부활해 남녀 모두에게 선풍적인 지지를 받으며 화려한 전성기를 맞이했다. 남성 또한 여성 못지않게 모래시계형 실루엣을 선호했던 18세기 말부터 19세기 중엽까지는 남성도 코르셋의 도움을 받아야만 했다. 전 시대에도 종종 슬림한 라인이 유행할 때 남성도 코르셋을 착용하긴 했지만, 특히 이 시기 댄디즘이 퍼지면서 그들의 멋들어진 차림새는 코르셋으로 완성되었다. 남녀 모두에게 인기를 끌던 코르셋은 빅토리아 여왕 시대에 유행의 정점을 찍으며 벨 에포크Belle Époque 시대까지 전성기를 누렸다. 심지어 제1차 세계대전을 거치면서도 살아남았지만, 제2차 세계대전 이후 몸을 해방시킨 실루엣의 유행으로 점차 수그러들었다. 역시 유행을 막는 건 다른 스타일의 유행뿐이다.

✦ 그림17. 카테리나 데 메디치(왼쪽), 앙리 2세(가운데), 디안 드 푸아티에(오른쪽)

검은 여왕

✦ ● ● ✦

이웃 나라에서 온 한 소녀는 왕비가 되고, 오랜 기간 지도자로서 나라를 통치하며 격동기의 한가운데에서 위협받는 왕권을 지켜냈다. 통찰력 있는 외교와 정치로 프랑스의 평화와 화합을 위해 활약했음에도 불구하고, 어두운 아우라를 뿜어내는 '검은 여왕'이라는 타이틀을 갖게 된 이유는 무엇일까?

14살의 외국에서 온 신부는 프랑스 문화에 큰 족적을 남겼지만, 프랑스에서의 생활은 그 시작부터 순탄치 않았다. 급격히 기운 가세에 결혼 지참금도 제대로 챙겨오지 못한 그녀를 프랑스 궁정 사람들은 노골적으로 무시했고, 이미 사랑하는 님(디안)이 있던 동갑내기 신랑 앙리 2세는 통통한 체형에 눈이 튀어나오고 코가 큰 전형적인 메디치가의 생김새를 가진 신부 카테리나에겐 관심조차 없었다. 반면 좀 우울해 보이긴 하지만 잘생긴 얼굴에 체격이 듬직한 앙리 2세를 보고 첫눈에 반해버린 카테리나는, 결혼 생활 내내 자신을 바라보지 않던 남편이 갑작스러운 사고로 사망하자 그를 애도하기 위해 남은 평생을 검은 드레스만 입고 지내기로 결심했다. 보통 그래서 '검은 여왕'이라 불렸다고 알려져 있으나 단순히 그런 이유만으로 붙은 명칭은 아니다. '검은'은 중의적인 의미로, 검은 의상은 그녀가 가지고 있던 어두운 아우라를 잘 드러내는 적절한 포장과도 같았다.

피비린내 나는 사악한 이탈리아인

남편의 죽음 이후 어린 아들을 대신해 본격적으로 섭정을 시작하고 난 뒤 그녀의 명으로 행해졌다는 의혹을 받고 있는 독살이나 무자비한 대학살은 유럽 역사 속 그녀의 사악한 이미지를 구축하는 데 큰 몫을 했다. 그녀는 피렌체에서부터 함께 온 조향사 레나토 비앙코의 도움을 받아 책이나 장갑, 옷 등에 독을 묻혀 맘에 들지 않는 정적들을 제거해 나갔다고 알려져 있었다. 그러던 중 자행된 대학살이 있었다.

16세기 중후반 프랑스는 '위그노Huguenots'라 불리던 프랑스 개신교의 세력이 강해져 가톨릭과의 긴장이 고조되던 시기로, 두 진영은 가장 쉽고도 흔한 방법인 결혼으로 화합을 꾀했다. 전통적인 가톨릭파였던 카테리나는 자신의 권력과 프랑스의 평화를 위해 딸을 희생시켰다. 막내딸 마르그리트Marguerite를 위그노의 중심이었던 나바라 왕국의 젊은 왕자 헨리케Henrike de Bourbon와 맺어주어 억지 평화를 도모한 것이었다. 1572년 8월 성대하게 치러질 결혼식을 위해 많은 위그노들이 파리로 몰려들었고, 사람들은 드디어 이 결합으로 프랑스를 괴롭혀 온 종교전쟁이 끝나고 평화가 올 것이라는 희망을 품게 되었다. 그러나 행복은 둘째 치고 적어도 평화로운 가운데 행해졌어야 할 이 결혼은 전혀 예상치 못한 방향으로 흘러갔다. 모두가 축제 분위기에 취해 있던 시간, 무자비한 대학살이 시작되었다. 역사에 '성 바르톨로메오 축일의 학살'로 남은 이 사건은

✦ 그림18. 프랑수아 뒤부아, 〈성 바르톨로메오 축일의 학살〉, 1572–1584년경, 로잔, 주립 미술관

공주와 왕*의 혼인성사가 있은 지 6일 후, 아직 결혼식의 흥겨움에 들떠 있던 성 바르톨로메오 축일(8월 24일) 새벽에 일어난 종교 학살이었다. 프랑스의 위그노 지도자 콜리니Gaspard II de Coligny 제독이 살해되면서 기나긴 어두운 밤이 시작되었다. 카테리나는 딸의 결혼식을 위해 파리로 모인 위그노 하객들 수백 명이 남녀노소 구분 없이 학살되는 것을 지켜보았고, 프랑스 화가 프랑수아 뒤부아François Dubois는 이 모습을 묘사했다.(그림18) 위그노 화가였던 뒤부아는 학살로 임신한 아내를 잃었지만, 본인은 살아남아 스위스로 피신해 잔인했던 이 사건을 그림으로 남겼다.

실질적으로 학살 명령을 내린 당시의 왕인 카테리나의 아들 샤를 9세Charles

* 결혼식이 거행될 때 그는 나바라의 왕이었다. 나바라 왕국의 여왕이었던 어머니 잔 달브레Jean d'Albret의 갑작스러운 죽음으로 나바라의 왕 헨리케 3세Henrike III a Nafarroakoa가 되어 프랑스의 마르그리트 공주와 결혼했고, 이후 그는 프랑스 왕위 또한 물려받아 앙리 4세Henri IV de France가 되었다.

✦ 그림19. 카테리나 데 메디치와 그 아들들

IX는 24일 다시 학살을 멈추라는 명을 내렸다. 하지만 이미 사람들의 광기는 지도자의 통제력을 벗어나 평소 마음에 들지 않던 이를 위그노로 몰아서 죽이는 지경에까지 이르렀다. 몇 주간이나 지속되며 다른 도시와 시골로까지 퍼진 이 비극적인 학살로 최대 3만 명 정도가 희생되었다. 모두 카테리나의 명으로 일어난 사건이라고 수군댔지만, 이를 뒷받침할 자료는 없다.

점성술과 연금술

카테리나가 사악하고 어두운 이미지를 갖게 된 또 다른 이유는 점성술과 연금술 때문이었다. 점성술에 심취했던 그녀 곁엔 점성가와 연금술사가 넘쳐났고, 그녀는 매일매일 운세를 보며 삶의 많은 부분을 그들에게 의지했다. 10년 동안 난임으로 고통받으며 각종 약은 물론 젖소나 노새의 배설물까지 마셨던 카테리나가 이후 10명의 아이들을 연달아 낳자, 사람들은 그녀가 주술에 빠져 여러 점성술사와 함께 초자연적인 수행을 한 덕분이라고 믿었다. 사실 난임의 주된 원인은 남편 앙리에게 있었고, 카테리나는 의사 장 페르넬Jean Fernel의 조언을 받아 임신에 성공한 것이었다. 하지만 인기도 없고 만만했던 외국인 신부에게 모든 원인과 책임을 돌리기는 무척 쉬웠을 것이다. 그녀가 점성술의 열렬한 추종자였다는 건 사실이지만, 이 시대엔 그다지 특별한 일도 아니었다. 당시는 통치자들이 점성술을 믿고 의지하며 모든 결정은 점성술사와 상의한 후에 내리는, 그런 시대였기 때문이다. 노스트라다무스Nostradamus와도 친분이 있던 그녀는 편지로 조언을 받거나 그를 파리로 불러들여 자녀들을 위한 별점을 보기도 했다. 노스트라다무스는 직접 마술 거울로 그녀의 아들 중 누가 장차 왕이 될지 예견해 주기도 했다. 특히 남편의 죽음에 대한 노스트라다무스의 예언이 맞은 후 카테리나는 더욱 그에게 집착하게 되었다.

빈틈없는 정치가

카테리나는 매우 정치적인 사람이었다. 태생부터 주위 환경이 그녀를 그렇게 단련시켰을 것이다. 유일한 상속인으로 태어나 한 달도 채 되지 않아 부모를 연달아 잃은 그녀에게 후견인이 되어준 이는 놀랍게도 당시 권력의 최정점인 교황이었다. 친척인 교황 레오 10세Leo X(종조부)와 클레멘스 7세(재종조부)의 보호 아래 로마에서 받은 세련된 교육을 바탕으로, 소녀는 어린 시절부터 복잡한 정치적 상황 속에서 살아남기 위한 처세술을 자연스럽게 터득했다. 내공이 쌓일 대로 쌓인 젊은 왕비는 조용히 숨죽여 인내하며 자신의 때를 기다렸다. 다른 나라로 시집을 가면서 그 문화에 순응하기는커녕 자신이 자라온 문화를 가져와 전파했다는 점만 봐도 환경에 굴복하지 않는 그녀의 당당한 면모를 엿볼 수 있다. 프랑스에 요리, 의복, 향수, 위생 등 기본적인 문화의 전파는 물론, 전통적인 애도의 의미로 프랑스 전 왕비들이 입었던 흰색 옷(그림20) 대신 검은 의상•(그림

• 1498년, 샤를 8세의 사망 후 왕비였던 브르타뉴의 안이 프랑스 왕비 중 가장 처음 검은색 상복을 입었지만, 이후 다시 흰색 상복으로 돌아왔다.

✦ 그림20. 프랑수아 클루에, 〈하얀 상복을 입은 메리 스튜어트〉, 1560년경, 파리, 카르나발레 박물관

✦ 그림21. 프랑수아 클루에 작업실, 〈검은 상복을 입은 카테리나 데 메디치〉, 1560년, 파리, 카르나발레 박물관

21)을 택한 점도 시대가 바라는 모습에 따르지 않았던 그녀의 성향을 잘 드러낸다. 카테리나는 검은 옷이 사랑했던 남편의 죽음을 애도하기 위한 것이라며 남들 보기 좋게 포장했지만, 다분히 정치적인 의도 또한 담고 있었다. 애처로운 전 왕비의 밝은 흰색 애도복이 아닌 권위와 위엄을 상징하는 검은 색상의 옷으로 내가 왕의 어머니라는 것과 '태후' 칭호를 받았음을 상기시키기 위함이었다. 그리고 좀 더 현실적인 이유는, 검은색 의상이 자신을 보다 날씬하게 보이게 해줬기 때문이었다.

어린 아들 대신 섭정으로 권력을 잡은 뒤 일어난 일련의 사건들로 인해 동시대 사람들은 카테리나에게 '검은 여왕'이라는 꼬리표를 달았지만, 사실 그녀는 훌륭한 지도자였다. 탁월한 외교 능력을 발휘하며 국내외로 매우 혼란스러웠던 시기의 프랑스를 다잡은 협상가였으며, 왕권보다는 귀족의 권력이 더 강했던 당시 어린 자녀들을 데리고 흔들리는 왕권의 붕괴를 막기 위해 노력한 어머니였다. 카테리나에게 무자비한 악녀의 이미지를 심어주는 데 큰 역할을 한 성 바르톨로메오 축일의 학살은 그녀가 관여했다는 확실한 근거가 없기에 역사가들 사이에서 논쟁이 있어왔다. 학살이 카테리나의 계획하에 이루어졌다는 것은 그녀의 반대파와 위그노 작가들의 주장일 뿐 현대에는 그렇게 보지 않는다. 외국인 여성이자, 왕족이나 전통적인 귀족 출신이 아니라는 이유로 프랑스 사람들에게 노골적인 무시를 받으며 인고의 세월을 보낸 뒤, 결국 프랑스를 자신의 손아귀에 넣고 지배하며 프랑스 역사에 큰 획을 남긴 카테리나 데 메디치는 승리자였다. 자신만의 스타일로 신체적 콤플렉스를 해결하고, 고향 피렌체의 유산을 바탕으로 프랑스의 르네상스 문화를 주도한 총명했던 소녀는, 루이 14세에 앞서 프랑스의 문화와 패션의 기초를 다져준 '시대의 신여성'이자 프랑스 왕국의 위대한 인물로 남았다.

프랑스 향수의 아버지, 레나토 비앙코

카테리나가 피렌체에서 데리고 간 조향사 레나토 비앙코Renato Bianco는 마치 '서울 김씨'처럼 '피렌체의 르네René le Florentin'라 불리며 프랑스 향수 산업에 크게 이바지했다. 고아였던 그는 피렌체의 산타 마리아 노벨라Santa Maria Novella 수도원에서 자랐으며, 12살 무렵엔 수도원 연금술사의 조수가 되어 약초를 증류하는 비법을 아는 스승의 유일한 계승자가 되었다. 그가 만든 향수에 매료된 카테리나는 자신의 결혼 행렬에 그를 포함시켰고, 그는 그녀의 조향사이자 조력자로서 할 수 있는 모든 일을 했다.

　　16세기 유럽 궁정에서는 술이나 수프에 독을 타 라이벌을 제거하는 일이 공공연히 일어났는데, 특히 이탈리아인들은 이러한 작업의 대가였다. 이미 레나토 자신도 피렌체에서 스승의 죽음과 연관이 있다는 의심을 받은 전적이 있었다. 실력으로는 비할 자가 없었으며 권력에 대한 욕망도 컸던 그는 카테리나의 비호 아래 거침없이 자신의 어두운 면모를 드러냈다. 그는 어두운 세계의 작업에도 창의력을 발휘했다. 무엇보다 자신의 방법이 독특하고 세련돼 보이길 바랐던 그는 화학 약품과 향에 대한 연구에 몰두했다. 당시 귀족 남성들은 속옷(셔츠)에서 좋은 냄새가 나도록 향수에 담가놓았다 입었는데, 그 과정을 그의 상점에서 도맡아 했다. 귀족의 하인들이 속옷을 놓고 가면 그만의 특별한 작업이 시작되었다. 레나토의 표적이 된 이들은 그 속옷을 입은 뒤 살이 타고 피부가 벗겨지는 고통을 느끼다 죽었다고 한다. 이러한 몇몇 사건들로 인해 모두가 그를 두려워하게 되었고, 그와 척을 진 사람들은 그렇게 신체적인 고통을 받다 죽어나갔다. 하지만 곧 죽어도 자신들만의 관례와 향유하던 문화를 포기할 수 없었던 높으신 분들께서는, 속옷을 하인들에게 먼저 입혀보고 하루 동안 지켜본 뒤 아무 이상이 없으면 그제서야 입는 방식으로 화를 모면했다. 사람들은 레나토의 짓이라는 걸 알았지만 그는 왕비를 등에 업고 있는 자였고 자신들도 필요하면 그의 능력을 돈으로 샀기에, 그저 그에게 많은 돈을 지불하며 친분 관계를 유지하는 것이 그들이 택할 수 있는 가장 최선의 방법이었다.

　　성 바르톨로메오 축일의 학살 직전 카테리나가 독을 묻힌 장갑을 나바라 여왕 잔 달브레에게 선물해 여왕이 갑작스런 죽음을 맞이했다는 설처럼, 레나토의 일화도 확인이 불가능한 전설이다. 카테리나의 영향 아래 핍박받았던 위그노 작가들이 만들어낸 비방용 소설일 가능성도 있다. 왕비를 뒷배로 두고 있던 그는 반대파들의 표적이기도 했다. 하지만 이러한 소문에도 파리의 그의 상점은 실제로는 귀족들로 문전성시를 이뤘고, 그를 따르는 많은 제자들을 양성해 내면서 프랑스의 수많은 조향사 탄생에도 기여했다. 때로는 권력자의 요구에 순응하고, 때로는 적극적으로 가담하면서 자신의 시대를 충실히 살았던 레나토는 그렇게 프랑스 향수의 아버지가 되었다. 그가 만든 향수는 프랑스 전역으로 퍼져나갔고, 프랑스 향수의 기초가 된 도시도 그가 발굴해 냈다. 그는 고품질의 원료를 찾아 돌아다니다 프랑스 최남동단에 위치한 도시 그라스Grasse를 찾아냈고, 그곳은 현재 프랑스 향수의 메카가 되었다. 레나토의 가르침을 배워 성장한 충실한 학생 프랑스는 피렌체를 빠르게 뛰어넘었다. 당시 거의 2세기 동안 독점적이었던 피렌체의 향수 산업을 프랑스로 이동시켜 산업의 우위를 차지했으며, 그 영향은 오늘날까지 이어지고 있다.

그림1. 아뇰로 브론치노, 〈톨레도의 레오노르와 그녀의 아들 조반니〉, 1545년경, 피렌체, 우피치 미술관

12

레오노르를
추앙하라!

톨레도의 레오노르
LEONOR DE TOLEDO

◆ ◆ ◆

1522-1562

미술사에서 가장 아름다운 드레스 중 하나로 꼽히는 화려한 드레스를 입고 후계자인 아들과 함께 초상화에 등장한 여인의 모습엔 위엄이 서려 있다. 의복을 착용자의 개성과 취향을 표현해 주는 수단으로 만들어 현대 패션으로 가는 초석을 다진 피렌체 공작부인 톨레도의 레오노르Leonor de Toledo는 이탈리아 패션 역사에 크게 기여한 르네상스의 스타일리스트였다.

스페인에서 태어난 그녀는 나폴리 총독으로 임명된 아버지를 따라 11살에 나폴리로 이주하면서 이탈리아와 연을 맺게 되었다. 매우 역동적이고 개방된 환경의 나폴리 궁정에서 레오노르는 호화로운 축제와 화려한 드레스를 접하며 사치를 배웠고, 스페인 귀족의 엄격한 에티켓을 교육받으며 사회 지도층의 필수적인 자질과 덕목을 키워나갔다. 그녀는 1539년, 훗날 초대 토스카나 대공이 되는 피렌체 공작 코시모 1세 데 메디치Cosimo I de' Medici와 결혼하여 공작부인이 되었다. 당시 외국인 신부들은 혹독한 평가의 대상이 되곤 했다. 거만하고 불친절한 태도에 스페인식 매너와 관습을 버리지 않아 '야만적인 스페인 여성', 혹은 공작부인으로서 행했던 업적을 기려 '완벽하게 입양된 피렌체 여성'이라는 상이한 평가를 받았던 그녀의 시작은 사랑받는 아내였다.

권력과 함께 온 첫사랑

✦ • • ✦

피렌체의 젊은 공작 코시모 1세는 운이 좋았다. 결혼으로 권력과 사랑을 동시에 충족시킬 수 있었기 때문이다. 이제 막 공작이 된 18세의 코시모 1세는 좋은 결혼으로 권력을 강화시키고자 조건에 걸맞는 신붓감을 찾기 시작했다. 그 누구보다 더 신중을 기해 찾아야 했다. 선대 공작의 갑작스러운 죽음으로 방계였던 어린 청년 코시모 1세는 하루아침에 공작이 되었고, 그에게 꼭두각시 역할만 바라는 욕심 많은 원로들에게 휘둘리지 않기 위해 자신에게 힘이 되어줄 집안이 필요했다. 그런 코시모 1세에게 한 여인이 떠올랐다. 당시 나폴리의 총독인 돈 페드로 데 톨레도Don Pedro de Toledo는 이탈리아반도에 큰 영향력을 행사하는 권력자였다. 그에게는 결혼 적령기인 딸들이 있었다. 모두 총독의 장녀와 코시모 1세가 맺어질 것으로 기대했으나 그에겐 마음속에 품은 다른 여인이 있었으니, 바로 총독의 차녀 레오노르였다.

그들은 이미 3년 전, 코시모 1세가 외교 사절단의 일원으로 잠시 나폴리에 다녀갔을 때 알게 된 사이였다. 우아하고 아름다운 레오노르에게 흠뻑 매료되었던 코시모 1세는 그녀를 아내로 삼기로 결심했고, 그녀의 아버지가 결혼에 동의하도록 설득하기 위해 세심한 외교를 펼쳤다. 돈 페드로는 코시모 1세에게 '나폴리의 웃음거리인 뇌(머리)'라 소문난 조금 모자란 자신의 큰 딸과 결혼하라고 권했기 때문이었다. 레오노르와의 결혼을 위해 코시모 1세의 어머니도 나섰

✦ 그림2. 결혼 직전의
코시모(왼쪽)와
레오노르(오른쪽)

다. 위대한 피렌체의 지도자 로렌초 데 메디치의 외손녀였던 코시모 1세의 어머니는 아들을 공작의 자리에 올려놓은 장본인이었다. 그녀는 며느리가 될 레오노르를 사로잡기 위한 계획에 착수했다. 베네치아로 사람을 보내 최상품 진주 200개를 구입해 그중 마르가리타Margarita섬에서 채취한 최고급 진주 50개를 먼저 그녀에게 선물로 보낸 후, 나머지는 결혼한 뒤에 주겠다는 약속을 하는 등 세심한 노력 끝에 비슷한 또래의 선남선녀는 1539년, 20세와 17세의 나이로 결혼하게 되었다.

레오노르의 아버지 돈 페드로는 스페인의 대귀족 알바Alba 가문 출신으로, 이탈리아에서 막강한 권력을 가지고 있었을 뿐만 아니라 신성로마제국 황제 카를 5세와도 밀접한 관계를 맺고 있었다. 스페인의 알바 가문과의 결합은 피렌체의 젊은 공작에게 매우 전략적인 선택이었다. 레오노르의 가문은 당시 메디치 가문보다 우월한 위치에 있었다. 이 결혼을 통해 코시모 1세는 오스트리아 그리고 스페인의 높은 귀족 가문과 가족이 되는 행운을 얻게 되었다. 결혼 생활은 매우 좋았다. 겉으로는 정치적 결합이었지만 안으로는 큰 애정으로 서로를 보듬었다. 레오노르는 당시 가장 매력적인 신붓감이었고, 메디치가로 들어온 가장 아름다운 신부였다. 그녀는 공작의 든든하고 사랑스러운 동반자가 되어주었다. 코시모 1세를 너무도 사랑했던 레오노르는 잠시라도 그와 떨어져 있을 땐 하루에 적어도 두 통의 편지를 요구할 정도였고, 코시모 1세 또한 정부가 흔했던 시기 레오노르에게만 충실했다. 또한 레오노르는 11명의 자녀를 낳아 대가 끊길 뻔했던 메디치 가문의 미래를 공고히 다지며 자신의 입지를 굳혀나갔다.

❝겸손과 기쁨의 다산Cum pudore laeta foecunditas❞

자신의 모토를 이렇게 정했을 만큼 다산은 레오노르가 내세우는 가족 윤리였다. 18세부터 32세까지 쉴 새 없는 무리한 임신과 출산으로 그 역할을 충실히 해내면서 본인의 건강과 외모에는 큰 타격을 입을 수밖에 없었고, 그러한 건강 상태를 숨기기 위해 그녀는 크고 화려한 드레스로 자신을 꾸몄다.

그녀의 옷장

레오노르는 의복이 지닌 중요성을 잘 알고 있었다. 화려함으로 유명했던 나폴리 궁정에서 교육받으며 자란 그녀는 사치품을 사랑했으며, 옷을 통해 지위를 표현하는 것이 의무라고 생각했다. 새 신부로 피렌체에 첫발을 디딘 순간부터 그녀는 화려하고도 강렬한 차림새로 눈도장을 제대로 찍었고, 궁정의 연대기 작가는 그 순간을 글로 남겼다.

> **머리와 검은색 새틴 드레스의 옷깃에는 커다란 금빛 점무늬가 가득 차 있었습니다.**

스페인 귀족의 거만함이 느껴지는 차림새였다. 처음 남편의 나라에 도착했을 때부터 그녀는 자신이 원래 입었던 스페인 스타일의 복장을 고집했다. 외국인 신부들이 결혼 후에도 출신 나라의 의복을 고수하는 것은, 자신의 혈통에 대한 주장과 출신국에 대한 충성의 메시지가 투영된 일종의 정치적인 행위였다. 레오노르의 경우도 마찬가지였다. 그녀는 공식적인 행사에서 의도적으로 스페인 스타일을 고수하며 자신의 이미지를 만들었고, 강국에서 온 공작부인의 스타일은 널리 모방되었다. 이렇게 피렌체의 궁정 복장은 스페인의 영향 아래 놓이게 되었다. 그녀의 큰 옷장은 방대한 양의 정교하고 세련된 직물과 화려한 드레스, 빛나는 보석들로 가득했다. 그녀는 다양한 아이템을 한꺼번에 착용하는 것을 좋아했고 그렇게 자신만의 스타일을 만들어갔다. 현대로 말하자면 믹스&매치 스타일을 즐겼다. 당시 문화를 이끌며 세련된 미를 추구하던 피렌체 사람들은 그녀의 과한 패션에 동요했다. 두 개의 귀고리를 함께 착용하거나, 남성용 운동복을 입는 등 모두 높은 계급의 여성은 하지 않았던 스타일로 나타났기 때문에 충격을 받은 피렌체 사람들은 이를 하나의 스캔들로 여기며 수군거렸다. 그녀는 말을 타기 위해 주홍색 타페타Taffeta(가벼운 실크 원단)로 만든 속바지도 입었다. 당시 베네치아의 고급 창녀들 사이에서 속바지가 유행처럼 번졌기 때문에 궁정에서 속바지를 입는 여인은 드물었다. 하지만 승마와 사냥을 즐겼던 레오노르는 남자들이 입는 운동복을 과감히 착용했다. 후대에 행해진 조사로 그녀는 158센티미터의 키에 좋은 근육을 가졌다는 사실이 확인되었다. 그녀는 벨벳 부스토도 착용했는데, 타페타를 씌워 만든 금속 부스토도 두 개나 있었다. 공식 석상에 빠지지 않는 점을 자랑으로 삼을 만큼 공무 수행에 열심이던 그녀는 폐출혈로 똑바로 서 있기도 힘들 때 몸을 지탱해 주는 금속 부스토에 의지했다고 전해진다. 그녀의 화려하고 과감한 스타일에 사람들은 수군댔지만, 동시에 스페인풍의 화려하고 빛나는 지도자의 취향을 따라 하고자 하는 열망에 휩싸였다.

레오노르의 스타일은 패션 역사에 새로운 시대를 열어주었다. 의복을 더 이상 사회가 정해 놓은 규칙대로만 입지 않고 착용자의 개성과 취향을 표현하는 수단으로 삼게 된 것이다. 드레스는 이제 현대적인 특징을 갖게 되었다. 지도자의 이러한 취향은 지역의 경제 발전으로 이어졌다. 피렌체의 섬유 산업이 부흥했고 재단사는 옷이 아닌 예술을 만들기 시작했으며, 장인들은 창의력을 마음껏 발휘해 아름답고 고급스러운 천과 호화로운 드레스를 만드는 작품 활동을 펼쳤다. '장인정신이 깃든 창의적인 생산물'이라는 뉘앙스를 가진 'Made in Italy'라는 수식어가 탄생하는 기초가 탄탄히 다져지고 있었다.

1549년, 레오노르는 가족을 위해 새로운 프로젝트에 돌입했다. 그녀는 건강이 좋지 않았던 아이들이 야외의 자연에서 뛰어놀 수 있도록 피티 가문의 소유였던 피티 궁전을 구입했다. 저택의 뒤쪽엔 숲이 우거진 지역을 가리키는 고

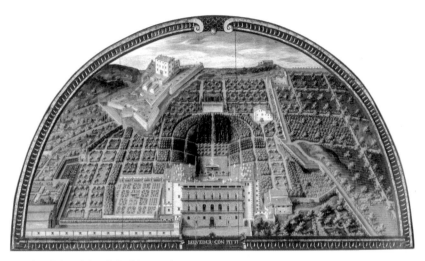

✦ 그림3. 피티 궁전과 보볼리 정원, 1599년

대 명칭인 '보볼리Boboli'라 불리던 넓은 공간이 있었다. 공작 가족은 새로운 저택에 어울리는 멋진 정원을 만들기 시작했고, 여러 건축가들이 수년에 걸쳐 완성한 정원은 오늘날 이탈리아의 3대 정원으로 꼽히는 피렌체의 보볼리 정원Giardino di Boboli(그림3)이 되었다. 그녀가 호화로운 드레스를 입고 활보했던 피렌체의 피티 궁전은 20세기에 들어서는 이탈리아 패션쇼가 열리는 국제 패션의 중심지가 되었고, 이후 이곳에 세계 최대 패션 박물관 중의 하나인 '복식과 패션 박물관Museo della Moda e del Costume'이 설립되었다. 레오노르의 패션에 대한 열정은 아주 큰 꽃으로 피어 이탈리아가 패션의 본고장이 되는 데 일조했다.

레오노르를 추앙하라!

✦ • • ✦

코시모 1세는 힘이 없었다. 메디치가의 방계에 속했던 그는 겨우 17세에 선대 공작의 갑작스러운 암살로 권좌에 올랐고, 주변은 자신의 이익을 챙기기에 급

급한 원로들로 가득 차 있었다. 하지만 그는 똑똑한 야심가였다. 숨겨왔던 야심을 드러낸 첫 번째 순간이 바로 스페인과 연결된 레오노르와의 결혼이었다. 그는 자신에게 큰 도움이 되는 스페인 귀족 혈통과의 결합이라는 소재를 통치 초기부터 선전 도구로 활용했다. 그는 당시 암살이나 망명 같은 일로 위신이 떨어져 있던 메디치 가문의 힘을 회복하고, 선대 공작의 정당한 후계자로 인정받고 싶었다. 그리하여 23살의 아내와 세 살이 된 둘째 아들 조반니Giovanni를 호화로운 드레스와 가문의 보석으로 화려하게 꾸며 화폭에 세웠다.(그림1) 메디치 가문의 정치적인 재탄생과 미래 세대로 이어질 영속성에 대한 메시지를 전달하고자 함이었다. 또한 사실 이 외국인 공작부인은 여전히 피렌체 사람들에게 환영받지 못하고 있었다. 이미지 개선을 위한 조치가 필요했다. 레오노르에 대한 여론의 평은 다음과 같았다.

" 남편의 나라에 적대적인 스페인 야만인 "

　　지도자의 초상화가 그려질 때는 예외 없이 선전의 요소가 첨가되기 마련이다. 레오노르의 초상화는 완전한 선전용으로, 이상화된 공작부인의 모습을 보여주고 있다. 궁정화가 아뇰로 브론치노Agnolo Bronzino는 레오노르를 아들과 함께인 자애로운 어머니이자 섭정의 이미지로 표현하고자 했다. 그림 속에는 그녀의 계급, 권력, 재력, 모성애를 보여주기 위한 요소들이 세심하게 배치되어 있으며 드레스에도 많은 의미가 담겨 있다. 초상화에서 그녀는 화려한 드레스와 보석으로 치장한 채, 다소 차가운 시선과 초연한 무표정으로 아무런 감정도 드러내지 않고 있다. 세 살밖에 되지 않은 어린 아들의 표정 또한 늠름한 기색만 있을 뿐이다. 이러한 냉담함과 초연함은 전형적인 궁정 초상화의 특징이었다. 지도자의 진지한 표정은 침착함을, 바른 자세는 안정감과 확실성을 나타내 주는 장치였다. 거기에 레오노르는 아들의 어깨를 부드럽게 감싸며 자애로운 어

✦ 그림4. 〈톨레도의 레오노르와 그녀의
아들 조반니〉 속 복식과 숨은 요소

① 레티첼라
② 청금색 바탕
③ 피렌체의 땅
④ 피렌체의 강
⑤ 다산을 상징하는 석류 문양

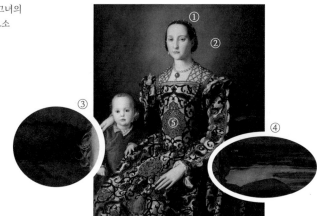

머니의 모습까지 첨가했다. 검푸른 배경은 그녀의 머리 주변에서 밝아지며 마치 후광처럼 보이는데, 이는 당시 여성의 권위를 세워준 다산을 과시하고 모범이 되는 그녀를 찬양하는 의미를 담고 있다. 배경의 검푸른 색은 매우 귀하고 비싼 청금석에서 나왔기 때문에 당시에는 이 색을 사용하는 것 자체가 부의 상징이었다. 자세히 보이지는 않지만 레오노르는 야외 테라스의 붉은색 의자에 앉아 있으며, 이 검푸른 배경은 하늘이다. 레오노르의 뒤로 끊임없이 펼쳐지는 피렌체의 강과 토지는 그녀의 섭정을 시각적으로 표현한 것이다. 레오노르는 코시모가 전쟁이나 영토 확장을 위해 부재하는 동안 여러 차례 섭정으로 통치하며 군사 업무도 해냈다.

화가의 상상력은 현실이 된다. 그림 속에서

레오노르의 초상화 속 드레스는 미술사에서 가장 아름다운 드레스 중 하나로 꼽힌다. 화가는 많은 시간을 할애해 드레스의 디테일에 극도로 주의를 기울여 묘사했다. 이 화려하고 정교한 드레스와 보석은 가문의 건재함을 주장하고 과시해야 했던 메디치가의 정치적인 메시지였다. 도시를 다스리는 가문끼리 서로 견제하고, 권력 다툼은 쉽게 죽음으로 이어지던 시대였다. 초상화에 등장하는 여주인의 드레스는 국가의 위상과도 직결되었기 때문에 호화로움은 중요한 요소였다. 이는 나라의 부를 시각적으로 보여주고 더 나아가 지도자의 훌륭한 통치 능력을 전달하는 기능을 수행했기 때문에, 싸우지 않고도 국력을 과시할 수 있는 방법이었다.

　초상화 속 의상은 오늘날 우리에게도 많은 정보를 제공해 준다. 먼저, 레오노르의 드레스로 피렌체 궁정에 스페인 문화가 퍼졌다는 사실을 알 수 있다. 드레스는 스페인과 이탈리아 스타일의 혼합으로, 몸통은 스페인 스타일에 스커트는 이탈리아 스타일이다. 많은 도시국가로 나뉜 이탈리아반도에서는 외국의 패션이 들어와 현지 패션과 섞여 새로운 스타일로 탄생하는 현상이 자주 일어났다. 스타일이 다양해진 주된 이유였다. 당시 스페인 드레스는 자연스러운 가슴과 허리의 곡선이 보이지 않게 도구로 눌러 원통형 깔때기 모양으로 변형시켰다. 여성의 몸을 부스토에 가둔 것이었다. 스커트 부분은 이탈리아와 스페인 스타일이 달랐다. 스페인식 스커트는 이후 유럽 드레스의 지배적인 실루엣을 만들어준 스커트 지지대인 베르두가도를 착용한 종 모양 스커트(그림5)였고, 비슷한 시기 이탈리아에서는 속치마를 입고 겉치마 허리 라인에 주름을 잔뜩 잡아

✦ 그림5. 스페인식 스커트,
15-16세기

✦ 그림6. 이탈리아식 스커트,
　16세기

넣어 풍성하게 만든 실루엣이 유행하고 있었다.(그림6)

　　레오노르의 화려한 드레스는 피렌체의 발달된 직물 산업을 보여주기도 한
다. 드레스는 텔레타Telétta라는 매우 귀한 은색 천으로 만들어 피렌체 직물 발
전의 정점을 드러내고 있다. 금실이나 은실로 짠 직물인 텔레타는 당시 피렌체
공방 생산품의 자랑이었다. 레오노르는 궁정복을 만들기 위해 10명의 직물을
만드는 직공을 고용했고, 숙련된 장인들은 궁전에 거주하며 공작부인을 위해
독점적으로 일했다. 대부분의 사람들은 평생 접하지도 못했을 귀족 의상의 상
징 그 자체인 텔레타로 만든 드레스를 레오노르는 6벌이나 소유하고 있었는데,
이는 사치 금령이 있던 시대에 법 위에 있음을 알려주는 표식과도 같았다. 은실
로 직조된 직물은 화려한 아라베스크 문양과 금실로 된 석류 모티브로 가득 차
있다. 몸통 한가운데에는 의도적으로 크게 석류 문양을 배치했는데, 보통 결혼
과 다산의 상징인 석류는 스페인 문화권에서 카를 5세의 아내인 이사벨 황후의
상징이었다. 이는 공작부인인 레오노르를 더 높은 위치로 끌어올리려는 것으로
해석할 수 있다.

시대의 미적 포인트는 넓은 어깨!

16세기에 인기를 끌었던 패션인 탈부착형 슬릿 소매는 여전히 유행 중이었다. 어깨선이 더 내려갔고, 고리를 이용해 소매와 몸통을 짧은 간격으로 연결시켜 주면서 생기는 틈새로 속옷을 꺼내 볼륨감을 주어 전체적으로 넓은 어깨가 형성되었다. 이 넓은 어깨는 시대적인 미적 포인트로, 한동안 여인들의 어깨는 끝 간 데를 모르고 넓어져만 갔다. 스퀘어 네크라인으로 넓게 파인 부분은 금실에 진주를 달아 만든 그물망으로 덮었는데, 이는 점점 더 넓고 깊어지는 목선을 법령으로 금지시키자 여인들이 새로 만들어 유행시킨 코베르치에레이다. 레오노르는 호화로운 장식망으로 머리도 꾸몄는데, 이는 레티첼라Reticella라고 불렸던 그물망 속으로 모든 머리카락을 정리해 넣은 스페인 스타일이었다. 우리네 여인들이 결혼을 하면 쪽을 지어 올렸듯, 유럽 또한 보통 결혼한 여인들은 유혹의 상징이었던 머리카락을 틀어 올리거나 천으로 감싸 보이지 않게 꾸몄다.

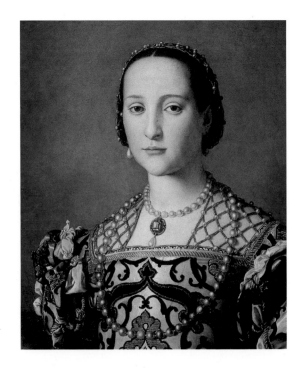

✦ 그림7. 머리장식 레티첼라와
넓은 어깨

이 화려함의 극치를 달리는 드레스는 사실 오래도록 미술사가 사이에서 논쟁거리였다. 전통대로면 이 드레스는 레오노르의 사망 시 함께 무덤에 묻혔을 테지만, 조사 때 드레스는 발견되지 않았고 궁정 재산 목록에도 없었다. 다만 유사한 천 조각은 발견되어 피렌체 박물관에 있다. 하여 초상화 속 드레스는 실제 드레스에 화가 아뇰로 브론치노의 상상력을 곁들여 좀 더 화려하게 연출한 산물일 가능성도 있다. 보는 이로 하여금 경외심을 불러일으키게 하기 위해 심혈을 기울여 표현해 낸 직물의 질감과 디테일로, 의뢰인이나 화가의 의도답게 왕실 선전용으로 나무랄 데 없는 작품이 탄생되었다. 그 결과 레오노르의 드레스는 역사상 가장 아름다운 드레스 중 하나로 손꼽히게 되었다.

왕조적 허세의 표식, 보석

레오노르의 드레스도 화려하기 그지없지만, 그녀는 집안 보석을 모두 걸치고 나온 듯 온몸에 보석을 휘두르고 있다. 화려한 보석들은 단순히 자랑하기 위함만은 아니었다. 메디치 가문을 나타내는 상징적인 보석들은 스페인 귀족 출신 레오노르를 메디치가의 아내로 보여주고, 동시에 스페인 가문과 연결된 고귀한 혈통의 새로운 통치자 코시모 1세를 통해 메디치가가 재탄생했음을 주장하려는 고도로 계산된 선전이었다. 레오노르는 보석을 매우 좋아했다. 특히 진주를 가장 좋아했다. 궁정 보석 목록에는 다양한 형태의 진주가 244개에서 247개나 있을 정도로 레오노르는 많은 진주를 소유하고 있었다. 진주와 관련된 코시모 1세의 아내 사랑에 관한 일화가 있는데, 마음에 드는 진주 한 가닥을 발견한 레오노르가 사고 싶어 하자 진주의 결함을 발견하고 반대하는 측근에게 코시모 1세는 진주를 구입하면서 이렇게 말했다.

❝ 저는 그녀를 행복하게 해주는 것들이 필요합니다. ❞

✦ 그림8. 〈톨레도의 레오노르와 그녀의 아들 조반니〉에 그려진 보석들

　레오노르 본인도 충분히 진주를 살 여유가 있었지만, 애정을 확인하고 싶었던 건지 원하는 보석을 남편이 사주길 바랐다. 당시엔 진주가 착용한 사람을 겸손하고 정숙하게 살도록 유도한다고 생각했고, 때문에 신부에게 적합하다고 여겼다. 신부들은 진주로 치장했고 결혼 선물로 진주 목걸이를 받기도 했다. 초상화 속 레오노르의 목을 장식한 긴 진주 목걸이 또한 코시모 1세의 결혼 선물이었다. 이후 이 목걸이는 토스카나 공작부인을 상징하며 대대로 물려졌다.

귀고리는 여성 초상화 속에서 시기를 알려주는 단서가 된다. 16세기부터 귀족 여성들은 귀고리를 하기 시작했다. 그녀의 귀에 달랑거리는 형태의 진주 귀고리 또한 스페인풍이었다. 당시 피렌체에서는 귀 밑에서 달랑거리는 펜던트가 달린 형태의 귀고리는 부도덕함을 의미했고, 주로 창녀들이 착용하는 장식품이었다. 그럼에도 레오노르는 물방울형 진주 귀고리를 애용했으며, 심지어 이중으로 귀고리를 하는 등 본인만의 패션 스타일을 만들어갔다.

목에 더 가까이 있는 짧은 진주 목걸이에는 35캐럿 이상의 피라미드형 다이아몬드 펜던트와 물방울 진주(그림8 중 아래 왼쪽)가 달려 있다. 이 피라미드형 다이아몬드는 15세기부터 메디치 가문의 상징으로 채택된 보석으로, 모토는 '항상' 또는 '영원히'라는 의미의 라틴어 '셈페르Semper'였다. 르네상스 시대에도 다이아몬드는 '다른 도구로 자를 수 없으며, 두 개의 다이아몬드로 서로를 문질러야 깎을 수 있다'는 보고가 있었다. 이러한 다이아몬드 펜던트는 불안정한 시기에 메디치 가문의 단단한 내구성에 대한 메시지를 전달하기 위한 계산된 선택이었다. 동시에 르네상스 시대 다이아몬드는 다른 의미도 가지고 있었는데, 다이아몬드를 깎는 과정에서 나오는 가루는 치명적이라 여겨졌기에 흔히 독으로 사용되었다. 정적을 죽이기 위해 음식에 다이아몬드 가루를 섞기도 했던 시기, 레오노르의 다이아몬드 펜던트는 감히 누구도 메디치가를 위협할 수 없음을 암시한다.

스페인 패션의 영향으로 상체에 부스토를 착용하게 되면서 얇게 만든 허리를 강조해 주는 장식 벨트(그림8 중 아래 오른쪽)는 필수적인 액세서리가 되었다. 레오노르의 허리 중심에서 빛나고 있는 벨트의 보석은 루비로, 당시엔 루비가 가장 비싼 보석으로 평가되었다. 레오노르의 허리 벨트에는 네 개의 루비와 세 개의 다이아몬드가 달려 있는데, 다이아몬드와 루비의 조합은 메디치가를 식별할 수 있는 표식이다. 이러한 관습을 시작한 이는 바로 레오노르 본인이었다. 그녀 이후 메디치가 신부들에게 다이아몬드와 루비를 주는 것이 전통이 되었다.

무릎까지 이어지는 이 긴 벨트에 여인들은 당시 유행했던 향수통이나 부채를 달고 다니기도 했다.

공작부인 레오노르
◆•••

지적인 교육을 받은 여인들에게도 춤과 연회, 가십거리로 채워진 사교계 무대가 전부였던 당시 레오노르는 남편과 함께 나라를 관리하고 남편이 병중이거나 부재할 때는 섭정으로서 능숙하게 군사 업무도 수행했다. 무엇보다 그녀가 뛰어난 능력을 발휘했던 부분은 재정 관리였다. 그녀는 전쟁으로 인한 재정 문제를 본인이 가져간 지참금으로 해결했고, 남편 소유 부동산의 관리 및 투자로 자산을 늘려 결혼 전 매우 열악했던 메디치가의 경제 상황을 크게 개선시켰다. 레오노르는 소녀들에게 지참금을 지원해 주고, 개인 자금으로 수도원이나 구호단체에 후원하는 등 직접 도움이 필요한 곳을 찾아 많은 자선 활동을 했다.

문화 사업에 있어서도 그녀는 정부 차원에서 끊임없이 지원해야 한다는 개인적인 신념으로 예술가들을 후원했다. 결혼 시 지참금 상자엔 이집트와 에트루리아에서 수집한 골동품이 포함되어 있었을 정도로 예술에도 조예가 깊은 그녀였다. 그녀의 이러한 수집품들과 금전적 지원에 힘입어 메디치가는 후에 우피치 미술관Galleria degli Uffizi을 설립했고, 피렌체의 문화와 예술은 번성할 수 있었다.

하지만 이러한 노력에도 불구하고 그녀에 대한 평은 바뀌지 않았다. 피렌체 사람들은 그녀의 몸에 밴 오만함과 거만함, 그리고 스페인 출신임을 비난했다. 그도 그럴 것이 그녀는 피렌체의 공작부인임에도 불구하고 스페인의 정체성을 버리지 않았으며 가족을 제외하고 그녀가 친밀한 관계를 맺고 호의를 베푼 곳은 대부분 스페인과 관련된 곳들이었다. 궁정에서 본인의 하인들은 거의 모두 스페인 사람들이었으며, 죽어갈 때도 계속 그들을 보호하라는 명을 유언장에 남겼을 정도였다. 그리고 스페인보다 이탈리아에서 산 기간이 훨씬 길었음에도 불구하고 그녀의 이탈리아어 실력은 형편없었다. 피렌체 시민들은 레오노르의 아름다움과 메디치 가문의 미래를 공고히 다져준 그녀의 다산을 존경했지만, 동시에 정착한 곳의 언어도 배우지 않는 그녀의 우월감 가득한 스페인식 매너에 불쾌감을 느꼈다. 하지만 이러한 태도는 총독이 된 아버지를 따라 나폴리로 간 어린 시절, 자신들을 지배하러 온 스페인 사람들에게 적대적일 수밖에 없었던 나폴리 궁정에서 사람들과 거리를 두는 법을 일찍부터 배워야 했던 그녀의 자기 방어적 생존 방식이기도 했다.

비록 시민들에게는 사랑받지 못했지만, 그녀에게는 그녀만을 사랑해 주는 남편이 있었고 가족이 있었다. 어려웠던 메디치 가문을 다시 일으키고 피렌체의 경제와 문화 번영에 크게 이바지하며, 특히 이탈리아 패션에 새로운 바람을 불러일으킨 그녀는 훌륭한 자질을 갖춘 타고난 지도자였다.

Portrait's wardrobe

PART

그림1. 디에고 벨라스케스, 〈흰 드레스를 입은 마르가리타 왕녀〉, 1656년, 빈, 빈 미술사 박물관

13

왕녀의
드레스

마르가리타 테레사
MARGARITA TERESA DE ESPAÑA

✦ • • •

1651–1673

이 다섯 살 남짓한 어린 소녀는 아마 세상에서 가장 유명한 소녀
중 한 명일 것이다. 어른과 같은 드레스를 갖춰 입고 꼿꼿한 자세
와 위엄 있는 표정으로 관객을 보고 있는 소녀에게는 17세기 중반
당시 세계를 지배하던 대제국 스페인의 왕녀다운 기품이 서려 있
다. 동시에 작고 여린 어깨 위에 짊어진 왕가의 의무에 짓눌려 있
는 듯한 어린아이의 진지한 태도에서 애처로움마저 느껴진다.

작은 천사, 마르가리타

+ • • +

1651년, 후계자가 필요한 스페인 왕가에 기다리던 새 생명이 태어났다. 부모인
펠리페 4세Felipe IV와 오스트리아의 마리아나Mariana de Austria는 펠리페 4세의
어머니인 마르가리타Margarita de Austria의 이름과 성녀 테레사 데 아빌라Teresa
de Ávila*의 이름으로 딸의 이름을 지었다. 혈통을 지키기 위해 근친혼을 이어온
합스부르크 왕가의 아이들은 아프거나 요절하는 경우가 많았는데, 부모는 아이
를 보호하고 지키기 위해 성녀 테레사의 이름을 부여했다. 유전병이나 단명의
이유를 몰랐던 그들은 신께 의지할 수밖에 없었다. 이러한 환경에서 마르가리
타는 비교적 건강하게 태어나 부모의 기쁨이 되어주었다.

나의 기쁨!Mi alegría!

동시대 사람들에게 '작은 천사'로 묘사된 왕녀는 작고 연약했지만, 걱정했던
것과 달리 외모도 정상적인 아이였다. 아이의 건강에 노심초사하던 부모는 기

* 아빌라의 테레사는 신비가이자 가톨릭 수도원 개혁을 위해 헌신했던 16세기 가톨릭 교회의 성인이다.

뻤다. 특히 아이의 아버지는 '나의 기쁨'이라 부르며 마르가리타에게 사랑을 쏟았다. 신성로마제국의 황제 페르디난트 3세Ferdinand Ⅲ는 딸 마리아나의 출산 소식을 듣고 아이를 자신의 아들과 짝 지어주기 위해 사위에게 갓 태어난 손녀의 초상화를 보내달라는 편지를 보냈다. 귀엽고 깜찍한 마르가리타의 모습에 반한 할아버지는 지속적으로 손녀의 초상화를 요구했다.

> **나는 손녀의 초상화에 매우 만족합니다. 굉장히 기쁘며, 그녀에게 신의 가호가 있기를.**

논의 끝에 왕녀는 오스트리아의 왕자(미래의 신성로마제국 황제)인 외삼촌 레오폴트 1세Leopold I와 혼인이 결정되었지만, 공식적인 약혼은 없었다. 스페인과 오스트리아의 왕가는 같은 합스부르크 가문으로, 누구보다 가문의 건강 문제에 대해 잘 알고 있었으며 우려하고 있었다. 아이의 외가 어른들은 아이가 어른으로 성장할 수 있는지 큰 관심을 보였고, 아이가 자라나는 모습을 지켜보기 위해 그림을 요구한 것으로 추측된다.

사랑스러운 아이는 무럭무럭 자라났지만 아이가 커갈수록 부모의 근심 또한 커져만 갔다. 아이들의 건강과 후계 문제는 늘 그들을 괴롭혀 왔다. 당시 스페인 합스부르크 왕가의 영아 사망률은 보다 열악한 환경 속에 사는 스페인 평민들보다도 높았다. 합스부르크 가문을 연구하는 학자들에 의하면, 1527년부터 1661년까지 스페인 왕실에서 태어난 34명의 아이들 중 약 30퍼센트는 생후 1년이 되기 전에 사망했으며, 살아남은 아이들마저도 50퍼센트는 10살 전에 사망했다. 후계에 문제가 생길 정도로 왕실의 많은 아이들이 어른이 되기 전에 죽었기 때문에, 펠리페 4세는 딸의 결혼식을 미루기로 했다. 살리카법Lex Salica*이 없었던 스페인 제국은 여성이 왕위를 물려받을 수 있었기 때문에 유사시를 대

* 살리카법은 살리계Salicans 프랑크족의 왕 클로비스 1세Clovis I가 6세기 초에 편찬한 법전으로, 이 법전은 여자의 토지 상속과 왕위 계승을 금지했다.

✦ 그림2. 디에고 벨라스케스, 〈분홍 드레스를 입은 마르가리타 왕녀〉, 1653-1654년, 빈, 빈 미술사 박물관

✦ 그림3. 디에고 벨라스케스, 〈마르가리타 왕녀〉, 1654년, 파리, 루브르 박물관

비하여 왕은 왕녀를 곁에 둘 수밖에 없었다.

마르가리타 뒤로도 세 아이들을 잃은 후에야 오매불망 기다리던 후계자 카를로스 2세Carlos II를 품에 안았으나, 아이는 태어나면서부터 기형에 건강 상태가 좋지 않아 마르가리타의 결혼은 계속 미뤄졌고, 왕녀의 초상화는 늘어만 갔다. 하지만 예비 신랑 레오폴트 1세도 아내를 통한 스페인 왕위 계승권을 원했고, 그간 다소 소원했던 스페인 제국과의 관계를 공고히 하기 위해 빠른 결혼을 원하는 실정이었다. 결혼에 대한 논의는 끝이 않았고, 그 어느 쪽도 손을 놓을 순 없었다. 그 증거가 바로 왕녀의 여러 초상화로, 덕분에 왕족의 지속적인 성장 과정을 담아낸 초상화가 남겨지게 되었다.

왕가의 아이들은 어린 나이에도 성인의 모습으로 표현되었다. 지배 계층의 위엄과 고귀함을 강조하기 위해 격식 있는 차림새와 침착한 태도가 강요되었다. 초상화 속 동그란 눈의 순진해 보이는 표정만이 유일하게 유아임을 드러내고 있다. 스페인 왕족들은 어린 시절부터 차갑고 위엄 있는 태도를 갖추도록 교육받았고, 그중에서도 무표정은 필수적인 특징이었다.

매혹적인 유아 초상화 중의 하나로 꼽히는 그림 속에서 산호초-분홍색 드레스(그림2)를 입은 마르가리타 왕녀는 전형적인 왕가의 초상화 포즈를 취하고 있다. 당시 지도자들은 서 있는 포즈로 초상화를 그릴 때, 오른손에 권력의 상징인 탁자나 의자 혹은 지팡이를 쥐고, 몸은 45도 정도 측면으로 틀어 자신감 있는 메시지를 전했다. 정형화된 포즈로 자신들의 위엄과 고귀한 신분을 표현한 것이다. 작은 아이는 키에 맞게 낮춘 탁자에 오른손을 얹고 왼손에는 당시 상류층 여성들의 필수 소지품이었던 접부채를 들고 있다. 화가는 아이의 작은 몸에 맞게 가구와 소품들을 조정함으로써 어른들의 세계와 작고 연약한 아이의 위화감을 조정했다. 왕녀가 손을 짚고 있는 탁자 위의 화병에는 장미, 붓꽃, 데이지(스페인어로 마르가리타)가 꽂혀 있는데, 이는 당시 화가들이 즐겨했던 표현법으로 데이지는 왕녀의 이름인 마르가리타에 대한 암시였다. 화가는 장미로 왕녀가 합스부르크 가문의 딸*임을 드러내고, 전통적으로 순수와 순결의 상징인 붓꽃으로 신부에게 기대하는 미덕을 표현했다. 또한 마르가리타라는 이름은 진주를 의미하는 라틴어 'Margaríta'에서 유래했는데, 진주와 마찬가지로 순수함을 상징하는 붓꽃 역시 마르가리타를 암시하는 요소로도 해석할 수 있다.

화가 디에고 벨라스케스Diego Velázquez는 아이의 귀엽고 순수한 매력을 밝은 빛과 온화한 색감 그리고 부드러운 곡선으로 화폭에 담아냈다. 밝고 옅은 색감의 드레스 또한 전통적으로 기대하는 신붓감의 순수하고 온순한 여성적인 미를 강조해 준다. 초상화의 목적인 '결혼을 위한 혈통의 증명'을 위해 화가는 합스부르크 왕가의 특징인 동그란 눈, 둥근 볼, 도톰한 입술의 작은 입 등 곡선을 강조하여 표현했다. 왕녀의 드레스는 성인 여성의 미니어처 버전으로, 화려하고 세련되게 꾸며졌다. 당시 아이들은 생후 6개월까지 포대기에 꽁꽁 싸여 있다가

---

*   장미는 합스부르크 가문 딸들의 관례적인 상징이었다.

유아 시절에는 남·여아 구분 없이 같은 옷을 입었으며, 일반적으로 여섯 살 무렵이 되면 어른들의 옷을 그대로 입었다. 아이들만을 위한 의복이나 물건은 19세기 이전에는 거의 없었다. 왕녀는 실크와 다마스크로 만든 드레스에 섬세한 레이스와 화려한 보석으로 고귀함을 드러내고 있지만, 다행히 아이에게 숨통은 터주었다. 다소 꽉 끼는 듯 보이긴 하지만, 코르셋처럼 몸을 압박하는 구조물이 없고 치마 넓이 또한 당시 보통 여인들의 것만큼 넓지는 않다. 무엇보다 자연스러운 것은 헤어스타일이다. 지금 봐도 어색하지 않게 연출된 어린 소녀의 자연스러운 헤어스타일에서 왕가의 초상화지만 아이의 순진하고 앙증맞은 매력을 엿볼 수 있다.

권력의 무게를 견뎌라! 거대한 드레스

조금 더 성장한 왕녀는 당시 전형적인 스페인 궁정드레스를 입고 초상화(그림1)에 등장한다. 이제 다섯 살이 된 아이는 왕녀로서의 임무를 수행해야 할 나이가 된 것이다. 꼿꼿한 소녀의 태도는 존경받는 데 익숙해진 듯 제법 위엄이 서려 있다. 왕녀는 탁자를 짚는 포즈에서 벗어나 양팔을 뻗어 만든 대칭적인 삼각형 프레임으로 질서와 안정감을 선사하는 포즈를 취하고 있다. 왕족의 초상화는 고귀하고 위엄 있는 이미지를 전달하기 위해 신중하게 계산된 작업이었다. 혈통의 증명과 왕조의 기록이자, 왕실의 선전물인 초상화에서 아이와 같은 모습은 용납될 수 없었다. 동시에 전통적으로 여성에게 기대되는 순종적이고 여성스러운 특성 또한 담아내야 하는 작업으로, 벨라스케스는 왕녀를 위에서 내려다보는 각도를 택함으로써 그림을 의뢰한 오스트리아 왕가가 원하는 순종적인 여성의 이미지를 반영했다. 이 초상화에서 왕녀는 유명한 벨라스케스의 〈시녀들Las Meninas〉*(그림4)에서와 같은 차림새를 하고 있다.

　　화가 벨라스케스는 왕녀가 두 살일 때부터 총 다섯 점의 초상화를 그렸지만,

* 　스페인어 제목의 '메니나'는 스페인 궁정에서 왕비와 유아를 돌보는 귀족 가문의 젊은 여성을 가리키던 단어였다.

그중에서도 단연 으뜸은 그에게 명성을 안겨준 〈시녀들〉이다. 작고 어린 아이가 무거운 임무를 수행해야 하는 한 나라의 왕녀로 성장하는 과정을 초상화에 담아낸 벨라스케스는, 이 심오한 작업을 자신만의 특유한 감성으로 그려냈다. 특히 그는 드레스의 질감과 표현에 있어 매우 세련되고 탁월한 화가였다. 빠르고 넓은 붓놀림으로 표현한 드레스의 무늬는 가까이서 보면 모양을 인지하기 어렵지만 멀리서 보면 완성도가 높아지는데, 이는 인상주의보다 앞선 그만의 기법

✦ 그림4. 디에고 벨라스케스, 〈시녀들〉, 1656년, 마드리드, 프라도 미술관

이었다. 시녀들의 머리에 꽂혀 있는 은빛 머리핀 또한 몇 번의 가벼운 붓놀림으로 암시만 하는 방식으로 그려냈다. 바로크 미학의 천재적인 표현으로 여겨지는 〈시녀들〉을 왕은 매우 마음에 들어했고, '공식 초상화'로 자신의 책상 뒤에 걸고 싶어 했다. 왕녀와 양옆의 시녀들은 모두 궁정복 차림이다. 궁정복은 상체는 딱딱한 부스토로 조여져 경직되었고, 엉덩이 양옆으로 넓은 지지대로 받쳐진 치마 바스키냐는 옆으로 퍼져 걸을 때에도 주의를 요해야 하는 등 모든 활동에 시녀들의 도움을 받아야 했을 정도로 불편한 옷이었다. 당시 스페인 여성들은 매우 종교적이고 엄격히 통제되는 삶을 살고 있었다.

> **"스페인 여성들은 먼저 그들의 아버지와 남편, 그다음은 교회, 마지막으로 패션과 그에 대한 완고한 법칙의 포로로 잡혀 있다."**

유럽은 아직 스페인의 강력한 영향 아래 있었지만, 유럽 내 패권 다툼에서 패배한 후 16세기 중반부터 약 100년간 지배자 자리에서 물러나 있던 프랑스가 다시금 기지개를 켜고 있었다. 떠오르는 샛별 프랑스에는 당시 자유주의가 만연했다. 프랑스 여인들은 깊게 파진 데콜테로 가슴과 어깨를 노출한 채 노골적이고 자유로운 스타일을 즐기고 있었던 반면, 스페인 여성들은 여전히 의복에 있어 매우 보수적이었다. 하지만 시대는 변하고 있었고, 결국 프랑스의 문화는 자연스레 스며들었다. 바로, 이 옆으로 퍼진 스커트 모양이 증거였다.

'아이를 보호하는' 치마

✦ • • •

15세기부터 등장한 치마 지지대 베르두가도는 여전히 여인들의 큰 사랑을 받고 있었다. 시간의 흐름에 따라 종 모양이었던 지지대는 여러 번 그 모습이 바뀌었다. 17세기 초에는 큰 바퀴 모양처럼 양옆으로 납작하게 퍼지는 형태인 과르딘 판테로 변형되어 큰 인기를 끌었는데, 그 유래는 정확하지 않다.

베르두가도는 여러 나라로 퍼지면서 변형을 거듭했다. 특히 프랑스로 건너 가서 그 형태는 다소 특이하게 변모했는데, 16세기 말에는 허리에 따리 모양의 쿠션을 묶은 형태가 유행했고, 17세기 초에는 원통형 드럼 모양의 형태가 유행 했다. 소문에 의하면 프랑스 출신 배우들이 이 변형된 드레스를 입고 스페인의 무대에 선 뒤 프랑스식 베르두가도가 스페인에 퍼졌고, 스페인 여인들에 의해 다시 납작한 형태로 변형되어 새롭게 탄생했다고 한다. 이 새로운 형태는 '과르 딘판테Guardinfante'라는 이름으로 불렸다. 스페인어로 '보호'를 뜻하는 'Garda' 와 '아기'를 의미하는 'Infante'가 만난, '아기를 보호한다'는 뜻의 단어였다. 정리 를 해보면, 스페인의 베르두가도가 프랑스로 건너가 여러 모양으로 변형되어 애용되다 다시 스페인으로 돌아와 과르딘판테가 된 것으로 볼 수 있다. 프랑스 의 영향을 받았다고는 하나 스페인 스타일로 재탄생되었고, 스페인어로 이름까 지 붙여진 이 속치마는 이상하게도 '프랑스에서 건너온 나쁜 아이템'이 되었다.

이유는 간단했다. 남성들이 싫어했다. 일단 드레스의 큰 형태에 거부감을 느 꼈다. '수수하게 입고 가정에 충실한 여인'이 이상적인 여성상이었던 시대에, 남 성들은 부인이 큰 드레스를 입고 집안일을 하지 못할까 봐 걱정이 되었다. 더 나 아가 값비싸고 많은 천이 필요한, 이 사치를 조장하는 드레스를 입는 풍조가 마 음에 들지 않았다. 여전히 여인들의 옷까지 통제하고 싶었던 남자들은 여인들 이 명령을 거부하며 계속 이 패션을 즐기자, 과르딘판테를 자신들의 권위에 도 전하는 무기로 여겨 없애고자 했다. 권위 있는 사람들과 지도자들은 입을 모아 과르딘판테를 비판했고, 극작가들은 조롱거리 소품으로 과르딘판테를 무대에 올렸다. 특히 종교계는 불편한 시선을 감추지 않았다. 과르딘판테 형태의 드레 스를 입고 미사를 보는 여인들에게 영성체를 주지 않았으며, 사제들은 여인들 을 질책하고 교육했다. 순결 유지가 기독교가 내세우는 여성 교육의 주요 목표였던 당시엔, 화려한 드레스를 입고 화장을 하며 보석으로 본인을 꾸미는 행위는 비난받아 마땅한 일이었다.

그러나 이 모든 것은 여인의 남편이 좋아하고 허용한다면 예외였다. 예술 역사가 아만다 분더Amanda Wunder에 따르면, 애초에 과르딘판테를 반대하는 지도자와 종교계의 입장은 성서 코린토 1서 7장 34절의 구절에 대한 성인 토마스 아퀴나스의 해석에 기초했기 때문이었다.

" 아내가 남편을 기쁘게 하기 위해 치장한다면, 그녀는 죄가 없다. "

남자들 사이에서도 부인의 드레스를 옹호하는 자와 반대하는 자가 대립했다. 반대하는 자들은 처음에는 부정하게 임신해 커진 배를 몰래 숨기는 드레스라고 비난하더니, 이후에는 유산의 원인이 되기 때문에 금지해야 한다며 목소리를 높였다. 근대 초까지도 여성의 성적으로 부정한 행위에 대한 명예살인이 공공연하게 발생했을 정도로 스페인에서 여성의 명예는 혼전 순결과 남편에 대한 충성 등 성적인 부분에 치중되어 있었으며, 이를 어길 시 피의 복수가 허용되었다. 스페인 여인들은 수수하고 보수적인 의복으로 온몸을 가리는 것도 모자라 외출 시에는 검은 베일로 얼굴까지 덮어 남자를 유혹하지 않도록 최선을 다해야 했다.

이에 반해 프랑스에서는 패션과 남녀 관계에 있어 열린 마음으로 좀 더 느슨한 관계가 허용되는 자유주의 사상이 펼쳐지기 시작했고, 주변 국가들도 이에 영향을 받아 여인들의 활동 범위가 넓어지는 등 시대는 변하고 있었다. 스페인의 도덕주의자들은 스페인 여인들도 이러한 영향에 휩싸일까 두려웠다. 또한 유럽의 지배국인 자신들이 외국 패션에, 그것도 경쟁자인 프랑스의 패션에 영향을 받았다는 점은 자존심상 용납할 수 없는 문제이기도 했다.

스페인의 도덕주의자들에겐 멀리 있는 프랑스 여인들에게 오명을 뒤집어씌우는 편이 훨씬 쉬웠을 것이다. 하여 과르딘판테는 프랑스 여인들이 부정한 방법으로 임신한 후 이를 감추기 위해 커다란 형태의 스커트를 만들어 입은 것이라는 소문이 퍼졌고, 그 이름의 기원도 프랑스어에서 찾았다. 하지만 두 나라의 언어는 모두 라틴어에서 기원해 '보호'와 '아기'를 뜻하는 단어도 거의 비슷하기 때문에 의미는 없어 보인다. 이들이 이렇게 과르딘판테의 용도가 임신한 배를 숨기는 것이라는 데 집착한 이유는, 아마도 애초에 베르두가도가 포르투갈의 후아나의 혼외 임신을 숨기기 위해 탄생했다는 오래된 소문에 기인한 것으로 보인다. 이렇게 논란의 중심이 된 주인공 과르딘판테에 대한 처벌이 내려졌다.

> **"** 우리의 왕께서는 자신의 몸을 공개적으로 남용하도록 당국의 허가를 받은 여성(매춘부)을 제외하고, 그 어떤 지위나 계급의 여성도 과르딘판테 또는 그와 유사한 의상을 입을 수 없도록 명령하셨습니다. **"**

결국 1639년 펠리페 4세는 금령을 내렸고, 사유는 '비도덕적인 과르딘판테는 여성의 임신 사실을 숨길 수 있으며, 유사시 밀애를 즐기던 애인을 치마 속에 감출 수 있다'는 것이었다. 애초에 허리를 꽉 조여 배 부분까지 심하게 압박하고 엉덩이 옆 부분이 퍼지는 형태인 드레스로 '임신을 숨긴다'는 이유 자체가 상식적으로 맞지 않았지만, 어차피 여성을 통제하려는 목적이었기 때문에 상관없었다. 나라는 여인들이 이 드레스를 입을 때 수치심을 느끼도록 매춘부만 입을 수 있다는 조건도 내걸었다. 100개가 넘는 과르딘판테가 광장 근처 감옥의 발코니에 걸려 공개 처형을 당했다. 하지만 이 처형식으로 과르딘판테는 '억압의 상징'이자 동시에 '자유의 상징'이 되었을 뿐이다.

스페인의 지도자들이 그렇게 두려워하던 변화는 이미 시작되고 있었다. 종교와 남성들의 통제에 순응하는 삶을 살았던 스페인 여인들은 시대의 변화에 따라 주체성을 가지고 자신들만의 목소리를 내기 시작했다. 금령은 하나의 신호탄이 되어 과르딘판테의 인기를 실감케 하고 날개를 달아주는 역할을 했을 뿐이다. 2만 마라베디Maravedíes˙라는 꽤나 높은 벌금도 책정되었으나, 금령은 완벽한 실패였다. 졸지에 뱃속의 아이를 숨기기 위한 도구이자 매춘부들만 입는 옷이 되어버린 과르딘판테를 여성들은 여전히 사랑했다. 금령은 왕의 집에서부터 지켜지지 않았다. 마르가리타의 엄마인 마리아나 왕비는 남편이 내린 금령이 무색하게 과르딘판테를 궁정복으로 입었으며, 그녀의 시대에 크기는 점점 더 커졌고 인기는 최절정을 이루었다. 그렇게 과르딘판테는 화려하게 부활하여 시대의 주인공이자 스페인을 대표하는 드레스가 되었다.

예비 신랑을 위한 초상화들

✦ • • ✦

왕녀는 여덟 살 무렵부터 합스부르크 가문의 외모적인 특징이 드러나기 시작했다. 동글동글했던 유아기의 얼굴에서 벗어나 턱이 길어지는 경향이 나타났는데, 긴 턱과 금발머리는 대표적인 합스부르크 왕조만의 특징이었다. 그들은 유대인과 무어인의 피를 차단하고 순수한 가톨릭 혈통을 이어가기 위해 근친혼을 반복했다.˙˙ 스페인 사람들에게 종교는 매우 중요한 가치였다. 가진 것을 지키기 위한 그들의 집착은 기형으로 돌아왔고, 종국에는 가문이 끊어지게 만들었다.

하지만 자신들에게 고통을 선사한 턱의 기형적인 모습은 당시엔 권력의 상징이기도 했다. 고통을 안길지언정 이러한 신체적 특징은 그들에게 조상과 연결되는 순수한 혈통의 상징이었기에 초상화에 당당히 그 모습을 드러내기도 했다. 군주의 모습을 그릴 때 당시의 관습에 따라 결점은 가리고 멋지게 이상화된

˙　마라베디는 11-19세기 사이 통용되던 스페인의 통화 단위로, 16세기에 달걀 한 개에 약 3마라베디, 양고기는 20마라베디였으며, 당시 궁정 화가였던 벨라스케스의 한 달 봉급은 약 7500마라베디였다.

˙˙　합스부르크 가문이 유럽의 패권을 손쉽게 장악하기 위해 '전쟁보다는 결혼' 정책을 펼친 정치적인 이유도 컸지만, 스페인계 합스부르크 왕가는 특히 가톨릭 혈통을 중시했다.

모습으로 묘사하던 화가들도, 군주의 명령에 의해 있는 그대로의 모습을 묘사하기 시작했다. 이러한 이유로 우리는 그들의 실제와 가까운 모습도 볼 수 있게 된 것이다. 그들은 강력한 지도자의 모습을 보여야 하는 선전용 초상화를 그릴 때를 제외하고는 자랑스러운 턱이 드러나는 모습을 선호했다. 특히 왕녀의 아버지인 펠리페 4세는 자신의 턱 모양이 힘이라고 생각했다. 등이 굽은 모습이나 절뚝거리는 다리는 초상화에서 사라졌지만, 턱은 내보이고 싶은 혈통과 권력의 상징이었다. 그는 턱을 줄이고 매력적인 모습으로 자신을 그린 벨라스케스에게 있는 그대로 정확하게 묘사하라는 지시를 내리기도 했다.

결혼을 기다리는 동안 예비 신랑은 지속적으로 선물을 보냈고, 왕녀는 이에 보답하듯 받은 선물을 들고 초상화를 그렸다. 왕녀의 드레스는 점점 더 화려하고 정교해졌으며, 값비싼 보석으로 장식해 미래의 황후에 걸맞은 모습을 표출했다. 1659년의 초상화(그림5)는 예비 남편 레오폴트 1세에게 선물받은 것으로 짐작되는 모피 머프를 맨손으로 들기 위해 오른손에만 장갑을 끼도록 연출했는데, 격식을 갖추기 위해 착용한 가죽 장갑은 당시 상류층의 품위를 상징하는 아이템이었다. 오일, 사향 그리고 고대부터 현대까지 최고급 향료로 취급되는 용연향으로 향을 입힌 장갑은 최고급 사치품에 해당되었다.

왕녀가 10살 무렵에 그린 초상화(그림6)는 전형적인 스페인의 궁정드레스와 헤어스타일을 선보이고 있다. 그녀는 이제 왕비인 어머니와 다를 바 없는 차림새이다. 은실과 분홍 벨벳이 혼합된 최상급 브로케이드 직물로 만들어진 왕녀의 드레스는 그녀에게 주어진 임무만큼이나 매우 크고 화려하다. 오른손에 쥐고 있는 정교한 레이스로 마감된 투명한 바티스타^{Batista}● 직물의 손수건은 당시 부채와 함께 세련된 여성의 필수품으로, 여성성과 고귀함을 상징했다. 모든 정교하고 세세한 장식은 소녀가 가장 높은 계급임을 시각적으로 보여주고 있으며, 가슴 중앙을 장식하고 있는 쌍두 독수리●● 브로치는 그녀가 레오폴트 1세의

●   바티스타는 평직 리넨으로 만든 부드러운 촉감의 매우 가늘고 투명한 가벼운 원단의 일종이다.
●●   머리가 두 개(쌍두)인 독수리 문양은 신성로마제국의 문장 속에서 황제의 권력을 상징한다.

왕녀의 드레스

250

✦ 그림5. 디에고 벨라스케스, 〈모피 머프를 들고 있는 마르가리타 왕녀〉, 1659년, 빈, 빈 미술사 박물관

✦ 그림6. 후안 바우티스타, 〈마르가리타 왕녀〉, 1661년, 빈, 빈 미술사 박물관

약혼녀임을 공식적으로 드러내 주고 있다.

거대한 바퀴 모양의 드레스 형태와 비슷한 실루엣을 형성하는 왕녀의 헤어 스타일(그림6)은 그 모양새가 먼 옛날 이집트 여인들의 가발을 떠올리게 한다. 이는 17세기 중반 전형적인 스페인 궁정 여인들의 머리장식 '페이나도 아 후에 고Peinado a juego'(그림8)로, 실제 가발로 구성되었다. 마리아나 왕비가 애용한 머리장식으로, 와이어로 만든 틀 위에 가발과 머리를 함께 땋아 돔 형태로 크게 부풀린 뒤 오르간사Organza●로 만든 나비들과 리본, 꽃 모양 장식, 금 버클, 깃털 등을 꽂아 장식했다. 초기의 형태는 당시 유행했던 화려한 목장식으로 인해 짧은 돔 형태를 이루었다.(그림7) 시간이 지나면서 목장식은 사라졌지만, 헤어스타일

● 오르간사는 실크 원사로 만든 평직물로 얇고 투명한 직물이다. 다소 뻣뻣하며 매끄러운 특징을 가진다. 본래 실크 로 생산되었으나 합성섬유의 등장 이후 현대의 많은 오르간사는 나일론과 폴리에스테르로 직조되어 매우 매끄럽 고 고광택 효과를 선사한다.

✦그림7. 초기 형태의 페이나도 아 후에고,
　17세기 초

✦그림8. 전성기의 페이나도 아 후에고, 17세기 중반

은 유지되고 형태는 더 커졌다. 머리가 이렇게 다소 재미있는 모습으로 거대해진 이유는 과르딘판테에서 찾을 수 있다. 치마가 커지면서 상대적으로 머리가 아주 작아 보이는 우스꽝스러운 모습이 연출될 수 있었기에 이를 피하려 머리 또한 비슷한 모습으로 커진 것이다. 매우 무겁고 난해하며 결정적으로 예쁘지 않은 이 헤어스타일은, 지도자인 왕비가 좋아했기에 스페인의 궁정 머리장식으로 자리 잡았다. 물론 스페인 내에서도 평은 좋지 않았으며, 스페인에서만 유행했다. 이유를 알 것만 같다.

　결혼이 임박한 1665년, 레오폴트 1세는 감탄이 나올 만큼 크고 희귀한 보석(에메랄드, 루비, 다이아몬드 장미, 진주 등)을 보내 결혼에 대한 진심을 보였다. 그즈음 그려진 초상화(그림9) 속 마르가리타가 왼손에 보란 듯이 들고 있는 시계는 레오폴트 1세가 보낸 선물 중 하나임을 짐작할 수 있다. 과거의 탄압이 무색하게 과르딘판테는 이제 다산을 상징하는 드레스가 되었다. 가문을 이어갈 도구로서의 역할이 가장 중요했던 왕녀는 오른손을 배 위에 놓아(그림9) 미래의 황제를 낳을 몸임을 암시하고 있다.

그러던 중, 1665년 아버지 펠리페 4세가 세상을 떠났다. 펠리페 4세는 죽을 때까지도 왕녀를 스페인의 군주로 만들 가능성을 열어두었기 때문에 유언장에서 마르가리타의 결혼에 대한 언급을 피했다. 하지만 신부 측의 변덕으로 이미 여러 번 결혼이 미뤄져 레오폴트 1세가 크게 분노하고 있었기 때문에 더는 늦출 수가 없었다. 또한 어리고 병약하나 명백한 후계자인 남동생이 있었기에 마르가리타는 떠나야 했다. 그렇게 왕녀는 아버지를 기리는 검은색 드레스 차림 (그림10)으로 결혼을 위한 여행길에 나섰다. 마르가리타는 개인적인 고집과 정치적인 목적으로 오스트리아에서도 과르딘판테를 고수했다.

결혼의 모든 과정은 세세한 협상의 결과였으며, 의미 없이 행해지는 것은 없었다. 수행원은 몇 명인지, 배에서 내려 마차에 올라탈 때 어떤 방식으로 갈 것인지, 이동 수단 지붕에 캐노피를 칠 것인지, 친다면 어떠한 직물을 사용할 것인지

✦그림9. 프란체스코 이냐시오, 〈시계를 들고 있는 마르가리타 왕녀〉, 1665년경, 마요르카, 야닉&벤 하코베르 재단

✦그림10. 후안 바우티스타, 〈검은 드레스 차림의 마르가리타 왕녀〉, 1665-1667년, 마드리드, 프라도 미술관

와 같은 부분까지 모든 것이 지위와 위엄에 맞게 적용되어야 하는 복잡하고 세심한 외교의 현장이었다. 마르가리타가 탄 배를 기다리는 선착장 다리에는 카펫이 깔려 있었고, 배에서 내린 그녀는 레티가Lettiga(고대 로마 시대부터 사용한 가마 형식의 이동식 나무 침대)에 앉아 화려하게 장식된 마차로 옮겨졌다. 오스트리아의 궁정 역사가였던 갈레아초 구알도 프리오라토Galeazzo Gualdo Priorato는 "황후는 환호하는 군중에게 매우 행복한 웃음을 보이며 환대에 응했으며, 바르셀로나에서는 그녀를 위해 3일 동안 파티와 불꽃놀이가 열렸고, 마르가리타는 총독의 궁전 발코니에서 이를 지켜보았다"라고 기록했다.

마르가리타는 쇼맨십에도 능했던 것으로 보인다. 그녀는 매우 상냥한 모습으로 대중 앞에 나섰으며, 그들이 준비한 축제에 시간차를 두고 등장과 사라짐을 반복하며 자신의 존재감을 드러냈다. 길거리를 다닐 때는 위압감이 드는 탈것을 거부하고 직접 걸었으며, 마차를 타고 행진할 경우 몸을 앞으로 기울여 군중이 자신의 모습을 볼 수 있도록 했다. 거리낌 없이 야외 풀밭에 앉아 간식을 먹으며 자신을 유쾌하면서도 자애롭고 위엄 있는 지도자의 모습으로 연출했다. 그해 12월 5일, 마드리드를 떠난 지 약 7개월이 지나 마르가리타 일행은 빈에 도착했다. 500대 이상의 마차를 끌고 레이스와 보석으로 꾸며진 다채로운 빨간색, 노란색 벨벳 드레스 차림의 수행원들을 거느린 채 마르가리타는 빈으로 들어섰다. 그중 단연 돋보이는 건 마르가리타였다. 새로운 황후는 수많은 다이아몬드와 은실로 장식된 진홍색의 스페인식 드레스를 입고 입성했다. 빈 사람들에게 드레스는 기이하고 다소 구식처럼 보였으나, 그때까지 본 적 없는 화려하고 정교한 드레스의 놀라운 크기에는 위엄마저 느꼈다.

일주일 뒤 바로크 시대 가장 화려하고 호화로운 결혼식이 거행되었다. 끊임없는 축하행사와 파티, 연회가 열렸고 겨울 내내 지속되었다. 왕족에게 결혼식은 자기 과시의 기회였다. 자신의 지배 아래 부강한 제국의 건재함을 알리는 좋은 기회였기 때문에 성대하고 화려하게 꾸며졌다. 황제가 준비한 결혼식이라는

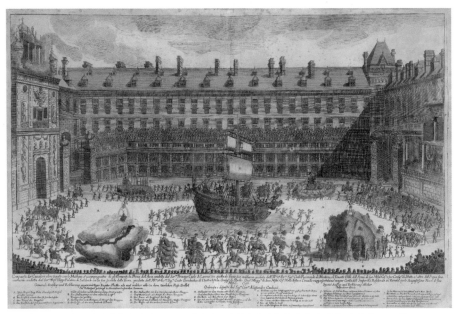

✦ 그림11. 1666년 12월 빈에서 열린 레오폴트 1세와 마르가리타의 결혼 축하 축제 행렬, 동판화, 1667년

화려한 무대에서 마르가리타는 황후로서 성공적으로 데뷔를 마쳤다. 마르가리타는 결혼 파티에 독일 스타일의 드레스를 입고 나타나 춤을 추며 신성로마제국의 황후로서 친근한 모습을 보였고, 이후에도 필요에 따라 종종 궁정에서 독일 드레스를 착용했다. 하지만 그저 황후로서 입지를 다지려는 정치적인 메시지였을 뿐 스타일을 바꿀 생각은 없었다.

　마르가리타는 스페인에서 두 명의 재단사를 데리고 와 스페인 스타일을 고수했다. 이는 스페인 제국의 왕녀 출신이자 여전히 가능성 있는 상속자인 자신의 혈통과 정통성을 드러내 앞으로 살아가야 할 궁정에서 입지를 굳히려는 계산된 행동이었다. 왕족의 옷은 곧 국가의 상징이었기 때문에 드레스를 통해 신성로마제국과 스페인이 자신의 영향 아래 있다는 사실을 상징적으로 보여주려한 것이다. 부인의 혈통과 스페인 제국 영토의 상속 가능성을 만천하에 드러내는 것은 남편인 황제 레오폴트 1세에게도 필요한 정치적인 메시지였기 때문에 황제도 적극 장려했다.

나의 작은 신부

✦ • • ✦

❝나의 작은 신부Meine kleine Frau❞

레오폴트 1세는 10월에 이미 빈 외곽에 도착해 머물고 있던 마르가리타를 찾아 갔었고, 처음 본 순간 아름다운 신부와 사랑에 빠졌다. 그는 그녀를 '나의 작은 신부'라 표현하며 '그레틀Gretl'이라는 애칭도 지어주었다. 프랑스에 대항하여 합스부르크 가문의 동맹을 강화하려는 목적의, 완벽히 정치적인 결합으로 부부가 된 레오폴트 1세와 마르가리타였지만 서로를 아껴주며 대체로 잘 지냈다. 남편에게 귀엽고 사랑스러운 아내로 받아들여지고 싶었던 마르가리타는 정치에는 관심을 두지 않은 채 후사를 보는 일에만 집중했다. 그런 그녀에게 제약이 많고 엄격하기로 유명했던 빈 궁정에서 힘이 되어준 것은 남편이었다. 무엇보다 부부는 예술을 사랑하는 취향이 같았다. 둘은 연극과 오페라를 사랑했다. 음악적 재능이 뛰어났던 레오폴트 1세는 마르가리타의 열일곱 번째 생일을 위해 오페라 〈황금 사과Il Pomo d'oro〉의 초연을 준비하며 작곡자로 참여하기도 했다. 둘은 함께 악기를 연주하거나 연극 속 차림새로 초상화도 그리며 즐거운 시간을 보냈다. 레오폴트 1세는 평소에도 함께 식사를 하고 책을 읽는 등 아내와 많은 것을 함께하려고 노력했다. 아이를 간절히 바라던 부부는 임신을 위해 함께 순례길에 오르기도 했고, 마르가리타가 임신하자 레오폴트 1세는 임신 기간 내내 함께 미사를 드리며 기도했다.

물론 어려운 점도 있었다. 레오폴트 1세는 자신의 조카이기도 한 어린 신부에게 대체로 맞춰주려 노력했지만, 마르가리타의 성격은 스페인 제국의 왕녀다웠다. 사실 마르가리타는 빈 궁정에 오기 전 결혼 협상을 할 때부터 빈 황실의 규율보다는 자신의 방식을 고집하며 충돌을 일으켰다. 본인 마음에 들지 않은 나이 든 백작부인이 함께 오스트리아로 갈 결혼식 수행자로 뽑히자 노골적으로 혐오감을 드러내며 독설을 날려 죽음에 이르도록 만들었다는 증언도 있었다. 결혼 직후에는 오전 11시에서 오후 1시 사이였던 궁정의 공식적인 점심식사 시간을 오후 1시에서 2시 사이로 늦추기를 고집하며 궁정 문화를 자신의 입맛에 맞게 바꾸려고 시도했다. 이에 레오폴트 1세는 "스페인 여성들은 궁정 전체를 스페인화하려 한다"라며 측근들에게 불만을 토로하기도 했다.

마르가리타는 결혼 전부터 독일어를 공부했지만 개인적인 만남에서는 스페인어를 선호했으며, 옷 또한 스페인에서 입던 그대로 입었다. 오스트리아 궁정 사람들은 이를 스페인 왕녀의 우월감의 표시로 받아들였다. 다만 임신했을 때에는 과르딘판테가 임신한 배를 숨기기 위한 드레스라는 이미지가 강했기 때문에 임신을 공개적으로 알리기 위해서라도 독일 스타일의 드레스를 입었으나, 출산 후에 다시 돌아오기를 반복했다. 그렇게 오스트리아 궁정에서 7년의 세월이 흘렀지만, 후계자를 위한 두 사람의 노력의 결과는 좋지 못했다. 근친혼의 저주였다.

사실 왕녀 시절부터 마르가리타는 건강한 편은 아니었다. 계속된 결혼 연기 역시 왕녀의 잦은 질병이 원인이기도 했다. 미래의 남편 레오폴트 1세는 마드리드에 파견된 자신의 신하들과 왕녀의 건강에 대해 염려하는 서신을 주고받으며 대책을 세웠으며, 오스트리아 내에서는 미래의 황후의 허약한 건강에 대한 공개 토론이 벌어지기도 했다. 결혼을 위해 빈으로 오는 도중 일정이 자주 지연되고 도착이 늦어진 것 또한 황후의 열병 등 건강이 이유인 경우가 많았으며, 빈에 도착한 오스트리아의 시민들은 마르가리타를 처음 보고 그녀의 작은 체구와 창백한 안색을 염려하기도 했다.

　7년간의 결혼 생활에서 마르가리타는 여섯 번 임신했는데, 두 번은 유산했고 네 명의 아이를 품에 안을 수 있었지만, 결국엔 둘째인 마리아 안토니아Maria Antonia만 성인이 되었다. 레오폴트 1세는 합스부르크 가문의 유전병을 가지고 있었고, 마르가리타 또한 나이가 들면서 가문의 특질들이 발현되었기 때문에 둘 사이의 아이들은 건강하기 어려웠다. 무엇보다 황후는 어린 나이에 연이은 임신과 출산으로 몸이 많이 망가졌으며, 태어난 아이들 대부분이 채 1년을 살지 못하고 죽자 절망과 우울에 빠졌다. 임신은 하나 건강하지 못한 아이들이 태어나 계속 죽어나가고 황후의 건강 상태도 눈에 띄게 나빠지자, 안 그래도 그녀의 오만하고 우월감 가득한 태도에 반감이 컸던 빈의 궁정 사람들은 빠르게 다음 황후를 위한 논의를 시작했다.

　마르가리타는 몇 달 동안 지속되는 기침으로 1670년에는 목이 붓고 종양이

✦ 그림12. 마르가리타 황후와 유일하게 살아남아 성인이 된 딸 마리아 안토니아

✦ 그림13. 에드윈 오스틴 애비, 〈파반느〉, 1897년, 보스턴, 보스턴 미술관

생겨 몸져누웠으며, 눈에 띄게 약해지는 것이 보였다. 하지만 다음 황후까지 논의되는 상황 속에서 더 이상 물러날 곳이 없었기에 황후의 임신을 위한 노력은 계속되었다. 1672년, 그녀를 죽음에 이르게 한 마지막 임신 이후 잠시나마 마르가리타는 기력을 회복한 듯 사순절 전 열린 축제에 참석하기도 했으나, 아이를 낳은 직후 난산의 후유증으로 1673년 3월 21살의 나이로 허망하게 세상을 떠났다. 마르가리타를 사랑했던 레오폴트 1세는 충격을 받고 매우 슬퍼하였으나, 이미 정해진 재혼 상대와 바로 결혼 준비에 돌입했고, 마르가리타를 보낸 지 1년도 채 되지 않아 후계자를 낳아야 한다는 이유로 클라우디아Claudia Felizitas von Österreich 대공녀와 재혼했다.

짧은 생을 살다 간 마르가리타는 화가의 인상적인 초상화로 영원히 어린 왕녀로 남았다. 작은 아이의 귀여우면서도 어딘가 애처로운 분위기는 예술가들에게 영감의 원천이 되었다. 파블로 피카소Pablo Picasso는 〈시녀들〉에 영감을 받아 58점의 관련한 시리즈를 그렸고, 프랑스 작곡가 모리스 라벨Maurice Ravel은

1899년 벨라스케스의 초상화 속 왕녀가 느린 속도로 우아하게 춤추는 모습을 상상하며, 느린 파반느Pavane* 형식으로 6분가량의 피아노 독주곡을 작곡했다. '죽은 왕녀를 위한 파반느Pavane pour une infante défunte'라 이름 지은 이 곡은, 다만 제목처럼 죽은 왕녀를 기리는 곡은 아니다. '과거의 왕녀'가 살아간 17세기 바로크 시대의 감성에 대한 향수를 불러일으키는 이 매력적인 피아노 선율은, 20세기 클래식 작곡가들과 팝 아티스트들에게 영감을 주며 오늘날에도 사랑받고 있다.

---

* 파반느는 파바나Pavana라는 이탈리아 기원의 차분하고 위엄 있는 느린 행렬의 춤으로, 16-17세기 르네상스 시대에서 바로크 시대로 넘어가는 과도기 동안 유행했던 유럽 귀족들의 춤이다. 무도회에서 크고 우아한 드레스를 전시하기 위한 목적으로 거의 천천히 걷다시피 스텝을 밟는 춤이었다.

명랑하고 아름답지만 무서운 그녀

마르가리타는 세상에서 가장 유명한 왕녀지만, 사실 그녀 개인에 대한 증언은 많지 않다. 결혼을 한 후 아이를 낳다 21살에 요절했기 때문에, 그녀의 흔적은 결혼을 위해 오스트리아로 건너가는 여정을 담은 여행기와 거쳐간 도시에 남은 기록들에서 찾아볼 수 있다. 당시 왕녀의 대외적인 이미지는 명랑하고 사랑스러운 어린 왕녀였다.

1666년 4월 28일, 마르가리타는 3일 전 교회에서 대리결혼을 거행한 뒤 수행원들과 함께 마드리드에서 빈으로 결혼을 위한 여행길에 나섰다. 대리결혼으로 교회에서 그 타당성을 승인받으면 신부는 몇 달이나 걸리는 기나긴 여행 기간 동안 새로이 상승된 신분으로 마땅한 대우를 받을 수 있었다. 때문에 대리결혼은 당시 매우 당연한 절차였다. 대리결혼으로 이제 황후가 된 마르가리타는 그녀를 사랑했던 가족과 마드리드 시민들의 눈물 섞인 환송식을 받으며 마차에 올랐다. 당시 결혼을 위한 여정은 아주 길었다. 신분이 높을수록 가는 곳마다 큰 환대를 받았으며, 많은 선물과 성대한 파티 및 이벤트가 마련되어 있었다. 마르가리타는 신성로마제국 황후의 자격이었기 때문에 긴 군대 행렬이 기다리거나 함대의 기사단이 쇼를 펼쳤고, 총독이 국경까지 나오는 등 극진한 대접을 받았다. 당시 마르가리타를 직접 본 사람들은 대체로 그녀의 아름다움에 감탄하며 왕녀에 대해 이렇게 묘사했다.

작은 키에 창백한 피부, 생기 있는 눈, 긴 얼굴, 금발

마르가리타를 환영하기 위해 레오폴트 1세는 합스부르크 왕가의 군 지휘관이자 친구인 라이몬도 몬테쿠콜리Raimondo Montecuccoli를 수행 책임자로 보냈다. 노에까지 금을 입히고 스테인드글라스로 가득 채운 왕실의 황금빛 갤리선이 피날레 리구레Finale Ligure 항구에 도착한 뒤 배에서 내린 마르가리타는 준비된 제단 앞에 무릎을 꿇고 감사의 기도를 드린 후, 마차에 올랐다. 황후는 환호하는 군중들에게 큰 미소로 보답했다. 마중 나와 이 모든 광경을 지켜보고 있던 라이몬도는 황후의 첫인상을 '천사'와 비교했다. 하지만 마르가리타는 실제로는 외적인 귀여움에 반하는 잔인함에 제멋대로이고 고집스러운 성격의 소유자였던 것으로 보인다. 당시 여행 보고서를 쓴 궁정 역사가 구알도는 이렇게 기록했다.

백작과 함께 한 사냥에서 황후는
믿을 수 없을 정도로 기괴하게 노루를 죽였습니다.

또한 그녀는 온테니엔테Onteniente의 카를레티Carletti 백작이 황후의 방문 축하 이벤트로 준비한 '폭죽에 묶인 고양이와 닭이 함께 날아 공중에서 터지는 불꽃놀이'●의 잔인한 광경을 보며 즐거운 시간을 보냈다. 이곳에서 그녀가 "큰 영광이었다"라고 답례했다는 기록이 있는 만큼 그녀에게는 만족스러운 광경이었다. 마르가리타는 여전히 아버지의 죽음을 기리는 검은색 드레스 차림새로 이 모든 것을 기꺼이 즐겼으며, 여행 중 단지 기분이 좋지 않다는 이유로 한 달간 머물던 곳에서 움직이지 않은 적도 있었다. 단순히 유희를 위해 왜소증이나 기형적인 사람들을 '궁정의 벌레'라 부르며 궁중에 두고 살았던 시대에, 그녀의 이러한 잔인하고 도덕성과 생명에 대한 존중이 결여된 취향은 특별할 것도 없는 일상이었을 수도 있겠다.

✦ 프란츠 헬름, 〈실험기술서〉
  속 삽화, 1535년

● 16세기 독일 쾰른 출신의 포병 대장 프란츠 헬름Franz Helm은 1535년, 요새 도시를 함락시킬 수 있는 무기 제조에 대한 논문 〈실험기술서Büch von den probierten Künsten〉를 발표했다. 그가 제시한 방법 중 하나는 '로켓 고양이'로, 고양이나 새의 등에 폭죽을 달아 함락된 성 안으로 보내면 겁에 질린 고양이가 이리저리 뛰어다니며 불씨를 떨어트려 성 안이 불에 휩싸일 것이라는 아이디어였다. 실제 폭죽은 동물과 함께 터지는 경우가 더 많았던 이 잔인한 아이디어를 후대 사람들은 단순한 유희를 위해 이용하며 즐겼다.

그림1. 요하네스 베르메르, 〈진주 귀고리를 한 소녀〉, 1665년경, 헤이그, 마우리츠하위스 미술관

누구나 아는, 아무도 모르는 소녀

진주 귀고리를 한 소녀
MEISJE MET DE PAREL

• • •

소녀의 모습은 시대를 초월한 아름다움을 선사한다. 〈모나리자〉의 여인과 마찬가지로 정보가 없는 신비한 소녀의 정체는 작품의 인기를 높이는 데 한몫했다. 네덜란드의 황금시대에 그려진 이 무명의 소녀는 무언가를 말하려는 듯 우리의 눈을 응시하며 끌어당긴다. 시선에 사로잡힌 그 순간 우리는 관찰자를 넘어서 그림과 심리적으로 연결된다. 모델의 감정을 포착하여 담아내는 화가의 방식은 레오나르도 다 빈치의 〈모나리자〉를 떠올리게 한다. 실제로 그녀는 '북유럽의 모나리자'라 불리기도 한다.

소녀는 누구?

✦•••

그림을 그린 화가 요하네스 베르메르Johannes Vermeer는 일기나 개인적인 기록을 남기지 않아 소녀에 대한 정보는커녕 화가에 대한 정보도 부족한 실정이다. 살아 있는 동안 자신의 동네 델프트Delft* 밖에서는 크게 이름을 떨치지 못했던 화가는, 19세기 말 재발견되기 전까지 거의 무명이었기에 그림에 대한 정보도 찾기 어렵다. 이렇게 남은 미스터리는 보통 다양한 가설로 채워지기 마련이다.

베르메르는 집에서 그림을 그렸다. 그런 그에게 가족은 자연스레 모델이 되어주었다. 그는 종종 아내의 옷을 작품 속 의상으로 활용했고, 부인과 딸들뿐 아니라 집안일을 하는 하녀까지 모델로 세워 가정 속의 여인을 묘사했다. 그중 〈진주 귀고리를 한 소녀〉의 주인공은 베르메르의 장녀 마리아 베르메르Maria Vermeer로 추정되기도 한다. 베르메르 부인의 것으로 여겨지는 노란색 상의를 입고 그림에 자주 등장하는 여인이 부인보다는 소녀의 모습인 경우가 많아 그

---

* 델프트는 양조, 직물, 도자기로 번영한 상업도시로, 네덜란드 정부의 본거지인 헤이그에서 멀지 않은 곳에 있다.

✦ 그림2. 요하네스 베르메르,
〈기타를 치는 소녀〉, 1672년경,
런던, 켄우드 하우스
✦ 그림3. 델프트 활동, 〈기타를 치는
소녀〉, 1674년경, 필라델피아,
필라델피아 미술관

림이 그려질 당시 그 나이 대의 소녀였을 마리아(엄마 옷을 걸친)로 추정한 것이
지만, 마리아라는 결정적인 증거도 없기에 화가의 딸이라고 보지 않는 시각이
더 많다. 일상에 열중하는 화가의 다른 그림 속 여인들과 달리 소녀는 직접적으
로 관객을 바라보고 있다. 소녀의 눈빛은 서정적이며, 촉촉한 윤기를 머금고 있
는 입술은 살짝 열린 채 아련함마저 풍기며 많은 이야기를 상상하게 만든다. 소
녀는 매우 순수한 분위기를 풍기는 동시에 매혹적이다. '순수한 에로티시즘의
표현'이라며 이 그림을 외설적으로 보는 시각도 있는데, 이는 화가가 딸 마리아
를 그런 뉘앙스가 담긴 그림의 모델로 하지는 않았을 것이라는 주장을 뒷받침
해 준다. 당시는 공개적으로 추파를 던지는 것보다 은밀한 신호나 눈 마주침, 살
짝 드러내는 신체 등이 더 외설적으로 간주되던 시대였다.

    소녀 마리아에게는 또 다른 의혹이 있다. 미술사 교수인 벤저민 빈스
탁Benjamin Binstock에 따르면, 아버지가 그린 것으로 알려진 그림 중 5분의 1은
마리아가 그렸으며, 이 그림들은 모두 비슷한 종류의 귀고리를 한 소녀를 묘사
하고 있다. 그의 그림 중 몇몇은 베르메르의 그림을 모방한 듯 매우 유사하지만
회화 기술의 수준이 낮았기에(그림3) 학자들에게 의심을 심어주었다. 〈진주 귀고
리를 한 소녀〉와 비슷한 〈젊은 여성의 초상Meisjeskopje〉(그림5)의 경우 진주 귀고

✦그림4. 〈진주 귀고리를 한 소녀〉
✦그림5. 요하네스 베르메르,
〈젊은 여성의 초상화〉,
1665-1667년경, 뉴욕,
메트로폴리탄 미술관

리는 특유의 빛을 잃었고, 몸의 형태를 무시한 채 어색하게 묘사된 상의의 주름과 잘못된 구도로 인해 팔의 길이도 매우 짧아 보임을 알 수 있다. 실제로 얼마 전 베르메르의 그림으로 알려졌던 〈플루트를 가진 소녀Meisje met de fluit〉(그림6)가 베르메르의 작품이 아닌 것으로 확인되었다. 2022년 10월 미국의 국립 미술관National Gallery of Art은 과학적인 조사에 바탕한 근거로 이 그림이 베르메르의 회화 기법과는 다른 거친 질감으로 그려진 점 등을 밝혀내며, 그림을 견습생이나 화가의 기법에 익숙한 이가 그렸을 가능성을 제기했다.

1654년경에 태어난 마리아는 〈진주 귀고리를 한 소녀〉가 그려진 시기 10살 남짓한 나이로, 집 2층에 있는 아버지의 작업실에 모델로 드나들면서 자연스럽

✦그림6. 요하네스 베르메르
스튜디오, 〈플루트를 가진 소녀〉,
1669-1675년경, 워싱턴 D. C.,
국립 미술관
✦그림7. 요하네스 베르메르, 〈빨간
모자를 쓴 소녀〉, 1669년경, 워싱턴
D. C., 국립 미술관

게 붓을 들었을 것이다. 그녀가 그림을 그린 것은 재능이 있기 때문이었겠지만, 당시 집안의 악화된 재정도 이유였을 수 있다. 베르메르의 가족은 대가족이었고 그의 그림 그리는 속도는 매우 느렸다. 그는 정확성을 추구하며 1년에 겨우 두어 점만 그렸다. 베르메르는 견습생 없이 혼자 작업한 것으로 알려져 있지만, 견습생으로 등록할 필요가 없는 자녀들 중 누군가 아버지를 따라 그림을 그렸을 가능성이 높다. 학자들은 그 '누군가'가 베르메르의 장녀 마리아일 것으로 추정한다. 그녀가 그린 것으로 짐작되는 그림들은 비록 회화적 기술은 부족하지만, 심리적인 통찰력과 표현력은 아버지를 능가한다는 평가를 받기도 한다. 벤저민 빈스탁은 베르메르의 34점의 작품 중 마리아가 제작한 작품을 〈빨간 모자를 쓴 소녀Meisje met de rode hoed〉(그림7)를 포함한 6점 정도로 추측하고 있다. 전문가들은 그녀가 아버지의 견습생이 된 시기를 대략 18세 무렵으로 추측하며 소녀가 그린 그림은 아버지의 이름으로 팔린 것으로 추정한다. 이는 그녀가 그림에 대해 영원히 침묵해야 할 이유였을 것이다. 당시 남자의 경우 10-12세 무렵 견습생으로 화가 밑으로 들어가 훈련 과정을 거쳤으며, 시간이 지나 제자 단계에서 벗어난 이후에는 스승과 정식 계약을 맺고 작업을 했지만 작품은 스승의 이름으로 서명되는 것이 관행이었다.

당시 네덜란드의 중산층 여성들은 남편에게 전적으로 의존하며 종교의 가르침대로 소녀, 신부, 아내, 어머니, 과부로서의 삶을 살았다. 여성들의 활동 범위는 가정 내였다. 바느질, 자수, 도예와 같은 소일거리를 했지만 생계를 위한 일은 아니었다. 당시 소수의 여성 예술가들이 존재했고 몇몇은 매우 성공적으로 활동하기도 했지만, 일반적으로는 여성이라는 이유만으로 비판적인 반응을 주로 받던 시대였다. 마리아의 경우엔 가족의 생계와도 직결되었기 때문에 자신의 이름을 내세울 수는 없었을 것이다. 아버지의 이름 아래 그녀가 그린 회화의 기술적 오류는 가려졌고 쌓이는 빚도 갚을 수 있었을 것이다. 후대에 와서도 그림이 마리아의 작품으로 드러날 경우 그림의 '가치'가 달라지기 때문에, 안 그래도 얼마 없는 베르메르의 그림이 그의 것이 아니라고 밝혀지길 바라는 이는 없을 것이다. 그녀는 아버지의 죽음 이후, 혹은 많은 여성 예술가들과 마찬가지로 결혼 후 활동을 그만둔 것으로 보인다.

베르메르의 여인들

✦ • • ✦

" 친밀하고 은밀한 침묵의 대가 "

베르메르에 대해 루마니아 출신의 프랑스 철학자 에밀 시오랑Émil Cioran이 정의한 것처럼, 그의 그림에서는 평온하고 고요하며 안도할 수 있는 아름다움이 느껴진다. 그는 주변의 '아름다운 매일'을 화폭에 담아내는 데 탁월한 재능이 있는 화가였다. 당시 이러한 풍속화는 새로울 것 없는 대중화된 장르였으나, 베르메르의 그림은 특별했다. 평범한 인간들의 이야기를 들려주는 그의 그림은 차분한 안정감을 선사해 주었다.

그의 그림에 유난히 자주 등장하는 주제는 여성으로, 베르메르는 여성의 사회·문화적 역할을 남다른 시선으로 관찰하며, 애정을 넣어 섬세하고 담백하게 화폭에 담아냈다. 특히 그는 네덜란드 여성의 모습을 이상화시켰다. 마치 파파라치가 찍은 사진처럼 그의 그림 속에서 여인들은 자신이 관찰되고 있다는 사실조차 인지하지 못한 채 너무나 자연스러운 일상 속에 있다.(그림8) 청소를 하거나 식사를 준비하고, 악기를 다루며, 몰두하여 레이스를 제작하고, 편지를 쓰거나 치장을 하는 등 주체적인 행동으로 자신만의 일상에 열중하는 여인들의 모습은 평온하고 여유롭다. 이는 마치 반복되는 일상 속의 신성한 순간을 포착하여 화폭에 담아내는 시와 같았다. 11명의 자녀들과 장모까지 함께 사는 집의 시끌벅적했을 공간에서 화가는 그림으로 자신만의 고요하고 차분한 세상을 창조

✦ 그림8. 베르메르의 작품 속 여성들

한 것일지도 모른다.

특히 베르메르는 편지를 쓰거나, 받고 있거나, 숨죽여 편지를 읽고 있는 여인의 그림을 자주 그렸다. 편지가 등장하는 그림은 그의 작품 중 6분의 1에 해당된다. 편지는 숙녀들의 활동이었다. 젊은이(남성)를 대상으로 에티켓을 가르치는 지침서는 15세기부터 필독서였는데, 16세기 초부터는 여성만을 위한 도서들도 등장했다. 이는 글을 읽고 쓸 줄 아는 여인들이 늘었다는 의미가 된다. 네덜란드의 사학과 교수 마리아 판 틸뷔르흐Marja van Tilburg 박사에 따르면, 이것은 종교의 영향이었다. 가톨릭에서 벗어난 네덜란드는 자신들만의 새로운 개신교 문화를 구축하기 위한 전략으로 먼저 여성을 남편의 소유물이 아닌 가족의 구성원으로 받아들였다. 이에 따른 방편으로 젊은 여성들에게 가족의 일원으로서 마땅히 해야 할 의무에 대한 지침서를 읽고 따르게 했다. 여인들은 편지를 나누며 외부의 세상과 만났고, 베르메르는 이러한 여성들의 생활 모습을 자연스럽게 그림 속에서 포착했다.

터번을 두른 소녀의 이국적인 모습

✦ • • •

사실 그림의 원래 주인공은 터번이었다. 초상화에 처음 부여된 이름은 '베르메르의 머리'(1664)였으며, 1676년에는 '튀르키예 스타일 초상화', 심지어 '터번을 쓴 젊은 청년'으로도 지칭되었다. 1696년 암스테르담의 회화 경매 카탈로그에는 '고대 의상을 입은 트로니, 예외적으로 예술적인'으로 서술되었으며, 1881년 경매 당시 적힌 제목은 '고대 의상을 입은 초상화'였고, 그 후엔 '터번을 두른 소녀'로 불렸다. 그 어느 이름도 진주라는 단어를 포함하지 않았다. 1995년 마우리츠하위스Mauritshuis 미술관 측이 '진주 귀고리를 한 소녀Meisje met de parel'로 명명하기 전까지 주인공은 명실상부 터번이었다. 당시 터번은 이국주의의 상징으로 화가들이 애용하는 소품이었다. 이국적인 분위기의 연출과 풍성하고 주름진 직물의 표현으로 기량을 뽐낼 수 있었기 때문에 화가들에게 선호되었다. 레오나르도 다 빈치가 한때 직물의 주름에 대한 연구에 심취해 있었던 것처럼, 당시 화가들에게 있어 현실감 있고 정교한 주름을 표현하는 것은 자신들의 회화적 기술의 과시와도 같았다.

당시 오스만 제국은 유럽의 주요 경제 및 문화 세력이었다. 오스만 제국의 패션은 이미 르네상스 시절부터 유럽에서 선풍적인 인기를 끌고 있었다. 동방에서 만들어낸 높은 품질의 상품들은 베네치아를 통해 유럽으로 들어왔고, 유럽인들의 집안 곳곳은 이국적으로 장식된 지 오래였다. 베르메르의 집에도 튀르키예에서 온 카펫이 있었으며, 옷장에는 튀르키예 망토 두 벌, 튀르키예 바지가 있었을 정도로 흔한 스타일이었다. 사실 터번은 15세기부터 이미 유럽 남성들 사이에서 선풍적인 인기를 끌었던 머리장식으로(그림9), 돈 있고 힘 있는 남성들은 머리에 천을 한 보따리씩 얹고 다녔다. 17세기에 바뀐 점이 있다면 터번이 그림 속 여성들의 머리에서도 간간이 발견된다는 점이었다. 이전 화가들은 성녀나 고대 여신 등 이상적인 여인을 묘사할 때 머리에 베일을 씌우거나 자연스

✦ 그림9. 얀 판 에이크, 〈터번을 쓴 남자〉, 1433년, 런던, 내셔널 갤러리

✦ 그림10. 미키엘 스베르츠, 〈작은 꽃다발을 들고 있는 터번 소년〉, 1658–1661년경, 마드리드, 국립 티센-보르네미사 미술관

✦ 그림11. 지네브라 칸토폴리(추정), 〈베아트리체 첸치〉, 1650년경, 로마, 국립 고미술 갤러리

럽게 푼 머리를 표현했다면, 17세기의 화가들은 터번을 선택했다.

그런데 베르메르의 소녀의 터번은 그 형태와 색이 독특하다. 이는 화가의 의도이며 특히, 터번의 형태는 화가가 연출한 스타일로 짐작된다. 단순하지만 감각적인 스타일로 연출된 머리장식은 묘하게 세련된 느낌마저 선사한다. 그 이국적인 세련됨은 그녀를 시간을 초월한 아름다움으로 이끈다. 터번을 매력적으로 보이게 해주는 청색은 당시 굉장히 비쌌던 청금석으로 만들어졌다. 현대의 아프가니스탄 지역 광산에서 채굴되었던 준보석인 청금석은 17세기에는 금보다도 더 귀했다. 입술에 사용된 빨간색은 멕시코와 남미의 선인장에 사는 곤충에서 추출된 것이었고, 부분 부분 포인트로 사용된 흰색은 영국에서 채굴된 납이었다. 이 모든 것은 당시 네덜란드의 무역 활동 범위를 알려주는 지표다.

당시 네덜란드 화가들은 청금석이 주는 특유의 강렬한 파란색을 좋아했다. 그림의 가치를 높여주었기 때문이다. 베르메르는 특히 고품질의 파란색을 선호했는데, 녹색을 결합하여 독특한 청록색을 만들어내기도 했다. 베르메르는 이 비싼 청색을 아낌없이 썼다. 〈진주 귀고리를 한 소녀〉 속 스카프에는 고품질의 청색을 대량으로 사용했고 황토색 재킷의 그림자에도 다른 색소들과 섞어 사용했으며, 피부색을 표현할 때도 썼다. 화가의 말년에 일어난 프랑스와의 전쟁으로 네덜란드의 경제 사정이 급격히 악화되었을 때도 그는 청색 같은 비싼 안료를 아낌없이 썼다. 그리 넉넉하지 못했던 그에게 꽤나 든든한 후원자가 있었음을 짐작할 수 있는 부분이다. 베르메르에게는 양조업을 하는 부유한 후원자 피터르 판 라위번Pieter van Ruijven이 있었고, 그들은 단순한 화가와 후원자를 넘어선 꽤나 친밀한 관계를 유지했던 것으로 보인다. 피터르는 평소에도 베르메르의 작품을 상당수 구입했고, 사망 시 유언으로 당시로서는 상당한 금액인 500길더Guilder*를 베르메르에게 남겼다. 가족도 아닌 후원자가 유산까지 남긴 것은 화가를 남달리 생각하는 마음과 깊은 우정을 담은 격려로 짐작할 수 있다.

---

* 길더는 당시 네덜란드 화폐로, 피렌체 금화의 네덜란드 버전이었다. 목사의 1년 수입이 대략 500길더 정도였고, 노동자는 주당 6.5길더, 베테랑 목수는 주당 9길더를 벌었다.

✦ 그림12. 〈진주 귀고리를 한 소녀〉 ✦ 그림13. 〈디아나와 님프들〉과 〈여주인과 하녀〉 중 소매 부분
　　중 소매 부분

　　소녀의 황토색 재킷 또한 터번의 영향으로 보통 이국적인 의상이라 뭉뚱그려 표현되지만, 사실 당시 네덜란드 여인들이 입었던 전형적인 재킷이다. 화가는 넓고 힘찬 붓터치로 큰 주름을 가진 두툼하고 투박한 옷감(아마도 모직물)을 표현했다. 몸통에 붙은 소매의 소매산 뒷부분에 보이는, 넓은 간격으로 접어서 생긴 두툼한 팬시Fancy 턱으로 잡은 주름(그림12)은 당시 여인들의 드레스나 겉옷의 소매(그림13)에서 볼 수 있다. 이는 소매 뒷부분에 큰 볼륨감을 주기 위한 기법이었다. 네덜란드에서는 1660년 무렵부터 10년 동안 소매통이 크고 어깨와 팔목에 큰 주름이 잡혀 있는 소매가 유행했다. 터번과, 형태가 제대로 보이지 않아 이국적인 옷처럼 보이는 상의로 인해 그림은 실존 인물의 초상화가 아닌 트로니Tronie라는 평가를 받았다.

초상화인가, 트로니인가

✦ • • ✦

이 그림을 초상화라 주장하는 학자들은 그녀가 화가의 큰 딸 마리아 또는 집에서 일하던 소녀라 추측하고, 트로니라고 주장하는 학자들은 배경이 없으며 소녀의 눈썹이나 속눈썹 등의 묘사가 없다는 점*과 그녀의 이국적인 패션을 들어 이상화된 인물의 그림으로 추정한다. 그림을 소장하고 있는 미술관 측의 입장은 후자이다. 또한 화가의 사후 작성된 유품 목록**에는 '튀르키예 스타일로 그려진 두 개의 트로니'가 있었는데, 학자들은 소녀의 초상화가 그중 하나일 것으로 추측한다.

'술 취한 행복한 얼굴, 관상'이라는 의미의 프랑스어 'Trogne'에서 유래한 네덜란드어 'Tronie트로니'는 대략 '얼굴'(당시 속어로 상판, 낯짝)을 의미한다. 초상화처럼 보이지만 상상 속 인물을 그린 이상화로 17세기 네덜란드 황금시대의 회화 장르였다. 렘브란트Rembrandt에 의해 대중화된 네덜란드의 특징적인 예술로 약 40년 동안 유행했으며 지금은 사라진 용어이다. 특이한 복장에 과장된 표정이나 제스처가 특징인 머리와 얼굴 표정에 대한 묘사로, 지금의 캐리커처라 할 수 있다. 트로니는 고급 회화가 아니었다. 그림에도 등급이 있다면 트로니는 초상화의 하위 범주에 속했다. 공개 시장을 위해 제작된 트로니는 애초에 저렴한 가격으로 대량 판매하는 것이 목적이었기 때문에 구매자의 시선을 단번에 사로잡는 힘이 필요했다.

현실에서 벗어난 모습들

비평가들은 베르메르가 〈진주 귀고리를 한 소녀〉를 그리기 전 다른 그림에서 영감을 얻었을 것이라고 생각한다. 트로니로 유명했던 동시대 플랑드르 지역의 예술가 미키엘 스베르츠Michiel Sweerts의 〈작은 꽃다발을 들고 있는 터번 소년〉(그림10)에서 영감을 받았을 것이라 추측하는데, 이 그림은 〈진주 귀고리를 한 소녀〉가 그려지기 약 10년 전에 그려진 것으로 추정된다. 어두운 배경***과 소년

---

* 하지만 2018-2020년 미술관의 정밀한 연구에 의해 소녀에게는 섬세한 속눈썹이 있었고, 배경에는 녹색 커튼이 있었다는 것이 밝혀졌다.
** 당시 예술가들은 작품에 제목을 부여하지 않아 일반적으로 의뢰인의 재산을 등록하는 변호사가 이름을 붙였다.
*** 어두운 배경은 인물의 입체감을 높이기 위해 당시 초상화에서 널리 활용된 방법이었다.

의 노란색 터번 그리고 청색 직물의 색상은 〈진주 귀고리를 한 소녀〉를 떠올리게 한다. 혹은 당시 유럽을 사로잡은 베아트리체 첸치Beatrice Cenci*(또는 고대 예언자 시빌라)를 묘사한 그림(그림11)에서 영감을 받았을 가능성도 있다. 이 그림 속 베아트리체의 뒤를 살짝 돌아보는 포즈와 그녀가 쓴 터번은 베르메르의 소녀와 매우 닮아 있다.

소녀는 현대의 시각으로 봐도 아름답다. 완벽한 비율의 얼굴과 티끌 하나 없이 매끈한 피부는 당시 사람들이 바라는 이상형과 일치했다. 페스트 같은 전염병이 끊임없이 돌았던 17세기, 특히 천연두로 인해 사람들의 얼굴에는 흉터 자국이 많았기 때문에 소녀와 같이 아름다운 피부는 그림 속에서나 가능했다. 독특하게 연출된 터번도 17세기 일반적인 네덜란드 소녀들의 패션은 아니었다. 현실에서 벗어난 이 모든 단서들은 이 그림이 트로니라는 주장을 뒷받침한다.

그림에서는 외향적인 순수함뿐 아니라 내적인 정결함도 엿볼 수 있다. 개신교 신자였던 베르메르는 결혼하면서 부인을 따라 가톨릭으로 개종했는데, 그 후 몇 년 동안 가톨릭 교리에 심취해 그림도 영향을 받았다. 그의 몇몇 그림은 종교적 믿음에 대한 알레고리allegory였다. 보통 전문가들은 〈진주 귀고리를 한 소녀〉에는 상징적인 내용이 없기 때문에 알레고리가 아니라고 하지만, 이 트로니가 주는 메시지가 있다고 보는 견해도 있다. 아직 네덜란드가 가톨릭교회의 영향 아래 있었던 17세기 초, 이탈리아의 성인 프란체스코 디 살레스Francesco di Sales**가 쓴 《신심 생활 입문Inleiding tot het godvruchtige leven》(1608)이 네덜란드어(번역본)로 출판되어 널리 생활의 지침서로 퍼졌는데, 이는 결혼 후 가톨릭으로 개종한 베르메르에게도 좋은 지침서가 되었을 것이다. 성인 살레스가 제시하는 그리스도인으로 살기 위한 안내 중에는 이러한 대목이 있었다.

---

*   자신을 학대한 아버지를 죽이고 1599년 참수당해 '억압받는 순수함의 상징'이 된 이탈리아의 귀족이다. 그림은 오랜 시간 귀도 레니Guido Reni의 작품으로 여겨졌으나, 현대에는 지네브라 칸토폴리Ginevra Cantofoli 또는 엘리사베타 시라니Elisabetta Sirani의 작품으로 추정한다. 당시 로마의 주요 가문 중 하나였던 첸치 가문의 유명세와 소녀의 아름다움으로 대중의 관심을 크게 받았던 사건은 예술가들에게 영감을 주며 그림과 문학 작품으로 탄생했다. 비극적으로 아름다운 베아트리체의 모습을 담은 그림의 사본이 유럽 전역으로 퍼졌다.

**   17세기 제네바의 주교이자 로마 가톨릭교회의 성인이다.

> **"나는 하느님의 친구 이삭이 순결한 레베카에게 사랑의 첫 번째 징표로 귀고리를 보냈다는 것을 안다. 이는 나에게 이 보석이 영적인 의미를 지니고 있다고 생각하게 한다. 여성이 충성스럽게 지켜야 하는 신체의 첫 번째 부분은 귀이며, 순결한 말 즉 '동방의 진주 같은 복음'만 듣게 해야 한다."**

이 내용을 바탕으로 베르메르가 '동방의 진주 같은 복음'을 '진주 귀고리'와 터번을 두른 '동방 소녀'로 형상화한 트로니를 그렸다고 보는 시각도 있다.

진주 귀고리
✦ • • ✦

전통적으로 진주는 동서고금을 막론하고 지위와 권력의 상징이었다. 모든 조개가 진주를 품고 있는 것은 아니기에, 한 개의 진주를 얻으려면 수많은 조개를 희생해야 했던 만큼 진주는 귀했다. 다른 보석들과는 달리 가공할 필요 없이 그 자체로 완성품이었던 진주는, 그 완벽한 아름다움과 희소성으로 오랜 시간 거의 모든 문화권에서 왕족과 귀족들만이 독점적으로 착용했다. 17세기에도 진주는 부와 권력의 상징이었다. 달라진 점이 있다면 일반 시민들도 진주를 원하기 시작했고, 실제 이를 누릴 수 있는 사람들이 많아졌다는 점이었다. 점차 돈이 계급이 되는 사회가 되면서 사람들은 이 돈으로 얻은 사회적 지위를 과시적으로 드러내고 싶어 했다.

당대의 화가들은 여인들이 목걸이를 차며 귀고리를 거는 모습 또는 화장대 위의 보석들을 자연스러운 구도로 연출하여 화폭에 담아냈다. 진주는 베르메르 그림의 단골손님이었다. 34점으로 알려진 그의 그림 중 무려 18점에 진주가 등장하며, 그의 그림에서 진주는 순결, 아름다움 그리고 사랑을 상징한다. 베르메르는 미술상을 하며 여관을 운영하기 전 실크 직조공으로 일했던 아버지의 영향으로 귀한 재료를 접할 기회가 많았다. 그의 그림에는 담비 털이나 새틴 망토, 진주와 같이 고급스러운 아이템이 종종 등장했다. 베르베르가 진주를 모티브로 그림을 그렸던 시기는 1665-1668년 무렵이어서, 화가의 서명만 있을 뿐 연대를 알 수 없었던 〈진주 귀고리를 한 소녀〉의 제작 시기를 알려주기도 한다.

소녀의 귀고리는 그 크기가 남다르다. 단지 몇 번의 붓놀림으로 완성된 진주 귀고리는 자세히 보면 고리 부분이 없다. 하여 소녀의 진주 귀고리는 화가의 예술적인 과장과 상상의 산물로 보기도 하며, 가짜일 가능성도 있다. 일단 그 크기가 자연에서 나왔다고 보기 어려울 정도로 크며, 화가에겐 그림에 등장하는 크기의 진짜 진주를 살 만한 여유는 없었다. 부와 권력의 상징으로 누구나 갈망하던 진주의 모조품이 탄생하게 된 것은, 원하는 것을 기어이 손에 쥐고 싶어 하는 인간 심리에 따른 당연한 결과였다. 당시에는 모조 진주가 다량으로 생산되어 왕족이나 귀족들만 했던 진주 장신구를 일반 여성들도 착용할 수 있게 되었다.

사실 모조 진주의 역사는 꽤나 깊다. 고대 로마인들은 유리구슬에 은을 입힌 뒤 다시 유리를 입혀 모조 진주를 만들었으며, 진주 특유의 무지개 빛깔을 내기 위해 물고기 비늘이나 자개를 활용하기도 했다. 특히 16세기 베네치아의 유리 제조업자들의 능력은 매우 탁월해 진짜와 유사한 인공 진주를 많이 만들어냈기 때문에 값싼 유리 진주도 흔했다. 그리고 '진주' 귀고리가 진짜가 아니라는 물리적인 근거를 제시한 주장도 나왔다. 네덜란드의 물리학자 빈센트 아이크Vincent Icke 교수는 그림 속 귀고리가 만드는 연백색 반사광은 진주가 자연적으로 만들어낼 수 없다는 점에 근거하여 페인트로 칠한 유리 또는 은(은도금)으로 만들어졌다고 주장했다. 그림을 소장하고 있는 마우리츠하위스 미술관도 진주 귀고리는 가짜일 수 있다는 입장이다. 하지만 진주가 진짜이건 아니건 진주는 터번을 제치고 명실상부 그림의 주인공 자리를 차지했으며, 앞으로도 그녀는 우리에게 〈진주 귀고리를 한 소녀〉일 것이다.

잊힌 화가와 사라진 그림들

1672년은 네덜란드의 '재난의 해'였다. 독립에 성공한 뒤 호시절을 보내고 있던 네덜란드에 또 다른 전쟁이 일어난 것이었다. 프랑스와의 전쟁은 경기 침체로 이어졌고, 미술 시장은 붕괴되어 베르메르는 말년에 빚에 시달렸다. 생활비에 보탰던 장모의 수입도 없어져 아이들이 11명이나 되었던 그는 빵 값을 그림으로 대신하기도 했으며, 그림을 경매에 부쳐 생활비로 충당했다. 살아 있는 동안 델프트에서만 활동했던 베르메르는 사망 후에는 아예 잊혔다. 화가가 스트레스와 병으로 갑작스럽게 죽은 후 아내는 막대한 빚을 물려받았고, 약간의 돈을 받는 대가로 남은 그림 대부분을 시의회에 넘겼다. 정보가 없던 그의 그림은 다른 대가의 이름으로 팔리기도 했다. 그렇게 화가는 잊혔고 명성과 인기를 잃은 그림들은 흩어졌다.

　　　그림의 가치는 화가의 명성이나 그림 자체의 훌륭함으로만 결정되는 건 아니다. 인정은커녕 사람들의 기억에서 사라졌던 그림이 필연적인 운명으로 다시 발견되고, 역사의 주인공이 되는 드라마틱한 일이 미술사에서는 종종 일어난다. 자신의 동네에서만 유명했던 베르메르는, 18세기 초(1719) 아르놀트 호우브라켄Arnold Houbraken에 의해 출판된《네덜란드 황금시대 예술가에 관한 중요한 전기 시리즈》에서도 간략하게만 언급될 정도로 잊힌 존재였다.

　　　그렇게 200여 년간 잠자던 화가의 명성은 19세기 후반에 다시 깨어나기 시작했다. 과거의 한 순간을 포착한 듯 평민의 일상을 사진처럼 기록한 그림은 후대에 그 진가를 발휘하기 시작했다. 그 시작은 1866년 권위 있는 프랑스 미술 평론지인《가제트 데 보자르Gazette des Beaux-Arts》에 실린 프랑스 평론가 테오필 토레Théophile Thoré가 쓴 글에 의해서였다. 그는 베르메르를 찬미하는 글과 함께 약 70여 점(후에 34점만 인정된)의 그림을 베르메르의 것으로 본 자신의 연구 결과를 발표했다. 이후 해외에서 첫 인정을 받은 화가의 그림들 중 하나인〈진주 귀고리를 한 소녀〉가 1881년, 헤이그의 경매장에 그 모습을 다시 드러냈다. 경매에 참여한 네덜란드 육군 장교이자 예술품 수집가였던 아르놀두스 안드리에스 더 톰베Arnoldus A. des Tombe는 그림을 이렇게 평했다.

아름다워 보이지만
제대로 평가하기에는 너무 더럽다.

✦〈진주 귀고리를 한 소녀〉왼쪽 상단에 있는 베르메르의 서명

　　　　톰베는 친구이자 그림의 가치를 알아본 미술사가 빅토르 더 스튀르스Victor des Stuers●의 조언에 따라 수수료 0.3길더가 붙은 2.3길더(현재로 치면 약 30달러가 안 되는 가치)에 구입했다. 톰베는 그림을 안트베르펜Antwerpen의 복원가에게 맡겼고, 복원 과정에서 왼쪽 상단에 있는 베르메르의 서명이 발견돼 그의 작품임이 드러났다. 서명은 아주 희미해서 잘 보이지 않는다.

　　　　손상이 많이 되었던 그림은 여러 번의 복원에 의해 지금과 같은 아름다운 모습을 되찾았다. 1902년 톰베가 사망한 후 〈진주 귀고리를 한 소녀〉는 헤이그의 마우리츠하위스 미술관에 기증되어 오늘날에도 그곳에서 우리를 반겨주고 있다.

●　　함께 경매에 참여한 미술 비평가인 빅토르는 베르메르의 작품임을 알아봤지만, 톰베의 이웃이자 친구로서 경쟁하지 않기로 했다는 설도 있다.

그림1. 프랑수아 부셰, 〈퐁파두르 부인〉, 1756년, 뮌헨, 알테 피나코텍

이미지 메이킹의
여왕

퐁파두르 부인
JEANNE-ANTOINETTE POISSON

✦ • • •

1721–1764

나른한 오후의 햇살에 독서를 방해받은 듯 옅은 미소를 띠며 휴식을 취하고 있는 여인에게서 고상하고 자신감 넘치는 여유로움이 물씬 풍긴다. 여인의 초상화는 평소 바라던 자신의 모습으로 세심하게 연출되었다. 궁정 생활의 정점에서 그려진 이 초상화*를 통해, 여인은 측근과 적들에게 '왕의 오른팔이자 가장 영향력 있는 조언자'로서의 자신의 확고한 위치를 인지시키는 메시지를 던졌다. 그녀는 루이 15세Louis XV의 유명한 정부로, 프랑스 궁정의 실세이자 로코코 문화의 아이콘이지만 동시에 프랑스 왕가의 몰락을 이끌었다는 평을 듣는 퐁파두르 부인Madame de Pompadour이다.

지적인 여인, 팜므 사반트

" 그녀에게서는 장미향이 난다."

화가의 표현처럼 그림에서도 장미향이 날 것만 같은 이 초상화는 로코코 시대의 천재적인 화가 프랑수아 부셰François Boucher가 그린 퐁파두르 부인의 초상화이다. 수많은 장미 문양과 리본장식에 파묻힌 듯 로코코의 전형적인 드레스를 입고 우아한 자태로 소파에 기대앉은 그녀의 모습에선, 성적인 매력을 과시하는 정부의 모습은 찾아볼 수 없다. 그녀는 권력이나 부, 사회적 지위를 나타내는 전통적인 초상화의 방식이 아닌, 자신이 속한 자연스러운 환경 안에서 원하는 여인상으로 묘사되기를 바랐다. 무엇보다 일반적인 정부의 이미지와 거리를

* 왕비의 시녀가 된 영광스러운 일을 기념하기 위해 초상화를 의뢰한 퐁파두르 부인은, 초상화 속에서 정작 왕비나 시녀와 관련된 것은 찾아볼 수 없이 그저 매우 화려하게 꾸민 자신을 '팜므 사반트'로 연출해 살롱에 전시했다.

두고 싶었던 퐁파두르 부인은 책과 악기, 악보, 화판 등을 배경으로 선택했다. 손에는 고심하여 고른 흔적이 엿보이는 '여러 번 본 듯 해져 있는 책'을 들어 지적인 면모와 독서에 대한 열정*을 넌지시 드러냈다. 의뢰인의 의도를 매우 잘 파악한 화가는 배경에 큰 거울을 배치해 반대편에 위치한 (책으로 가득한) 책장이 비치게 했다.

그녀의 모습이 머리부터 발끝까지 완벽하게 꾸며진 것과는 반대로, 배경이 되는 방은 정리되지 않은 어수선함이 물씬 풍긴다. 어딘가 익숙한 우리네 모습을 보는 듯하다. 하지만 이 방의 어수선함은 모두 원하는 이미지를 얻기 위한 치밀한 계산하에 디테일하게 연출된 것이었다. 흐트러져 있는 종이들, 열려 있는 편지봉투가 놓인 탁자와 정리되지 않은 책들이 쌓여 있는 모습은, 마치 그녀가 일에 몰두하고 있던 중 방해를 받은 듯한 느낌까지 선사한다. 열려 있는 서랍에는 디드로Diderot, 볼테르Voltaire와 같은 프랑스 계몽주의 철학자들의 상징이었던 깃펜이 자리하고 있다. 이는 그녀가 그들과 관련되어 있으며 그들의 후원자라는 표식으로, 볼테르는 디드로에게 퐁파두르 부인을 "우리 중 하나"라 언급하기도 했다. 퐁파두르 부인은 계몽주의 철학가들과의 활발한 교류를 통해 지식인으로서의 면모를 드러내고, 지적 엘리트들과의 친분을 과시했다.

초상화 속 이러한 장치들은 왕의 정부인 그녀를 교양 있고 지적인 여성으로 인식하게 만들어주었다. 이는 성적 매력을 어필하는 '팜므 파탈'이어야 할 왕의 정부가, 지적이고 학식 있는 여인인 '팜므 사반트Femme Savante'의 모습(그림 1, 2)으로 묘사되는 흥미로운 현상이었다. 특히 거울에 반사되어 보이는 책장은 남에게 비춰지고 싶은 퐁파두르 부인의 자아로, 책으로 가득 차 있는 책장을 통해 시대의 지식인으로 인식되길 바라는 '내면의 투영'으로 해석할 수 있다. 그녀는 다른 초상화에서도 의도적으로 많은 책과 악보, 악기 또는 설계도 등을 소품 삼아 우아한 자태로 안락의자에 앉아 책을 읽거나 악보를 훑어보는 모습을 연출함으로써, 매우 지적이고 학구적인 여성의 모습으로 자신을 드러냈다. 17세기

---

*   그녀는 실제로 3525권의 책이 있는 멋진 개인 서재를 가지고 있었다.

✦ 그림2. 모리스 캉탱 드 라 투르, 〈퐁파두르 부인〉, 1749~1755년, 파리, 루브르 박물관

① 그녀가 출간을 후원한 프랑스 최초의 백과사전, 정치철학 에세이, 볼테르의 시집 등 다양한 책들
② 음악에 대한 관심을 드러내 주는 악기와 악보
③ 각종 서류들
④ 그림들을 모아 놓은 화판

여인들이 순종적이고 경건한 아내의 모습을 선호했다면, 18세기의 여성들은 지적이고 교양 있으며 매우 섬세한 여성적인 이미지를 선호했다. 이러한 지적인 면모를 드러내 주는 초상화는 계몽주의 시대의 인기 장르가 되었다.

새로운 시대의 새로운 여인상

+ • • +

18세기 프랑스는 로코코의 시대였다. 사람들은 새롭게 부흥한 자유주의 사상*
에 입각하여 감각적인 쾌락을 추구했다. '방탕 문학'이라 불리는 연애 소설이 성
행하였고, 자유주의는 쾌락을 즐기고자 하는 상류층들의 문화로 자리 잡았다.
사랑이 넘치는 프랑스였다.

> **나는 당신을 매우 사랑하지만, 당신보다 내 자유를 더 사랑합니
> 다.**

프랑스 궁정의 한 아름다운 부인은, 부인의 또 다른 애인의 존재를 알고 자
신을 질책하는 애인에게 이렇게 말했다. 이것이 바로 로코코의 정신이었다. 여
인이 남성에게 무조건적으로 복종하고, 행복한 가정에서 충실한 부인의 역할로
자부심을 가지던 시대는 지나가고 있었다. 사회적 분위기는 개방적이며 자유로
웠고, 여성의 의식과 지위는 점점 높아지고 있었다. 여인들은 지식을 쌓고 자신
만의 매력을 개발하는 데 시간을 할애했다. 살롱의 문화 활동에 참여해 지식인
들과의 교류와 토론을 통해 사회를 보는 시각을 키웠고, 자기중심적인 사고를
하기 시작했다. 새로운 여성상의 등장이었다.

퐁파두르 부인은 이러한 시대를 대표하는 여성 중 한 명으로, 자신의 정체
성을 스스로 구축한 진취적인 여성이었다. 사실 그녀가 왕의 정부로 지낸 세월
은 고작 5년 남짓이었다. 모두들 왕의 여인으로서 역할을 다한 퐁파두르가 비참
하게 궁을 나갈 것이라고 생각했지만, 결과는 그 반대였다. 그녀는 왕의 곁에 남
을 자신만의 방법을 찾아냈다. 루이 15세는 자신이 좋아하는 사람들과 국정을

---

* 자유주의 철학의 원조인 그리스의 에피쿠로스 철학이 17세기에 다시 부흥했는데, 프랑스 철학자들 사이에서도
널리 퍼지며 점차 많은 사람들에게 영향을 끼쳤다. '최고의 선은 고통을 멀리하고, 지속 가능한 쾌락을 추구하는
것'이라는 철학 운동이었다.

논의했는데, 그 중심에 그녀가 있었다. '왕의 여인'에서 '왕에게 필요한 여인'으로 탈바꿈한 퐁파두르 부인은 승승장구하며 1752년 공작부인으로 승격되었고, 그로부터 4년 뒤에는 궁정 여인 중 가장 권위 있는 지위인 왕비의 시녀(13번째)가 되어 자신의 영향력을 키워나갔다. 그녀는 왕의 조언자에 그치지 않고 예술문화 분야에서 권위 있는 위치에 올라 자신의 취향을 형성하고, 그것을 프랑스만의 스타일로 만들어 유럽 문화의 트렌드를 이끌었다.

로코코의 드레스, 로브 아 라 프랑세즈

루이 15세의 통치가 시작된 후, 1730년부터 약 40년간 로코코 패션의 시대*가 열렸다. 상류층은 사회적 불안함**을 억누르고 포장하려고 더욱더 화려하고 사치스러운 삶에 집착했다. 이전 시대의 장엄하고 무거운 바로크 양식과 매우 엄격하고 형식적이었던 루이 14세Louis XIV의 스타일에 대한 반발로 1730년경 프랑스에서 탄생한 로코코는, 과장되고 화려하지만 밝고 따뜻한 파스텔 톤의 가벼운 우아함이 특징이었다. 바로크의 웅장했던 모티브들은 매우 장식적이고 극단적으로 정교하게 변모했다.

'로코코Rococo'라는 용어는, 후기 르네상스의 정원에 있는 인공 석굴***을 장식한 조가비 세공을 일컫는 '로카이유Rocaille'와 이전 시대의 예술 양식인 '바로코Baroco'의 합성어이다. 1797년경, 엄격한 신고전주의 화가인 피에르모리스Pierre-Maurice Quays가 고대 예술의 순수하고 깨끗한 선과 단순한 구성으로의 회귀를 옹호하는 자신의 취향과 완전히 반대되는, 화려한 장식이 두드러져

---

* 로코코 양식은 보통 루이 14세 사후부터 프랑스 혁명이 일어나기 전까지의 시대를 의미하나, 패션 분야만으로 보면 루이 15세의 통치 기간 중 1730년부터 약 1770년까지를 의미한다.
** 18세기 프랑스 궁정과 귀족들의 삶은 이루 말할 수 없이 화려하고 사치스러웠지만, 실상은 사회·경제적으로 매우 어두운 시기였다. 유럽 내 기나긴 종교전쟁, 전염병, 기근 그리고 리스본 대지진(1755) 같은 천재지변은 신에 대한 의구심을 불러일으켰고, 사람들은 현재를 즐기는 데 집중하게 되었다.
*** 유럽 정원에 장식용으로 만들어진 천연 또는 인공 동굴로, 고대 신들의 거처로 여겨졌다. 석굴은 종종 암석, 깨진 유리, 금속 조각, 조개껍질의 세공으로 만들어졌다.

예술적으로 촌스럽고 경박한 로카이유 스타일을 비웃기 위해 '지나간 유행'이라는 의미를 담아 농담처럼 만들어 부른 용어였다. 하지만 결국 하나의 예술 운동을 지칭하는 이름으로 정착했다. 로코코 시대의 남녀들은 아름답게 차려입고 나무의 풍성한 푸른 잎사귀와 파스텔 톤 꽃들이 펼쳐진 평화로운 자연 속에서, 복잡한 세상일에는 관심 없다는 듯 낭만을 즐기거나 사랑을 속삭였고, 예술가들은 그런 사랑의 즐거움을 표현했다.

모든 것이 아름답게 꾸며졌다. 드레스는 달콤한 파스텔 톤이 주를 이루었고, 레이스와 리본, 꽃들로 장식되었다. 허리를 조이고 치마를 부풀리는 패션이 유행하면서 의도적으로 과장된 몸의 라인을 만들어야 했기 때문에, 코르셋의 전신인 '코르 아 발렌Corps à baleines'*(그림3)과 새로운 유형의 치마 지지대가 등장했다. 18세기엔 여인들의 코르 아 발렌의 착용이 의무화되었는데, 프랑스 궁정 여인들은 코르 아 발렌을 '여성의 아름다움에 없어서는 안 될 것'으로 여겼다. 이상적인 여성의 아름다움이 된 풍만한 가슴과 작은 허리, 큰 엉덩이의 인위적인 라인을 만들기 위함이었다. 코르 아 발렌으로 최대한 높게 밀어 올려 풍만해진 가슴은 넓고 깊게 파인 네크라인으로 더욱 강조되었다. 여성의 허리는 남자의 한 손으로 쥘 수 있을 정도로 작아야 했으며, 엉덩이에는 양옆에 보조 기구를 달아 몇 배는 크게 부풀려 엉덩이로 관심을 집중시켰다. 이러한 모습은 여성의 생식 기능에 대한 방증이었기 때문에 강조되었다. 여성의 몸을 망가

✦ 그림3. 코르 아 발렌, 1765–1775년, 파리, 파리 박물관

트리는 도구들로 시대가 바라는 가장 이상적인 여성상(생식 기능이 좋은)을 만드는 모순된 현상이었다.

• 코르셋의 전신으로, '고래수염을 넣어 만든 받침살대baleines'의 '몸통Corps'이라는 뜻이다. 탄력 있고 질긴 고래수염은 코르셋을 위한 완벽한 소재였다.

드레스는 하나의 완성된 옷이 아니었다. 하녀들의 도움을 받아 하나하나 착용하는 긴 과정을 거쳐 완성해야 했다. 등 뒤에서 줄로 엮은 코르 아 발렌을 조이고, 그 위로 옷의 조각들을 입을 때마다 핀으로 고정시키거나 바늘로 꿰매어 입는 과정이 반복되었다. 일을 할 필요가 없는 상류층일수록 끈을 더 꽉 조여 매우 가느다란 허리를 만들었다. 몸에 꽉 끼는 코르 아 발렌은 우아함과 상류층의 미덕의 표식이었다. 나무, 철, 고래수염으로 뼈대를 만든 코르 아 발렌은 매우 단단하여, 착용 시 저절로 어깨가 뒤로 젖혀지고 가슴이 펴지는 도도한 자세가 되었는데, 당시에는 이러한 자세가 사회적 지위를 보여준다는 인식이 퍼져 있었다. 신체의 곧고 경직된 자세는 지배 계급의 우월함과 고결한 영혼을 반영하는 것이라 여겼다. 자세가 사람을 만드는 시대였다.

가느다란 허리 아래로는 크게 부풀린 치마가 펼쳐졌는데, 치마를 부풀리기 위한 보조 도구로 파니에Paniers(그림4)가 등장했다. 그 모양이 거꾸로 된 빵 바구니(나귀 같은 동물의 허리 양옆으로 달았던 바구니) 같다고 하여 고대 프랑스어로 '고리버들로 만든 바구니'를 뜻하는 '파니에'라 이름 붙여졌다. 17세기 스페인의 스커트 지지대였던 과르딘판테가 프랑스에서 재해석되어 나타난 파니에는, 코르 아 발렌과 마찬가지로 여성복의 필수품이 되었다. 일상적인 환경에서는 작은 크기를, 공식적인 행사에서는 매우 큰 크기의 파니에를 착용했다. 파니에 위로 보통 주프Jupe를 입고 망토Manteau de robe라 부르던 가운 형식의 겉드레스를 함께 입었기 때문에 이중 치마 형식을 띠었다. 궁정드레스는 방대한 양의 직물이 사용되어 매우 무거웠는데, 보통 10~20미터의 직물이 사용되었다. 현대 여성의 기본 원피스에 필요한 직물이 2~3미터 정도

✦그림4. 파니에, 1750년경, 뉴욕,
메트로폴리탄 미술관

인 것을 감안하면, 하나의 드레스를 위해 너무나도 많은 천이 소비되었음을 알 수 있다.

　　가장 위에 걸치는 가운 형식의 망토는 앞이 벌어져 있어 그 사이로 속에 착용한 코르 아 발렌이 한 뼘 정도 보였는데, 역삼각형 모양의 앞가슴 덮개인 '피에스 데스토막Pièce d'estomac'(그림5 중 오른쪽)을 덧대어 가렸다. 보통 드레스와 같은 직물 위에 화려한 자수를 놓아 제작했지만, 퐁파두르 부인은 리본이 층층이 배열된 에셸échelles 스타일을 선호했다. 취향이 확고했던 퐁파두르 부인은 특히 리본장식을 매우 사랑해 드레스에 수많은 리본과 러플을 달아 유행시켰다. 넓게 파인 데콜테로 인해 허전해진 목을 꽃이나 보석으로 장식한 리본으로 묶는 패션도 퐁파두르 스타일이 되어 퍼졌다. 길고 가녀린 목으로 유명했던 그녀였기에 목을 장식한 리본은 한층 더 아름답게 보였다. 그녀의 아름다운 모습은 초커Choker 패션의 대표적인 예가 되어 오늘날까지도 영감을 주고 있다.

　　피에스 데스토막을 코르 아 발렌에 핀으로 고정하고 나서, 마지막으로 겉드레스를 걸치면 하녀들은 준비된 실과 바늘을 들고 드레스의 가장자리를 피에스 데스토막의 양쪽 끝에 고정해 함께 꿰맸다. 상황에 따라 하루에도 몇 번씩 갈아입는 궁정 여인들의 드레스는 매번 '고정하고─꿰매고─풀고'를 반복했다. 이렇게

✦ 그림5. 피에스 데스토막과 앙가장트

완성된 드레스의 이름은 '로브 아 라 프랑세즈Robe à la française', 즉 '프랑스풍 로브'로 불렸다. 파스텔 색상의 드레스에 리본, 자수, 프릴, 꽃과 같은 온갖 아름다운 장식을 잔뜩 올린 케이크 같았던 로브 아 라 프랑세즈는 특히, 꽃 문양이 수놓아져 있는 직물(그림6)의 아름다움으로 한 시대를 풍미했다. 18세기 유럽의 미적 기준은 프랑스 궁정에서 결정되었는데, 퐁파두르 부인은 이러한 로코코 패션을 만들어낸 장본인이었다. 그녀의 스타일이 곧 로코코였으며 그녀와 함께 사라졌다. 프랑스 패션의 기틀은 태양왕 루이 14세 때 세워졌으나, 프랑스 스타일의 정체성은 퐁파두르 부인의 지휘하에 만들어졌다 해도 과언이 아니다.

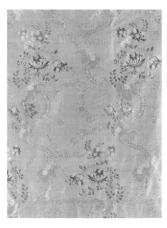

✦ 그림6. 로브 아 라 프랑세즈 직물의 꽃 문양

왕의 마음을 다스리는 여인

✦ • • ✦

당대의 궁정인이었던 슈베르니Cheverny 백작의 퐁파두르 부인에 대한 회상은 이러했다.

❝어떤 남자라도 정부로 원했을 여자. 그녀는 다른 어떤 여자에게서도 본 적 없는 열정과 지성 그리고 빛나는 재능을 가지고 있었습니다.❞

1721년, 프랑스 평민 계급의 한 가정에서 태어난 잔앙투아네트 푸아송Jeanne-Antoinette Poisson은 사실 준비된 정부였다. 딸의 신분 상승을 바랐던 푸아송 부인은 어린 잔을 안고 당시 유명한 점술가였던 르본Lebon 부인에게 찾아갔고, 르본 부인은 잔을 보며 말했다. "왕비는 아니지만, 거의 왕비가 될 것"이라는 매우 흡족한 예언을 들은 푸아송 부인은 당장 딸에게 '작은 여왕Reinette'이라는 애칭을 지어주었다. 어린 시절을 수녀원 학교에서 자란 잔은 야망을 가진 어머니의 손에 이끌려 아홉 살 되던 해 수녀원을 나와 본격적으로 왕의 정부에 걸맞은 여인이 되도록 교육받았다. 지적인 대화를 위한 과학, 문학, 예술(노래, 춤, 악기, 낭송, 조각 등)에 대한 지식은 파리의 세련된 학교에서 전문적으로 교육받았으며, 남자를 유혹하는 방법에 대해서는 노련한 푸아송 부인이 직접 나섰다. 그녀는 딸에게 매혹적인 태도와 유혹의 기술을 가르쳤다. 잔은 영리한 아이였다. 어머니의 야망과 열정에 보답하듯 소녀는 왕을 유혹하기 위해 철저한 계획을 짜는 여인으로 성장했다. 왕의 여인이 될 것이라는 예언 속에서 키워진 잔은 아직 만나보지도 못한 젊고 잘생긴 유부남 왕과 홀로 사랑에 빠졌다. 도덕성 결여는 시대의 풍조였다. 프랑스에는 자유주의 사상이 만연했고, 사람들은 감각적 쾌락에 몰두했다. 왕조차 정치에는 관심이 없고 무기력했으며, 삶의 활력은 오락과 여인들과의 성적 쾌락에서 찾았다.

　푸아송 부인은 딸을 데리고 당시 유행이던 파리의 여러 살롱에 드나들면서 사교계에서 발을 넓혔다. 특히 텐생Tencin 부인의 살롱에서 잔은 극작가, 정치 사상가 등 당대 지식인들을 만나 견문을 넓혔고 지적 엘리트들 사이에서 주목받을 수 있는 대화의 기술을 습득했다. 살롱은 온갖 정보와 가십거리의 집합소였고, 잔은 그곳에서 왕에 대한 많은 정보를 수집할 수 있었다. 하지만 계급이 낮았던 잔이 왕을 만날 방도는 없었다. 그렇게 시간은 흘러 소녀는 어느덧 결혼 적령기를 맞이했다. 잔의 바람처럼 왕의 여인이 될 수 있는 유일한 방법은 신분 상승뿐이었고, 결혼은 가장 빠르고 쉬운 길이었다. 당시 궁정은 르네상스 시대부터 이어져 온 혈통이 증명된 귀족만이 들어갈 수 있었으며, 왕의 정부 또한 귀족 출신이어야 했다. 1741년, 잔은 노르망 드 투르넴Normant de Tournehem(자신의 후원자이자 어머니의 애인)의 조카 샤를 G. 노르망 데티올Charles G. Le Normant d'Étioles과 결혼했다. 돈 많은 부르주아 계급인 남편 덕분에 신분이 상승된 잔은 이제 '데티올 부인Madame d'Étioles'이 되어 파리의 세련된 살롱의 여주인으로 활동하며, 그동안 갈고 닦은 재능을 십분 발휘했다.

> **"예쁘고, 매우 성숙하며, 완벽하게 훌륭하고, 경탄할 만큼 노래를 잘하며, 사람들의 마음을 사로잡는 타고난 재능이 있는 그녀는 수요 모임의 나이 든 철학자들의 큰 환심을 샀습니다."**

데티올 부인의 아름다운 자태와 자신감 넘치는 어투의 센스 있는 화법, 대화가 통하는 지적 능력은 그녀를 빠르게 파리 사교계의 주인공으로 만들어주었다. 특히 그녀는 계몽주의 철학가들과 관계를 쌓았는데, 후에는 이들이 백과사전을 펴낼 수 있도록 후원하며 힘을 보탰다. 이들 중에는 우정으로 평생 함께한 유명한 작가이자 철학가인 볼테르도 있었다. 볼테르는 그녀에게 '여신La divina'이라는 별명을 선사하며 각별한 우정을 쌓았다.* 파리의 살롱에서 이름을 떨칠수록 왕에게 닿는 길이 점점 가까워지고 있었다. 이제 마주칠 기회만 노리면 되었다. 남편과 아이를 낳고 결혼 생활에 충실하면서도 데티올 부인은 입버릇처럼 남편에게 말하곤 했다.

> **"왕이 아니면 당신을 절대 떠나지 않을 거예요."**

사랑에 빠진 남편은 가벼운 농담처럼 여기며 행복해했지만, 이것은 데티올 부인의 염원을 담은 주문과도 같았다. 그리고 말은 씨가 되어 기회가 찾아왔다. 1743년 여름, 루이 15세는 사슴 사냥을 위해 세나르Sénart 숲을 찾았고, 왕은 주

---

* 볼테르는 데티올 부인이 왕의 정부로 궁에 들어가기 전 준비 기간 동안 그녀에게 개인적으로 궁정 예절과 숙지해야 할 왕실 족보에 대한 교육을 시켜주었으며, 데티올 부인은 궁정에 들어간 후 왕을 설득하여 볼테르를 왕실 역사가로 임명시키는 등 서로를 도왔다.

변의 영주들과 부르주아 계급까지도 사냥에 참여할 수 있도록 허가했다. 마침 근처 영지에 살고 있던 데티올 부부에게도 사냥에 참가할 권한이 주어졌고, 데티올 부인은 드디어 찾아온 기회를 놓치지 않도록 만반의 준비를 한 뒤 세나르 숲으로 향했다.

　　사냥은 시작되었다. 말을 탄 루이 15세는 그의 일행들과 푸른색 코트를 입고 칼을 찬 위풍당당한 모습으로 앞서 나갔다. 왕이 사람들 무리와 멀리 떨어져 한 길목을 지날 때였다. 분홍색 드레스를 입은 아름다운 여성이 홀로 예쁜 하늘색 마차의 고삐를 쥔 채 여신처럼 앉아 또렷한 눈빛으로 왕을 응시하고 있었다. 데티올 부인이었다. 왕이 지나가는 길목마다 여러 번 반복하여 나타나는 분홍 드레스의 아름다운 여인은, 권력의 지루함과 쾌락의 피로에 젖어 모든 것에 심드렁했던 젊은 왕의 눈길을 끌기에 충분했다. 데티올 부인은 당시 왕의 정부였던 샤토루Châteauroux 공작부인의 경고를 받았지만, 아랑곳하지 않았다. 계획은 어느 정도 통했는지 그날 밤 호기심이 든 왕은 그녀가 누군지 알아보라 명하였고, 이미 사교계에서 '파리의 아름다움'이라 불리며 이름을 떨치고 있던 데티올 부인에 대해 알게 되었다. 왕은 사냥한 사슴 고기를 보내 마음을 전했다.

　　하지만 결정적인 기회는 그로부터 약 2년 후에 찾아왔다. 그동안 데티올 부인은 딸을 낳았고, 왕은 사랑하던 정부 샤토루 공작부인을 갑작스러운 병으로 잃었다. 1745년, 베르사유 궁에서 왕세자의 결혼을 축하하기 위한 가면 무도회가 열렸고, 데티올 부부도 초대를 받았다. 데티올 부인은 이번에야말로 확실하게 왕을 사로잡기 위한 계획에 착수했다. 무도회가 시작되고 분위기가 한창 고조될 무렵, 8개의 나무가 주목을 받으며 요란스레 등장했다.(그림7) 막 사랑하는 이를 잃어 마음이 많이 허했지만 파티의 즐거움은 놓칠 수 없었던 왕이었다. 많은 여인들은 단번에 왕의 무리라는 것을 알아챘다. 여인들이 왕의 눈에 띄길 간절히 바라며 나무 무리 주위로 모여든 그때, 흥겨움에 북적이던 군중 사이로 루이 15세의 눈에 어디선가 많이 본 듯한 여인이 들어왔다. 실크로 된 장밋빛 가면

✦ 그림7. 나무로 변장한 루이 15세와 목동으로 분한 데티올 부인이 만난 가면 무도회

으로 얼굴의 반을 가린 채, 큰 후드가 달린 분홍색 실크 드레스를 입은 목동의 모습을 한 아리따운 자태의 여인이었다. 그는 홀린 듯 그녀를 따라가 대화를 나눴고, 그녀의 목소리와 향기만으로 자신이 세나르 숲에서 사냥할 때 자주 마주쳤던 여인이란 것을 알아챘다.

　우연처럼 보이는 이 모든 일은, 왕의 마음을 사로잡기 위해 오래전부터 준비한 데티올 부인의 치밀한 전략이었다. 그녀는 한껏 화려하게 꾸민 다른 여인들과는 달리 목동의 수수한 모습으로 무도회에 참석했는데, 이러한 차림새는 아름다운 그녀의 외모를 더욱 빛나게 해주었다. 그녀는 세나르 숲에서부터 왕의 눈에 각인되도록 분홍색을 선택했고, 계획은 들어맞았다. 데티올 부인은 그동안 갈고 닦은 재치 있는 입담과 미모로 한껏 왕을 홀렸고, 그녀에게 반한 왕은 가면을 벗으라 명했다. 이에 데티올 부인은 다음 기술에 들어갔다. 그녀는 순종하는 듯 바로 가면을 벗어 예쁜 얼굴을 보여줌과 동시에, 그 시대의 '남녀 행동 지침서'에 따라 왕의 발치에 자신의 손수건을 떨어트리고는 몸을 돌려 군중 사이로 숨어버렸다. 애가 탄 왕의 시선이 자신을 쫓을 수 있을 정도의 거리만 유지한 채, 데티올 부인의 의도적인 술래잡기가 시작되었다. 왕은 의욕 충만한 태도로 뒤따랐다. 부인이 떨어트린 손수건을 집어 든 왕은 이미 자신의 손에 닿지 않게 멀어진 데티올 부인을 향해 손수건을 던졌다. 그러자 주변에서 나직이 외치는 소리가 퍼져나갔다.

"손수건은 던져졌다!" •

데티올 부인의 승리의 신호였고, 동시에 호시탐탐 기회를 노리던 다른 여인들은 절망에 빠졌다. 역시 계획은 치밀해야 하며, 준비물은 얼굴이다. 그녀는 승리의 미소를 지으며 그대로 마차에 올라타 파리로 돌아갔다. 이미 자신이 누구인지 아는 왕이었기에 서두를 건 없었다. 시간과 상황은 데티올 부인의 편이었다.

비밀스러운 사랑의 언어, 손수건

손수건을 이용한 이 제스처는 오스만 제국의 술탄이 자신의 하렘Harem ••에서 마음에 드는 여인을 선택하던 제스처였다. 그들의 사회에서 손수건은 왕이라는 신분을 나타내는 상징으로, 술탄은 항상 손수건을 지니고 다녔다. 1604년부터 1607년까지 베네치아의 특사로 이스탄불에서 일한 본Bon에 의하면, 술탄이 여자들 앞을 몇 번 왔다 갔다 하다 마음에 드는 여인에게 손수건을 직접 주거나 던져주면 여인은 손수건을 가슴 안에 넣어 응했다. 이러한 술탄의 일상적인 '여

•　궁정 언어로 '친밀한 관계가 시작되었음'을 의미한다.
••　하렘은 이슬람 문화권 궁전에서 가족의 여성 구성원(처첩, 미혼의 딸, 미혼의 여성 친척, 하녀 등)이 기거하던 공간이다.

인을 선택하는 과정'은, 이국주의가 최절정에 이르렀던 18세기 유럽에서 그야말로 이국적인 낭만 가득한 순간을 표현하는 형식이 되어 프랑스 상류층 사이에서 유행처럼 번졌다. 특히 루이 15세의 시대에는 '왕의 선택'이라는 순간을 나타내는 징표가 되었다.

유럽에서 손수건은 이미 르네상스 시대부터 연인들의 비밀스러운 사랑의 언어를 전하는 도구이자, 여인들의 필수품이었다. 손수건은 혼수품으로 지정되었을 만큼 화려하고 비싼 사치품으로 부의 상징이기도 했다. 여인들은 손에 손수건을 쥔 채로 다녔으며, 여인의 초상화에서도 빠지지 않고 등장했다. 이 시대의 손수건은 손목 부분을 장식해 준 레이스의 연장처럼 같은 소재를 활용해 통일감과 아름다움을 선사했다.

쏟아져 내리는 눈꽃, 레이스

물고기를 잡기 위해 그물을 만들었던 원시 시대부터 그 유래를 찾을 수 있는 레이스는 르네상스 시절 이탈리아와 프랑스, 그리고 플랑드르에서 최고 수준의 레이스가 생산되면서 크게 발전했다. 레이스를 뜨거나 자수를 놓는 행위는 상류층 여인들의 전통적인 취미였기 때문에 생산적, 경제적인 의미가 없는 활동으로 여겨졌으나 점차 고부가가치 산업으로 발전했다. 레이스는 대물림되는 매우 비싼 사치품이었다. 레이스의 패턴과 기법은 1520년대 소책자로 발간되어 널리 퍼지며 레이스 발전에 일조했다. 특히 베네치아는 16세기 중반 무렵 레이스 기법의 수준 높은 진화를 보여주었는데, 지금도 레이스 산업의 명맥을 이어가고 있는 부라노Burano섬에서 거미줄처럼 공중에 떠 있는 듯 실과 바늘로만 레이스를 뜨는 '푼토 인 아리아Punto in aria' 기법이 발명되었다. 이 기법으로 만들어진 레이스인 '푼토 베네치아Punto Venezia'(그림8)는 밑바탕이 되어주는 얇은 직물 없이 실과 바늘로만 떴기 때문에 진정한 최초의 레이스로 간주된다. 마치

✦ 그림8. 푼토 베네치아, 16세기, 톨레도, 톨레도 미술 박물관

눈꽃처럼 의복의 가장자리를 장식한 이 레이스는 상류층의 사치와 아름다움의 상징이 되었다.

　　이러한 레이스로 장식된 손목 장식은 점점 크기가 커져 앙가장트Engageantes (그림5 중 왼쪽, 9)라는 매우 아름다운 형태로 변형되었는데, 로브 아 라 프랑세즈에서 팔 아랫부분을 화려하게 장식해 주는 하얀 레이스 부분이었다. 팔꿈치부터 마치 여러 겹의 레이스가 쏟아져 나오는 듯한 아름다운 형태의 앙가장트는 바로크 시대에 생긴 소매 장식이었지만, 로코코 시대의 드레스에서 꽃을 피웠다. 바로크 시대부터 드레스의 소매가 짧아지면서 세상에 드러나기 시작한 여인들의 팔은 앙가장트로 더욱 드라마틱하게 장식되었다. '부착하다'라는 뜻의 프랑스어 'Enganeant'에서 파생된 용어인 앙가장트는 교체가 가능한 분리형 소매 장식으로, 핀이나 단추로 소매에 고정했다. 탈부착식 칼라나 소매는 그 화려한 모양새 때문에 장식적인 요소로 보이지만, 사실 첫 번째 목적은 실생활의 편의였다. 당시 빨래는 며칠 동안 행해지는 길고 고된 과정의 연속이었다. 겉에 입는 드레스는 거의 빨지 않았기 때문에 사람 몸에서 나오는 기름이나 땀은 드레스 속에 입은 셔츠나 슈미즈가 담당했다. 특히 때가 잘

✦ 그림9. 앙가장트

타는 목이나 팔 부위는 빨래가 용이한 탈부착식 칼라와 소매로 해결했다. 목과 팔의 깨끗한 흰색 리넨과 레이스는 위생적이고 단정하며 부유하다는 표식으로 여겨졌고, 귀족들이 집착하는 포인트가 되어 사랑받았다.

왕의 정부에서 왕의 친구로

✦ • • ✦

손수건 사건 이후 데티올 부인에게 푹 빠진 루이 15세는 당장에 데티올 부인을 공식 정부로 임명해 궁으로 데리고 오고 싶었다. 하지만 그러기 위해서는 먼저 해결해야 할 큰 문제가 있었다.* 바로 데티올 부인의 계급이었다. 다시 한번 언급하자면, 당시 궁정은 혈통이 증명된 귀족만이 출입할 수 있었고, 왕의 정부 또한 모두 귀족 출신이었다. 이에 왕은 후계자 없이 대가 끊긴 귀족 가문의 이름인 퐁파두르Pompadour를 사들였고**, 데티올 부인은 퐁파두르 지방의 영지와 작위를 하사받아 퐁파두르 여후작이 되어 공식 정부가 될 자격을 얻었다. 당시 공식 정부Maîtresse-en-titre는 한 명만 있을 수 있었기 때문에 매우 특별한 지위였다.*** 왕의 여인이라는 것 외에 특별한 임무는 없었지만, 공식 정부의 타이틀과 함께 부와 권력이 주어졌기 때문에 많은 귀족 가문의 여인들이 탐내던 자리였다. 그런 자리를 계급도 낮은 여인이 차지하고, 쉽게 자신들의 사회에 들어오자 귀족들은 모욕감과 함께 위기감을 느꼈다.

궁으로 입성하는 날, 호기심과 적대감에 가득 찬 많은 눈들 사이로 퐁파두르 여후작은 신중하게 한 발 한 발 왕과 왕비 앞으로 걸어나갔다. 오늘을 위해 두문불출하며 볼테르와 아베 드 베르니스Abbé de Bernis(당대 외교관이자 시인)를 가정

---

* 데티올 부인이 유부녀였던 건 그녀의 계급 문제에 비하면 문젯거리도 아니었다. 하루아침에 사랑하는 아내를 잃은 남편은 고통에 기절까지 했지만, 상대는 왕이었기에 모든 상황을 수용할 수밖에 없었다.
** 18세기에는 돈 많은 부르주아들이 귀족 칭호를 사들이는 행위가 널리 퍼져 있었지만, 여전히 그러한 자가 궁정에 입회하는 것은 관습에 대한 모독으로 여겨졌다.
*** 공식 정부는 한 명만 있을 수 있다는 게 관행이었지만, 그렇다고 왕이 다른 정부를 가질 수 없다는 뜻은 아니었다. 공식 정부 외에도 왕은 '작은 부인Petites-maîtresses'이라고 불리는 다른 여성들과 동시에 관계를 가질 수 있었다.

교사 삼아 복잡한 궁정 예절과 귀족 부인의 매너를 배운 그녀였다. 궁정 에티켓은 잘 지켜내야 함은 물론 익숙한 듯 편안하고 자연스럽게 하는 것이 무엇보다 중요했다. 그것은 태생적인 귀족임을 증명해 주는 척도로, 노력이나 어색함은 교양이 부족하거나 어렵게 습득했음을 드러냈기 때문에 자연스러움이 매우 중요했다. 퐁파두르 부인은 자신의 차림새와 행동거지 하나하나, 말할 때 사용하는 단어까지 모두 심사의 대상이며 실수할 경우 평생 조롱거리가 된다는 것 또한 잘 알고 있었다. 크고 화려한 궁정복의 등 뒤를 장식한 '쾨Queue'는 길고 무거워 저절로 걸음걸이는 고상해졌다. 쾨는 여성의 드레스를 품위 있고 우아하게 만들어주는 장치로, 당시 쾨의 길이는 착용자의 지위를 알 수 있는 척도였다. 지위의 궁극적인 상징이었던 쾨는 오늘날 웨딩드레스의 길게 끌리는 뒤 치맛자락(트레인)에서 찾아볼 수 있다.

아름다운 것에 대한 열망

18세기는 계몽주의의 시대였다. 지식인들은 살롱에 모여서 철학적이고 과학적인 대화를 나눴다. 그들은 관습이나 신앙보다는 이성과 합리를 중요시했고, 사회를 계몽하여 부조리한 현실을 개혁하고자 했다. 박식하다는 명성은 시대의 '워너비'였으며, 유럽 전역의 군주들은 철학자 이미지를 선호했다. 왕뿐만이 아니라 왕비와 정부들도 지식인들과의 대화를 즐기며, 철학과 정치 공부를 통해 더 많은 지식을 얻기 위해 노력했다. 예술, 문학, 과학의 후원은 지식인으로서 위치를 다지고 명성을 쌓는 방법 중의 하나였다. 퐁파두르 부인은 무엇보다 후원에 적극적이었다. 특히 정부가 되기 전부터 친분을 쌓았던 계몽주의 철학자들을 적극적으로 후원하며, 많은 지식이 담긴 프랑스 최초의 백과사전이 출판될 수 있도록 지원하고 결정적인 역할을 한 것이 바로 그녀였다.

모든 분야의 지식을 수집해 정리한 백과사전은, 엘리트가 독점했던 지식을 대중이 보다 쉽게 접근할 수 있도록 공유하는 것이 목표였던 계몽주의 사상가들의 철학 운동을 대표하는 결과물이었다. 삽화가 포함되어 글을 읽을 수만 있다면 어렵지 않게 정보를 습득할 수 있도록 설계된 백과사전은 민중의 계몽을 도왔고, 이러한 지적 자극은 프랑스 혁명으로 이어졌다. 인간에게 자율적이고 합리적인 판단력을 갖게 해준 계몽 운동은 성경에 의심을 불러일으켰고, 종교계는 자신들의 권위에 도전하는 움직임으로 받아들였다. 계몽주의자들은 군주제의 원칙에도 의문을 제기하며 절대 왕정과 구제도를 비판했다. 자유와 평등을 부르짖는 계몽주의 사상가들이 만든 백과사전은, 프랑스 왕국에서 가장 위험한 책이 되어 핍박을 받게 된다. 루이 15세가 백과사전을 압수하고 관련자들에게 벌금형을 내리자 퐁파두르 부인은 백과사전 편에 서서 왕을 설득했다.

> "오! 아름다운 책, 여기에는 이 세상 모든 것이 축약되어 있습니다. 뺨에 바르는 분이 무엇으로 구성되어 있는지 모르고, 내가 신고 있는 실크 스타킹이 어떻게 만들어지는지 사람들이 묻는다면 나는 매우 당황할 것입니다. 왕이시여, 당신은 당신의 왕국에서 유일한 학자가 되기 위해 이 유용한 물건을 모두 몰수하셨습니까?"

그녀의 결정적인 도움으로 백과사전은 세상의 빛을 볼 수 있었다. 그 누구도 아닌 왕의 여인이 왕권이나 교회의 권위, 낡은 제도, 불평등에 반대하고 관습을 바꾸려는 계몽주의 사상가들을 지지하고 후원한 것은 시대의 변화를 보여주는 매우 상징적인 일화라 할 수 있다.

그녀는 무엇보다 아름다운 것에 대한 열망이 있었다. 그녀의 삶은 아름다운 것에 대한 탐구로 채워졌다. 그녀는 프랑스 문화를 번영케 한 공신으로, 문화 예술의 후원자이자 본인 또한 감각이 뛰어난 예술인이었다. 그녀의 지휘 아래 베르사유 궁은 로코코 스타일로 장식되었고, 로코코 예술은 번성했다. 퐁파두르 부인이 엄청난 사치를 했다고 알려져 있지만, 그러한 사치들은 대부분 루이 15세의 기분을 좋게 하기 위한 오락이나 왕실을 꾸미는 데 사용된 경우가 많았다. 퐁파두르 부인은 보석도 별로 좋아하지 않았고, 전쟁 중에는 도움이 되길 바라며 본인이 소유하고 있던 장신구들을 재무부에 내놓기도 했다.

　자신과 거래하는 장인들에게도 물품의 값을 항상 제때 치렀으며, 전쟁으로 경제가 좋지 않을 때에는 장인들이 계속 일을 할 수 있도록 개인적인 지출을 늘려 지원했다. 그녀는 이러한 장인들이 만든 프랑스 물품들을 외교용 선물로 퍼트리며 프랑스 문화 홍보에도 힘썼다. 그리고 죽기 전 남은 재산은 모두 왕에게 돌려주었다. 당시 개인적으로 막대한 재산을 축적했던 여느 정부들과는 매우 다른 행보였다. 오늘날까지도 그 명맥을 이어오고 있는 프랑스 고급 도자기는 퐁파두르 부인의 참여와 지원으로 이루어졌다. 장식 예술에 일가견이 있던 퐁파두르 부인은 자신이 수집하던 도자기의 제조소를 사들였고, 벨뷰Bellevue에 있는 자신의 저택과 가까운 세브르Sèvres로 이전시켜 국립 도자기 제조소를 설립했다. 왕실 보증을 받게 된 세브르 제조소의 도자기는 장식 예술과 고급 도자기 분야에서 프랑스의 이름을

✦ 그림10. 로즈 퐁파두르 접시, 세브르 제조소, 1775, 파리, 파리 시립 미술관

국제적으로 드높여 주었다. 세브르의 예술가들은 핑크색을 사랑했던 이 왕실 후원자의 의뢰를 받아 제품에 쓰일 새로운 라일락 핑크 색상을 개발하여 '로즈 퐁파두르Rose Pompadour'라 명명해 퐁파두르 부인을 기렸다.(그림10)

　이 밖에 자선 활동에도 관심을 보였던 퐁파두르 부인은 자살을 결심한 가난한 작가 부아시Boissi의 일화를 듣고 작업실과 연금을 제공했고, 가난하여 결혼할 수 없는 소녀들에게 지참금을 마련해 주기도 했다. 또한 오스트리아 왕위 계

승 전쟁에 참전한 장교들의 가족들을 위해 왕을 설득하여 왕립 군사학교École Militaire를 설립해 생활이 어려워진 군인들의 자녀들을 기숙시켜 교육했다. 이는 군주가 나라를 위해 봉사한 사람들의 노고를 잊지 않고 자선을 베푸는 정의로운 통치자임을 보여준 매우 훌륭한 전략이었다. 당장 곤경에 처한 이들에게 직접적으로 도움을 주었을 뿐만 아니라, 군대의 발전으로 이어져 국방을 강화시키는 일석이조의 정책이었다. 왕립 군사학교 설립은 무능하고 권태로운 왕 루이 15세의 가장 고귀한 업적으로 가장 많이 언급되며, 다른 유럽의 찬사와 모방을 이끌어냈다. 왕의 잘못은 정부를 향한 화살이 되었지만, 정부의 공은 왕의 업적이 되었다. 당시 왕의 정부는 그런 역할을 하는 사람이었다. 18세기 궁정 연감《궁정 인사 기술Science des personnes de la cour》에 의하면, 정부는 왕의 위신을 위해 존재했고 왕실의 실수와 불행에 쏟아지는 증오에 대한 방패였다. 군주의 측근(고문, 신하, 왕족 특히 왕의 정부들)을 표적으로 삼을 때 그 공격은 왕에게서 멀어졌고, 이는 모든 유럽의 궁정에서 잘 알고 이용하는 방식이었다.

모든 것을 가졌지만 피곤했던 삶

✦ • • ✦

퐁파두르 부인의 권한이 많아질수록 적은 늘어났고, 그녀는 한순간도 경계를 늦출 수 없었다. 피곤한 삶이었다. 어린 시절부터 건강이 좋지 않았던 그녀는 평생을 편두통, 불면증, 심장병, 폐 질환에 시달렸다. 왕의 정부로 있던 5년 사이 세 번가량 유산을 하고 말년에는 결핵을 앓았던 퐁파두르 부인은, 1764년 건강이 급속도로 악화되어 폐결핵 또는 울혈성 심부전으로 죽음을 맞이했다. 퐁파두르 부인의 건강 상태가 위독하다는 보고를 들은 루이 15세는 큰 절망에 빠졌다. 그녀가 죽기 하루 전, 마지막 인사를 한 루이 15세는 그녀를 그대로 궁에 머물 수 있도록 놔두었다. 루이 14세 이후 왕족만이 궁 안에서 죽을 수 있었지만 퐁파두르 부인에게 남다른 애정을 가지고 있던 루이 15세는 예외를 두었고, 다음 날 그녀는 눈을 감았다. 그녀의 나이 43세였다. 퐁파두르 부인의 장례식은 4월 17일, 베르사유 노트르담 성당에서 행해졌고, 그녀의 유언에 따라 어머니와 먼저 간 딸의 곁에 묻혔다. 어둑해진 오후, 그녀의 관이 안장될 파리의 카푸친 수도원으로 운구될 때 거센 폭풍우가 휘몰아쳤다. 궁정법에 따라 정부의 장례식에 참석할 수 없었던 루이 15세는 개인 사무실 발코니에서 비를 맞으며 그녀의 마지막 길을 함께했다. 눈물을 흘리며 장례 행렬이 궁을 지나 파리의 수도원으로 가는 것을 지켜본 왕은 조용히 중얼거렸다.

" 이것이 내가 그녀에게 표할 수 있는 유일한 경의다. "

퐁파두르 부인에 대한 평가는 극과 극으로 나뉜다. 그녀의 적들은 그녀를 탐욕스럽고 무자비하며 보복적이라 평가했고, 그녀와 가까웠던 사람들은 그녀의 매너와 친절함, 예술과 문학의 후원을 높이 평가했다. 그녀는 실제로 솔직하고 재치 있었으며 다른 사람들에게 상처 주는 말을 하지 않았다고 전해진다. 물론 자신을 공격하는 사람들을 봐주지는 않았다.

그녀는 정부의 예술 정책에 적극적으로 관여하며 파리를 유럽의 문화 수도로 인식시키는 데 큰 역할을 했다. 현대의 시각으로는 야심 차고 주체적인 여성상으로 보일 수 있었던 한 여인은, 당시엔 '무능한 왕을 손에 쥐고 한 나라를 사치와 쾌락의 늪으로 빠지게 만들어 파멸로 이끈 여인'이 되어 쏟아지는 모든 비난과 공격을 견뎌야 했다. 후대에도 한쪽으로 치우친 시각으로 쓰인 역사책들로 인해 부정적인 평가를 받아왔으나, 현대에는 그녀에 대한 다른 시각과 연구가 나옴에 따라 평은 갈린다. 여하튼 퐁파두르 부인이 왕의 정부라는 한계를 뛰어넘어 궁정에서 자신의 역할을 스스로 만들어내고, 프랑스 문화에 큰 영향력을 끼쳤다는 점은 부정할 수 없는 사실이다.

하루의 시작, 라 투알레트

18세기 여성의 아침은 '라 투알레트La Toilette'로 시작되었다. 프랑스어로 '화장', '단장'을 의미하는 라 투알레트는 몸을 치장하고 옷을 입는 과정으로 상류층의 상징이었다. 여인들은 매일 아침 공들여 화장을 하고 머리를 매만지는 등 몸단장을 하며, 사교 활동이 전부인 하루를 준비했다. 라 투알레트가 이루어지는 내실은 남성이 기대하는 '매혹적인 여성들이 미를 가꾸는 과정'임과 동시에, 남성들이 경계하는 '여성들의 야망이 실행'되는 매우 흥미로운 곳이었다. 여인들의 사적인 공간에서 행해져야 할 라 투알레트는, 퐁파두르 부인과 함께 매우 공적인 행위가 되었다. 퐁파두르 부인의 라 투알레트 풍경은 매우 흥미로웠다.

편안한 실내복 차림으로 얼굴에 파우더를 바르는 퐁파두르 부인의 화장대 주위에는, 궁중의 고위 인사들과 외국 대사들이 서서 그녀가 단장을 마치기만을 기다렸다. 차를 마시며 가볍고 재치 있는 대화가 오갔고, 퐁파두르 부인은 나양한 주제로 자신의 박식함을 드러내며 때때로 유머러스한 이야기로 화기애애한 분위기를 이끌었다. 이곳에서 퐁파두르 부인은 정치가나 왕실의 신하들을 사적으로 만나거나, 각국의 대사들과 비공식적으로 외교를 논의하고 협상했다. 하지만 퐁파두르 부인은 언제나 선을 지켰다. 협상을 위해 테이블에는 앉았지만, 그 이후의 절차는 남자들의 몫으로 남겨두었다. 퐁파두르 부인의 라 투알레트에 참석할 수 있다는 것은 곧 사회적 특권이었다. 그녀의 라 투알레트에 들어올 수 있도록 허용된 여인들은 퐁파두르 부인의 모든 것을 따라 하기 위해 호기심 어린 눈으로 세부적인 부분까지 관찰했다. 퐁파두르가 입고 쓰고 사용하는 모든 것은 시크하고 핫한 것으로 여겨졌기 때문에, 그녀 또한 드레스와 사용할 물품들을 세심하게 고르고 하나의 퍼포먼스처럼 아침의 일과를 수행해 냈다.

연지를 바르고 있는 퐁파두르 부인의 모습을 묘사한 부셰의 또 다른 초상화(오른쪽 그림)는 내실의 여인을 엿보는 듯한 은밀함을 선사한다. 자신이 디자인한 아름답고 매혹적인 실내 가운인 '아 라 퐁파두르à la Pompadour'를 걸친 채, 우아하게 새끼손가락을 들고 붓으로 연지를 바르는 중에 포착한 듯 연출된 초상화는 부인의 제스처, 달콤한 파스텔 톤의 색감과 꽃, 리본, 깃털 퍼프 모두 로코코의 표본

✦ 프랑수아 부셰, 〈연지를 바르고 있는 퐁파두르 부인〉, 1750년, 매사추세츠, 포그 미술관

그 자체를 보는 듯 몽글몽글하다. 분홍색을 사랑했던 퐁파두르 부인은 연지를 바르는 화장을 즐겨했다. 당시 볼에 연지를 바르는 화장법이 매우 유행했는데, 연지에 대한 프랑스 여인들의 집착적인 유행을 이끌어낸 장본인이 바로 퐁파두르 부인이었다. 창백한 피부에 장밋빛 뺨과 짙은 눈썹은 당시 이상적인 아름다움의 기준이었다. 여인들은 순결, 순수, 겸손을 상징하는 하얀 분을 칠해 피부를 창백하게 만들었고, 머리에도 밀이나 쌀가루를 뿌려 하얗게 만들었다. 하얀 피부에 대조적으로 보이는 붉은 뺨은 시대의 미적 포인트가 되었다. 사람들은 눈 밑에서 바로 시작되어 뺨 전체가 붉게 물든 모습이 진짜로 아름답다고 생각했다기보다는, 희고 고운 피부에 생기가 도는 모습이 한가로운 삶을 나타내 주는, 즉 부와 계급의 표식이었기 때문에 선호했다. 프랑스 여성들은 1년에 200만 통의 연지를 사용했고, 연지는 매우 비쌌기 때문에 상류층을 따라 하려는 평민들이나 가난한 여인들은 볼에 적포도주를 바르기도 했다.

  그녀의 연지에 대한 사랑은 마리아 레슈친스카Maria Leszczyńska 왕비와도 충돌을 일으켰다. 당시 왕비의 시녀인 '담 뒤 팔레Dame du palais'는 유서 깊고 흠잡을 데 없는 혈통의 귀족 여인들에게 주어지던 영예로운 자리였다. 퐁파두르 부인은 애초에 될 자격이 없는 자리였고 그녀 자신 또한 시녀로서 왕비의 곁을 지킬 생각도 없었지만, 왕실에 남기 위한 명분이 필요했던 그녀는 온갖 로비와 공작으로 자리를 꿰찼다. 퐁파두르 부인의 이러한 태도에 불편함과 거부감을 느끼며 마지못해 그녀를 시녀로 받아들였던 왕비는, 퐁파두르 부인에게 앞으로는 자신에 대한 예의와 시녀로서의 품위를 위해 화장과 호화로운 드레스를 지양하도록 지시했다. 하지만 이러한 왕비의 명령에도 불구하고, 직책을 임명받는 성스러운 자리에 보란 듯이 더욱 아름답고 화려한 모습으로 나타난 퐁파두르 부인의 볼은 그 어느 때보다 붉게 물들어 있었다. 이는 공개적으로 왕비를 무시한 처사로, 베르사유 궁은 충격과 놀라움에 빠졌다. 사람들은 그만큼 궁정에서 확고한 위치를 차지하고 있는 퐁파두르 부인의 영향력을 다시금 확인했을 뿐이다. 온 궁정이 이 스캔들로 떠들썩했지만 퐁파두르 부인은 전혀 개의치 않았다. 그저 원하던 목적 달성에 흡족해하며, 시녀가 된 기념으로 화가 부셰에게 초상화를 의뢰해 로코코의 표본으로 남은 그림(280쪽 그림)을 그렸다.

  연지를 바르고 있는 퐁파두르 부인의 초상화(304쪽 그림)는 루이 15세와의 관계를 명시적으로 드러낸 유일한 초상화이기도 하다. 퐁파두르 부인은 루이 15세의 얼굴 카메오가 달린 진주 팔찌를 찬 오른쪽 손목을 의도적으로 보여주고 있다. 격식 있는 환경이 아닌 은밀한 내실에서 왕의 얼굴이 있는 장신구를 몸에 착용하여 대놓고 드러내는 행위는 왕과 변함없이 친밀한 관계임을 과시함과 동시에 자신의 권위를 암시하는 행동으로 볼 수 있다. 퐁파두르 부인은 자신의 일상적인 환경 속에서 원하는 이미지로 연출된 초상화를 그리면서 그저 왕의 정부가 아닌 매혹적인 외모의 지식인으로, 궁정에서 영향력을 발휘하는 성공한 여성으로 스스로를 정의했다.

그림1. 비제 르 브룅, 〈슈미즈 드레스를 입은 마리 앙투아네트〉, 1783년, 독일, 헤센 가문 재단

16

몰락의 불씨를 당긴 드레스

마리 앙투아네트

MARIE ANTOINETTE

✦ • • • ✦

1755–1793

성 루이Louis IX 축일인 8월 25일에 맞춰 개최되던 대규모 예술 행사 '살롱 뒤 파리Salon du Paris'*에 1783년 한 여인의 초상화가 전시되자 프랑스 사회는 들썩였다. 신고전주의풍의 나른하고 가벼운 드레스를 입고 정원에서 따온 꽃을 손질하고 있는 여인이 묘사된 초상화는 딱히 문제될 것이 없어 보였다. 초상화의 주인공이 왕비라는 것이 드러나기 전까지는 말이다. 현대인의 눈으로 보았을 땐 시골 소녀풍의 낙천적이며 목가적인 느낌을 선사하는 여인의 차림새는, 18세기를 살아가는 사람들의 눈에는 그저 속옷만 입은 채 정신도 함께 집에 두고 나온 듯한 여인의 모습이었다. 범접할 수 없는 고귀한 왕비가 아닌 친근함이 느껴지는 옆집 아낙네였던 것이다. 충격을 받은 프랑스인들에게 왕비는 이제 왕비가 아닌 그저 '오스트리아인 여자 마리 앙투아네트Marie Antoinette'가 되어 분노와 비난이 쏟아졌다. 그것은 모멸감에 가까운 분노였다. 마리 앙투아네트는 그렇게 프랑스에 반향을 일으켰다.

왕비, 엄격했던 궁정복에 반기를 들다

모든 유행에는 이유가 있다. 그런 패션을 좋아한 강력한 패션 리더가 존재했던 것이다. 17세기 후반부터 18세기를 아우르는 기간엔 태양왕 루이 14세가 있었다. 그는 프랑스 궁정의 많은 에티켓과 시스템을 구축한 장본인이었다. '라 로브 드 쿠르La robe de cour', 즉 프랑스 궁정복도 그의 시대에 정립되었다. 루이 14세

---

* 살롱 뒤 파리는 17세기부터 파리에서 시작된 미술 전시회로, 당시 파리 미술계를 넘어서 서구세계에서 가장 중요하고 권위 있는 예술 행사였다.

가 죽은 후에도 호화롭고 엄격한 왕실의 제도는 유지되었고, 궁정에서 열리는 모든 공식 행사에서는 궁정복을 의무적으로 착용해야 했다. 궁정에서의 삶은 왕비의 옷자락을 받드는 사람조차도 고귀한 귀족 태생이어야 할 정도로 세세한 것까지 모두 정해져 있었다. 이러한 프랑스 궁정의 관습에 반기를 든 사람이 나타났다. 왕비, 마리 앙투아네트였다.

마리 앙투아네트는 참을 수가 없었다. 베르사유 궁정에서의 삶은 모든 것이 전시되었다. 관객 없이 진행되는 것이 없는 궁에서 왕과 왕비의 모든 행위는 하나의 의식으로 공개되었다. 옷을 입고 밥을 먹는 일상은 물론 첫날밤도 수많은 신하들 앞에서 치러졌으며, 심지어 공개적인 환경에서 출산하는 것까지 왕비의 공무였다. 왕족의 사적인 일상에 참여할 수 있는 것은 개인의 위신을 증명했으므로, 귀족들은 이를 영광으로 여기며 왕족의 모든 것을 지켜보았다. 그 과정은 아침에 눈을 뜨자마자 시작되어 잠자리에 들 때까지 계속되었다.

왕비의 첫 시녀였던 캄팡Campan 부인의 회고록에는 어느 겨울 저녁, 대공비 시절 마리 앙투아네트가 반나체로 추위를 견디며 의전에 따라 서열 순으로 부인들의 손에서 손으로 전달되는 슈미즈(속옷)를 기다리는 모습이 묘사되어 있다. 마리 앙투아네트는 웃음으로 초조함과 민망함을 감추며 뱉어내듯 중얼거렸다. "이건 말도 안 돼!" 프랑스 궁정보다는 훨씬 자유롭고 비공식적인 환경에서 자란 대공비에게 이 모든 의식은 너무나 불편하고 불필요한 행위라 여겨졌다. 대공비는 이러한 프랑스 궁정의 과한 에티켓에 대해 빈의 어머니에게 편지를 보냈다.

> "나는 온 세상 앞에서 연지를 바르고 손을 씻습니다. 그런 다음 신사분들은 떠나고 숙녀분들이 남으면 나는 그들 앞에서 옷을 입습니다."

모두의 구경거리가 되어 일거수일투족이 전시되는 궁정 생활이 불편했지만, 마리 앙투아네트는 성실히 수행해 냈다. 적어도 대공비 시절엔 말이다. 처음 마리 앙투아네트가 프랑스 궁정에 발을 들여놓았을 땐, 선대 왕비의 드레스를 관리했던 빌라르Villars 공작부인이 그대로 대공비를 맡아 전담했다. 선왕비의 시녀가 공급해 주는 드레스는 모두 옛날 스타일에 머물러 있었다. 뼈를 깎는 듯한 고통을 선사하는 코르 아 발렌은 입고 싶지 않았지만, 새로 시집와 아무런 힘이 없는 어린 대공비는 고리타분한 궁정드레스의 원형을 입어야 했다. 하지만 다른 궁정 여인들은 (루이 15세의 딸들과 대공의 누이들, 심지어 루이 15세의 정부 마담 뒤바리까지) 모두 세련되고 아름다운 새 드레스 차림으로 궁을 활보하고 다녔다. 패션에 관심이 많았던 마리 앙투아네트는 자신도 새 드레스를 입고 싶었지만, 엄격한 궁정 에티켓은 이를 허락지 않았다. 그녀가 마음대로 할 수 있는 시기는 정해져 있었다. 바로 왕비가 되는 순간이었다. 관습은 권력에 의해 결정되는 문제였다. 그리고 오래 지나지 않아 루이 15세의 죽음으로 그 순간은 찾아왔다.

새로 등극한 왕 루이 16세Louis ⅩⅥ의 왕비가 된 마리 앙투아네트는 이제 눈치를 볼 필요가 없어졌다. 왕비는 먼저 코르 아 발렌부터 거부했다. 어깨를 강제로 뒤로 젖히고 가슴을 짓누르며 허리를 극도로 조이는 코르 아 발렌은 숨도 쉬기 어려울 만큼 몸을 압박했으며, 넉넉지 않은 진동둘레는 겨드랑이를 파고들어 고통스러웠다. 이것은 극한 체험이었다. 왕비가 된 이후 마리 앙투아네트는 고래수염을 반만 넣어 고정한 버전과 고래수염을 갈대로 교체한 느슨한 버전 등 여러 변형된 형태를 만들어 타협점을 찾았고, 왕비의 이러한 실험은 '코르셋'의 탄생으로 이어졌다. 그러다 아이를 임신하자 자신의 몸을 압박했던 코르셋과 무거운 파니에를 벗어 던졌다. 해방이었다.

이쁨만이 아니었다. 모두가 쳐다보는데 밥을 먹어야 했던 왕실의 공개 식사를 중단했고, 아이를 낳은 후에는 궁정 여인들의 아침 루틴이었던 라 투알레트를 없앴다. 마리 앙투아네트는 전통을 깨고 아이들도 직접 키웠다. 과도하게 행해지던 관습을 줄이며 전통과의 단절을 택한 마리 앙투아네트에게 나이 든 프랑스 궁정인들은 못마땅함을 넘어선 불쾌감을 느꼈다. 프랑스를 오스트리아화하려는 불손한 도전으로까지 여기며 그들은 왕비에 대한 의심과 분노를 표출했다. 프랑스 왕실은 당시 여성은 왕좌에 오를 수 없도록 하는 살리카법을 따르고 있었기 때문에 왕실 여성의 지위는 일반적으로 낮았다. 프랑스인들은 선왕비였던 루이 15세의 부인 마리아 레슈친스카 왕비의 경건함과 은둔 생활을 왕비의 바람직한 전형으로 여겼다. 그렇게 조용히 있어야 할 왕비가 자기주장을 하며 궁정의 전통을 바꾸려 드는 모습은 그들에게 눈엣가시일 수밖에 없었다.

궁정 관습이 과도하고 비합리적이라는 이유로 반기를 들었다면 후대에라도 왕비의 용기와 결단력이 칭송받았겠지만, 사실 마리 앙투아네트는 개인적인 이익을 위해서 또는 스스로가 불편해서 이를 따르지 않거나 폐지했다. 베르사유 궁정은 1급 귀족(르네상스 시대부터 이어진 혈통이 증명된 귀족)만 출입할 수 있었지만, 왕비는 개인적인 친분이 있는 이들을 마음대로 드나들게 했다. 특히 자신의 외모를 가꾸어주는 사람들을 외부에서 고용해 미용사, 재봉사, 조향사 등 평민들을 궁정으로 불러들였다. 왕족이 상인과 개인적인 친분을 가지는 것은 금지되어 있었으나, 의류 상점을 하는 로즈 베르탱Rose Bertin을 매일 궁으로 초대해 몇 시간이고 함께 보내며 드레스에 대해 상의했다. 그 논의 끝에 허리를 조이지 않고 보다 간소화된 가운을 선보이게 되었다.

달라진 삶의 가치

왕비의 생각과 스타일에 변화가 생긴 것은 아이와 관련이 있었다. 마리 앙투아네트는 8년 만에 고대하던 임신을 한 뒤 살이 오르자 몸에 맞는 드레스가 필요해졌다. 당시 왕비의 의상을 담당하고 있던 로즈 베르탱은 왕비를 위해 파스텔톤 색상의 얇고 흐르는 듯한 부드러운 라인의 실크 드레스인 '왕비의 로브Robe à la Reine'를 만들었다. 가볍고 몸을 압박하지 않는 새로운 스타일의 드레스가 마음에 들었던 왕비는 출산을 한 뒤에도 이러한 유형의 드레스를 매우 선호했고, 리더의 취향에 따라 궁정 여인들의 드레스는 큰 변화를 맞이하게 되었다. 왕비가 첫 출산을 한 뒤 여인으로서 성숙하고 어머니의 아름다움을 풍기는 시기에 왕비의 초상화를 그리기 시작한 화가 비제 르 브룬Vigée Le Brun은 퐁텐블로Fontainebleau의 야외에서 왕비를 처음 보았다. 하얀 드레스를 입은 한 무리의 여인들 사이 '햇빛에 반짝이는 다이아몬드와 하얀 드레스 차림의 눈부신 왕비'가 님프들에 둘러싸인 여신일지도 모른다고 생각했다.

"… 그 순간 왕비는 젊고 아름다워 보였습니다."

어머니가 된 마리 앙투아네트의 세상은 달라졌다. 남편과의 사이도 좋아짐에 따라 성숙하고 신중해진 왕비는 오락과 유흥에 덜 의존하게 되었다. 아이를 낳은 왕비는 궁정에서의 위신 또한 달라졌기 때문에 예전보다는 더 당당하게 자신의 의견을 주장을 할 수 있었다. 그즈음 삶의 가치가 달라진 마리 앙투아네트는 단순하고 사적인 삶을 꿈꿨다. 자신만의 작은 성 프티 트리아농Petit Trianon의 정원에서 자연에 파묻혀 있기를 선호했고, 그곳에서는 가벼운 모슬린Mousseline*으로 만든 가운을 일상복으로 입었다. 코르셋과 파니에로 받쳐진 화려한 궁정드레스와 비교하면 너무나도 단순해진 형태의 모슬린 드레스는, 마리 앙투아네트가 지향하던 단순한 삶에 대한 낭만적인 생각과 매우 닮아 있었다. 그동안 1년에 300벌의 드레스를 맞추고, 시즌이 끝나면 대부분의 드레스를 처분하면서 매번 새로운 드레스를 맞추던 왕비가 이 모슬린 드레스만은 고수했다. 왕비가 사랑해 마지않았던 이 모슬린 드레스는 뜻밖의 곳에서 유래되었다.

---

* 　모슬린은 현재 이라크의 도시 모술Mosul에서 유래한 가볍고 바람이 잘 통하는 면직물이다.

카리브해 섬 여인들의 드레스

" 더 단순하고, 더 자연스럽고, 더 우아하다. "

서인도제도의 프랑스 식민지였던 생도맹그Saint-Domingue에서 오는 흑인을 보기 위해 부둣가를 찾은 프랑스인들은 함대에서 내리는 흑인 노예들이 입고 있는 단순한 형태의 흰색 리넨 가운에 충격을 받았다. 왕비의 모슬린 드레스는 그

✦ 그림2. 아고스티노 브루니아스, 〈서인도제도 도미니카의 리넨 시장〉, 1775년, 뉴헤이븐, 폴 멜런 컬렉션

이탈리아 화가 아고스티노 브루니아스는 카리브해에 살면서 서인도제도의 크레올 사회를 기록했다. 1775년경에 그려진 도미니카의 리넨 시장에서 부유한 농장 계층의 크레올 여성이 입은 흰색 골 드레스는, 소매 부분을 제외하면 왕비의 슈미즈 드레스와 유사하다.

• 프랑스 내무부 장관이자 생도맹그에서 나고 자란 부르고뉴 귀족 가문 출신의 보블랑Vaublanc 백작은 현지 여인들의 리넨 가운에 대해 이렇게 정의했다.

렇게 프랑스에 소개되었다.* 드레스의 밝은 흰색은 특히 생도맹그 지역만의 특징이었다. 열대 기후의 덥고 습한 날씨에 적합했던 리넨 드레스는 서인도제도의 여성들이 입던 헐렁하고 편안한 스타일의 가운(그림2)으로, 서인도제도에 정착한 프랑스 농장주들의 아내와 딸들(크레올^{Créole}**)이 정기적으로 프랑스를 방문할 때 입고 들어오면서 본격적으로 파리에 수입되기 시작했다. 당시 유럽에서는 보기 드물었던 '빛을 발하는 흰색 천'은 이토록 밝은 직물을 본 적이 없었던 파리 여성들 사이에서 센세이션을 일으켰다.***

드레스는 처음엔 '골 가운^{Robe en gaulle}'****이라 불렸는데, 왕비의 초상화로 논란이 되면서 유명해지자 사람들은 '골 가운'을 비하하여 '왕비의 슈미즈^{Chemise à la Reine}'라는 새로운 별명으로 불렀다. 프랑스 상류층 여인들은 주로 리넨보다 더 부드럽고 얇은 값비싼 모슬린으로 드레스를 만들어 입었는데, 속이 비칠 정도의 얇은 천으로 된 드레스의 형태가 당시 속옷으로 입었던 슈미즈와 비슷했기 때문에 그러한 별명이 붙었다. 사실 골 가운은 그 형태의 단순함과 소재의 가벼움 때문에 낮은 도덕성을 상징한다는 인식이 퍼져 있었고, '크레올의 요부'라는 비하 표현은 18세기에 널리 퍼져 있었다. 당시 사회적 통념상 속옷만 입고 돌아다니는 것은 알몸으로 돌아다니는 것보다 더 음란하게 여겨졌다. 르네상스 시대 유럽에서는 잘 때 알몸으로 자는 것이 사회적 관습이었을 정도로 신이 창조한 인체 자체는 부끄러운 모습이 아니었다. 그러한 18세기 유럽인들의 눈에 여전히 셔츠와 슈미즈는 나체보다 훨씬 더 외설적인 '사회적 나체'

---

* 골 가운으로 인식되는 의류에 대한 최초의 서면 기록은 1775년이며, 초상화에 모슬린 드레스가 등장한 것은 1781년 비제 르 브룅이 그린 마담 뒤 바리의 초상화였다.

** 서인도제도나 남아메리카의 식민지로 이주해 정착한 유럽인(특히 스페인이나 프랑스 사람)의 자손들을 일컫는 말이다.

*** 당시 이러한 빛이 나도록 밝은 흰색은 사치스러운 색상으로 인식되었다. 세탁 기술이 발달하지 않았기 때문에 색상을 유지하기 어려운 흰색은 전문적인 세탁이 필요했다.

**** 카리브해 지역들은 각자의 전통 의상이 있었지만, 비슷한 기후와 문화로 공통적인 요소들이 많았다. 1685년 '흑인단속법Black Code'이 통과되면서 노예들에게도 옷감을 구입할 수 있는 권리가 생겼고, 그들 중 많은 이들이 옷을 만드는 일에 종사했다. 이들은 카리브해 전통 의상에 지배국(유럽)의 특징을 혼합하여 크레올 스타일의 드레스인 '골 크레올Gaule Creole'을 발명했다. 일부 카리브해 섬에서는 아직도 'Golle' 또는 'Gaule'로 불리는 흰색 면 드레스를 입는다.

에 해당되었다. 사회는 크레올 여성들의 복장을 음란하게 보았기 때문에 왕비가 이러한 드레스를 입고 포즈를 취한 것은 하나의 스캔들이 되었다.

비록 왕비에게는 사회적 비난을 선사했지만, 이 슈미즈 드레스는 결국 유럽 정복에 성공한다. 유행에도 불구하고 천대를 받았던 드레스는 유럽에 잘 정착하여 코르셋과 스커트 지지대로 억압받던 여성들의 몸에 잠시나마 자유를 선사하며 유럽 사회에 스며들었다. 프랑스 혁명을 거치며 여성들의 평상복이 되었고, 다양한 형태로 변모하면서 엠파이어 스타일로까지 이어졌다. 조제핀 보나파르트Joséphine Bonaparte가 프랑스의 황후가 되면서 엠파이어 스타일의 슈미즈 드레스가 한 시대를 풍미했는데, 조제핀은 서인도제도의 마르티니크Martinique 출신의 크레올 여성이었다.

부적절한 왕비의 초상화

✦ • • • ✦

사실 왕비의 초상화보다 2년 먼저 화가는 슈미즈 드레스를 입고 자화상(그림 3)을 그렸으며, 같은 해 루이 15세의 마지막 정부였던 뒤 바리 부인Madame du Barry(그림4) 또한 슈미즈 드레스를 입고 초상화를 그렸을 정도로 이미 궁정 여인들 사이에서 퍼져 있었기 때문에, 이 드레스를 평상시에 입고 다니는 것이 놀라운 일은 아니었다. 하지만 왕비가 그런 차림새로 공개적인 초상화에 모습을 드러낸 것은 다른 문제였다.

왕비의 초상화는 그 나라의 얼굴이었다. 프랑스 왕비에게 기대되는 모습은 패셔니스타가 아닌 가장 프랑스 여인다운 모습이었다. 전통적으로 왕실 초상화의 주요 기능 중 하나는 선전으로, 군주들은 초상화에서 더없이 웅장하고 제왕적인 모습으로 등장하기를 고수했다. 무엇보다 왕족의 초상화는 왕족임을 한눈에 알 수 있도록 상징적인 요소들이 코드화된 형식을 지켰다. 왕실 초상화에 엄격한

✦ 그림3. 비제 르 브룬, 〈자화상〉, 1781년, 포트워스, 킴벨 미술 박물관

✦ 그림4. 비제 르 브룬, 〈뒤 바리 부인〉, 1781년, 필라델피아, 필라델피아 미술관

상징주의 시스템을 제공한 17-18세기 화가이자 미술 평론가 로제 드 필Roger de Piles이 저술한 《원리에 의한 회화 과정 Le Cours de peinture par principes》에 의하면, 왕비의 초상화는 다음과 같은 태도를 분명히 나타내야 했다.

> " … 나는 존경과 신뢰를 불러일으키는 당당한 태도를 지닌 현명한 왕비다."

대부분의 군주들이 초상화 속에서 권위와 미덕을 표현하려 정형화된 형태에 집착할 때, 마리 앙투아네트는 형식과 기준을 벗어난 시도를 행함으로써 시대가 바라는 의무를 저버린 것이었다. 초상화는 자애롭고 위엄 있는 국모의 모습도, 풍요롭고 부강한 프랑스 왕비의 모습도, 그렇다고 우화적인 내용을 담고 있는 것도 아닌 그저 마리 앙투아네트라는 한 여인이 다른 나라 스타일의 드레스를 입은 수수한 모습으로 자신을 드러내고 있을 뿐이었다. 게다가 가벼운 차림새로 미덕을 의심받는 크레올 여성들, 그리고 선대왕의 정부로 악명 높은 뒤바리 부인이 연상되는 드레스를 왕비가 입었다는 점에서 프랑스는 수치심을 느낄 정도로 분노했다. 프랑스인들은 이 외국인 왕비가 프랑스를 모욕한다고 여겼다. 또한 경제 상황이 매우 어려웠던 당시, 식량 부족으로 굶주리는 사람들이 늘어갈 때 왕비가 재미로 평민 흉내를 낸다는 인식이 퍼지면서 사람들은 더욱 격분했다.

프랑스인들이 표면적으로 내세우는 왕비의 초상화가 부적절한 이유는 이러했다. 먼저, 격식에 맞지 않는 속옷 같은 드레스라는 것이었다. 두 번째로, 마리 앙투아네트가 손에 들고 있는 분홍색 장미는 전통적으로 마리 앙투아네트가 속한 합스부르크 가문의 딸들과 관련된 꽃으로, 프랑스가 아닌 오스트리아의 유산을 강조하는 행위였다. 동맹의 결실로 프랑스로 온 이래, 계속해서 오스트리아의 스파이로 의심받던 상황에서 왕비의 이러한 행위는 그 의심에 당위성을 부여하는 것과 같았다. 역사적으로 오랜 적국이었던 프랑스와 오스트리아 사이에서 마리 앙투아네트는 조국에게는 외교 정책의 도구였고, 프랑스는 이러한 마리 앙투아네트를 끊임없이 경계하고 의심했다. 프랑스 궁정에서 그녀는 영원히 섞일 수 없는 외국인 왕비일 뿐이었다. 마지막으로, 마리 앙투아네트가 입고 있는 드레스에 사용된 직물인 모슬린은 인도와 카리브해 지역 또는 네덜란드에서 들여온 값비싼 수입품이었다. 드레스에 주로 사용된 모슬린은 매우 섬세하고 가벼웠으며 속이 비칠 정도로 투명했다.

당시 프랑스는 리옹을 중심으로 실크 산업이 국가 차원에서 장려되었다.* 그런데 국모인 왕비가 국산품도 아닌 외국에서 수입된 값비싼 원단으로 만든 이국적인 디자인의 드레스를 유행시켜 프랑스의 실크 산업에 해를 끼쳤다며 분

---

* 프랑스는 17-18세기 고품질의 실크를 생산했으며, 1686년부터 1759년까지 자국의 실크 산업을 지원하기 위해 문양이 인쇄된 인도산 면의 수입을 금지하고 프랑스 내에서도 문양이 인쇄된 직물의 제조와 판매를 금지했다.

노했다. 상류층의 사치로만 보이는 로코코의 경박한 패션은 사실 프랑스를 유럽 패션의 수도로 만들기 위한 국가 차원의 경제 정책에 기초한 것이었다. 루이 14세의 장관 장바티스트 콜베르Jean-Baptiste Colbert는 보호주의 정책을 실시해 프랑스만의 패션 산업을 육성하여 기술적 진보와 번영으로 이끌었다. 사람들은 수많은 실크 노동자들을 굶어 죽게 만든다며 금방이라도 산업이 무너질 것처럼 목소리를 높였고, 이는 당시 쇠퇴하고 있던 프랑스 경제로 인해 더욱 민감하게 받아들여졌다. 화가는 약 20년 후 그때를 기억하며 회고록에 이렇게 남겼다.

> **악의적인 사람들은 왕비가 슈미즈(속옷)를 입고 그려져 있었다는 말을 빼놓지 않았다. 당시 왕비에 대한 중상모략이 난무했다.**

　루이 16세가 통치하던 시기의 프랑스는 태풍 앞의 촛불처럼 다방면으로 불안하고 위태롭기 그지없는 상태였다. 프랑스 혁명이 일어나기 바로 직전의 시대였다. 민중의 삶은 더욱 고달파져 갔지만 왕실과 귀족들은 사치스러운 자신들의 삶을 놓지 않고 있었다. 왕실에 대한 불만과 불신이 쌓여가는 상황에서 왕비의 초상화는 '마리 앙투아네트가 프랑스 왕비의 역할을 수행하지 않고 친구들과 궁에서 역할놀이를 하며 지낸다'는, 소문으로만 떠돌던 왕비의 행태에 대한 증거가 되어주었다. 초상화는 살롱에서 즉시 내려졌고, 화가는 급히 소환되었다. 왕비의 초상화는 재작업에 들어가 전시회가 끝나기 전 새로운 초상화로 대체되었다. 마리 앙투아네트는 프랑스 왕비에 걸맞은, 리옹에서 생산된 고급스러운 실크와 프랑스산 레이스로 만든 궁정복(그림5)을 입고 화폭에 등장해 여론을 잠재웠다.

　풍성한 푸들 털같이 부슬거리는, 다소 재밌어 보이는 이 시대만의 특징적인 머리 모양은 어머니로서의 고충이 담긴 스타일이었다. 마리 앙투아네트의 장점 중 하나였던 멋지고 굵은 머리카락이 아이를 낳은 후 탈모가 생기고 극도

✦ 그림5. 비제 르 브룬, 〈마리 앙투아네트와 장미〉, 1783년, 베르사유, 베르사유 궁전

리옹에서 생산된 실크와 프랑스산 레이스로 장식된 드레스와 당시 상류층에서 유행한 터번 머리장식으로
프랑스의 왕비에 걸맞은 차림새를 한 마리 앙투아네트. 터번을 장식하고 있는 커다란 타조 깃털은 아프리카에서
수입된 부의 상징으로, 프랑스의 식민지 정복 범위를 암시해 준다. 왕족의 초상화는 작은 소품 하나에도 의미를
담아 표현되었다.

✦ 그림6. '아 랑팡' 스타일을 한 여인들(왼쪽부터 마리 앙투아네트, 마담 그랑, 프로방스 백작부인)

로 가늘어지자, 그녀의 개인 헤어디자이너였던 레오나르 오티에Léonard Otier는 왕비를 위해 부들부들한 솜털을 모아놓은 듯한 모양의 헤어스타일인 '아 랑팡à l'enfant'●(그림6)을 선보였다. '아 랑팡'의 풍성하고 가벼운 머리 모양은 나른하고 낭만적인 리듬감이 느껴지는 슈미즈 드레스와 묘하게 한 쌍인 듯 어울렸다. 레오나르는 탈모로 없어진 앞쪽 머리가 밋밋하게 보이는 것을 방지하기 위해 짧게 잘라 컬을 만들어 풍성하게 부이게끔 스타일링했다. 아이를 낳은 후 많은 이 머니들이 겪는 고초였던 탈모를 효과적으로 가려준 이 헤어스타일은 곧 귀부인 들 사이에서 유행하게 되었다.

마리 앙투아네트는 머리에 하얀 가루를 뿌리지 않고 밀짚모자를 쓰는 것을 선호했는데, 이 소박한 모자 또한 관습에 대한 모욕으로 여겨졌다. 상류층 사회 에서는 여전히 머리에 하얀 가루를 뿌리고, 창백한 얼굴 위로 볼 전체에 붉은 연 지를 바르는 화장법이 유행 중이었다.●● 결코 아름답지 않은 이런 기이한 궁정 여인들의 모습에 다른 나라 궁정에서 온 사람들은 '혐오스러운 분장'이라며 경 악을 금치 못했지만, 프랑스 상류층은 관습에서 벗어나는 것을 싫어했다. 그것

● Coiffure à l'enfant, 직역하면 '어린이 헤어스타일'인 이 헤어스타일은 정수리 부분은 짧게, 옆머리는 귀 바로 아래 까지 자르고 뒤쪽 머리는 긴 이중 형태를 띠었다.

●● 전 시대의 패션 리더였던 퐁파두르 부인은 볼이 너무 빨갛다고 사람들의 비판을 받았고, 보다 더 자연스럽게 화장 한 마리 앙투아네트의 얼굴은 또 너무 꾸미지 않는다는 이유로 비난받았다.

은 그들만의 소중한 특권이었다. 1774년에는 밀가루 가격이 폭등해 먹을 빵도 부족해지자 '밀가루 전쟁'으로 불린 격렬한 시위가 일어났지만, 귀족들은 치장에 쓰는 밀가루를 줄일 생각은 하지 않았다. 잘못된 문화를 바꾸지 않는 상류층으로 인해 경제 상황은 더욱 나빠져만 갔다.

시대를 앞선 자연주의 미니멀리스트

✦ • • •

사회가 충격과 수치로 받아들인 슈미즈 드레스는, 패션 세계에서는 두 팔 벌려 환영받았다. 구식처럼 느껴지던 화려한 궁정복에 비해 심플한 라인을 가진 새로운 드레스는 최신식의 세련된 스타일로 인식되었다. 그림이 공개된 지 2년 이내에 왕비의 슈미즈 드레스는 대중적인 스타일로 자리 잡게 되었다. 초상화 또한 쏟아진 비난이 무색하게도 화가에게 수많은 복제품 주문이 밀려왔다. 궁정 여인들은 마리 앙투아네트를 욕하고 비난했지만, 또 미친 듯이 그녀를 모방하는 기이한 현상이 지속되었다. 이미 존재하던 스타일도 왕비가 하면 유행이 되었다. 마리 앙투아네트는 진정한 시대의 패션 아이콘이었다.

　왕비는 영국의 친구들에게도 이 슈미즈 드레스를 선물했고, 유행은 유럽 전역으로 번졌다. 사실 의상의 단순화는 여러 나라에서 일어나고 있는 현상이었다. 당시 패션의 양대 산맥이라 할 수 있는 영국은 막 시작된 산업혁명의 영향으로 단순하고 실용적인 스타일을 추구했고, 슈미즈 드레스는 곧 파리와 런던의 상류층 여성들에게 채택되면서 여성들의 일상복으로 빠르게 정착했다. 여성의 몸에 자유를 선사한 슈미즈 드레스는 패션계의 시각으로 보자면 '해방의 상징'이자 보수적인 사회적 시선에 맞선 '혁명'이었다. 비록 잠시 동안의 해방이긴 했지만.•

　마리 앙투아네트의 이러한 취향은 어린 시절의 영향으로 볼 수 있다. 그녀

• 　19세기 초 코르셋과 크리놀린으로 여성의 몸은 다시 가둬졌다.

가 나고 자란 오스트리아 궁정은 지킬 것이 많고 모든 것을 엄격히 통제하는 프 랑스 궁정과는 달랐다. 마리 앙투아네트의 어머니로 신성로마제국 황후이자 여러 나라의 군주였던 마리아 테레지아Maria Theresia는 그다지 따뜻한 어머니는 아니었지만, 공주가 자신의 주체적인 활동을 즐기며 자라도록 장려했고 초상화 또한 그러한 자유로운 활동을 담은 비형식적인 형태가 많았다. 마리 앙투아네트는 어린 시절 그때처럼 자신이 즐거운 상태 그대로 초상화에 담기길 바랐다. 실제로 왕비는 완성된 초상화(그림1)를 보고 "지금까지 그려진 것 중 가장 나와 비슷하다"라며 흡족해했다. 프랑스는 주체적인 생각을 가지고 자신의 취향을 드러내는 마리 앙투아네트가 천박한 취향을 가졌다고 비난했지만, 그것은 그저 다름의 문제였다.

오스트리아 황궁은 르네상스 시절부터의 혈통을 증명한 귀족만 출입할 수 있었던 프랑스 궁정과는 달리 황실에 공로가 있는 사람이라면 계급과 상관없이 출입할 수 있었다. 마리아 테레지아는 자녀들이 일상생활에서 평범한 아이들과 어울려 친구가 될 수 있도록 환경을 조성했다. 무엇보다 이 오스트리아 가족은 자신들만의 아지트를 만들어 그곳에서는 편안한 차림새와 평범한 가족의 모습으로 자유를 만끽했다. 계절마다 여러 궁을 옮겨 다니며 생활했던 어린 마리 앙투아네트는 여름에는 아름다운 정원이 있는 쇤브룬Schönbrunn의 황실 거주지에서 자연과 어울린 목가적인 환경에서 지냈고, 겨울에는 빈 남쪽에 위치한 락센부르크Laxenburg의 별장에서 혹독한 오스트리아의 날씨가 만들어주는 최상의 환경 속에서 썰매 파티를 즐겼다. 특히 사냥 오두막이 있는 소박한 숲의 낙원과도 같았던 락센부르크는 마리 앙투아네트가 언제라도 돌아가고픈 추억의 장소였다. 엄마가 된 왕비 마리 앙투아네트는 자식들에게도 행복한 추억을 주고 싶었다.

프티 트리아농

아이들에게 자신이 경험했던 자유와 아름다운 자연을 선사하고 싶었던 어머니 마리 앙투아네트는 결혼 선물로 받았던 별궁 프티 트리아농을 그렇게 꾸미기로 결심했다. 건축가 리샤르 미크Richard Mique와 예술가 위베르 로베르Hubert Robert에게 개울과 동굴, 구불구불한 오솔길 등이 있는 그림 같은 작은 마을을 요구했고, 정원에 시골 오두막과 농장을 지어 '단순한 삶'을 이상적으로 구현한 자신만의 작은 세계를 만들었다.

교육의 목적도 있었다. 소박하고 자연 친화적인 환경에서 자녀들과 산책을 하고 동물들과 함께하며, 농장 일에도 직접 참여하게 해 작은 노동으로 얻은 수확물에 대한 소중함을 배우게 했다. 매우 다정한 어머니였던 왕비는, 아이를 엄격히 교육하고 허용된 방문 시간에만 만나게 한 전통적인 프랑스 궁정의 교육 방침을 따르지 않고 아이들을 직접 키우려고 노력했다.* 왕비는 자유로운 환경 속에서 자녀들을 항시 보듬으며 인간의 참된 본성을 찾고 인문학적 가치의 함양을 중시하는, 당시 떠오르던 장자크 루소Jean-Jacques Rousseau의 자연주의 교육법을 따랐다. 왕비의 자연 친화적이고 단순한 삶의 태도, 겸손한 옷차림의 채택은 당시 사람들에게 이상적인 삶에 대한 새로운 이정표를 제시했던 루소주의 미학의 영향으로도 볼 수 있다. 루소는 《에밀》**에서 에밀의 아내가 될 소피를 통해 모범적인 젊은 여성의 모습을 묘사했다. "소피는 옷을 잘 입는 만큼 세련된 감각을 가지고 있지만 화려한 옷은 싫어한다. 그녀의 옷은 항상 단순하지만 우아하다." 루소는 보석이나 화려한 겉치장에 얽매이지 않고 도덕적이며 지혜로운 여인을 이상적인 여인상으로 제시하면서 의복의 단순화를 이끌었다.

프티 트리아농에서 왕비는 크고 높은 머리장식을 벗고 얼굴의 짙은 화장도

---

*   마리 앙투아네트는 딸에게 모유 수유도 하려고 했지만 거절당했다. 그녀는 아이들에게 사랑의 표현을 하는 데 주저하지 않았고 아이들을 애칭으로 불렀다.

** 루소는 1762년 출판된 이 책의 내용 중 '사보이 신부의 신앙 고백'에서 기독교를 비판하는 부분으로 종교계의 반발을 샀다. 파리에서 책은 금서가 되어 불태워졌고 루소는 체포 명령을 받아 피신했다. 하지만 그의 자연주의 교육법은 대중에게 퍼졌으며, 특히 귀부인들 사이에서 새로운 트렌드로 자리 잡아 영향을 끼쳤다.

지웠으며, 가벼운 모슬린 드레스를 일상복으로 입었다. 이곳에서 마리 앙투아네트는 왕이자 자유인이었다. 왕인 남편조차도 마리 앙투아네트의 허락 없이는 함부로 드나들 수 없었다. 그녀는 조용히 아이들과 지내거나 자신의 마음에 든 친구들만 초대해 함께 한가로운 시간을 즐겼다. 왕비는 친구들을 초대할 때 몇 가지 조건을 적어 초대장을 보냈다.

> **"드레스 코드: 시골풍 드레스와 프록코트. 차려입지 말고 큰 모자도 쓰지 마세요."**

이러한 전원적인 복장 때문이었는지, 트리아농에서 그녀가 양치기나 젖 짜는 여인의 복장으로 다닌다는 소문이 돌았으나 대부분은 과장된 이야기로, 실제로는 친한 이들을 모아 놓고 즐겼던 연극에서 종종 양치기, 시골 처녀, 하녀 역할을 맡은 것이었다. 아마추어 연극은 귀족들의 놀이로 18세기 궁정 문화의 일부였다. 현대인들의 티브이나 영화를 보는 것과 마찬가지로 당시 사람들은 연극에 열광했고, 파리에만 100개 이상의 개인 극장이 번성했다.

앙투아네트는 식물과 정원을 사랑했던 아버지 프란츠 1세Franz I를 본받아 프티 트리아농의 정원을 가꾸는 데 깊은 관심을 보이며 열정을 쏟았다. 특히 꽃

✦ 그림7. 마리 앙투아네트의
초상화에 등장하는 장미들

을 사랑했던 그녀는 특정한 종류의 장미를 가장 좋아했다. 바
로 마리 앙투아네트의 어린 시절부터 함께 초상화에 자주 등
장한 분홍색의 '폼퐁 장미Rose pompon'(그림7)로, 머리 위에 다발
로 올려 장식하거나 손에 든 채 몸 앞에 두고 포즈를 잡는 경
우가 많았다. 고귀함과 아름다움, 그리고 연약함과 덧없음을
상징하는 폼퐁 장미는 작고 많은 꽃잎이 겹겹이 쌓인
둥근 장미꽃으로, 마리 앙투아네트의 어린 시절 공주
의 순수함을 강조해 주었다. 마리 앙투아네트의 딸 또
한 어린 시절 장미 다발을 안고(그림8) 등장해 오스트
리아의 자녀임을 드러냈다. 장미는 합스부르크 가문
딸들의 관례적인 상징이었다.

마리 앙투아네트의 어머니이자 합스부르크 가문의
마지막 군주였던 마리아 테레지아는 자신의 딸들 모두에
게 '마리아*'라는 이름을 부여했는데, 이는 합스부르크 가문
의 딸들을 성모 마리아의 경건함과 연결 짓고 그녀와 갖는 유
대감을 암시하는 것이었다. 장미는 성모 마리아를 상징하는 꽃
으로, 전설에 따르면 성모 마리아가 가브리엘 대천사
의 수태고지에 얼굴을 붉히자 흰 장미가 분홍색 장미

✦ 그림8. 마리 앙투아네트의 딸
마리 테레즈

로 변했다고 한다. 분홍 장미는 그녀의 순수함과 헌신을 의미한다. 초상화의 목
적이 주로 오스트리아의 가족을 위한 선물이었음을 고려한다면, 장미를 손에
쥐고 그린 마리 앙투아네트의 초상화는 (프랑스인들이 왕비의 초상화(그림1)를 보고
우려한 대로) 그녀가 조국인 오스트리아에 여전히 충실하며, 두 나라 간 동맹의
상징인 자신의 역할을 잊지 않고 있음을 드러내는 메시지로 해석할 수 있다.

---

* 마리 앙투아네트의 본래 이름은 'Maria Antonia Josepha Johanna von Habsburg-Lothringen'로, 그녀가 프랑스로
건너온 뒤 프랑스식으로 '마리 앙투아네트'가 되었다.

몰락의 불씨, 슈미즈 드레스

이렇게 왕비의 트레이드마크가 된 슈미즈 드레스와 폼폼 장미는 악용되기도 했다. 풍문으로 떠돌았던 사치와 낭비벽이 심하다는 마리 앙투아네트의 이미지에 쐐기를 박고, 민중이 왕비에게 등을 돌려 혁명의 불씨를 당기게 한 결정적인 사기 사건인 '다이아몬드 목걸이 사건'*이었다. 일을 꾸민 잔 드 라 모트Jeanne de la Motte 백작부인은 사기에 끌어들일 루이 드 로앙Louis R. É. de Rohan 추기경을 속이기 위해(왕비가 시킨 일이라 믿게 하기 위해) 왕비를 닮은 한 여인을 고용해 왕비로 변장시켰는데, 그때 여인에게 모슬린으로 만든 흰색 슈미즈 드레스를 입히고 장미 한 송이를 들게 했다. 어두운 밤, 로앙 추기경이 기다리고 있는 베르사유의 숨겨진 정원에 홀연히 나타난 여인은 들고 온 장미 한 송이를 로앙 추기경에게 건네고는 어둠 속으로 사라졌다. 차림새만 보고 왕비로 착각한 로앙 추기경은 사기에 가담하게 되었다. 이렇게 왕비의 슈미즈 드레스는 그녀 자신의 몰락의 불씨를 당긴 하나의 촉매제가 되었다.

초상화(그림1)는 애초에 왕비의 사적인 선물용으로 의뢰된 것이었지만, 공개된 장소에 전시되어 논란을 일으킨 탓에 공식적인 왕실의 초상화로 인정되지는 않았다. 하지만 화가 비제 르 브룅은 왕비의 공식 화가였으므로 초상화는 왕비의 이미지에 대한 공식 기록으로는 남았다. 여론이야 어찌 되었건 마리 앙투아네트는 슈미즈 드레스를 사랑했고, 비제 르 브룅이 그린 초상화는 왕비가 가장 좋아하는 초상화였다. 슈미즈 드레스는 프랑스의 왕비라는 공적인 지위에 있는 마리 앙투아네트 개인이 추구하는 사적인 열망을 나타낸 표상이었다. 그러

---

* 1785년 발생한 사건으로, 루이 15세의 의뢰를 받아 호화로운 다이아몬드 목걸이를 만들던 보석상 뵈머는 루이 15세가 갑작스레 죽자 이미 완성된 목걸이를 팔기 위해 새로운 왕비인 마리 앙투아네트를 찾아가 구입을 간청했지만 거절당한다. 난감해진 보석상은 왕비와 친분을 과시하는(실제로는 왕비와 한 번도 만난 적 없는) 잔 드 라 모트 백작부인에게 판매 중재를 부탁했다. 백작부인은 출세를 위해 왕비에게 신임을 얻고 싶어 하는 로앙 추기경에게 접근해 '왕비가 비밀 중개상이 되어달라고 한다'며 꼬여내 목걸이를 구입하게 만들었다. 이후 백작부인은 추기경이 가져온 목걸이를 건네받아 해체한 뒤 다른 보석으로 만들어 본인이 착용하고 남은 건 팔아버렸다. 결국 왕비의 무죄로 판결이 났으나 사람들은 본래 사치스러웠던 왕비가 가담했을 거라 여겼고, 이로써 마리 앙투아네트의 권위와 명예는 회복될 수 없을 만큼 실추되었다.

한 드레스를 입고 가장 좋아하는 원예 활동을 하고 있는 인간 마리 앙투아네트를 가장 잘 표현한 초상화는, 비극적이게도 그녀를 단두대로 이끈 시발점이 되었다. 사교적이며 명랑하고 사랑스러웠던 소녀는 프랑스에서 가장 미움을 받는 여인이 되었지만, 그녀는 결국 자신을 죽음으로 이끈 개인적인 스타일 덕분에 프랑스를 대표하는 불멸의 아이콘으로 남았다. 그녀의 육신은 혁명의 분노에 휩쓸려 사라졌지만, 그녀의 스타일은 프랑스의 유산으로 남아 영원히 죽지 않는다.

그림1 프랑수아 제라르, 〈레카미에 부인〉, 1802-1805년, 파리, 카르나발레 박물관

신고전주의의 여신

레카미에 부인
JEANNE FRANÇOISE JULIE ADELAÏDE BERNARD

✦ • • •

1777-1849

1789년 프랑스 혁명 후, 피비린내 진동하는 잔인한 공포정치가 끝나고 다시 평화를 찾은 프랑스는 순수하지만 매혹적인 여인의 향기에 빠져들었다. 그림 속 여인은 몸과 시선이 모두 관객을 향한 채 안락한 소파에 기대앉아 자신의 세계로 초대하고 있다. 그녀는 여신 같은 우아함이 넘치는 신고전주의 예술의 상징이자, 혁명 이후 프랑스 상류 사회를 지배한 파리 사교계의 명사로 이름을 떨친 레카미에 부인Madame Récamier이다. 'La Belle Juliette', 즉 '아름다운 줄리에트'로 불린 그녀는 동시대 사람들이 바라는 완벽한 이상형이었다.

얇은 베일 아래 쉬고 있는 비너스

✦ • • ✦

❝얇은 베일 아래 쉬고 있는 비너스로, 파리의 걸작으로 간주되는 성과이다.❞ ●

그녀의 나이 23살에 그린 이 초상화(그림1)는 신고전주의의 수작으로 꼽힌다. 하얀 드레스 차림으로 미소를 머금고 나른하게 소파에 기대앉은 맨발의 여인은 고전주의를 추구하던 당대의 이상을 의인화한 모습이었다.

초상화를 의뢰받은 화가 프랑수아 제라르François P. S. Gérard는 처음엔 그녀가 누드로 서 있는 그림을 그릴 계획이었지만, 단순한 순백의 하이웨이스트 드레스에 캐시미어 숄을 다리에 걸치고 안락의자에 기대앉은, 당시로서는 매우

● 혁명기에 중요한 역할을 한 여성들의 삶에 대한 책 《여성 혁명가 플루타르크The female revolutionary Plutarch》(1806)에서 작가들은 레카미에 부인에 대해 이렇게 평했다.

아방가르드한 자세로 여인을 묘사했다. 여인의 몸을 유연하게 감싸주는 드레스의 등 뒤에 달린 긴 트레인과 숄은 소파의 모양에 따라 물결치듯 흘러내려 우아하고 매혹적인 모습을 연출한다. 과감히 하얀 어깨와 팔의 맨살을 드러낸 그녀의 얼굴은 수줍은 듯 홍조가 어린 소녀의 특징 또한 띠고 있어, 초상화는 '순수함으로 가려진 우아한 에로티시즘의 걸작'으로 평가받는다. 레카미에 부인에게 내재된 근본적인 수줍음은 그녀를 특별하게 만들어준 마력과도 같은 힘이었다. 레카미에 부인과 한때 연인 관계였고, 프랑스 문학의 낭만주의를 탄생시킨 프랑수아 드 샤토브리앙François-R, de Chateaubriand은 그녀를 '레오니Leonie'라는 애칭으로 부르며 그녀에 대해 이렇게 묘사했다.

     " 라파엘로의 여인들에게서만 볼 수 있는 타원형 라인의 얼굴 ⋯ 타고난 차분한 태도와는 대조적으로 톡톡 튀는 강한 정신과 낭만적인 상상력을 가진 이. 때로 그녀는 열정적으로 말하기도 하지만, 얼굴은 소심하고 순진합니다. 거기에서 처녀와 뮤즈가 섞여 있는 것을 발견하게 됩니다. **"**

     레카미에 부인은 매혹적이고 따뜻한 느낌을 주는 제라르의 초상화에 매우 만족했다. 조제프 시나르Joseph Chinard, 안토니오 카노바Antonio Canova 등 동시대 유명한 예술가들에게 가장 많이 묘사되고 조각된 여인 중의 한 명이었던 그녀는, 화가에게 자신의 의견을 전하는 데 거침이 없었다. 레카미에 부인은 제라르보다 먼저 그녀의 초상화를 그린 자크루이 다비드Jacques-Louis David와 자주 의견이 충돌했으며, 한 번은 다른 화가가 보낸 스케치에 '극도로 불쾌하다'며 화를 내기도 했다. 레카미에 부인은 자신이 바라던 이미지를 잘 구현해 낸 제라르에게는 편지를 보내 흡족한 마음을 전했다.

❝이 달콤하고 몽환적인 표현은 나를 닮은 것보다 더 나를 기쁘게 합니다.❞

자신이 보이고픈 이미지를 만들기 위해 정성 들여 세심하게 관리했던 레카미에 부인은 신고전주의 스타일을 선택했다. 가볍고 단순한 흰색 모슬린 하이웨이스트 드레스에 캐시미어 숄을 걸친 부인의 모습은 고대 그리스 여신을 떠올리게 한다. 이 우아하고 아름다운 신화적인 모습은 혁명의 공포에 떨었던 사람들에게 심적 평화를 선사해 주었다. 이는 당시 사람들에게 매우 필요한 감정이었다. 혁명 후, 혼란스럽고 도처에 죽음이 산재한 시간을 보내던 사람들은 완벽한 이상향으로 생각한 고대 그리스·로마 시대를 꿈꿨고, 때마침 역사적인 사건도 진행되고 있었다.

로코코의 화려함과 경박스러움에 사람들이 지루해질 때쯤, 프랑스 부르봉 왕가의 일원인 카를로스 3세Carlos Ⅲ가 지배하던 나폴리 왕국에서 흥미로운 일이 일어나고 있었다. 폼페이 유적의 발굴이 시작된 것이었다. 서기 79년 베수비오 화산 폭발로 묻힌 고대 로마 도시 폼페이는 18세기 중반에 이르러 본격적으로 발굴되기 시작했고, 유럽인들은 고대 유적의 발견에 자극받아 고전주의로의 회귀에 심취했다. 고대 그리스 건축 양식이 프랑스에서 다시 유행하기 시작했고, 화려한 로코코에서 벗어난 편안하고 단순한 생활 방식에 대한 열망이 퍼졌다. 마리 앙투아네트가 유행시킨 슈미즈 드레스 또한 그러한 열망의 일환으로 탄생했고, 처음에는 사람들의 비판과 비난을 받았지만 결국 여인들의 일상복으로 자리 잡게 되었다. 이 슈미즈 드레스는 혁명의 시기엔 소재나 실루엣이 더욱 단순해졌다. 사치스러운 왕정을 무너트린 혁명 이후의 긴축 정책은 당연한 흐름이었다.

여인들은 고대 그리스 여인들이 키톤 위에 걸쳤던 디플렉스Diplax*와 같은

---

* 디플렉스는 고대 그리스 시대 주로 여성들이 착용했던 겉옷이다. 보온과 정숙함을 위해 키톤이나 튜닉 위로 어깨를 감싸 착용했던 사각형의 천이다.

큰 캐시미어 숄을 얇은 드레스 위로 드리웠는데, 당시 캐시미어 숄은 후손들에게 유산으로 물려줄 정도로 귀했다. 이집트 원정*을 간 나폴레옹과 그의 장교들이 이 캐시미어 숄의 매력에 빠져 집에 선물로 보내면서 프랑스 사회에 널리 퍼지기 시작했는데, 특히 인도의 라다크Ladakh에서 생산된 캐시미어 숄은 그 비싼 가격 때문에 상류 사회의 표식이 되었다. 상류층 여인들은 서로에게 묻곤 했다. "캐시미어 숄은 몇 개나 가지고 있나요?" 레카미에 부인에게 캐시미어 숄은 그녀의 트레이드 마크와도 같았다. 그녀의 '숄 댄스Shawl dance'(그림2)는 유명했는데, 긴 숄을 활용한 움직임과 제스처는 유연한 드레스로 인해 더욱 우아하고 관능적으로 연출되었다. 매우 단순하고 자연스러운 드레스를 입고 매혹적인 춤을 추는 이중성은, 줄리에트(레카미에 부인)라는 여인의 본성을 가장 잘 드러내는 특징임과 동시에 사람들이 그녀에게 끌리는 매력 포인트였다. 이 춤은 폼페이와 헤르쿨라네움에서 발굴된 고대 그림을 보고 여인들이 고안해 낸 춤으로, 당시 유럽 전역의 살롱에서 선보여질 만큼 인기였다. 레카미에 부인의 조카이자 양녀였던 아멜리 레노르망Amélie Lenormant부인은 레카미에 부인의 춤에 대해 이렇게 설명했다.

✦ 그림2. 춤을 고안해 낸 것으로 여겨지는 엠마 해밀턴의 숄 댄스에 대한 묘사

❝ 춤이라기보다는 무언극(팬터마임)과 제스처였는데, 손에 긴 스카프를 들고 모든 일을 해냈습니다. 가벼운 직물과 하나가 된 움직임으로 이보다 더 우아한 것은 없었습니다. ❞

---

* 나폴레옹의 이집트 원정(1798-1801)으로 인해 파리에는 나일강 문명에 대한 열풍이 불었다. 이집트는 인도, 티베트, 중국, 이란 등 아시아와의 활발한 교역으로 광범위한 무역로가 오래전부터 확립되어 있었다.

당시 정치와 문학, 예술 분야의 유명 인사들이 모여 토론을 하고 오락을 즐기는 사교 공간이었던 살롱은 그 여주인의 매력과 재능, 지식 수준에 따라 인기를 달리했다. 동시대 가장 세련되고 인기 많았던 레카미에 부인의 살롱에서는 숄 댄스 이외에도 여주인의 극작품 낭독, 연주 등의 프로그램이 진행되었다. 그리고 레카미에 부인의 인기를 가늠할 수 있는 부인만의 매우 특별한 순서가 있었다. 정해진 시간이 되면 레카미에 부인은 우아한 포즈로 여인들의 팔에 안겨 기절해 따로 마련된 긴 소파로 옮겨졌는데, 이는 너무나 뜨거운 군중의 열기로부터 잠시나마 레카미에 부인을 쉬게 해주고자 기획된 퍼포먼스였다.

고대 석상을 떠올리게 하는 그녀의 짧은 머리는, 당시 패션 리더인 여성들이 주로 했던 '희생자 룩à la victim'(짧은 뒷머리를 올려 앞쪽으로 모두 몰아준 뒤, 몇 가닥의 컬로 얼굴을 감싸는 헤어스타일)으로, 죽기 전 목덜미를 드러내고 단두대에서 처형된 사람들의 모습을 모방한 스타일이었다. 이것이 고대 패션의 부활과 맞물려 여인들은 머리에 띠를 둘러 연출하였고, 고대 로마의 전형적인 헤어스타일과 흡사해 로마 황제들의 이름에서 따온 '아 라 티투스à la Titus' 또는 '카라칼라Caracalla'라는 명칭으로 불렸다. 이 헤어스타일은 레카미에 부인을 그린 다른 유명한 그림인 자크루이 다비드의 초상화(그림3)에 보다 잘 묘사되어 있는데, 동시대 사람들은 그녀의 헤어스타일이 '기괴하다'고 평했다. 다비드의 초상화는 바로 이 머리 부분만 완성된 채 미완성으로 남은 그림임에도 불구하고 프랑스의 신고전주의를 대표하는 걸작으로 인정받고 있다.* 여인의 초상화라기보다는 '여성적 우아함의 이상화'에 가까운 다비드의 초상화 속 레카미에 부인은, 이제 막 폼페이에서 발굴된 로마 조각상을 연상케 하는 매우 고전적인 분위기를 자아낸다.

---

* 화가 다비드와 레카미에 부인은 그림을 그리는 동안 그다지 사이가 좋지 못했다. 레카미에 부인은 불편하고 마음에 들지 않는 자세를 오랜 시간 유지해야 하는 점과 화가의 느린 작업 방식이 마음에 들지 않았다. 화가 또한 참견하는 레카미에 부인이 불만이었고, 둘의 의견은 자주 충돌했다. 다비드는 너무 경직된 구도와 레카미에 부인의 모습이 현실적이지 않다고 느껴 초상화를 다시 그리고 싶어 했다. 실망한 레카미에 부인은 다비드의 제자인 제라르에게 편지를 보내 도움을 요청했고, 이에 화가 난 다비드 또한 더 이상 그리기를 포기해 남편 레카미에 씨의 만류에도 불구하고 그림은 미완성으로 남았다.

✦ 그림3. 자크루이 다비드, 〈레카미에 부인〉, 1800년, 파리, 루브르 박물관

1800년, 남편 레카미에 씨의 의뢰로 그려진 이 초상화에서 레카미에 부인은 관객을 향하지 않는 전형적인 귀족의 자세를 취하고 있으며, 표정 또한 매우 차갑다. 신고전주의의 선구자였던 다비드[*]는 작품 속에서 고전의 언어를 사용했는데, 그는 레카미에 부인을 오만한 표정으로 신전을 지키는 신녀의 이미지로 묘사했다. 이때 관찰자에게서 등을 돌린 그녀의 자세는 처녀의 순결을 나타낸다. 파리 사교계에는 레카미에 부인이 결혼했으나 처녀라는 설이 파다했다. 그녀는 항상 소문의 중심에 있었지만 별다른 해명이나 표명을 하지 않았고, 이러한 이미지는 오히려 그녀의 인기와 명성을 높이는 데 큰 영향을 끼쳤다. 레카미에 부인이 앉아 있는 긴 소파는 폼페이의 발굴로 재창조된 로마 시절의 가

---

[*]   고대 로마 조각상과 건축에 대한 지식이 풍부하며 1775년 로마 대상Prix de Rome을 수상하기도 한 다비드는 프랑스 신고전주의의 선구자였다.

✦ 그림4. 레카미에 부인의 살롱에서
실제로 쓰였던 '레카미에' 소파

구 스타일이다. 본래 '트리클리니움Triclinium'이라는 이름이 있었지만, 다비드
의 초상화 이후 그 아름다움이 너무나 유명해져 그녀를 기리기 위해 '레카미
에Récamier'로 명명되었다.(그림4) 그녀는 이 긴 의자에 기대앉는 것을 좋아했다.
소파를 따라 율동감 있게 흘러내리는 드레스 트레인 부분의 부드럽고 가벼운
천은 초상화의 차가운 분위기에서 유일하게 유연한 우아함을 선사하고 있다.
다비드와 제라르의 초상화 모두에서 레카미에 부인은 매우 비슷한 드레스를 입
고 있는데, 이는 당시 유행했던 '희생자 룩'의 전형적인 차림새로, 동시대 사람들
은 그런 그녀를 '메르베이외즈Merveilleuses'라고 불렀다.

메베이외즈의 삼미신, 레카미에 부인

✦ • • ✦

혁명에 의해 모든 계급 구분이 폐지되었고, 1793년 새로운 법은 의복의 자유를
선사했다. 사람들은 이제 마음대로 옷을 입을 수 있게 되었지만, 혁명 직후의 사
람들은 무엇보다 정치적 신념과 자신의 사상을 드러내기 위해 옷을 입었다. 당
시 최고의 멋쟁이들이었던 메베이외즈Me'veilleuses(여)와 앵코야블Inc'oyables(남)
은 독특하고 기괴한 자신들만의 패션을 탄생시켰다. 특히 여성들의 패션 리더
였던 메베이외즈는 고전 양식의 단순함을 극단적으로 변형시켰다.

이들은 단순히 멋을 부릴 목적으로 기이한 옷을 입는 것은 아니었다. 일종의 사회적 시위였다. 그들 중 다수는 혁명 중 단두대에 부모를 잃고 최근 제정된 법령으로 몰수되었던 재산을 상속받아 이제 막 부자가 된, 군주제에 대한 향수를 가진 젊은 귀족들이었다. 이들은 화가 나 있었다. 이들의 극단적인 패션은 공포와 처형에서 홀로 살아남은 사회적 불만과 우울함이 한데 섞여 표출되는, 세상을 향한 트라우마가 가득한 외침이었다. 본래 이들은 사향과 육두구가 섞인 귀족적인 맵고 짙은 향수를 뿌리고 다닌 데서 유래한 말인 '무스카딘Muscadin'으로 불렸는데, "세상에!C'est incroyable!" 같은 감탄사와 과장된 표현을 남용하면서 다녀 '앵크루아블Incroyables'이라는 별칭을 얻게 되었다. 여인들도 '멋쟁이 여인'

✦ 그림5. 앵코야블

을 의미하는 '메르베이외즈Merveilleuses'*라 불렸다.

그들은 자신들을 지칭하는 단어도 있는 그대로 쓰지 않았다. 가족을 앗아간 'Révolution(혁명)'을 없애버리거나 혹은 없앴다는 것을 강조하듯 첫 글자인 r을 생략하고 발음하지 않았는데, 이 두 단어에서도 r을 없애 부르며** '앵코야블Inc'oyables'과 '메베이외즈Me'veilleuses'로 자신들을 정의했다. 레카미에 부인은 보아르네 부인Madame de Beauharnais(훗날 조제핀 황후),

✦ 그림6. 메베이외즈

탈리앵 부인Madame Tallien과 더불어 총재 시대 메베이외즈의 '삼미신Les Trois Grâces'(그리스·로마 신화 속 세 명의 아름다운 여신)으로 일컬어졌다. 이 '삼미신'은 당시 파리 사교계의 주요 인사들로, 한 잡지에서는 그들을 이렇게 평했다.

---

* '멋쟁이 여인'을 뜻하는 말인 '르 메르베이유les merveilleux'는 18세기 중반 루이 15세의 치하에서부터 쓰이기 시작했다.

** 혁명이 일어나기 전부터 상류층 사이에서 과도한 r 발음(프랑스어에서 r 발음은 '흐'에 가까울 정도로 목의 벽을 긁으며 진동하는 소리이다)이 촌스럽다는 인식이 강해지면서 도시의 상류층은 r을 부드럽고 거의 생략하듯 발음하기 시작했는데, 혁명 후 이들만의 가식적인 특징이 되어 이들을 부르는 명칭에도 영향을 미쳤다.

❝ 탈리앵 부인, 보아르네 부인, 레카미에 부인이 그리스·로마 복장과 장식에 대한 환상을 추구하는 것은 다섯 개 전선의 군대보다 더 중요하다. ❞

　현대와 전통의 요소가 혼합된 기이한 차림새로 시선을 끌고 문제를 일으키며 다니는 방탕한 젊은 귀족이었던 이들은, 사회에 품은 불만을 상징으로 가득한 옷을 입는 방식으로 표출했다. 의복의 자유는 이들이 마음껏 꾸밀 수 있도록 해주었다. 남성들은 단두대에 목이 잘린 부모와 형제, 친척들을 상기시키기 위해 천으로 목을 높이 감싸 감췄으며, 혁명 기간 동안 입고 다니면 처형당했던 귀족의 상징인 퀼로트Culottes*를 보란 듯이 다시 입고 다녔다. 또한 자기들끼리 애칭으로 '집행권Pouvoir exécutif'이라 부르던 울퉁불퉁한 곤봉과 지팡이를 무기 삼아 들고 다녔다. 이들은 '집행권'을 들고 다니다 자신들의 적으로 간주한 혁명의 주도 세력이었던 자코뱅파Club des jacobins**를 만나면 한바탕 소동을 일으키기도 했다.

　여성들은 단두대로 가기 전 목을 드러냈던 사형수들처럼 머리를 짧게 자르고, 마리 앙투아네트가 마지막 순간에 입었던 하얀 슈미즈 드레스(그림7)를 '절망의 드레스'라 명명해 입고 다녔다. 단두대에 의해 과부가 된 여성들은 단두대의 칼 아래 몸통과 분리된 머리를 암시하는 얇은 빨간색 스카프를 목에 두르고 다녔고, 드레스 위로도 피를 상징하는 듯한 빨간색 리본을 둘렀다. 이러한 차림새로 단두대에 처형된 가족이 있는 사람들만 입장이 허용되는 '희생자 무도회Bals des victimes'에 참석하여 춤을 추고, 죽어간 부모를 추모하며 동시에 총재정부를 향한 증오를 표출했다. 이러한 그들의 전반적인 옷차림은 '희생자 룩'이라 불리며 퍼졌다.

---

*　퀼로트는 무릎 바로 아래까지 오는 남성용 바지다. 혁명 전 남성 귀족의 복식으로, 혁명 기간 동안 혁명파는 '상 퀼로트Sans-culottes', 즉 퀼로트가 아닌 바지를 입고 혁명에 임했다.

**　자코뱅파는 프랑스 혁명을 주도한 정파로, 이중 가장 급진적인 파벌이 공포정치를 주도했던 몽타뉴파La Montagne였다.

✦ 그림7. 윌리엄 해밀턴, 〈처형받기 위해 감옥을 떠나는 마리 앙투아네트〉, 1794년, 비질, 프랑스 혁명 박물관

혁명 시절 감옥에 갇힌 여성들이 입었던 스타일의 드레스이기도 한 하얀 슈미즈 드레스는 당시 훌륭한 미학적 모델이 된 고대 스타일과 만나 신고전주의 스타일을 탄생시켰다. 사실 당시 패션은 매 순간 바뀌었다. 사회적 혼란과 사람들의 불안정한 심리 상태만큼 패션 또한 변화무쌍했다. 여성 패션의 가장 큰 특징은 앙시앙 레짐Ancien Régime(구체제)의 상징이었던 코르셋과 파니에가 버려지고, 단순한 슈미즈 드레스가 일상복이 된 점이었다. 허리 라인은 점점 올라가 1796년경부터 가슴 밑에서 끈으로 조이는 수직적인 라인의 하이웨이스트 드레스로 정착했다.

하이웨이스트 드레스

현대에는 고전적이며 우아하기 그지없는 스타일로 평가받는 하이웨이스트 슈미즈 드레스는 사실 당시엔 헐벗고 돌아다니는 젊은이들의 객기에 가까운, 매우 무례하고 남사스러운 패션이었다. 하지만 곧 파리의 패션 리더 메베이외즈 패션의 특징이 되었다. 메베이외즈는 리넨과 거즈로 만든 투명하고 속이 다 비치는 드레스를 입고 다니면서 파리를 경악하게 만들었다.

신고전주의풍 드레스(하이웨이스트 드레스)가 탄생하게 된 배경은 이렇다. 혁명 이후 고전주의가 유행하던 시기, '공화주의 예술 협회Société républicaine des Arts'와 '혁신 예술 클럽Le Club révolutionnaire des Arts'은 갑자기 얻게 된 패션의 자유에 갈피를 못 잡는 사람들의 길잡이가 되어주기 위해 패션에 대해 논의하게 되었다. 주요 연설가였던 조각가 에스페르시엔Espercienne이 사람들에게 물었다. "그리스 의상을 채택할 것인가, 아니면 로마 의상을 채택할 것인가?" 사람들은 입 모아 대답했다. "그리스 의상!" 그렇게 더욱 세밀한 논의가 활발히 진행되었다. 이후 한 부인이 고풍스러운 스타일로 옷을 입고 싶어 예술 협회를 찾아 옷을 만들기 위한 패턴* 교육을 신청했고, 예술가와 양재사는 부인을 도와 앤틱 패턴에 따라 드레스를 만들었다. 결과물로 너무나도 우아한 고대 드레스가 나왔고, 그 아름다움 덕분에 빠르게 확산되었다. 양재사들은 이제 여러 스타일의 클래식 드레스만 제작하기에 이르렀고 온갖 여신들의 드레스가 선보여졌다.

이후 나폴레옹 치하에서 하이웨이스트 드레스는 제국Empire의 스타일이 되어 '엠파이어 드레스'라고 불리게 된다. 드레스는 본래 다양한 색상과 직물로 만들어졌으나 1798년경부터는 모슬린으로 만든 하얀색 하이웨이스트 드레스가 선풍적인 인기를 끌면서 스타일이 극단적으로 치닫기 시작했다. 속이 다 비치는 모슬린 드레스는 너무 얇아 '직물이라기보다는 증기에 더 가까웠'는데, 여인들은 한겨울에도 그 위로 모피 망토만 걸치고 다녀 감기를 달고 살았고, 이는

---

* 의복 제작을 위해 종이나 직물에 먼저 형태를 떠보는 설계도면이다.

✦ 그림8. 제임스 길레이, 〈강풍 속의 삼미신〉(풍자화), 1810년, 시카고 미술 협회

'모슬린 병'이라 이름 붙여졌다. 심지어 목숨을 잃기도 했지만 여인들은 포기하지 않았다. 인체미를 사랑했던 고대의 누드 석상들은 이 젊은이들에게 새로운 영감을 선사했고, 거리낌 없이 인체의 아름다움을 그대로 드러내게 해주었다. 풍자화가들은 이러한 여인들을 과장되고 우스꽝스러운 모습으로 그려대기 바빴다.(그림8)

　　유행 초기의 대담한 여성들은 어떠한 보조 속옷도 착용하지 않은 채 인체의 곡선을 그대로 드러냈고, 때로는 움직이는 드레스 사이로 가슴이 보이는 것을 즐겼다. 젊은 여성들은 속옷을 버렸고 살집이 있거나 나이가 많은 여성들은 몸을 받쳐주는 단순화된 코르셋을 계속 착용했다. 허리 부분이 없어진 가벼운 코르셋은 1810년대부터는 브래지어와 비슷한 형태로 변모하게 되었다.

하얀색 드레스가 고전적인 미로 사람들에게 인식된 데에는 재밌는 이유가 있다. 당시 발굴된 고대 조각품들은 오랜 시간이 지나 채색이 모두 없어져 하얀 대리석상으로 보였다. 사람들은 그 모습을 고대의 모습으로 인식했고, 그 자체로 아름다웠기 때문에 흰색은 고전적인 우아함의 상징이 되었다. 역사의 선택과 흐름에는 진실이나 사실이 중요하지 않을 때도 많다. 이 얇은 모슬린 드레스는 나폴레옹이 제1집정관으로 취임한

✦그림9. 레티큘, 프랑스, 18세기 후반

1799년, '투명한 드레스 패션은 음란하다'며 공개적으로 비난하면서 점차 투명한 수입 모슬린이 아닌 리옹에서 제조된 실크로 대체되었다.

얇은 소재의 드레스는 여성 패션의 역사에 매우 중요한 새로운 패션을 탄생시키기도 했다. '손가방'이었다. 본래 여인들은 가지고 다녀야 하는 소지품들을 허리춤에 단 작은 주머니에 담아 스커트 속에 숨겨 다녔다. 하지만 속이 다 비치도록 얇아져 몸의 굴곡이 드러나는 드레스로 인해 더 이상 숨길 곳이 없어지자 이 주머니는 밖으로 나와 여인들의 손에 들렸고, 이는 핸드백의 탄생으로 이어졌다. '레티큘Réticule'이라 불린 이 가방(그림9)의 이름은 그물을 의미하는 라틴어 '레티쿨룸Reticulum'에서 유래되었다. 초기 레티큘은 대부분 그물로 짠 가방이었기 때문이다. 후에 여인들은 다양한 천 위에 자수를 놓아 아름답게 장식하여 가지고 다녔다. 당시에는 가방이나 외부 주머니에 물건을 넣어 손에 들고 다니는 행위는 남성들만의 특징이었기 때문에, 여성들이 손에 가방을 들고 다니는 모습을 본 남성들은 적잖이 충격을 받았다고 한다.

하얀 드레스의 레카미에 부인

당시 고전의 미를 가장 세련되게 표현한 이는 레카미에 부인이었다. 그녀는 자

신만의 스타일이 확고했고, 그 모습은 고전적이면서도 매우 스타일리시했다. 부인은 아무런 장식 없이 단순한 순백의 모슬린으로 만든 하이웨이스트 드레스를 입고 종종 맨발로 다니며, 자신만의 특별한 아우라를 만들었다. 그녀의 모슬린 드레스는 인도에서 수입된 매우 값비싼 직물로, 단순하다 하여 소박한 것은 아니었다. 고대 석상을 닮은 짧은 헤어스타일에 다른 여성들과는 달리 화장도 하지 않았던 레카미에 부인의 피부는 유달리 하얗게 빛났다. 우아함을 아는 그녀는 보석도 진주만 허락했다.

그녀는 스타 기질이 있었다. 수줍음이 많고 겸손한 성격의 소유자였던 레카미에 부인은 공개적으로 모습을 드러내는 일이 드물었지만, 거리를 걸을 땐 군중이 자신에게 모여드는 것을 즐기기도 했다. 그녀가 거리에 나타나면 그녀를 보기 위해 군중은 구름처럼 몰려들었고, 그로 인해 사상자가 발생하기도 했다. 레카미에 부인은 거의 모든 경우에 흰색 드레스를 입고 나타났다. 하얀 드레스는 흠잡을 데 없는 그녀의 명성을 미학적으로 보여주는 수단이었다. 당시 패션 피플들에게는 그들끼리 벌이는 재밌는 이벤트가 있었다. 매년 성 수요일, 목요일, 금요일*에 여성들이 아름다움을 과시하기 위해 호화로운 마차를 타고 번화가인 롱샹Longchamp 거리를 군중이 감상할 수 있도록 천천히 지나는 것이었다. 어느 아름다운 봄날 아침, 레카미에 부인은 여느 때처럼 흰 드레스 차림으로 개방형 마차를 타고 천천히 롱샹 거리를 행진했고, 사람들은 수많은 마차 속 여인들을 제치고 한 목소리로 레카미에 부인이 가장 아름답다고 평했다.

레카미에 부인은 최신 패션을 위해 잡지를 찾아볼 필요가 없었다. 그녀 자신이 최신 패션의 예로 잡지를 장식하는 장본인이었기 때문이었다. 그녀의 패션은 《여성과 패션 저널Journal des Dames et des Modes》과 같은 최초의 패션잡지에 등장하면서 널리 퍼졌고, 그녀에 대한 소식이 유럽 전역에 보도될 정도로 당시 그녀의 명성은 대단했다. 1802년 프랑스와 영국이 아미앵 조약**을 맺은 후 레

* 부활절로 이어지는 성주간의 수요일, 목요일, 금요일이다.
** 프랑스와 영국, 에스파냐, 네덜란드가 맺은 평화 조약으로, 서로에 대한 적대 행위가 일시적으로 멈춰 유럽에 평화를 선사했다. 프랑스 북부 도시 아미앵에서 체결되어 약 13개월의 짧은 평화가 이어졌다.

카미에 부인이 영국을 여행하자 영국은 그녀의 도착부터 신문 기사로 보도했고, 그녀의 아름다움을 보기 위해 수많은 인파가 몰렸다. 레카미에 부인은 파리에서처럼 몸의 라인을 따라 유연하게 흐르는 매우 얇은 흰색 모슬린 하이웨이스트 드레스를 입고 켄싱턴 가든에 나타나 영국인들을 놀라게 했다. 그녀의 여신 같은 우아한 자태는 영국인들의 뇌리에 강한 인상을 남겼고, 한 번의 산책으로 다음 날 영국 여성들의 패션을 변화시켰다. 물론 영국의 상류 사회는 정숙하지 못한 레카미에 부인의 차림새를 비난했지만, 그녀의 그런 모습을 담은 이미지는 곳곳에서 팔렸으며 상류 사회 여인들도 당연히 그녀를 따라 하기 시작했다.

레카미에 부인이 된 줄리에트

+ • • +

소녀 줄리에트Jeanne Françoise Julie Adelaïde Bernard는 천성적으로 수줍음이 많고 온화한 성격의 소유자였다. 줄리에트는 중간이름 줄리에서 따온 애칭으로, 그녀는 스스로를 줄리에트라고 불렀다. 결혼한 후에도 이 이름을 선택해 '줄리에트 레카미에Juliette Récamier'라는 이름이 그녀를 대표하게 되었다. 줄리에트는 어린 시절부터 남다른 매력으로 유명했다. 1777년, 리옹의 한 부르주아 가문의 외동딸로 태어난 줄리에트는 어린 시절 루이 16세의 만찬에 초대되어 베르사유 궁전에 갔을 때, 예쁜 외모로 마리 앙투아네트 왕비의 관심을 끌기도 했다.

줄리에트를 더욱 신비롭고 유명하게 만든 가장 큰 요인은 그녀의 결혼에 있었다. 그녀는 혁명 후 공포정치가 프랑스를 지배하고 있을 무렵 갑작스레 결혼했다.* 사람들은 겁에 질려 있었고, 다음 날 누가 죽을지는 아무도 몰랐다. 루이 16세와 마리 앙투아네트가 단두대에서 처형된 1793년, 공포정치가 정점에 달했던 그해, 줄리에트는 15살의 나이로 아버지뻘 되는 자크로즈 레카미에Jacques-

---

* 그들은 당장 죽을지도 모르는 급박한 상황 속에서 종교적인 결혼식을 올리지 않았다. 혁명 당시엔 교회도 문을 닫았기 때문에 어쩔 수 없었지만, 이후 교회가 다시 열었을 때에도 거행되지 않았다.

Rose Récamier와 결혼해 시대의 여인인 '레카미에 부인'이 되었다. 알프스산맥 지역의 오래된 가문 출신인 레카미에 씨는 리옹의 은행가로 줄리에트보다 26살 연상이었다. 결혼 당시, 그는 줄리에트의 생물학적 아버지이며 줄리에트를 상속자로 만들기 위해 결혼을 감행한 것이라는 소문이 파다했다. 매우 매력적인 외모의 소유자였던 레카미에 씨는 사실 리옹과 파리에서 살롱을 운영한 줄리에트의 엄마의 연인이었다. 결혼 생활에서 실제 부부관계는 이루어지지 않았고 레카미에 씨는 평생 줄리에트에게 아버지처럼 대했다고 한다. 그녀는 이 결혼으로 '레카미에'라는 성과 재산을 받았을 뿐이었다.

그 누구든 단두대에 던져질 수 있는 시대였다. 혁명 뒤 권력을 잡은 몽타뉴파는 공포정치로 일반 시민들까지도 공포로 몰아가며 반혁명파와 온건파를 차례로 처형하고 있었다. 그들이 내세운 '사치스러운 옷을 입지 말라'는 슬로건만 어겨도 단두대로 끌려갈 수 있었다. 규칙이나 질서가 무너진 혼란스러운 사회에서 사람을 죽이는 데 이유는 필요하지 않았다. 당시 수레는 매일 귀족들과 유명한 사람들을 단두대로 끌고 가고 있었고, 부유한 은행가였던 레카미에 씨는 더욱 그 공포에서 자유로울 수 없었다. 그는 거의 매일 사형이 일어나는 광장에서 자신과 관련된 사람들의 처형을 지켜보며 앞날을 대비했고, 그 일환이 줄리에트와의 결혼이었다. 결혼 후 레카미에 씨는 클리시Clichy에 큰 저택을 구해 줄리에트와 그녀의 어머니를 정착시켰다. 이후 공포정치가 끝나고 사회가 안정을 찾을 때까지 몇 년 동안 레카미에 부부는 되도록 눈에 띄지 않는 생활을 했다. 이 조용한 몇 년 동안, 줄리에트는 소녀 티를 벗고 아름다운 여인이 되었다.

파리의 여왕

혁명이 끝나고 단두대의 공포가 사라지자 축제가 시작되었다. 사실 이 현상은 공포정치를 끝내고 들어선 총재정부가 이제 과거를 극복하고 다시금 활기 넘치고 안정된 프랑스로 회귀했음을 대내외에 알리고, 시민들에게 강제적으로 주입하기 위한 조치이기도 했다. 도시는 생기를 되찾았으며, 파리는 다시금 떠들썩하고 화려한 도시로 자리매김했다. 재력과 매력을 갖춘 여인들의 살롱도 하나둘 다시 문을 열었다. 20살이 된 레카미에 부인도 사교계의 일원이 될 준비를 마쳤다. 그녀는 1798년, 레카미에 씨가 선물한 몽블랑 거리의 화려한 호텔을 개조해 첫 살롱을 오픈했다. 독창적인 디자인으로 주문 제작된 가구로 꾸며진 그녀의 살롱은, 당시의 취향을 가장 잘 반영한 단순하고도 우아한 그리스 스타일로 장식되어 '디렉투아르(총재정부) 양식Style Directorie'을 정의했다. 이는 후에 나폴레옹 정권의 선전 수단으로 쓰일 엠파이어(제국) 양식의 기초가 되었다.

젊고 아름다운 레카미에 부인의 살롱은 빠르게 파리 사회에서 주목을 받았다. 레카미에 씨는 든든한 후원자가 되어 실제 아버지처럼 그녀가 원하는 바를 이루도록 도왔다. 줄리에트의 살롱은 수많은 정치인, 시인, 작가, 귀족, 이웃 나라 왕자 등 명사들의 모임 장소가 되어 문학, 예술, 정치 등 토론의 장이 되었다. 줄리에트는 '파리의 여왕'으로 명성을 떨치기 시작했다. 그녀의 살롱은 그녀가 기혼임에도 불구하고 숭배자와 구혼자로 넘쳐났다. 그녀의 특수한 상황에 대한 소문은 빠르게 퍼졌고, 레카미에 씨의 보호자와 같은 태도로 인해 줄리에트는 만인의 연인이 되었다. 남성들은 자신들에게도 기회가 있는 듯 여겼다. 하지만 줄리에트는 친절하지만 단호하게 거절했고, 그녀의 이러한 태도는 이 열렬한 추종자들의 마음을 더욱 애타게 만들었다. 그녀는 개인적인 사연에도 불구하고 남편에게 매우 충실한 미덕을 가진 여성으로 알려지면서 매력을 더했다. 특히 그녀의 차분한 태도와 타고난 우아함은 누구와도 견줄 수 없었다. 어떻게 그렇게 사소한 행동에도 우아함이 넘치는지에 대한 질문에 그녀는 이렇게 답했다.

"궁정의 눈이 지켜보는 것처럼 늘 조심스럽게 행동했습니다."

실제 궁정은 그녀를 주시하고 있었다. 제1집정관이 된 나폴레옹 보나파르트Napoléon Bonaparte는 그녀를 눈여겨보고 있었다. 나폴레옹의 취향은 공교롭게도 '하얀 드레스를 우아하게 차려입은 여인'이었고, 그런 나폴레옹에게 줄리에트는 이상형 그 자체였을 것이다. 하지만 무엇보다 나폴레옹은 그녀의 인기가 필요했다. 이제 막 권력을 잡아 아직 프랑스를 장악하지 못하고 있던 그는 옛 귀족들과 신흥 세력의 구심점인 레카미에 부인의 영향력이 필요했다. 또한 아름답고 감각 있는 그녀가 자신이 주인이 된 궁정을 세련되고 감각적으로 꾸며

✦ 그림 10. 장오귀스트도미니크 앵그르,
〈제1집정관 나폴레옹 보나파르트〉,
1804년, 리에주, 쿠르티우스 박물관

주고, 그 일부가 되어주길 바랐다. 그녀 한 사람만 자신의 사람이 되면 해결될 일이었다.

하지만 레카미에 부인은 애초에 그럴 마음이 없었다. 지속적인 협박과 회유에도 레카미에 부인은 다양한 핑계를 대며 거부했다. 본래 정치적으로도 반대 입장에 더 가까웠던 레카미에 부인은 나폴레옹이 자신의 많은 친구들을 박해하고 특히, 가장 친한 친구였던 스타엘 부인Madame de Staël을 추방하자 완전히 돌아섰다. 그즈음 레카미에 부인의 살롱은 정권에 대한 반대의 중심지가 되었다. 본래 레카미에 부인은 자신의 살롱의 문을 모든 사람들에게 열어놓았고, 반나폴레옹파 사람들과의 교류도 지속적으로 이어나가고 있었다. 이에 나폴레옹은 레카미에 부인의 살롱에 드나드는 모든 외국인을 '개인의 적'으로 간주한다고 공개적으로 발언하며 레카미에 부인을 힐난했다. 하지만 뒤에서는 그녀를 자신의 궁정으로 불러들이기 위한 물밑 작업을 멈추지 않았다. 나폴레옹은 그녀의 영향력이 두려웠다.

계속되는 거절에 나폴레옹은 자존심에 상처를 입었다. 가만히 있을 그가 아니었다. 거절당한 소심한 남자의 복수가 시작되었다. 나폴레옹의 정책으로 레카미에 씨는 막대한 재정적 손실을 입게 되었고, 부부는 곧 파산이라는 큰 대가를 치렀다. 급기야 1811년 나폴레옹은 자신이 싫어하는 정치적 반대파 사람들을 살롱에 출입시켰다는 이유로 레카미에 부인을 파리에서 추방시켰다. 추방 후 잠시 고향인 리옹에 머물던 줄리에트는 곧 해외로 망명했다. 스위스에 머무는 동안에는 절친한 친구이자 먼저 나폴레옹에게 추방당했던, 낭만주의의 대모인 스타엘 부인을 방문하여 시간을 보냈다. 그녀는 그곳에서 만난 프로이센의 아우구스투스Augustus 왕자와 사랑에 빠졌고, 왕자는 줄리에트에게 청혼했다. 이번에는 달랐다. 줄리에트는 왕자와의 결혼을 긍정적으로 받아들이고, 남편 레카미에 씨에게 이혼에 동의해 달라는 편지를 보냈다. 레카미에 씨는 그녀가 원하고 진정 그녀의 행복이 왕자와의 결혼에 달려 있다면 자신과의 결혼을 취소하는 데 동의하겠다고 하면서도 그동안 자신이 베푼 아버지와 같은 애정을 상기시키는 답장을 보냈다. 답장을 본 줄리에트는 여태 자신을 돌봐준 남편을 저버릴 수 없었다. 그녀는 왕자에게 확실한 거절의 답을 주지 않으며 흘러가는 시간에 의지했다.

이때 제라르가 그린 초상화(그림1)가 다시 등장한다. 헤어져야 하지만, 자신을 잊지 말아주길 바라는 여인의 마음이었을까? 파리로 돌아온 지 얼마 지나지 않아 레카미에 부인은 자신의 의중은 숨긴 채 제라르의 초상화를 왕자에게 보냈다. 아름다운 초상화에 기뻐한 왕자는 별다른 불평 없이 4년 동안이나 기약 없는 그녀를 기다렸다. 왕자는 죽을 때까지 레카미에 부인의 초상화를 간직했다. 그림은 왕자의 궁전에 걸려 있다가, 자신의 사후 줄리에트에게 반환하라는 왕자의 명에 의해 그녀에게 다시 돌아왔다.

그녀에게 반한 나폴레옹 형제

줄리에트에게 먼저 반한 건 나폴레옹의 동생 뤼시앵Lucien Bonaparte이었다. 줄리에트에게 첫눈에 반한 뤼시앵은 '로미오'를 자처하며 줄리에트에게 사랑의 편지를 보내기 시작했다. 이제 막 권력을 잡은 지도자의 동생은 거리낄 것이 없었다. 레카미에 부인을 '나의 줄리에트'라 부르며 자신 또한 가련한 '오~ 로미오'가 된 뤼시앵은 끊임없이 편지를 보내며 줄리에트의 마음만 부담스럽게 만들었다. 이후 그와의 친분은 나폴레옹과의 만남으로 이어졌다.

당시 내무부 장관이던 뤼시앵의 초대로 그의 집에서 열린 파티에 참석한 어느 날, 여느 때처럼 하얀 드레스를 차려입은 레카미에 부인은 파티장에 도착해 응접실의 벽난로 앞에 서 있는 한 신사에게 인사를 하러 다가갔다. 신사를 절친한 친구인 스타엘 부인의 살롱에서 자주 만났던 나폴레옹의 형 조제프Joseph Bonaparte로 인식한 레카미에 부인은 다가가 반갑게 인사를 했지만, 돌아본 얼굴은 바로 나폴레옹이었다. 매서웠던 첫인상과는 달리 나폴레옹은 온화한 표정으로 인사를 받았고, 당황한 레카미에 부인은 인사를 마치고 자리를 피해 의자에 앉았다. 그런 레카미에 부인에게 나폴레옹은 시선을 고정한 채 경찰국장 조제프 푸셰Joseph Fouché에게 몇 마디를 건넸다. 곧 푸셰는 그녀의 의자 뒤로 다가와 속삭였다.

제1집정관님은 당신이
매력적이시라고 생각합니다.

이후 동생 뤼시앵이 레카미에 부인에게 다가가자 근처에 있던 나폴레옹은 모두가 들리게 대놓고 말했다.

나도 클리시(레카미에 부인의 저택)에
가고 싶네요.

저녁식사가 시작되고 나폴레옹은 홀로 먼저 식당으로 들어가 자리를 잡고 앉았다. 정해진 자리 없이 손님들은 본인이 원하는 곳에 앉았는데, 중간에 앉은 나폴레옹의 옆으로 그의 어머니가 앉았고, 한쪽은 아무도 접근하지 않았다. 나폴레옹은 레카미에 부인을 기다리는 듯했다. 그녀는 이 모든 것을 의식하고 있었지만, 나폴레옹과는 조금 떨어져 앉았다. 불만스러운 표정을 짓던 나폴레옹은 레카미에 부인의 옆에 제2집정관이 앉자, 지켜보고 있었다는 것을 숨기지도 않은 채 말했다. "하! 하! 시민 집정관님, 가장 아름다운 분 옆에!" 그러고는 간단한 저녁식사가 끝난 후 줄리에트의 옆으로 와 춥진 않은지 안부를 물으며 덧붙였다. "왜 내 옆자리에 앉지 않으셨나요?" 그녀는 대답했다. "저는 감히 그럴 수 없었어요." 나폴레옹은 말했다.

그곳은 당신의 자리였습니다.

이어서 콘서트가 시작되었고, 음악이 흐르는 동안 레카미에 부인은 불편하고도 뜨거운 시선을 지속적으로 느꼈다. 고개를 들 때마다 사람들과 살짝 떨어져 홀로 피아노 옆에 앉아 자신을 응시하고 있는 나폴레옹과 시선이 마주쳤다. 콘서트가 끝나고 나폴레옹은 그녀에게 다가와 또 물었다. "음악을 좋아하시나요, 부인?" 하지만 그녀가 대답을 하기도 전에 또다시 동생 뤼시앵이 다가오자 나폴레옹은 자리를 떠났고, 그들의 만남은 그렇게 끝이 났다.

사실 나폴레옹과 레카미에 부인의 만남은 이전에도 있었다. 나폴레옹이 장군이었던 시절 이탈리아를 원정하고 돌아온 것을 축하하기 위한 행사가 열린 뤽상부르Luxembourg 궁전의 대궁정에서였다. 궁정에 모인 사람들은 원형 극장처럼 배열된 의자에 앉아, 중간 무대에서 로마 원로원 의원들처럼 토가Toga를 입은 연설자들이 장군과 대화를 이어가고 있는 것을 지켜보고 있었다. 레카미에 부인도 어머니와 참석하여 관중석에 앉아 경청했다. 레카미에 부인은 이 젊은 영웅에게 깊은 인상을 받아 관심을 가지고 보던 중, 연설자 폴 바라스Paul Barras에게 답을 하려는 나폴레옹을 좀 더 잘 보기 위해 자리에서 일어났다. 하지만 그 순간 하얀 드레스 차림의 레카미에 부인은 본의 아니게 그 눈부신 아름다움으로 청중의 시선을 앗아갔고, 궁정은 사람들의 감탄과 환호로 가득 찼다. 동시에 사람들의 관심을 빼앗긴 나폴레옹은 기분이 나빠져 그 주인공을 매섭게 노려보았다. 겁에 질린 레카미에 부인은 서둘러 다시 자리에 앉았지만, 나폴레옹에 대한 좋았던 인상이 순식간에 반대가 된 것은 자명한 일이었다. 이 두 번의 강렬한 만남 후 (첫 번째 만남에 대한 기억은 나폴레옹에게 없을 수도 있지만) 나폴레옹은 레카미에 부인을 잊을 수 없었다. 하지만 그들의 인연은 상처받은 남자 나폴레옹의 복수로 끝나게 되었다.

그림1. 프란츠 빈터할터, 〈빅토리아 여왕의 결혼기념일 초상화〉, 1847년, 영국 왕실 소장

여왕의
웨딩드레스

빅토리아 여왕
QUEEN VICTORIA

✦ ... ✦

1819-1901

화관을 쓴 청초한 순백의 신부는 행복한 결혼 생활의 단꿈에 젖어
있다. 말갛게 상기된 얼굴은 설레고 달뜬 마음을 반영하는 듯하다.
놀랍게도 이 초상화는 결혼할 당시 신부의 모습이 아닌 결혼하고
7년 후의 모습이다. 사랑하는 남편과 웨딩마치를 울리던 그 시절
에 언제까지고 머물러 있고 싶었던 여왕은, 7년 전 결혼한 모습 그
대로 웨딩드레스를 차려입고 남편을 위해 다시 포즈를 잡았다. 여
왕의 가장 행복한 순간은 그날의 추억 속에 있었다.

가장 행복한 날

+ • • +

1840년 2월 10일엔 이른 아침부터 폭우가 쏟아졌다. 하지만 결혼식장으로 향하
는 황금마차 속 행복한 마음의 신부에게 진흙탕 길 따위는 아무런 영향도 미치
지 못했다. 여왕은 그날을 이렇게 표현했다.

" 내 인생에서 가장 행복한 날"

4년 전, 17살의 소녀 빅토리아Alexandrina Victoria는 친척들의 모임을 위해 켄싱
턴Kensington 궁을 방문한 사촌 앨버트Albert of Saxe-Coburg and Gotha 공자와 처
음 만났다. 감정적이고 열정적인 본인과는 달리 갈색 눈이 우수에 찬 듯 다소 우
울해 보이지만, 수줍음 많고 논리적이며 잘생긴 학자 스타일의 앨버트에게 빅
토리아는 곧 빠져들었다. 어른들에 의한 정략적 만남이었지만 동갑내기 사촌•

• 　빅토리아와 앨버트는 조부모가 같은 외사촌이었다. 당시 영국 상류층 사이에서는 사촌 간의 결혼이 여전히 행해
　지고 있었다.

인 두 사람은 사랑에 빠졌고, 여왕은 "모든 면에서 완벽하며 기쁘고 유쾌한 외모"[*]를 가진 키 큰 게르만 공자와의 결혼을 결심했다. 왕족의 혼인으로는 매우 드문 '낭만적인 사랑'의 결합에 사람들은 열광했고, 그동안 국민과는 거리가 있었던 군주제는 이 사랑의 결실로 국민의 관심과 사랑까지 얻게 되었다. 결혼식이 열리는 세인트제임스St. James 궁전으로 향하는 마차에 앉아, 빅토리아는 수많은 군중이 열정적으로 환호하는 광경을 보며 긴장했던 마음을 풀고 미소로 화답했다.

오늘날까지 행해지는 이 영국 왕실의 전통은 빅토리아 여왕이 시작했다.[**] 본래 왕실의 결혼식은 늦은 저녁이나 자정에 소규모로 측근들만 모아 놓고 비공개적으로 행하는 엄숙한 의식이었다. 하지만 빅토리아는 결혼식 전 황금 마차를 타고 공개적으로 거리를 행진함으로써 많은 국민이 장엄한 신부 행렬을 볼 수 있도록 했다. 결혼을 준비하는 동안에는 왕이 아닌 사랑에 빠진 한 여인이었던 빅토리아는 전통을 깨고 몇 가지 새로운 시도를 했고, 그 시도들은 오늘날까지 이어지는 전통이 되었다. 이로써 그녀는 낮에 국민들의 축하를 받으며 공개적으로 결혼식을 올린 최초의 군주가 되었다. 빅토리아는 아버지의 손에서 남편의 손으로 넘겨지는 전통적인 결혼 절차를 따랐다.[***] 이 또한 왕이 아닌 여인으로서의 결정이었다. "그에게 순종하고 그를 섬기며"라는 대주교의 질문에 빅토리아는 수줍은 듯 앨버트를 흘끗 보며 "그렇습니다"라고 대답했다. 결혼식 전 서약서의 '남편에게 순종'이라는 문구의 삭제 여부를 묻는 캔터베리Canterbury 대주교에게 여왕은 이렇게 답했다.

> **나는 여왕이 아닌 여성으로서 결혼하고 싶습니다. 나는 왕관의 특권 중 그 어느 것도 포기하지 않습니다. 그러나 국정을 제외한

---

[*] 외삼촌 레오폴드 1세(벨기에 국왕)에게 보낸 서신 속 앨버트에 대한 빅토리아의 평이다.

[**] 사실 빅토리아는 간소한 결혼식을 올리고 싶어 했으나, 총리 멜버른 경은 군주의 격에 어울리는 축하행사를 갖도록 여왕을 설득했다.

[***] 아버지의 부재로 삼촌인 서식스Sussex 공작이 그 자리를 대신했다.

모든 일에 대해서는 내가 선택한 배우자에게 충성과 복종의 맹세를 하고 싶습니다."

결혼식을 지켜보았던 한 하객은 빅토리아와 앨버트가 부부가 되어 함께 걸어 나올 때, 여왕의 얼굴이 '환한 미소와 완벽한 행복의 표정으로 빛났다'고 말했다. 여왕에게 결혼식은 자신의 가장 아름다운 젊은 날이었고, 사랑하는 앨버트와 맺어진 가장 행복한 순간이었다. 여왕은 살아가면서 머물러 있고 싶었던 그 순간을 자주 재현했다. 때로는 웨딩드레스를 그대로 차려입고 초상화를 그리거나, 결혼서약을 했을 때처럼 서로를 마주 보며 사진을 찍었다. 그렇게 결혼한 지 7년이 되자 여왕은 남편 앨버트를 위한 깜짝 선물*을 준비했다. 바로 자신의 초상화(그림1)였다. 여왕은 자기 자신을 매우 사랑했음에 틀림없다.

당시 유럽 왕족들의 초상화가로 명성을 떨치며, 특히 여성들을 매우 매력적으로 그려냈던 독일 화가 프란츠 빈터할터Franz X. Winterhalter에게 초상화를 의뢰한 여왕은 7년 전 신부의 모습 그대로 나타나 초상화를 그렸다. 선물로 초상화를 받은 앨버트는 윈저 성에 있는 자신의 탈의실에 걸었다. 여전히 사랑이 넘치는 부부였다.

여든에 가까운 나이에도 여왕은 결혼식 때 착용했던 면사포와 레이스를 걸치고 사진을 찍기도 했다. 결혼식에서 남편보다 화려한 차림새로 돋보이고 싶지 않았던 빅토리아는 왕실 예복이 아닌 심플한 하얀색 드레스를 택했다. 현대의 시각으로 보면 매우 자연스러워 보이는 '하얀색 웨딩드레스의 신부'는 동시대 사람들의 눈에는 다소 어색하고 여왕다운 위엄도 느껴지지 않는 의아한 차림새였다. 사실 어린 여왕이 선택한 드레스는 당시 막 프랑스에서 건너와 유행하는 최신 스타일이었다.

---

*   여왕은 일기에 '2월 10일, 사랑하는 앨버트를 위한 깜짝 선물'이라고 표현했다.

순백의 웨딩드레스

✦•••✦

웨딩드레스는 신부에게 있어 매우 상징적인 의미를 지닌 의복이다. 하지만 오늘날 통용되는 '순백의 웨딩드레스'란 개념*은 의외로 오래되지 않았으며, '웨딩드레스'라는 결혼식 단 하루만을 위한 드레스도 없었다. 19세기 중반까지 그 어떤 여성도(심지어 왕족도) 결혼식에 입었던 드레스를 결혼식만을 위한 드레스라고 생각하지 않았다. 그것은 상식이었다. 결혼식을 위한 옷은 정해진 유형이나 색상이 없었으며, 신부는 가지고 있는 가장 좋은 드레스를 선택해 입을 뿐이었다. 보통은 결혼식 드레스로 밝고 생기 넘치는 색상을 선호했다. 빨간색이 인기가 좋았고 심지어 검은색을 입기도 했다. 어두운 색 의복은 세탁이 어려운 시절에 때가 타도 별다른 티가 나지 않는다는 실용적인 이유로 선택되었다. 같은 이유로 하얀색의 직물은 아주 부유한 사람들만의 전유물이었다. 당시 세탁 기술로는 하얀색 직물을 하얗게 유지하기 매우 어려웠기 때문에, 사람들은 흰색 드레스를 선호하지 않았다. 부유한 사람들만이 과시의 목적이나 기호에 따라 흰색 드레스를 선택하곤 했다.

　결혼의 주된 목적이 가문의 결합이었던 왕족이나 귀족들의 경우엔, 결혼식이 가문의 지위와 부를 드러내는 무대와도 같았다. 신부는 가족 전체를 대표하여 희귀한 염료로 염색된 귀중한 직물에 자수나 보석으로 화려하게 장식한 값비싼 드레스를 입었다. 하지만 평민들은 보통 몇 벌 되지 않는 옷**으로 평생을 살았기 때문에 흰색은 엄두도 내지 못했다. 일상복으로 입는 두어 벌 외에 특별한 날에만 입는 드레스가 있었는데, 이는 웨딩드레스가 심지어 장례식 복장도

---

* 고대 그리스 시대 신부는 허리를 끈으로 묶은 하얀 리넨 튜닉을 입었고, 고대 로마인들도 순결을 상징하는 흰색 튜닉을 입었으나 튜닉 위로 주홍빛 베일을 써 결혼식 내내 신부의 머리부터 온몸을 감쌌다. 중세 시대에는 주로 빨간색 드레스를 입었고, 이후에는 꽤 오랫동안 신부가 가지고 있는 가장 좋은 옷이 웨딩드레스가 되었다.
** 합성섬유의 등장 전까지 직물은 매우 비쌌다. 사회 계층과 아버지 또는 남편의 경제적 상황에 따라 크게 달라졌지만, 일반적으로 상류층 여인들은 옷을 30여 벌, 중산층 여인들은 10-12벌을 소유했다. 그 외 대부분은 서너 벌로 평생을 살았으며, 가난한 이들은 두 벌 이상 가지고 있는 경우도 드물었다.

되었다는 의미였다. 빅토리아 여왕 또한 결혼식 이후 여러 행사에서 웨딩드레스를 용도에 맞게 변경하여 재활용했으며, 웨딩베일을 딸에게 빌려주기도 했고 아이들의 모든 세례식에서도 같은 베일을 반복하여 활용했다.

✦ 그림2. 영국 여성의
하얀 새틴 웨딩드레스와
레이스 베일과 화관

　　전통대로라면 빅토리아는 왕실의 선례*대로, 군주의 위엄을 상징하는 담비 털로 장식된 호화로운 붉은색 벨벳 가운을 입어야 했다. 당시 왕실의 신부는 금색 실이나 은색 실로 수놓은 두꺼운 양단으로 만든 정교한 드레스와 붉은색 가운으로 구성된 예복을 입었다. 그녀가 신뢰하고 따르던 총리 멜버른 경 또한 왕실 예복을 제안했지만, 모두의 예상을 뒤엎고 빅토리아는 자신의 웨딩드레스를 직접 디자인했다. 젊은 여왕은 고리타분한 예복 대신 유행의 중심에 있는 스타일을 선택했다. 가녀린 어깨가 드러나고 잘록하게 들어간 허리에 치마가 동그랗게 퍼지는 '공주 드레스'의 전형으로, 당시 패셔너블한 귀족 여성들 사이에서 유행하던 궁정드레스의 형태를 반영한 스타일이었다. 흰색 새틴 위로 레이스가 장식된 드레스는 19세기 초 빅토리아가 결혼하기 전부터 영국 상류층의 세련된 신부들에게 채택되던 스타일(그림2)이었다. 이는 프랑스의 영향이었다.

　　흰색 드레스에 베일을 쓴 신부의 모습은 1813년 프랑스의 패션잡지 《여성과 패션 저널》에 처음 등장했고, 프랑스에 이어 영국의 신부들도 따라 하기 시작했다. 1820년대 파리의 신부들은 하얀 새틴 위로 레이스가 장식된 드레스를 입고 허리는 넓은 밴드로 조여 등 뒤에서 리본으로 묶었으며, 흰색 새틴 발레리나 슈즈를 신었다. 머리에는 베일과 오렌지 꽃 화관을 썼는데, 이 모습은 여왕의

---

*　사실 통치 중인 여왕의 결혼식은 1554년 메리 1세Mary I의 결혼식이 마지막이었기 때문에, 참고할 만한 정보는 얻기 어려웠다. 다만 왕실의 예복을 입을 것으로 기대되었다.

결혼식 복장과 매우 흡사했다.

　여왕이 결혼식 복장에서 위엄을 버리고 간소함을 택한 여러 가지 이유 중 하나는, 남편이 될 앨버트에 대한 배려였다. 그녀는 결혼식에서 자신과 앨버트 사이의 지위 차이를 시각적으로 드러내고 싶지 않았다. 군주의 호화로운 모습으로 남편의 기를 누르고 싶지 않았던 여왕은 간결하고 우아한 스타일의 드레스를 선택했고 왕관도 쓰지 않았다. 신부의 머리를 장식한 건 화관이었다. 고대 그리스 시절부터 신부의 화관을 장식했던 은매화Myrtle(가정의 행복을 상징)에 장미, 그리고 옛 독일 전통에 따른 오렌지 꽃(순결과 다산의 상징)으로 이루어진 심플한 화관은, 게르만계인 앨버트에 대한 존경심과 애정의 표현이었다. 빅토리아는 앨버트가 가장 좋아한 작은 눈꽃물Snow Drop과 은매화로 만든 부케를 들었고, 드레스의 가슴 한가운데에는 앨버트가 결혼식 전날 선물한 사랑의 징표인 사파이어와 다이아몬드로 만든 커다란 브로치*를 달아 남편에 대한 깊은 애정을 드러냈다. 여왕이 선택한 모든 것은 앨버트를 향해 있었다. 빅토리아는 결혼식 이후 부케에 쓰인 은매화 가지를 정원에 심었고, 자라난 은매화는 후에 딸인 빅토리아 공주의 부케에도 쓰였다. 이후 영국 왕실 신부들의 부케는 이 정원에서 자라난 은매화 꽃으로 만드는 전통이 시작되었다.**

　빅토리아가 하얀색 새틴 드레스를 선택한 또 다른 이유는 '선전'이었다. 세계의 시선이 결혼식을 앞둔 젊은 여왕에게 쏠려 있는 바로 그 순간, 영국의 미래를 짊어지고 있던 총명한 젊은 여왕은 기회를 놓치지 않고 영국을 광고하기로 했다. 여왕은 당시 산업혁명으로 위기에 처한 영국의 직물 산업을 장려하고, 특히 기계식 레이스에 밀려 사양길을 걷고 있던 수공예품 레이스의 부활을 계획했다. 여왕은 섬세하고 화려한 레이스를 매우 좋아했는데, 바로 이 레이스의 아름다움을 잘 부각시키기 위해 흰색 드레스를 선택했다. 당시 언론에서는 여인

---

*　사파이어 브로치는 여왕이 가장 좋아하며 자주 착용한 보석으로, 이후 여왕의 유언에 따라 가보가 되어 왕실 컬렉션에 포함되었고 엘리자베스 2세도 특별한 경우 이 브로치를 착용했다.

**　엘리자베스 2세는 빅토리아 여왕의 은매화 가지를 잘라 자신의 정원으로 옮겨 심었고, 본인을 포함하여 수많은 왕실 여인들의 부케에 사용되었다.

들 사이에서 더 인기 있고 패셔너블하다고 평가받던 벨기에 브뤼셀Bruxelles의 레이스가 여왕의 웨딩드레스의 포인트가 될 것이라고 떠들어댔지만, 여왕의 선택은 국산이었다. 나라의 수장다운 선택이었다. 르네상스 시절부터 한 땀 한 땀 장인정신으로 제작된 호니턴Honiton의 정교하고 화려한 레이스는 드레스의 많은 부분을 장식했다. 레이스는 당시 공립 디자인 학교의 학장이었던 윌리엄 다이스William Dyce가 디자인했으며, 200명이 넘는 레이스 제작자가 고용되어 호니턴 근처 마을에서 약 8개월에 걸친 수작업으로 완성했다. 빅토리아는 결혼식 복장에 대해 이렇게 기록을 남겼다.

> **❝ 나는 호니턴 레이스의 깊은 주름으로 장식된 고전적 디자인의 흰색 새틴 드레스를 입었다. 보석으로는 튀르키예산 다이아몬드 목걸이와 귀고리, 그리고 사랑하는 앨버트의 아름다운 사파이어 브로치를 착용했다. ❞**

여왕은 철저했다. 레이스가 완성되자 이 특별한 레이스를 본인만 소유하기 위해 아무도 복제할 수 없도록 윌리엄의 레이스 디자인을 파기하라 명하였다. 그리고 모든 관심이 본인에게 집중될 수 있도록 결혼식장에 아무도 흰색 드레스를 입고 오지 말라는 명을 내렸다. 여왕의 다소 자기중심적으로 보이는 '하객들의 흰색 옷 금지' 명령이 오늘날에도 결혼식 때 하객이 흰색 옷을 입고 오는 것은 신부에게 매우 무례한 것으로 여기는 무언의 규칙이 되어 통용된다는 점이 흥미롭다. 결혼식 이후에도 빅토리아는 자신과 아이들의 옷을 위해 호니턴 레이스를 자주 주문했다. 아이들의 세례 드레스에도 호니턴 레이스를 사용했고, 딸들의 웨딩드레스에도 레이스를 추천하는 등 영국의 레이스 산업에 대한 지원을 잊지 않았다.

여왕의 판단은 옳았다. 결혼식 이후 여왕이 웨딩드레스의 원단으로 선택했

✦ 그림3. 빅토리아 여왕이 디자인한 결혼식 들러리 드레스를 직접 그린 수채화 스케치

휜 장갑을 끼고 한 손에는 손수건을 들고 있는 모습으로 당시 숙녀들의 에티켓을 엿볼 수 있다.

던 런던의 스피털필즈Spitalfields에서 제작된 실크*의 주문은 가파르게 늘어났고, 수공예 레이스가 다시금 영국 전역에서 인기를 끌며 산업이 되살아났다. 영국의 가정 내에서도 레이스가 인기를 끌면서 드레스뿐만 아니라 손수건, 장갑, 부채, 양산 등 여성 패션의 전반에 큰 영향을 끼쳤고, 인테리어 장식에도 광범위하게 레이스가 쓰이며 영국의 경제 발전에 큰 역할을 하게 되었다. 레이스를 드레스와 패션 액세서리에 아낌없이 사용한 여왕 덕분에, 왕족처럼 보이고픈 영국 여인들에게 레이스는 '세련된 유행의 중심' 그 자체로 자리매김했다.

빅토리아는 자신의 드레스뿐만 아니라 12명의 신부 들러리의 드레스 또한 디자인했는데, 그림에 재능이 있었던 여왕은 직접 드레스의 스케치(그림3)를 그리기도 했다. 여왕의 들러리는 귀족의 장녀로만 구성된 12명의 여인들로, 당시 영국에서 가장 아름다운 여인들 중 가문의 순서에 따라 결정되었다. 모든 신부 들러리는 신부보다 어리고 미혼 여성이어야 했으며, 베일은 신부의 베일보다 짧아야 했다. 당시 베일은 신부만의 전유물은 아니었다. 깃털과 다이아몬드로 장식된 화려한 베일은 궁정복의 일부분이었다. 몇 세기 동안 잊었던 신부의 베일은 빅토리아 시대 전후로 다시 나타나 오늘날까지 웨딩 액세서리로 빠지지 않는 아이템이 되었다.

고대부터 남편에 대한 충성과 복종의 상징으로 쓰기 시작한 베일은, 그 형태가 머리를 가린 긴 망토에 가까웠다. 로마 시대엔 신부의 행복을 가로막으려는 악령으로부터 보호하기 위해, 신부의 얼굴에 가정을 수호하는 불의 여신 베스타Vesta를 상징하는 불꽃 색의 베일을 씌운 채 결혼식을 올렸다. 결혼이 두 가족 사이의 거래였던 중세 시대에는 혹 신랑이 신부의 얼굴을 보고 도망가는 것을 미연에 방지하기 위해 신부의 얼굴을 베일로 가리고 예식의 마지막 순간까지 신부의 얼굴을 볼 수 없게 하는, 매우 낭만적이지 못한 목적으로 이용되기도 했

---

* 런던의 스피털필즈 지역은 17세기 후반부터 유명한 영국의 실크 제작 현장이었다. 1685년 루이 14세의 '퐁텐블로 칙령'으로 종교의 자유를 박탈당한 위그노(프랑스의 개신교도)가 난민이 되어 영국 등으로 이주했는데, 이때 건너온 프랑스의 실크 직공들 덕분에 영국의 실크 산업이 큰 발전을 이루었다. 하지만 19세기 초 스피털필즈는 실크 무역에 대한 독점권을 잃고 쇠퇴의 길로 접어들고 있었다.

다. 15세기부터는 결혼식을 올리는 교회 내에서 신에 대한 복종과 존경의 표식으로 베일을 쓰기 시작하면서, 웨딩베일은 순종의 상징이 되었다. 영국에서 베일은 영국 교회(성공회)가 16세기에 로마 가톨릭에서 벗어난 뒤 신부의 머리에서 모습을 감췄다. 대신 여인들은 결혼식에 모자나 보닛Bonnet(턱 밑에서 끈으로 조여 쓰는 모자)을 착용했다. 빅토리아 시대 전후로 다시 모습을 나타낸 웨딩베일은 신부의 겸손함과, 결혼 전 공개적으로 얼굴을 드러내지 않으려는 순수함을 상징하는 결혼식 필수 액세서리가 되었다.

빅토리아는 들러리의 드레스를 자신의 드레스와 비슷하게 디자인했다. 어깨가 드러나는 흰색 드레스에 흰 장미꽃으로 장식한 심플하고 우아한 스타일이었다. 역사적으로 신부와 들러리의 드레스는 같았다. 본래 들러리의 역할은 신부의 시중을 들기 위함이었지만, 시대적으로 위험하고도 중요한 임무를 수행하기도 했다. 신부 들러리의 기원은 고대 이집트 시절로, 당시 사람들은 신부를 싫어하는 악령이 있다고 믿었다. 이 악령이 신부를 알아보지 못하도록 혼란시키기 위해 적어도 10명의 들러리를 신부와 비슷한 모습으로 치장시켜 동행하는 것이 관례였다. 고대 로마에서는 결혼을 위해 신부가 신랑의 마을까지 가는 경우가 많았는데, 신부의 행렬이 도적이나 다른 구혼자들의 표적이 되는 것을 피하기 위한 방편으로 들러리에게 신부와 같은 옷을 입혀 혼란을 주었다. 더 이상 그럴 필요가 없어진 시대가 되자, 결혼식에서 들러리의 주된 역할은 신부 드레스 뒤로 길게 끌리는 '트레인Train'을 드는 일(그림4)이 되었다. 기능적인 역할 없이 그저 보기 아름다워 탄생한 트레인은 직물이 매우 비싸다는 단순한 이유로 부와 권력의 상징이 되어 계급에 따라 그 길이를 달리했다. 여왕인 빅토리아는 약 6야드(약 5.5미터) 길이의 트레인*을 허리 뒤쪽으로 달았다.

여왕은 자신이 디자인한 흰색 드레스를 입고, 머리에 흰 장미 화환을 쓴 12명의 들러리가 매우 예뻤다며 만족스러워했지만, 동시대 사람들은 그들이 '시골

---

* 　하지만 12명의 들러리가 나눠 들기엔 턱없이 짧아 그녀들은 서로의 발이 겹쳐 넘어지지 않도록 결혼식 내내 주의를 기울이며 걸어야 했다.

✦ 그림4. 조지 헤이터, 〈빅토리아와 앨버트의 결혼식 풍경〉의 부분, 1840-1842년, 영국 왕실 소장

빅토리아는 조지 헤이터 경에게 결혼식 그림을 의뢰할 때 자신과 앨버트가 손을 잡는 순간을 그려달라고
요구했다. 부부는 결혼식 후 한 달이 지난 3월, 다시 결혼식 복장으로 차려입고 여러 차례 그림을 위해 포즈를
취했다. 그림은 결혼식 그대로 재현되었으나, 빅토리아 드레스의 가슴 중간을 장식한 앨버트의 결혼 선물이었던
사파이어 브로치가 빠졌다.

소녀'처럼 보였다며 수군거렸다. 사람들은 여왕의 간소화된 드레스 또한 비판했
지만, 여왕이 하는 모든 것은 곧 유행되었다. 여왕의 결혼식 이후, 귀족들 사이에
서만 유행하던 '순백의 드레스와 긴 베일이 달린 화관을 쓴 로맨틱한 복장'은 대
중에게 퍼져 신부들의 새로운 트렌드로 자리 잡게 되었다.

부의 상징에서 순결의 상징으로

'순백의 웨딩드레스'가 웨딩드레스의 전형이 된 것은 인쇄 매체를 통한 주입식
교육의 영향으로도 볼 수 있다. 빅토리아 시대에 확산된 인쇄 매체는 여왕의 라

이프 스타일에 대한 이미지를 대중에게 판매했다. 여성을 가정에 묶어둔 빅토리아 시대에는 가사, 육아, 패션 등을 다루는 여성잡지가 인기를 끌었다. 편집자는 패션과 가정 생활에 관한 고급 정보를 제공했다. 아름다운 드레스를 입고 친구들과 차를 마시는 이미지를 연출하여 이상적인 주부의 삶의 표준을 제시해 수익을 창출하는 유행을 만들어냈다. 시대의 아이콘인 여왕이 빠질 리가 없었다. 여왕의 결혼식은 잡지와 신문을 통해 빠르게 사람들에게 전해졌다. 패션잡지는 이미 존재했지만 가격이 비싸 부유한 사람들이나 귀족들을 위한 것이었다. 하지만 1830년대부터 일반 대중을 상대로 한 저렴한 잡지가 출판되기 시작하면서, 더 많은 사람들이 여왕의 결혼식에 대한 정보를 빠르고 쉽게 얻을 수 있게 되었다. 신랑 신부의 의상에 대한 정보는 삽화나 판화 등의 인쇄물로 상세한 설명과 함께 널리 퍼졌고, 에티켓에 대한 책들이 출판되어 사람들을 가르치기 시작했다.

> **신부의 의상은 흰색이거나 그에 가까운 색조여야 합니다. 황갈색, 회색, 연보라색은 완전히 유행에서 벗어난 색입니다.** •

1872년에는 흰색 이외의 다른 색 드레스를 고르는 신부에게 '자신의 기이함을 드러내는 수단'이라며 다른 색 드레스를 폄훼하기까지 했다. 1877년 미국에서 출판된 에티켓 책은 아예 '신부는 머리부터 발끝까지 온통 흰색이어야 한다'고 명시하기도 했다. 여왕의 결혼식 복장이었던 '흰색 새틴 드레스에 레이스 장식과 오렌지 꽃 화관'은 신부복의 이상적인 구성이 되었다.

사진 기술의 등장도 손을 보탰다. 빅토리아 시대엔 급격한 기술의 발달로 실용적인 사진 기술이 등장했고, 유명인들은 앞다투어 사진을 찍었다. 당시 사람들의 연예인은 왕족이었다. 현대인들이 연예인 사진을 수집하듯 당시 사람들은 왕족의 사진을 모았는데, '연예인 포토카드'의 시작이 바로 빅토리아 여왕이었

• 《구혼 및 결혼 에티켓The Etiquette of Courtship and Matrimony》(1865)

다. 1860년에는 여왕의 결혼식 재현 사진을 포함한 14장의 왕실 가족사진 세트가 만들어져 높은 가격으로 판매되었다. 6만 장 이상 팔린 이 사진은 행복한 결혼 생활의 표본을 보여주는 듯했다. 결혼한 지 14년이나 지난 후에 찍은 여왕과 부군의 웨딩 사진은 매우 낭만적이었고, 실제 웨딩 사진으로 오인되기도 했다. 사람들은 그 행복을 따라 하고 싶었다. 실제와 같은 사진을 보며 여왕 부부의 패션을 모방했고, 젊은 여성들은 여왕의 동화처럼 낭만적인 사랑을 꿈꾸며 여왕의 웨딩드레스를 따라 입었다. 사진은 그림보다도 영향력이 컸다. 소소히 귀족들 사이에서 유행하던 하얀 드레스는, 그렇게 인쇄와 사진 기술을 등에 업고 대중에게 퍼졌다. 순백의 웨딩드레스에 '순수함'이나 '순결'의 의미가 생긴 것도 이 시기(19세기 중반)였다.

앞서 밝힌 바와 같이, 여왕은 오늘날 순백의 웨딩드레스에 부여된 '신부의 순수함과 순결'을 나타내는 의미로 하얀색 드레스를 선택한 것이 아니었다. 여왕이 결혼할 당시엔 하얀색 드레스가 그런 의미로 여겨지지도 않았다. 전통적으로 흰색은 부의 상징이었다. 빅토리아 시대에도 여전히 표백 기술은 발달하지 못해 흰색을 깨끗하게 유지하기 어려웠기 때문에, 흰색은 착용자의 사회적 지위와 부를 나타내는 지표였다. 동시에 부정적인 이미지*도 있어 한동안 흰색 드레스는 결혼식 드레스로 선호되지 않기도 했다. 그랬던 하얀색 드레스가 순수와 순결의 의미를 갖게 된 데에는 빅토리아 여왕의 영향이 적지 않다. 빅토리아 시대의 여성들은 결혼 앞에 순수하고 순결해야 했으며, 남편에게 영원히 헌신할 것이 강요되었다. 사실 빅토리아 시대 이전까지만 해도 영국에선 결혼 전 신부의 순결은 중요하지 않았다. 영국의 교회 성공회는 가톨릭 교회와 달리 신부의 순결을 강요하지 않았기 때문에 상당수의 신부들은 임신한 채로 결혼식을 거행했고, 이에 대한 사람들의 인식도 자유로웠다. 하지만 빅토리아가 여왕이 되면서 영국은 성적으로 매우 폐쇄된 사회가 되었다. 여왕이 결혼식에서 남편

---

* 전통적으로 프랑스에서 흰색은 왕비의 상복으로 쓰였고, 법을 어겨 재판을 받기 위해 법정에 설 때 여성들은 흰색 드레스를 입었다. 프랑스 패션은 유럽 패션을 이끌었기 때문에 영국에도 큰 영향을 미쳤다.

앞에 군주가 아닌 아내로 서기로 결정하면서 선택한 하얀색 드레스는 순수함과 낭만, 그리고 순결의 상징으로 여겨지기 시작했다.

쓰러지는 여인들

✦ • • •

웨딩드레스의 '클래식'이 된 빅토리아의 웨딩드레스 실루엣은 당대의 일반적인 형태였다. 아름답게 드러난 어깨에 잘록한 허리, 돔 형식으로 퍼지는 치마 모양이 전형적인 모래시계형 실루엣을 이루었는데, 여성들은 이를 위해 인공적인 도움을 받아야 했다. 코르셋이었다. 슈미즈 드레스로 잠시 사라졌던 코르셋은 빅토리아 시대에 다시 여성들에게 돌아왔다. 스커트와 상의로 나뉘었던 빅토리아 여왕의 웨딩드레스의 상체는 고래수염으로 만든 스테이즈Stays✦로, 종 모양을 이루는 치마는 여러 겹의 패티코트Petticoat(속치마)로 지탱되었다. 빅토리아 시대의 여성들은 연약해야만 했다. 여인들은 여성스러움을 어필하기 위해 파리한 안색과 한 줌의 허리를 유지했다. 여성이 최고 주권자였지만 보수적인 성 역할에 집착한 이상한 시대였다. 정작 여왕이 여성의 역할에 대해 매우 보수적인 시각을 가지고 있었기 때문이었다. 여왕은 결혼 후 외삼촌인 벨기에 국왕 레오폴드 1세Leopold I에게 보낸 편지에 이렇게 표현했다.

> ❝우리 여성은 통치에 어울리지 않습니다. 우리가 좋은 여성이라면, 이러한 남성적인 직업은 싫어해야 합니다.❞

빅토리아는 최고 지배자인 '여왕'이라는 공식적인 위치와 남편에게 순종하는 '아내'이고 싶은 개인적인 바람이 상충되는 괴리감으로, 동시대인들에게 매

✦   몸통을 원하는 모양으로 만들기 위해 갈대나 가죽, 고래수염 등으로 구조를 만들고 직물로 덧댄 지지대인 부스토(코르셋의 전신)를 영국에서는 '스테이즈'로 불렀다.

우 엄격한 잣대를 들이댔다. 자신은 군주로서 강한 모습으로 모두의 위에 군림해야 하지만 본래 여성의 그러한 모습은 바람직하지 않다는 것을 사람들에게 가르치며 통제했다. 성별에 따라 분명하게 영역을 나누어 '남성다움'과 '여성다움'이 강요되었고, 엄격한 사회적 규칙이 제시되었다. 바깥일은 남성의 일이었고 가정은 여성의 영역이었다.* 여성성을 제외하고 '여성은 남성보다 모든 면에서 열등하다'는 인식이 퍼져 있는, 극심한 가부장적인 사회가 바로 빅토리아 시대의 영국이었다. 그들에게 여성은 너무나도 연약하여 가사 노동은 물론 스포츠 활동조차 할 수 없는 존재였다. 과도한 신체 활동은 아이를 낳는 데 해가 될 수 있기 때문에 여성은 남성의 보호 아래 집안에만 있어야 한다는 것이 당시 일반적인 인식이었다. 상류층은 물론, 중산층 여인들도 생계를 위한 그 어떤 일도 할 필요가 없었다. 여인들은 그저 아버지나 남편의 집안에 있는 '최고의 장식품'과도 같았다. 아름다운 드레스를 차려입고 차를 마시며, 노래를 부르고, 악기를 연주하며 안락한 삶을 사는 것이 그녀들의 임무였다. 이러한 환경에 걸맞게 여성의 드레스는 다시 코르셋으로 조여지고 치마는 크게 만들어져 일할 필요가 없음을 반영했다.

코르셋의 화려한 복귀

코르셋**은 화려하게 복귀했다. 자유가 제한된 여성은 가정에 묶였고, 다시 코르셋에도 묶였다. 빅토리아 시대 코르셋 착용의 목적은 두 가지였다. 매우 여성스러운 실루엣을 형성하는 것, 그리고 아이러니하게도 건강을 위한 것이었다. 당시 여인들은 코르셋이 바른 자세를 유지하게 해주고, 심지어 내부 장기들이 올바르게 정렬하는 데 도움을 준다고 믿었다. 일부 의사들은 장기를 보호해 주는

* 청소, 음식, 바느질 등의 가사노동은 낮은 계급의 하녀들의 일이었으며, 주부는 하인을 부리고 자녀의 양육 및 교육 등을 맡았다.
** 영국에서는 '스테이즈'로 불렸으니, 그 형태나 의미가 코르셋과 크게 다른 점이 없었고 19세기부터는 코르셋이라는 용어가 널리 쓰이기 시작했으므로, 편의상 '여성의 몸을 억압한 도구'라는 의미로 코르셋이라 칭한다.

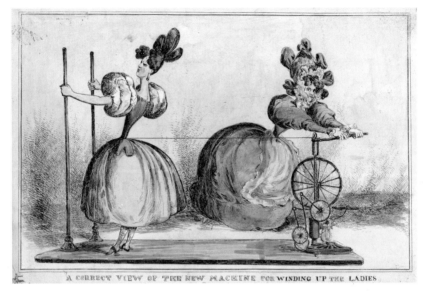

A CORRECT VIEW OF THE NEW MACHINE FOR WINDING UP THE LADIES

✦ 그림5. 1830년대 타이트한 코르셋 패션에 대한 풍자화 〈여성용 허리 조이기를 위한 새로운 기계 사용의 정확한 예시〉

코르셋의 필요성을 설명하며 건강을 위해 여성들이 코르셋을 착용해야 한다고 주장했다. 코르셋의 착용은 모든 계층의 여성에 강요되었고, 심지어 사회적으로 임신한 배를 드러내는 것을 경멸해 임산부들은 배를 가리는 임산부용 코르셋을 착용하기도 했다.

당연히 그 형태는 건강을 위한 것이 아니었다. 빅토리아 시대 여인들에게는 극단적으로 가는 허리가 권장되었다. 기술의 발달로 코르셋을 특정한 모양으로 증기 성형*시켜 여성의 몸을 더욱 굴곡지게 만들었다. 빅토리아 시대가 배경인 영화를 보면 호흡곤란을 일으키며 쓰러지는 여인들이 종종 나온다. 연약하고 섬세한 꽃과 같은 그녀들은 카스트라토Castrato의 높은 음역대에 갑자기 정신이 혼미해져 이마에 손을 대고 쓰러지거나, 약간의 충격에도 쉽게 기절했다. 몸을 매우 압박하는 코르셋과 사람들이 밀집된 실내의 갑작스러운 산소 부족으로 인

---

* 녹말에 적신 코르셋을 증기로 가열한 구리 틀에 넣고 마를 때까지 두는 공정으로 만들어졌다.

한 현상으로 짐작되는데, 이러한 실신이 여인은 자신이 섬세하고 보살핌이 필요한 연약한 여인임을 어필할 수 있고, 신사들에게는 기사도를 발휘할 수 있는 기회를 주었기 때문에 유행했다. 1840년경 출판된 《소녀들의 기분 전환 책The Girls' Book of Diversions》은 소녀들에게 기절하는 방법에 대해 알려주며 '가능하면 소파 옆에서 쓰러지는 것이 좋다', '실신의 형태는 가능한 한 모두 달라야 한다'는 등의 조언을 아끼지 않았다. 이렇듯 실신은 연약한 모습을 드라마틱하게 연출하는 쇼적인 의도가 다분했으나, 코르셋으로 인한 얕은 호흡과 부족한 영양 섭취가 원인일 때도 많았다.

진짜로 실신했을 경우를 대비해 여인들은 향이 있는 소금을 작은 병에 담아 드레스 허리에 달고 다니며, 다른 여성이 기절하면 코 밑에 병을 갖다 대어 정신을 차릴 수 있도록 도왔다. 비정상적으로 가는 허리가 요구되던 시대였기 때문에 당시 여인들이 갈비뼈를 제거하거나 의도적으로 부러뜨렸다는 설도 있으나, 19세기 의술은 그런 수술을 감당할 수 없었다. 이상적인 허리 둘레인 17–20인치에 도달하기 위해 아기 때부터(심지어 세 살부터) 스타킹이 달린 모슬린 코르셋을 착용했던 빅토리아 시대 여인들의 흉곽은 코르셋의 모양대로 자라 하부로 내려갈수록 기형적으로 좁아진 상태였다.

형편없는 패션 감각의 패션 리더

✦ • • ✦

여왕의 이름으로 일컬어지는 빅토리아 시대에는 그녀가 곧 시대의 표상이었다. 여왕의 생각과 이념이 시대의 이념이 되었고 그녀의 패션이 시대의 패션이 되었다.

❝ 나는 옷차림에 대해 고민하는 것을 싫어한다. ❞

　23살의 여왕은 고백했다. 빅토리아의 패션 감각은 좋지 못하기로 유명했다. 하여 국내외적으로 조롱을 받았다. 공적으로든 사적으로든 여왕이 원하는 것은 '의복과 행동의 정숙함'이었다. 정숙함은 단정한 옷차림으로 나타나 목부터 발끝까지 몸 전체를 감쌌다. 여왕은 영국 여성의 여성성에 대한 기준을 세웠고, 여인들에게는 패션에 너무 신경 쓰지 않는 깔끔한 복장이 요구되었다. 옷의 세세한 부분까지 신경 쓴다는 이유로 질책을 받을 수 있는 시대였다. 영국 여성들이 낭비가 심하다고 여긴 빅토리아는 여성이 외모를 화려하게 치장하는 것에 제한을 두었고, 메이크업과 향수 사용까지 통제했다. 화려한 화장과 매춘부를 연관시켜 언급해 자연스레 숙녀들에게 화장에 대한 부정적인 인식을 심어주어 상류층 여인들은 화장을 거의 하지 않았다.

　여왕은 아이들에게도 단순한 스타일의 옷을 입혔는데, 이와 관련한 작은 일화가 있다. 다른 지방에서 온 한 여인이 왕족을 만나길 기대하며 윈저 공원을 산책하던 중, 평범하고 별다른 특색이 없는 옷차림의 한 가족만 지나쳤을 뿐 별다른 성과가 없자 실망했다. 얼마 안 가 마주친 정원사에게 어디에서 여왕을 마주칠 수 있는지 물었고, 정원사는 "자, 돌아서서 조금만 가십시오. 왜냐하면 당신은 방금 전 그들을 지나쳐 왔으니까요."라고 대답했다고 한다.

　여왕은 패션에 자신감이 없었기 때문에 선택 앞에서 항상 망설였고, 자신의 남자들(결혼 전에는 그녀의 첫 총리였던 멜버른 경, 결혼 후에는 남편인 앨버트)에게 패션에 대한 조언을 받아 옷을 입곤 했다. 그녀는 거의 매일 아침 그들에게 "이 옷에 대해 어떻게 생각하세요?"라고 물었다. 남성을 기쁘게 하기 위해 옷을 입었던 당시의 많은 여성들처럼 여왕도 사랑하는 남편을 위한 선택을 하곤 했다. 꽃 장식을 좋아하던 앨버트를 위해 꽃과 풀 장식이 가득한 가운을 입기도 한 빅토리아의 스타일은 언제나 약간 촌스러운 분위기를 풍겼다. 옷장 구석에서 발견한 듯한 보닛을 쓴 23살의 여왕은 노부인처럼 보이기도 했지만, 사실 이는 앨버트의 선택이기도 했다. 빅토리아는 앨버트가 죽은 후 일기에 이렇게 썼다.

" 나는 그 사람 없이는 보닛을 선택한 적이 없었다. "

1855년 프랑스 황제 부부의 초청으로 여왕 부부가 파리를 방문했을 때에도, 패션에 자부심이 대단했던 프랑스인들은 영국 여왕의 보닛과 할머니 가방처럼 보이는 푸들 모양의 금색 자수가 놓인 새틴 가방을 보고 또래의 우아한 프랑스의 외제니Eugénie de Montijo 황후와 비교하며 비웃었다. 8월의 타는 듯한 날씨에도 불구하고 머리에는 깃털 장식이 달린 실크 보닛을 쓰고, 주름장식이 많은 가운을 입은 화려한 차림새의 빅토리아를 보고 프랑스인들은 기이함을 느꼈다. 빅토리아는 여왕으로서 권위를 세우는 데 시각적으로 어떻게 보이는지가 얼마나 중요한지 잘 아는 지도자였지만, 안다고 잘하는 건 아니었다. 그녀에겐 적절한 아이템을 고르고 코디네이션을 할 능력은 부족했다. 앨버트 왕자가 '좋은 작은 아내'라는 애칭으로 불렀던 빅토리아는 실제 키가 5피트(약 152센티미터)로, 당대에도 작은 편에 속했다. 작은 키를 감추기 위해 상대의 시선을 위로 향할 수 있도록 상체에 밝은 색상의 보석을 배치하고 종종 힐을 신어 보완하기도 했으나, 여왕은 항상 너무 과했다. 보석을 좋아했던 여왕은 자신의 작은 키를 감안하지 않고 너무나 큰 보석을 그대로 착용해 보석이 압도적으로 보일 때가 많았으며 항상 반지, 팔찌, 브로치를 함께 착용했다. 특히 짧고 통통한 손가락을 가리기 위해 많은 반지를 꼈지만 손가락이 더욱 부각되는 결과를 낳았다.

그런 그녀였지만, 사실 빅토리아는 어린 시절부터 패션에 대해 관심이 많았다. 소녀 빅토리아는 다른 사람의 옷차림을 주의 깊게 살피며 아주 자세하게 일기에 기록하곤 했다. 그녀는 세세한 부분까지 평가하는 냉철한 비평가였다. 패션에 대한 관심은 고집으로 발현되어 패션에 대한 통제로 이어졌다. 수많은 에티켓을 만들고 매우 세세한 규정을 만들어 사람들의 옷차림을 통제했다. 상류층 여성은 아침 드레스, 접대용 드레스, 산책 드레스 등 하루에도 상황에 따라 입어야 하는 드레스가 모두 따로 있었으며, 에티켓에 따라 하루 최대 6번까지 드레스를 갈아입기도 했다. 정해진 스타일 외의 패션도 매우 싫어해 며느리인 왕세자비 알렉산드라Alexandra가 선보인 곱슬한 앞머리를 몇몇 궁정 여인들이 따라 하자, 여왕은 자신 앞에 나타나기 전 앞머리를 뒤로 젖히라 명하였다.

　궁정에서 갖춰야 할 품목은 정해진 기준을 벗어나면 안 되었다. 여인들이 궁정에서 손에 지니고 있어야 하는 손수건은 매우 예쁘고 섬세한 레이스 조각으로 만든 손수건이었다. 독감에 걸린 한 백작부인은 여왕의 연회에 참석해 이 예쁘기만 하고 무용지물인 손수건 밑에 진짜 기능을 하는 면 손수건을 숨겨 흘러내리는 코를 연신 닦으며, 여왕에게 들키지 않도록 혼신의 힘을 다해야 했다. 빅토리아는 나이가 들수록 에티켓에 대해 더욱 완고해졌다. 여왕의 패션 감각은 혹평을 받으며 '아름다움의 기준'이 되지는 못했지만, 사람들은 그녀의 선택을 따랐다. 패션 감각은 중요한 게 아니었다. 여왕의 선택이 중요한 것이었다. 왕족처럼 보이고픈 사람들의 심리는 아름다워 보이는 것과는 관계없이 그저 그들의 패션을 따르게 했다. 군주의 모든 것은 곧 유행되었다.

　하얀색 웨딩드레스가 빅토리아에 의해 생겨난 것은 아니지만, 여왕의 결혼식 이후 순백의 신부는 이상적인 모습이 되어 웨딩드레스의 전형이 되었다. 하얀색 웨딩드레스는 점차 유럽 전역으로 퍼졌고 미국의 중산층 신부들에게도 인기를 끌었지만, 지금처럼 완전히 정착하기까지는 시간이 좀 더 필요했다. 20세기 초까지도 여전히 옷 세탁은 품이 많이 들어 상류층의 전유물이었고, 합성섬유가 개발되기 전까지 직물은 기본적으로 비쌌기 때문에 대중적으로 퍼지는 건 수십 년 뒤의 일이었다. 제2차 세계대전 이후 의류 생산 비용이 저렴해지면서 웨딩드레스는 결혼식만을 위한 일회용 드레스로 점차 인식되었고, 하얀색 웨딩드레스는 대중화되었다. 1950년대에는 오트 쿠튀르 쇼의 피날레를 웨딩드레스가 장식하는 것이 하나의 전통이 되어 사람들에게 환상을 심어주면서, 순백의 웨딩드레스는 트렌드로 자리 잡게 되었다.

레이스의 기원과 웨딩베일

이탈리아 베네치아의 작은 섬 부라노Burano는 레이스의 본고장으로, 이곳에서 전해 내려오는 레이스 탄생에 대한 가장 유명한 이야기는 그야말로 판타지다. 거기에는 그리스 신화 속 위험한 요정인 세이렌Seirēn이 등장한다. 5세기경 부라노 섬에 가장 잘생기고 친절하기로 소문이 자자한 젊은 어부 니콜로Nicolò(또는 나자레노Nazareno)가 살았고, 몇 집 건너에는 섬에서 가장 아름답고 우아한 소녀 마리아Maria가 살고 있었다. 첫 만남 이후 서로를 사랑하게 된 연인은 결혼을 약속했고, 보금자리를 마련하기 위해 니콜로는 매일 밤 물고기를 낚으러 나가야만 했다.

결혼을 며칠 앞둔 어느 차갑고 고요한 밤, 홀로 작업을 하던 니콜로의 귓가에 아름다운 멜로디가 들렸다. 고개를 들어보니 사람 반 물고기 반으로 바다의 악마라 불리던 세이렌이 배를 둘러싸며 매혹적인 노래를 부르고 있었다. 세이렌은 그들의 아름다운 노래로 선원들을 매혹시킨 뒤 물속으로 유인하기로 유명한 바다의 요정이었다. 니콜로는 유혹당하지 않기 위해 눈을 감고 사랑하는 마리아를 떠올렸다. 시간이 지나도 자신들의 강력한 유혹에 넘어오지 않는 니콜로의 굳건한 사랑에 깊은 감명을 받은 세이렌의 여왕은 그가 지켜낸 사랑에 보상을 주고 싶었다. 파도 속으로 뛰어든 여왕은 꼬리를 휘둘러 하얀 거품을 만들어냈고, 그 거품은 하얀 웨딩베일이 되어 니콜로의 배 위로 떨어졌다. 세이렌의 여왕은 말했다.

이 선물을 당신의 연인에게 가져가세요.

무사히 집으로 돌아온 니콜로는 아름다운 베일을 마리아에게 선물했고, 결혼식 당일 레이스로 된 웨딩베일을 두른 우아한 마리아의 모습에 섬의 모든 사람들은 감탄했다. 하지만 시간이 갈수록 거품으로 만들어낸 레이스는 사라져갔다. 안타까웠던 마리아는 여러 번의 시도 끝에 바늘과 실을 이용해 비슷한 형태로 만들어내는 데 성공했고, 이로써 레이스의 역사가 시작되었다고 한다.

좀 더 현실성 있는 또 다른 전설도 있는데, 먼 바다로 나간 부라노 섬의 한 가난한 어부 폴로Polo가 그물에 딸려온 해초(작은 잎들이 중간 심지에 의해 일렬로 모여 있는 예쁜 모양의)를 사랑하는 연인 카티나Catina에게 선물로 가져다 주었고, 아름다운 모양의 해초를 영원히 간직하고 싶었던 카티나가 바

✦ 물냉이 해초

늘과 실로 해초의 구멍을 재현하며 비슷하게 만들어낸 것이 레이스의 탄생으로 이어졌다는 설이다.

　　　이러한 동화 같은 이야기들 말고 보다 현실적인 이탈리아 레이스의 기원은, 그리스의 식민지였던 마그나 그라이키아Magna Graecia(이탈리아 남부와 시칠리아 지역)와 오늘날 튀르키예 영토에 해당하는 소아시아의 레이스 직물이다. 베네치아의 항구를 통해 들어온 레이스에 섬 여인들(대부분이 어업에 종사해 어망 수선 작업에 익숙했던)의 예술적인 솜씨가 더해져 더욱 섬세하고 아름다운 레이스로 발달한 것으로 짐작된다. 베네치아의 작은 섬 부라노는 항해를 나간 남편을 기다리는 부인들이 바다를 바라보며 레이스를 떴던 전통을 지닌 곳으로, 레이스 제작에 관한 증거는 15세기부터 존재한다. 1400년대 말에 출판된 베네치아의 레이스나 자수 그림이 그려진 출판물도 수백 권에 달했다.

　　　손으로 행해진 이 섬세한 작업은 여성들 그리고 고아원 소녀들에게 전문적인 직업을 갖게 하고 생계를 꾸릴 수 있는 능력을 선사해 주었다. 실제로 당시 레이스 제작자는 고아원 소녀들에게 가장 인기 있는 직업이었다. 이렇게 만들어진 귀한 레이스는 그 우아함과 정교함으로 귀한 보석과 같은 대접을 받으며 유럽 전역으로 퍼졌고, 귀족들의 권력과 부의 상징으로서 시대의 주인공이 되었다.

그림1. 존 싱어 사전트, 〈마담 X〉, 1884년, 뉴욕, 메트로폴리탄 미술관

마침내 여신이
된 여인

고트로 부인
VIRGINIE AMÉLIE AVEGNO GAUTREAU

✦•••✦

1859–1915

1884년, '살롱 뒤 파리'에서는 한바탕 소동이 일어났다. 기묘한 아름다움으로 시선을 사로잡는 초상화를 본 파리지앵은 충격과 불쾌감에 휩싸여 그림을 맹렬히 비난했고, 다음 날 신문에는 평론가들의 비판과 조롱 섞인 풍자화가 실렸다. 파리 사교계의 명사였던 모델의 명성은 단번에 실추되었고, 일이 끊긴 화가는 프랑스를 떠나야만 했다. 각자 벨 에포크 시대 '미의 여신'으로 파리 상류층에 확실한 자리매김을 하고, 길이 남을 명작으로 시대의 초상화가가 되려는 뚜렷한 목적을 가졌던 20대의 두 남녀는 고대했던 대로 이름을 떨치게 되었다. 비록 바라던 방향은 아니었지만.

아름다운 시대

✦ • • ✦

'벨 에포크Belle Époque'*, 문자 그대로 '아름다운 시대'였다. 모든 것이 풍요로웠다. 1870년, 제2제정이 끝나면서 프랑스는 진정으로 민주주의가 꽃피기 시작했다. 프로이센과의 전쟁을 끝으로 평화가 도래하고 산업혁명으로 기술과 과학이 발전하여 경제적 번영을 누리게 된 프랑스인들은 더 크고 무서운 전쟁(제1차 세계대전)이 오기 전 마지막 만찬처럼 풍요로움과 평화를 만끽하고 있었다. 전반적인 삶이 질적으로 향상된 풍요로움이었다. 가스와 전기, 수돗물이 공급되고 배관시설 덕분에 위생이 개선되어 하층민들에게까지 편리와 건강을 선사해 주었다. 경제가 부흥하면서 사람들은 돈이 많아졌다.

---

* 벨 에포크는 일반적으로 프랑스와 프로이센의 전쟁이 끝난 1871년을 시작으로 제1차 세계대전(1914)이 일어나기 전까지 평화롭고 풍요로웠던 번영의 시대를 일컫지만, 실제 정점을 이룬 1880년부터 1914년까지를 의미하기도 한다. 이전의 그 어떤 전쟁보다 파괴적이었던 제1차 세계대전을 앞두고, 모든 것이 풍부하고 화려하며 퇴폐적이었던 시대를 회고하는 프랑스적 표현으로, '잃어버린 아름다운 시대에 대한 아련한 향수'를 일컫는 말이다. 동시대 사람들은 이러한 표현을 사용한 적이 없다.

✦ 그림2. 벨 에포크 시대 파리의 무도회

　부르주아의 시대였다. 중산층이었던 부르주아는 급성장하여 소비문화를 주도했다. 살롱에서 즐기던 사람들은 이제 전문적인 극장, 음악당, 무도회(그림2) 그리고 카바레와 같은 유흥시설에 모여 적극적으로 대중문화를 즐겼다. 물질적인 풍요로움을 누리던 시기, 예술은 더 화려한 꽃을 피웠다. 귀족보다도 더 돈이 많아진 부르주아는 왕족이나 귀족만 누릴 수 있었던 문화에 심취했다. 초상화였다.* 부르주아 가문의 수장들은 유명한 화가에게 가족의 초상화를 의뢰하여 재력을 과시했고, 이는 자신의 품격을 높이는 일이기도 했다. 귀족과 구분당하는 것이 싫어 그들의 패션과 문화를 악착같이 따라 했던 부르주아는, 이제 그 누구보다도 계급을 나누는 데 혈안이 되었다. 멋진 초상화는 그 계급을 평가하는 새로운 기준이 되었다.

* 기술의 발달로 사진기 또한 급속한 발전을 이루었다. 1888년 코닥이 휴대용 사진기를 발명하자 화가들은 이 사진기의 도움을 받아 작품을 그리기도 했지만, 예술가들은 아직 사진을 무시하고 깔보았다. 그들은 사진을 아무것도 표현하지 않는 단순한 '모방'이라며 비웃었다. 초상화에서 사진으로 대체되기 전, 마지막 발악이라도 하듯 19세기에 초상화는 부흥했다.

당시 여성 초상화는 파리의 귀부인의 아름다움을 기념하고 세련된 패션 감각을 선보이는 장이었다. 옷은 재봉틀이 만들어주면서 저렴해졌고 여성들의 드레스는 더없이 화려해졌다. 벨 에포크는 눈부신 화려함의 시대였다. 여인들은 자신의 아름다움과 부를 과시하기 위해 경쟁하듯 화려한 드레스를 입고 유명한 화가에게 초상화를 주문했다. 자신의 매력을 찾아 아름답게 표현해 줄 화가를 찾는 일은 쉽지 않았다. 그것은 화가에게도 마찬가지였다. 화가들은 패션과 문화의 중심지 파리로 모여들었고, 그들 또한 성공하려면 그에 걸맞은 모델이 필요했다. 화가 존 싱어 사전트John Singer Sargent도 그중 한 명이었다. 사전트는 미국인이었지만, 이탈리아에서 태어나 유럽에서 교육받고 성장한 특이한 이력을 지닌 젊은 화가였다. 그의 미국적 아우라*는 명성을 쌓는 데 도움을 주었다. 1877년 처음 도전한 살롱 뒤 파리에서 주목을 받아 이름을 알리기 시작한 이래 매번 출전해 성공 가도를 달리고 있던 젊은 화가 사전트는 여섯 번째 참가하는 이번 전시회를 초상화가로서 야망을 펼칠 기회로 삼았다. 1880년 고트로 부인Madame Gautreau을 처음 만난 화가는 그녀의 독특하고 오묘한 매력에 매료되어 그녀를 그리고 싶은 예술가적 열망에 사로잡혔다. 사전트는 특이하고 기이한 것에 매력을 느끼고 영감을 받았다. 그는 고트로 부인에게 먼저 초상화를 제안했다.

고트로 부인은 당시 파리 사교계의 명사였다. 그녀를 설득하기란 쉽지 않았다. 그녀의 특별한 아름다움을 대리석 조각이나 그림으로 남기고 싶어 하는 여러 예술가들이 이미 그녀에게 작품의 모델이 되어주길 의뢰했지만, 고트로 부인은 받아들이지 않았다. 화가는 2년 동안 온갖 인맥을 동원해 부인을 끈질기게 설득했고, 고트로 부인은 몇 번의 거절 끝에 제안을 받아들였다. 그녀는 이 초상화로 '파리의 아름다움'으로 쐐기를 박고 상류 사회 언저리에 있는 자신의 위치를 끌어올려 확고히 하고 싶었다. 당시엔 마치 직업처럼 '전문적인 아름다움'이 사회 계층에서 명확한 역할을 하던 시기였다. 그녀는 시대의 스타였다.

---

* 미국은 남북전쟁(1861-1865) 이후 급속한 성장을 이룩했다. 19세기 말의 신흥강국은 독일, 미국, 일본이었다.

상류층의 조건

✦ • • ✦

미국에서 태어난 아멜리에Virginie Amélie Avegno는 여덟 살 무렵 어머니를 따라 파리로 이주한 크레올 출신이었다.[•] 사회적 야망이 있었던 어머니에 의해 파리에서 교육을 받고 자란 아멜리에는 독특한 매력을 지닌 소녀로 성장했다. 그녀는 19살의 나이로 프랑스의 부유한 사업가인 피에르 고트로Pierre Gautreau와 결혼해 고트로 부인이 되었다. 고트로 씨는 아멜리에보다 20살이나 많았지만 부유했고 레지옹 도뇌르Légion d'honneur[••] 훈장을 받은 저명한 회원으로, 사교계의 명사가 되고 싶었던 아멜리에에게 완벽한 남편이었다. 미국인이자 크레올이라는 출신은 그녀에게 이국적인 아우라를 선사하며 신비로운 이미지를 부여해주었다. 프랑스 사교계에 진출한 그녀의 아름다운 모습을 보기 위해 사람들이 몰려들었고, 사회의 엘리트들은 신비한 그녀를 곁에 두고 싶어 했다. 바이에른의 왕 루트비히 2세Ludwig II는 고트로 부인이 계단을 올라가는 모습을 보기 위해 파리 오페라를 관람한 적이 있다고 할 정도로 그녀의 명성은 대단했다. 묘한 매력을 풍기는 그녀에 대한 기사는 프랑스뿐만이 아니라 영국과 미국 전역의 신문에도 실렸다.

아멜리에는 묘한 매력의 소유자였다. 그녀는 전통적인 미인형은 아니었지만, 귀족적인 이목구비와 하얀 피부로 매우 매혹적인 분위기를 풍겼다. 이탈리아계 아버지에게 물려받은 길고 섬세한 곡선이 들어간 로마네스크 양식의 코는 당시 왕족적인 코라는 인식이 있었고, 그녀의 넓은 이마도 중세 시대 미인의 조건으로 여겨지던 특징이어서 코와 함께 고전적인 아름다움으로 꼽혔다. 그녀의 극도로 창백한 피부는 눈길과 관심을 끌었다. 여전히 흰 피부는 부와 특권의 상

[•]   아멜리에는 미국 남부 뉴올리언스에서 농장을 하는 프랑스 귀족의 후손인 어머니와 이탈리아 혈통인 아버지 사이에서 태어난 크레올로, 그녀의 어머니는 1862년 미국 남북전쟁에서 남편이 전사한 후 아들 또한 병으로 죽자 1867년 딸을 데리고 파리로 이주했다.

[••] 레지옹 도뇌르는 나폴레옹이 1802년에 제정한 훈장으로, 국가에 탁월한 봉사를 한 군인과 민간인에 주어졌다.

징이었다. 아멜리에는 본인의 매력을 잘 알고 있었다. 쌀가루를 바른 피부색과 대비되는 극적인 효과를 내기 위해 머리와 눈썹을 헤나로 붉게 염색했고, 마호 가니 펜슬로 눈썹 윤곽을 짙게 그린 뒤 연지를 이용해 귀와 입술을 붉게 만들었 다. 코르셋을 착용하지 않아도 완벽한 모래시계형 몸매로 고전적인 아름다움을 극대화하면서, 신중하게 자신의 이미지를 만들었다. 그녀에겐 상류층 진입을 넘 어서 프랑스 최고 미녀로 군림하고 싶은 욕망이 있었다. 하지만 프랑스 사회에 서 그녀는 이방인이었다. 상류 사회는 단순히 돈이 많거나 유명하다고 진입할 수 있는 곳이 아니었다. 다른 방법이 필요했다. 그리고 초상화는 그 답이 될 수 있었다.

작전명, 프랑스 정복!

욕망 넘치는 20대의 젊은 미국인 남녀는 '프랑스 정복'이라는 서로 비슷한 목적 을 가지고 뭉쳤다. 화가는 고트로 부부와 함께 별장에 머물기도 하면서 그림을 그렸다. 파리지앵의 시선을 한눈에 사로잡기 위해서는 드라마틱하고 복잡한 여 인의 신비스러운 이미지를 연출해야 했기에 사전트는 부인을 세심히 관찰하며 연구했다.* 그는 특히 고트로 부인이 가지고 있는 아름다운 '몸의 선'을 표현하 려고 애썼다. 화가는 "고트로 부인의 채색할 수 없는 아름다움과 그녀의 절망적 인 게으름"**과 싸우며 1883년부터 이어진 연구로 30여 장의 스케치(그림3)를 그 린 후에야, 이듬해 전시회에 제출할 초상화를 완성했다. 화가는 자신을 성공으 로 이끌어 줄 최고의 역작을 위해 고심을 거듭했다. 하지만 너무나 깊었던 고민 은 오히려 역효과를 낳았다. 적어도 당시에는.

1884년 아름다운 5월의 아침, 파리 산업 궁전Palais de l'Industrie의 31번 홀에 전시된 고트로 부인의 초상화는 화가와 모델의 바람대로 공개된 지 15분도 안

---

* 　화가는 끝없는 준비와, 초상화를 그릴 때 모델이 40번이나 포즈를 취해야 하는 긴 작업으로 유명했다.
** 　친구인 작가 버넌 리Vernon Lee와의 편지에서 사전트가 쓴 내용이다.

✦ 그림3. 사전트의 고트로
부인 관련 습작들

되어 화제의 중심에 서게 되었다. 초상화의 제목은 화가가 그녀의 정체를 보호
해 주려는 듯 '마담 X의 초상화Portrait de Mme xxx'라는 익명이었지만, 이미 파리
사교계에서 유명했던 고트로 부인임을 알아채지 못한 이는 없었다. 전시회장은
고트로 부인의 초상화를 찾는 소리로 가득 찼고, 초상화가 전시된 홀에서 나오
는 사람들은 모두 놀란 표정으로 수군거렸다.

❝ 아, 정말 끔찍하군! ❞

소문을 들은 사람들은 조롱하듯 "아, '아름다움'이 여기 있군!Ah, voilà 'la
belle!'"이라 외치며 31번 홀에 들어갔고, 홀에서는 표현력이 풍부한 파리지앵의
부정적인 여러 감탄사가 연신 흘러나왔다. 개막일 아침부터 극도로 긴장한 상
태였던 화가는 홀에 조용히 나타나 자신의 작품 앞에서 벌어지는 큰 소동을 지
켜보다 심각한 얼굴을 하고 있는 친구들을 피해 문 뒤로 몰래 피했다. 사전트의

먼 친척이자 화가인 랠프 커티스Ralph W. Curtis는 부모님께 편지로 상황을 알렸다.

" 어제는 존 사전트의 생일이자, 장례식이었습니다."

프랑스 신문 《레벤느망L'Événement》의 평론가는 "인물의 냉철한 표현과 저속한 성격에 충격을 받았다"라며 부정적인 비평을 했고, 미국에서 온 《뉴욕 타임즈The New York Times》 기자는 "인물의 포즈가 터무니없고 푸른빛이 도는 색감은 형편없다. 이목구비가 너무 과장되어 단순한 '캐리커처'처럼 보였다"라며 낮은 평가를 내렸다. 《르 피가로Le Figaro》의 평론가는 "전시 기간 동안 초상화 앞에 서 있으면 프랑스어로 된 모든 저주를 듣게 될 것"이라며 혹평했다.

무엇이 문제였을까?

그림은 전시회에 앞서 지인들에게 공개됐을 때만 해도 긍정적인 반응을 받았다. 먼저 당사자인 고트로 부인은 초상화에 만족해했다. 작업 도중 방문한 사전트의 스승인 카롤루스듀란Carolus-Duran은 그림을 본 후 그림에 확신하지 못하고 있는 사전트에게 "자신감 있게 살롱에 제출할 수 있다"라며 용기를 북돋아 주기도 했다. 전시회가 공개된 후에도 프랑스 미술 평론가 루이 드 푸르코Louis de Fourcaud는 "특징화의 걸작"이라며 《가제트 데 보자르Gazette des Beaux-Arts》에 글을 기고하기도 했다. 하지만 공개된 지 얼마 지나지 않아 초상화는 여러 비평가의 압도적인 혹평과 대중의 엄청난 비난을 받게 되면서, 파리를 떠들썩하게 만든 스캔들의 주인공이 되었다. 대중은 초상화가 음란하다고 생각했다. 사실 고트로 부인은 유명하고 인기가 많았지만 평판은 그리 좋지 못했다. 정치인, 외교관들과의 염문과 성추문이 파다하여 '부도덕한 여인'이라는 낙인이 찍혀 있던 그녀는, 신문의 가십면에 자주 등장하던 유명 인사였다. 하지만 초상화 이전까지는 소문일 뿐이었다. 실체가 없는 추문은 그저 그녀에게 악명 높은 유명세를 안겨주었지만, 시각적으로 표현된 음란함이 만천하에 공개적으로 드러나는 건 다른 문제였다. 초상화가 소문만으로 존재하던 모든 설에 날개를 달아준 셈이었다. 1884년 살롱 뒤 파리에 참여한 수많은 작품 중 주목할 만한 그림이 거의 없었다는 점도 고트로 부인의 초상화에 모두의 이목이 쏠리는 데 한몫했다. 소문은 빠르게 퍼져 이제 이 추악한 그림을 보기 위해 더 많은 사람들이 몰려들었다.

보몽드와 데미몽드의 경계선,
검은 드레스

✦ • • ✦

전시장에 들어선 사람들이 마주한 것은 관객을 압도하는 커다란 화폭* 속 매혹적인 검은색 드레스를 입고 있는 고트로 부인이었다. 장식이 없는 매우 세련되고 시크한 검은색 의상은 시대를 초월한 아름다움을 선사한다. 벨벳 상의와 새틴 스커트로 구성된 드레스(투피스형) 자체는 사실 큰 문제가 없었다. 고트로 부인의 패션은 워낙 유명했다. 패셔너블한 사람으로 인식되기 위해 노력한 그녀는 '꿈의 옷장'을 가지고 있었다. 그녀의 의상을 담당했던 메종 펠릭스Maison Félix 는 오늘날 오트 쿠튀르의 아버지로 불리는 찰스 프레데릭 워스Charles Frederic Worth 의 패션 하우스와 양대 산맥을 이루던 곳이었다. 메종 펠릭스의 드레스는 프랑스의 외제니 황후를 비롯한 유럽 왕족과 상류층 인사들, 유명 배우들이 즐겨 입는 하이패션의 상징 그 자체였다.

초상화를 위한 의상은 여느 때처럼 화가인 사전트가 선택했다. 사전트에게 의상은 그림의 구성에 있어 매우 중요한 요소였기 때문에 항상 직접 선택하곤 했다. 드레스는 당시 놀랄 만한 디자인은 아니었다. 당시 유행에 민감한 파리의

---

*   사람의 실제 크기로 그려진 이 그림은 높이와 폭은 각각 208.6센티미터, 109.9센티미터로 프레임을 포함하면 높이만 250센티미터가량이 될 정도로 압도적인 크기를 자랑했다.

부인들은 고트로 부인의 초상화 속 의상과 비슷한 디자인의 이브닝드레스를 입었으며, 검은색 또한 인기 있는 색상이었다. 초상화를 보면 부인의 뒤쪽으로 (그림자처럼 보이는) 긴 치맛자락이 드리워져 있는데, 당시 유행으로 미루어 보아 스커트 뒷부분에 풍성함을 더해주는 트레인이 달린 버슬Bustle 스타일의 드레스로 짐작할 수 있다.

　이 세련된 검은색 드레스의 문제는 총 세 가지였다. 하트 모양 벨벳 상의의 깊게 파인 가슴골과 흘러내린 어깨 끈, 그리고 속옷의 부재였다. 당시 깊게 파인 데콜테는 보기 드물진 않았지만, 하트 모양으로 파인 가슴골이 고트로 부인의 너무나 하얀 피부와 만나 그 모습이 더욱 돋보였다는 것이 문제였다. 고트로 부인의 매우 가는 허리가 강조된 상체가 맨몸에 슈미즈도 없이 상의만 입은 것처럼 보여 야릇한 상상력을 자극한다며, 파리 사람들은 충격을 받은 것처럼 반응했다. 퇴폐적인 도시였던 19세기 말의 파리가 이 정도 그림에 그렇게 놀랄 일인가 싶지만, 그들은 이렇게 대놓고 드러내는 것보다 은밀한 것을 선호했다.

　사람들이 가장 경악한 부분은 부인의 오른쪽 어깨 끈이 팔 아래로 흘러내려 있다는 점(그림4)이었다. 오늘날 미술관에서 볼 수 있는 초상화는 한바탕 소동을 겪은 후 화가가 수정한 것으로, 현재 스케치와 사진만으로 존재하는 원본은 탁자를 잡고 있는 오른쪽의 어깨 끈이 흘러내려 와 있었다. 흘러내린 어깨 끈은 금방이라도 드레스가 벗겨질 수 있다는 상상을 불러일으켰다. 《르 피가로》의 평론가가 "한 번의 움직임만으로도 벌거

✦ 그림4. 초상화 원본의 사진. 흘러내린 어깨 끈이
　현재의 그림에서는 수정되어 있다.

벗은 채로 있을 수 있다"라며 조롱한 이 한 줄의 어깨 끈은 '보몽드Beau monde(상류 사회)'와 '데미몽드Demi-monde(화류계)'의 경계선이 되었다. 여러 번 결혼을 한다던가 실생활에서 불륜을 저지르는 것에는 눈 하나 깜짝하지 않던 파리지앵은 초상화 속 한 여인의 성적 과시와 도발에 이상하리만치 불쾌감을 느꼈다. 고트로 부인의 왼쪽 약지에 결혼반지가 있기 때문이기도 했다. 한쪽 어깨가 흘러내려 성적 긴장감이 넘치는 여인의 모습과 상충되는 결혼반지는 매우 파렴치한 조합으로 여겨졌다. 이는 당시 사회적 언어로 유부녀지만 다른 남자에게 소개되는 것을 환영한다는 '은밀한 신호'를 공개적으로 드러낸 것과도 같았다. 노골적인 성적 신호와 부도덕한 여인임을 자랑스럽게 드러내는 부인의 모습은, 그들이 암묵적으로 지켜온 관습과 질서를 공개적으로 무시하는 행태로 여겨졌다. 은밀하고 섬세한 프랑스 감성은 상처를 받았다. 파리지앵은 매우 복잡한 심리를 가진 이들이었다.

사실 과도한 노출은 살롱 뒤 파리에서 더 이상 놀라운 일은 아니었다. 에두아르 마네Édouard Manet의 〈풀밭 위의 점심식사Le Déjeuner sur l'herbe〉(1862)와 〈올랭피아Olympia〉(1863)의 충격이 파리를 떠들썩하게 만든 일도 벌써 20여 년이나 지났고, 이후 여성의 누드화는 전시회의 단골 주제로 살롱의 곳곳에 전시되어 있었다. 오히려 예술에서는 나체가 찬양되었다. 하지만 고트로 부인의 초상화는 살롱 뒤 파리의 무언의 규칙을 어겼다. 성적인 주제는 항상 보는 이들의 죄책감을 덜어주기 위한 장치가 있어야 했다. 우화적이거나 신화적으로 이상화된 여성의 모습으로 연출되거나, 묘사 대상이 이국적 또는 사회적 지위가 높지 않은 여성(배우, 가수, 매춘부)이어야 공격에서 벗어날 수 있었다. 유명 인사이자 기혼 여성인 고트로 부인이 성적 매력을 앞세워 과도한 분장을 한 채 오만하고 자신감 넘치는 포즈로 등장한 것은, 자신의 부도덕을 과시하는 것으로 받아들여졌다. 파리는 사회적 지위를 가진 여성이 보이는 이러한 천박한 과시를 결코 용납할 수 없었다.

사냥의 여신 디아나

◆ ● ● ◆

고트로 부인의 모던함이 돋보이는 초상화는 사실 전통적인 고전 신화에 기반한 것이었다. 그녀의 하얀 피부는 고대 석상을 연상시키며, 땋아 올린 단순한 업 스타일로 연출한 머리는 고대 그리스 여인들을 따라 한 것이었다. 머리 위에 위치한 초승달 모양의 다이아몬드 장식(그림6)은 사냥의 여신인 디아나Diana의 상징이었다. 어깨 끈이 흘러내린 상의는 머리 위의 초승달 장식과 함께 고전 여신인 디아나와 시각적으로 연결된다. 사냥의 여신 디아나는 뒤에 맨 화살통에 쉽게 손을 뻗을 수 있도록 옷의 오른쪽 어깨 부분이 흘러내려 있는 형상으로 묘사되곤 했다. 이 밖에도 그녀가 잡고 있는 테이블의 다리는 바다의 여신인 세이렌이 조각되어 있는 등(그림7) 화가는 초상화에 여러 고전적인 코드들을 삽입해 두었다.

사람들의 또 다른 비난의 주제였던 자세 또한 귀족적인 태도가 가미된 여신의 포즈였다. 전통적인 회화에서 왕족이나 귀족은 관객을 향하지 않는 자세로 그들의 위엄을 드러냈다. 이러한 맥락에서 고트로 부인의 몸은 정면을 향하고 있지만 고개는 옆으로 돌려 자신의 어깨 저 너머로 시선을 고정하며 관객에 대한 '무관심한 태도'를 명백히 보이고 있다. 콧대 높은 파리지앵은 기분이 나빴다. 이 당당한 포즈의 여성이 보이는, 모든 관심을 한 몸에 받으면서 정작 자신은 관객들을 거부하는 듯한 태도에 그들은 당황하며 불쾌해했다.

또한 부인은 부채를 들고 있는 왼손으로 앞쪽의 치맛자락을 살짝 모아 쥐면서 손으로 시선을 이끌고 있다. 중요 부위를 머리카락이나 손으로 가리고 있는 형

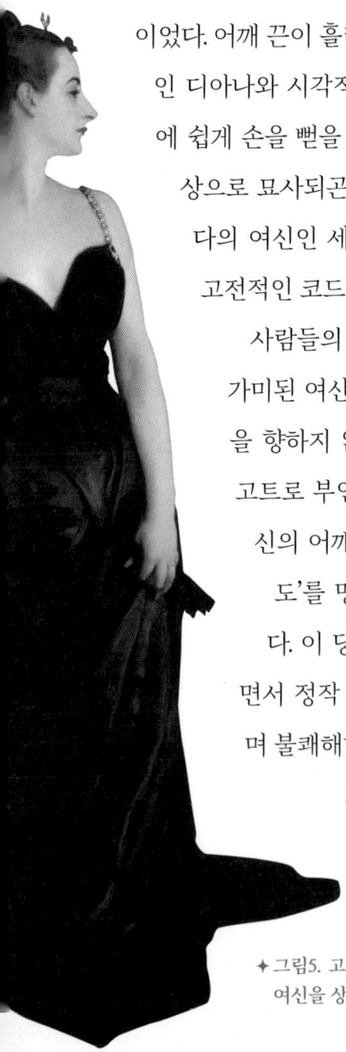

◆그림5. 고트로 부인의
여신을 상징하는 포즈

상은 '정숙한 비너스Venus Pudica'라는, 고대 여신의 조각상에서 볼 수 있는 특징이었다. '여신의 정숙함'을 엿보는 눈으로부터 보호하기 위한 조치로, 모델에게서 고전적인 조각상을 연상시키려는 화가의 의도로 해석할 수 있다. 고대 여신의 고전적인 아름다움과 현대적(검정 드레스) 관능미의 예술적 결합으로 새로운 유형의 고전적인 아름다움을 제시하려 했던 화가의 의도는, 19세기 말 파리에선 제대로 받아들여지지 않았다. 또한 부인은 자세를 유지하기 위해 오른쪽 팔로 탁자를 힘주어 잡으며 버티고 있는데, 사람들은 정적인 듯 보이지만 움직임이 느껴지는 이 뒤틀린 듯 묘한 포즈를 오히려 요염한 여인의 노골적인 성적 유혹처럼 보았다.

　　여인의 몸을 살아 있는 사람이 아닌 대리석상처럼 하얗게 표현한 것도 고전과 연결 지으려는 화가의 의도와 무관하지 않다. 화가 사전트는 고트로 부인 특유의 창백한 피부에 끌렸기 때문에 이 피부 표현에도 집중했다. 하지만 사람들은 화가가 완벽하고 강박적으로 표현한, 희다 못해 푸른빛이 도는 피부에 반감을 느꼈다. 칭송받았던 그녀의 희고 고운 피부는 캔버스에 등장했을 땐 문제가 되었다. 하얀 피부에 짙은 눈썹의 고트로 부인의 초상화 속 모습은 부자연스럽고 과장된 캐리커쳐 같은 느낌을 주었다. 한 작가는 그녀의 얼굴이 무언극을 하는 배우와 닮았다고 평했고, 전시회의 관객들은 살아 있는 사람이 아닌 시체 같다며 무서워했다.

　　피부가 흰 것을 넘어 푸른빛까지 돌았다는 그녀는 피부를 얇게 하기 위해

✦ 그림6. 초승달 모양 머리장식
✦ 그림7. 테이블 다리의 세이렌 조각

소량의 비소를 탄 물을 섭취했다고 알려져 있다.[*] 비소수는 피부를 투명하게 만들어 피부 아래 푸른 모세혈관이 비쳐 보이게 만들어주었다. 여전히 하얀 피부는 생존을 위해 밖에서 일을 하지 않아도 된다는 '상류층의 표식'이었기 때문에 당시 여인들이 피부를 밝게 하기 위해 암모니아 또는 비소를 섭취하는 것은 공공연한 비밀이었다. 원하는 피부를 위한 여인들의 극단적인 조치는 상상을 초월했다. 여인들은 흰 피부를 위해 페인트와 에나멜을 섞어 바른 뒤 몸에 균열이 생기지 않도록 오랜 시간 그대로 앉아 있는 고통을 감수하기도 했다. 결핵으로 인한 창백하고 병약한 모습을 낭만적으로 생각해 찬사를 보내던 시대였다.

고트로 부인은 하얀 피부를 위해 라벤더 분말이나 쌀가루를 사용했다고 알려져 있지만, 쌀가루는 피부에 바른다고 가만히 붙어 있지 않았다. 라벤더 분말에 들어가는 염소산칼륨 혼합물은 그녀에게 연보라색 피부를 선사해 주었고, 그 위에 얹을 쌀가루를 피부에 밀착되게 해주었다. 피부를 매끄럽게 하기 위해 납가루를 첨가한 크림이 기초가 되었다. 염소산칼륨은 현대에는 폭발물이나 표백제, 살충제 등에 쓰이는 위험물질이지만, 당시에는 화장품뿐만 아니라 감기 시럽과 같은 의약품에도 널리 쓰이는 물질이었다. 19세기 후반에는 그 위험성이 점차 알려지기 시작했으나, 여인들은 아름다움을 택했다. 고트로 부인은 얼굴과 몸 전체는 창백할 정도로 하얗게 유지했지만 귀만은 연지를 발라 붉게 만들었는데, 당시 붉은 귀는 순수함을 상징했다. 이 붉은 귀는 하얀 대리석상을 연상시키는 그림에서 유일하게 따뜻함을 암시하는 장치이기도 하다. 고트로 부인의 초상화에는 이렇듯 상충되는 개념들이 즐비했다. 성적 뉘앙스가 가득하면서도 순수하고, 차가우면서도 따뜻했다.

게다가 여신의 이미지를 차용한 것에 사람들은 거부감을 느꼈다. 상류 사회에 속하고 싶어 하는 온갖 추문을 가지고 있는 여인이, 감히 여신을 흉내내며 프랑스 여인이 차지해야 할 시대의 미인으로 등극하려는 시도는 받아들일 수 없

---

[*] 사전트가 1883년 친구 버넌 리에게 보낸 편지에는, 부인의 피부색을 언급하며 "라벤더색이나 염소산칼륨이 그 자체로 예쁘다면"이라는 문구가 있었다.

었다. 프랑스 상류 사회는 애초에 미국인이자 크레올 출신인 그녀를 프랑스 최고 미인의 대열에 끼워줄 의향이 없었다. 매력을 더해주었던 그녀의 출신은 일이 생기자 비난의 근거가 되었다. 프랑스인들은 미국인이자 크레올인 그녀를 쉽게 공격하고 비난했다. 미국인 화가 사전트에 대해서도 마찬가지였다.

결국 화가의 '걸작'이 된 초상화

✦ • • •

❝ 사전트는 초상화의 걸작을 만들었습니다. ❞

앞서 언급했듯, 사실 고트로 부인은 완성된 초상화가 마음에 들었다. 그녀는 초상화가 완성되자 친구 엠마Emma M. Jouan에게 "초상화의 걸작을 만들었다"라고 편지를 보내기도 했다. 하지만 공개되자마자 여론이 좋지 않자 놀란 고트로 부인과 그녀의 어머니는 그날 저녁 당장 화가에게 달려갔다. 부인의 어머니는 그림을 내려달라며 눈물로 항의하는 극적인 장면을 연출했고, 어머니의 히스테릭한 반응에 고트로 부인 또한 자신도 화가에게 속은 양 슬그머니 진심을 감춘 채 동조했다.

❝ 내 딸이 사라졌습니다. 모든 파리가 내 딸을 조롱하고 있습니다. 그녀는 괴로움으로 죽을 것입니다. ❞

화가는 거절했다. 전시회가 끝나기 전 그림을 철거하는 것은 규칙에 위반된다는 이유를 댔다. 사전트의 의뢰로 그려진 그림이었기에 소유권은 화가 본인에게 있었다. 전시 기간 동안 꿋꿋하게 버틴 화가는 고트로 부인의 가족들이 전시회의 그림을 훼손할까 우려해 전시회가 끝나자마자 그림을 수거했다. 그는 그림을 자신의 작업실로 가져온 뒤 스캔들의 주요 원인이라고 여긴, 내려온 어깨 끈을 수정했다. 10여 년 동안 파리에 거주하면서 존경과 호평만 받아온 화가에게 이러한 비판과 공개적인 조롱은 견디기 힘든 일이었다. 화가는 파리를 떠나고 싶었다. 더 심각한 문제는 더 이상의 의뢰와 수입이 끊긴 것이었다. 고트로 부인은 초상화에 대한 대가를 지불하지도 않았다.

사전트는 영국과 미국으로 이주해 다시는 파리로 돌아오지 않았다. 파리에서 받은 상처로 더 이상 대담한 시도는 하지 못했지만, 사전트는 런던에서 초상화 화가로서 대성공을 거둬 빅토리아 여왕 시대 말년에 가장 존경받고 인기 많은 화가가 되었다. 사교계에서 퇴출당하다시피 한 고트로 부인은 몇 년의 휴식 기간을 거쳐 다시 사교계에 입성했고, 3년 뒤에는 연극 무대에 데뷔하기도 했다. 물론 낮아진 평판으로 이전의 영광은 누리지 못했다. 본래 사전트가 그린 초상화를 마음에 들어 했던 고트로 부인은 이후 1891년 화가 귀스타브 쿠르투아Gustave Courtois에게 의뢰하여 사전트의 초상화에서 입었던 비슷한 드레스(한쪽 어깨 끈이 과감하게 내려간)를 입고 비슷한 포즈로 초상화를 그렸고, 이 초상화는 성공을 거두기도 했다.

고트로 부인의 초상화는 살아생전 화가에게 굴욕과 인생의 첫 패배를 안겨준 작품이었지만, 화가는 고심하여 완성한 이 초상화에 애정이 컸다. 그는 초상화를 자신의 스튜디오에 보관해 오다 1905년부터 여러 국제 전시회에 '마담 XMadame X'라는 제목으로 전시했다. 그림이 미국의 미술관에 소장되기를 바랐던 화가는 고트로 부인이 사망한 다음 해인 1916년, 초상화를 메트로폴리탄 미술관에 매각하기로 결심했다. 화가는 여전히 그림이 익명으로 남길 원했다. 그렇게 초상화는 특정한 여인의 초상화가 아닌 여인의 이상화 〈마담 X〉가 되었다. 오랜 시간이 흘러 초상화는 그 오묘한 매력으로 서양 미술사에서 가장 사랑받는 명작 중 하나가 되어 오늘날 패션디자이너, 작가 등 많은 예술가에게 끊임없이 영감을 선사하고 있다. 마침내 모델과 화가의 염원은 이루어졌다. 비록 그 영광은 둘 다 누리지 못했지만.

1916년 작품을 뉴욕의 메트로폴리탄 미술관에 매각하면서 화가는 친구였던 관장*에게 다음과 같이 썼다.

" 나는 이 작품이 내가 한 최고의 일이라고 생각합니다. "

---

*   사전트는 1916년 친구인 메트로폴리탄 미술관 관장 에드워드 로빈슨Edward Robinson에게 편지를 보내 초상화를 1000파운드에 팔겠다고 제안했다. 이는 당시에도 실제 가치보다 낮은 가격이었다.

용어 모음
_가나다 순

가무라 Gamurra
15세기 이탈리아 여성들의 실내복으로 가장 기본적인 의복이었다. 일반적으로 가무라라 불렸던 이 의복은 지역에 따라 이름을 달리했는데, 피렌체에서는 '카모라Camora'로, 북부 지역에서는 '지마라 Zimarra(혹은 zippa, zupa)'라고도 불렸다. [3. 강제결혼의 희생양: 지네브라 데 벤치]편 참고.

고르게라 Gorguera
스페인에서 유행이 시작된 물결 모양으로 주름진 목장식이다. 훗날 모양이 더 커지거나 다양한 형태를 이루면서 일반적으로 러프Ruff라 불리게 된다. [10. 그리움의 초상화: 포르투갈의 이사벨]편 참고.

데콜테 Décolleté
인체의 목과 어깨, 쇄골에서 가슴 위쪽까지 이어지는 부분으로, 넓고 깊게 파인 네크라인을 의미하기도 한다.

렌자 Lenza
스페인에서 건너온 머리장식의 일부분으로, 15세기 후반에서 16세기 초 밀라노 여성들이 애용했던 이마끈 장식이다. 뒷머리에 쓴 베일이나 모자가 흘러내리지 않게 고정해주는 역할이었으나, 그 아름다움에 점차 단독으로 사용하는 이마 장신구가 되어 19세기에도 부활해 여인들의 사랑을 받았다. [8. 모나리자와 경쟁하는 여인: 루크레치아 크리벨리]편 참고.

베르두가도 Verdugado
15세기 스페인 여성들의 스커트 지지대로, 고리버들이나 철사 등을 고리 모양으로 만들어 엉덩이 라인에서 치마를 확장시켜 준 장치였다. 16세기 초 영국으로 건너가 튜더 왕조 패션의 필수품 파딘갈 Fardingal이 된다. 오늘날 일반적인 패션 용어로는 파틴게일Farthingale이다. [10. 그리움의 초상화: 포르투갈의 이사벨]편 참고.

보닛 Bonnet
턱 밑에서 끈으로 조여 쓰는 모자이다.

부스토 Busto
16-18세기 유럽에서 몸통을 원하는 모양으로 만들기 위해 갈대나 가죽, 고래수염 등으로 구조를 만들고 직물로 덧댄 지지대 또는 상의로, 초기엔 금속으로 만들어지기도 했다. 영어로는 보디스Bodice라고 한다. 19세기부터는 이러한 몸통을 보정해 주는 속옷을 '코르셋corset'이라 부르게 된다. [11. '검은 여왕'이 된 외국인 소녀: 카테리나 데 메디치]편 참고.

브로케이드 Brocade
견직물에 금사나 은사가 떠오른 것처럼 보이게 무늬를 낸 두꺼운 장식용 직물이다.

살롱 뒤 파리 Salon du Paris
17세기 파리에서 시작된 미술 전시회로, 당시 파리 미술계를 넘어 서구세계에서 가장 중요하고 권위 있는 예술 행사였다.

살리카법 Lex Sálica
살리계Salicans 프랑크족의 왕 클로비스 1세Clovis I가 6세기 초에 편찬한 법전이다. 9세기 프랑크 왕국의 분열과 함께 서서히 잊혔다가, 14세기 초 프랑스 왕실의 필요로 '여자의 토지 상속과 왕위 계승을 금한다'는 조항이 다시 등장했다. 이후 이 조항은 여러 유럽 왕실의 왕위 계승 논란의 중심에 서게 되고, 유럽은 전쟁의 소용돌이에 휩싸이게 되었다.

에냉 Hennin
중세 시대의 대표적인 헤어스타일로, 다양한 형태(그 형태마다 이름을 달리했다)로 존재했다. [1. 초상화 주인공은 나야 나!: 프란체스카 스콜라리]편 참고.

카미치아 Camicia
얇은 면이나 실크로 만든 속옷 개념의 드레스였다. 프랑스어와 영어로는 '슈미즈 Chemise'이다. [8. 모나리자와 경쟁하는 여인: 루크레치아 크리벨리]편 참고.

코르 아 발렌 Corps à baleines
18세기 프랑스에서 드레스 안에 착용한 코르셋의 전신. '고래수염을 넣어 만든 받침살대 baleines'의 '몸통 Corps'이라는 뜻이다. 탄력 있고 질긴 고래수염은 코르셋을 위한 완벽한 소재였다. [15. 이미지 메이킹의 여왕: 퐁파두르 부인]편 참고.

코베르치에레 Coverciere
과도하게 내려간 목선을 가리기 위해 얇은 리넨이나 실크, 양모 등으로 목선을 가려준 천 조각으로, 15세기부터 피렌체 여성들 사이에서 유행했다. 영어로 '파틀렛 Partlet'이라 불린다. [3. 강제결혼의 희생양, 지네브라 데 벤치]편 참고.

크레올 Créole
서인도제도나 남아메리카의 식민지로 이주해 정착한 유럽인(특히 스페인이나 프랑스 사람)의 자손들을 일컫는 말이었다. [16. 몰락의 불씨를 당긴 왕비의 드레스: 마리 앙투아네트]편 참고.

피에스 데스토막 Pièce d'estomac
드레스 앞에 고정한 역삼각형 모양의 앞가슴 덮개로, 영어로는 '스토마커 Stomacher'이다. [15. 이미지 메이킹의 여왕: 퐁파두르 부인]편 참고.

화폐 단위

도블라 Dobla (복수형 도블라스 Doblas)
카스티야 금화로, 어원은 11-19세기 사이 이베리아 반도에서 통용되었던 동전 마라베디의 '두 배'라는 의미에서 유래했다.

두카토 Ducato (복수형 두카티 Ducati)
이탈리아 여러 공화국에서 발행된 금화와 은화이다. 1140년 최초로 은화가 만들어졌고, 1284년 베네치아에서 발행된 금화는 피렌체의 피오리노와 동등한 가치의 화폐로 쓰였다. 영어로는 '두캣 Ducat'으로 표기된다.

마라베디 Maravedí (복수형 마라베디스 Maravedíes)
11-19세기 사이 통용되던 스페인의 통화 단위로, 16세기에 달걀 한 개에 약 3마라베디, 양고기는 20마라베디였으며, 당시 궁정 화가였던 디에고 벨라스케스의 한 달 봉급은 약 7500마라베디였다.

피오리노 Fiorino (복수형 피오리니 Fiorini)
피렌체의 금화로, 1252년부터 1533년까지 발행되었다. 당시 부유한 상인 딸의 지참금은 보통 500-1500피오리니 정도였다. 영어로는 '플로린 florin'으로 표기된다.

단화〉중 소매 부분, 1493-1496년, 리미니, 시립 박물관
12중 도메니코 기를란다요, 〈성 피나의 사망 소식〉중 소매 부분, 벽화, 1475년, 산지미냐노, 성 피나 소성당
12우 도메니코 기를란다요, 〈조반나 토르나부오니의 초상〉중 소매 부분, 1489-1490년, 마드리드, 티센-보르네미사 국립 박물관

6.　교황의 딸:
　　루크레치아 보르자

1 핀투리키오, 〈성 카테리나의 논쟁〉의 부분, 성인의 홀 벽화, 1492-1494년, 바티칸, 바티칸 궁
3 핀투리키오, 〈성 카테리나의 논쟁〉, 성인의 홀 벽화, 1492-1494년, 바티칸, 바티칸 궁
4상좌 직물 조각, 베네치아 제조, 15세기 후반, 레카나티, 레카나티 교구 박물관
4상우 피에로(또는 안토니오) 델 폴라이올로, 〈젊은 여인의 초상〉, 1465년, 베를린, 회화 갤러리
4하 젠틸레 다 파브리아노, 〈동방박사의 경배〉의 부분, 1423년, 피렌체, 우피치 미술관
5 루크레치아 보르자이 머리카락, 16세기, 밀라노, 암브로시아나 도서관
6좌 영화 〈루크레티아 보르자의 밤〉포스터, 세르지오 그리에코, 1959년, 이탈리아
6우 책 〈루크레치아 보르자〉표지, 조앤 해슬립, 1953년, 런던
7 루크레치아 보르자의 결혼기념 청동메달, 1502년, 워싱턴 D. C., 국립 미술관
8 도소 도시, 〈루크레치아 보르자〉, 1518년경, 멜버른, 빅토리아 국립 미술관
9 지아난토니오 다 폴리뇨, 봉헌 명판, 은판화, 1514년경, 페라라, 산조르조 대성당

7.　폴란드의 보물이 된 초상화:
　　체칠리아 갈레라니

1 레오나르도 다 빈치, 〈흰 담비를 안고 있는 여인〉, 1488-1490년경, 크라쿠프, 차르토리스키 박물관
4 레오나르도 다 빈치, 〈손 연구와 스케치〉, 1474년경, 버크셔, 윈저 성 왕립 도서관
6우상 상조반니 암브로조 데 프레디스, 〈여인의 초상화〉중 턱 부분, 1490년경, 밀라노, 암브로시아나 미술관
6우하 산드로 보티첼리, 〈젊은 여인의 초상〉(시모네타 베스푸치로 추정) 중 턱 부분, 1475-1480년경, 베를린, 회화 갤러리

8.　모나리자와 경쟁하는 여인:
　　루크레치아 크리벨리

1 레오나르도 다 빈치, 〈라 벨 페로니에르〉, 1490-1497년, 파리, 루브르 박물관
4 이탈리아 작업실(학교), 〈라 벨 페로니에르〉(페롱 부인으로 추정), 1500-1510년, 파리, 루브르 박물관
5 조반니 안젤로 비도폴리, 〈스포르차 세난화〉중 베아트리체 데스테 부분, 1495년, 밀라노, 브레라 미술관
7상좌 베르나르디노 데 콘티(추정), 〈옆모습의 여인의 초상〉(베아트리체 데스테로 추정) 중 소매 부분, 15세기, 개인 소장
7상우 조반니 프란체스코 카로토, 〈여인의 초상〉중 소매 부분, 1500-1525년경, 파리, 루브르 박물관
7하좌 로렌초 코스타, 〈반려견을 데리고 있는 여인의 초상〉중 소매 부분, 1500-1505년경, 버크셔, 윈저 성 왕립 컬렉션
7하우 라파엘로 산치오, 〈유니콘을 든 젊은 여성〉중 소매 부분, 1505-1506년경, 로마, 보르게세 미술관
8 그리셀다의 대가, 〈환자 그리셀다의 이야기〉

김정연

홍익 대학교에서 의상디자인 전공으로 석사를 졸업하고, 이탈리아 볼로냐 대학교에서 패션문화와 경영으로 석사학위를 받았다. 르네상스와 그 후 시대를 풍미했던 유럽의 여성 초상화를 중심으로 복식의 특징과 의미를 분석하는 글을 쓰고 있다. 초상화를 남긴 여성들이 독자적인 패션을 만들어낸 배경과 유행을 선도하며 사회적으로 끼친 영향, 이에 얽힌 흥미로운 뒷이야기를 대중들에게 재미있고 유익하게 전하고자 한다.

초상화의 옷장
르네상스부터 19세기까지, 그림 속 여성들의 패션과 삶

초판 1쇄 인쇄	2025년 1월 26일
초판 1쇄 발행	2025년 1월 31일
지은이	김정연
펴낸이	김효형
펴낸곳	(주)눌와
등록번호	1999.7.26. 제10-1795호
주소	서울시 마포구 월드컵북로16길 51, 2층
전화	02-3143-4633
팩스	02-6021-4731
페이스북	www.facebook.com/nulwabook
인스타그램	www.instagram.com/nulwa1999
블로그	blog.naver.com/nulwa
전자우편	nulwa@naver.com
편집	김선미, 김지수, 임준호
디자인	엄희란
책임 편집	김지수
표지·본문 디자인	글자와기록사이
제작 진행	공간
인쇄	더블비
제본	대흥제책

ⓒ눌와, 2025
ISBN 979-11-89074-84-5 (03900)

- 이 도서는 2024년 문화체육관광부의 '중소출판사 도약부문 제작 지원' 사업의 지원을 받아 제작되었습니다.
- 이 책 내용의 전부 또는 일부를 재사용하려면 반드시 저작권자와 눌와 양측의 동의를 받아야 합니다.
- 책값은 뒤표지에 표시되어 있습니다.